河南興文化工程文化研究專項項目

鄭州大學文學院出版資助項目

河南省宋代碑刻編年集成

杜　昭　編著

社會科學文獻出版社
SOCIAL SCIENCES ACADEMIC PRESS (CHINA)

杜 昭

　　河南鄭州人，文學博士，鄭州大學文學
院教師。主要研究方向爲宋代文獻。在《文學
遺産》《中國書法》等刊物發表論文多篇。

序　言

　　河南是宋王朝的發祥地，也是宋代發展的核心區，留存有重要的歷史遺迹，成爲認識宋王朝或研究宋代文化演進的重要史料。如宋都開封、鞏義王陵，北宋州橋遺址等，而宋代碑刻則是諸種遺迹中重要的一類，且是能够自我表述的一類，文獻價值更爲突出，是其他文獻難以取代的史料之一種。

　　河南宋碑有這樣的成就，是建立在繼承其悠久而輝煌的歷史基礎上的。石刻在河南發展肇始於殷商，如安陽殷墟出土小臣系石毁、"妊冉入石"石磬銘、"司辛"石牛刻石，至漢代大盛，著名者如《袁安碑》《袁敞碑》《肥致碑》《張禹碑》《子游殘碑》《正直殘碑》《劉君殘碑》《元孫殘碑》，嵩山三闕銘《開母廟石闕銘》《太室石闕銘》《少室石闕銘》等，這些碑刻長期爲世人關注。又如土地租賃規約刻石洛陽《漢侍廷里父老僤買田約束石券》，築路刻石偃師縣《東曲里通利水大道刻石》，祠堂碑南陽卧龍崗《李孟初神祠碑》，廟碑桐柏縣《桐柏淮源廟碑》，公益碑南陽卧龍崗《張景造土牛碑》等。當然，漢碑中最著名、影響最大而久遠的無疑是洛陽的《熹平石經》，是中國最早的一部石經，開後代儒家經典刻石先河。至曹魏時期，延續漢刻傳統，又有洛陽的《三體石經》，由古文、小篆、漢隸三種字體刻寫。臨潁縣《上尊號碑》及許昌市樊昌鎮《受禪表》碑皆爲巨碑名刻。至西晋、北朝、隋、唐、五代，河南刻石更是繁如星海，不一一舉例。

河南宋碑的成就，更得益於本朝的歷史背景。首先是北宋皇家對刻碑活動十分重視，這對整個宋代石刻的繁榮發揮了重要作用，特別是天子脚下的河南。宋朝帝王喜歡刻石，以趙匡胤“誓碑”（陸游《避暑漫抄》）爲代表。趙匡胤立國即積極推動刻碑活動，宣傳本朝的主張，將刻碑作爲穩定國家政治的一種手段。《玉海》卷一百零二載趙匡胤平廣南，開寶三年（970）十一月命儒臣學士李昉、盧多遜等十三人，分撰嶽瀆祠及歷代帝王碑書刻于石。一時，全國各地鐫刻了不少名碑巨刻，包括皇家各類祭祀活動刻石、皇陵採石記刻石、皇帝的御製詩文刻石、皇帝的書法作品刻石，及朝廷敕牒刻碑等，這些刻石多援朝廷重臣、名家撰書，或以官府名義，因此，碑刻多精美，文學藝術價值高、影響大。國家刻碑，在河南地區以至於全國刻碑活動的繁榮發展方面，起到了積極的帶頭或助推作用。

其次是宗教活動促進了河南地區碑刻的繁榮。佛教自東漢明帝因白馬馱經建白馬寺開始，經歷了多個朝代的發展，至宋代，已經深入普通民眾心中。佛教的普及極大促進了佛教碑刻在河南地區的繁榮，各寺廟、村莊鐫刻了大量佛經石幢，信眾因施財祈福也鐫刻了大量題名碑，因寺廟僧人去世而鐫刻的塔銘也有可觀的數量。河南的道教碑刻同樣數量繁多，内容豐富，得力於歷朝皇帝特别是真宗皇帝的佞道。真宗皇帝在河南留下了《龍門銘》《先天太后贊并序》《商元聖伊尹空桑廟碑》《賜賀蘭棲真詩并記》《御製中嶽醮告文》等，直接助力了一批道教碑刻的產生。

最後，山水景觀與人文景觀在促進河南地區宋代碑刻的興盛方面也發揮了很大作用。河南地區景觀資源主要集中在豫北太行山及豫西山地，這些地區山水奇絕，且多古迹名刹，如洛陽龍門石窟、白馬寺、中嶽嵩山、登封少林寺、中嶽廟、浚縣大伾山及大佛、安陽小南海等，這些地方多山水祭祀文或者游覽詩文與游客題名碑刻，如中嶽廟所刻祭祀嵩山的碑文，山水詩文碑如登封石淙、龍門石窟、修武百岩、浚縣大伾山留刻的文人山水詩歌摩崖碑刻。另外，人文景觀也吸引不少文人觀瞻，這些觀瞻者總在前朝碑刻，或者自造石柱上留下題名與題記，如嵩陽書院唐碑碑陰碑側題名及嵩陽宮石柱題名等。

河南宋代碑刻得以發展的原因，還在於河南是一個人文薈萃之地。由於宋代河南是全國的政治、經濟、文化中心，再有其前的后五代政治、經濟、文化中心也都在河南，所以，世家大族多生活在河南，如呂蒙正、富弼、韓琦、陳堯佐等家族。另外，由於從政的需要，宋代立國後，全國各地的人才也紛紛聚集河南，如山西的司馬光，江蘇的范仲淹，江西的王安石、歐陽脩、三劉、三孔、黃庭堅，四川的三蘇，福建的蔡襄、蔡京等，眾多才華橫溢的文人集中在一起，他們從政、交友、生活、創作在其間，鑄就了河南宋代碑刻的燦爛與輝煌。

在此背景下，河南的宋代碑刻得到了普遍而充分的發展。從存在地域以當今所轄看，所錄全省各縣市皆有成果，如鄭州（登封、鞏義、新鄭、滎陽、中牟）、開封（杞縣、通許）、洛陽（孟津、偃師、新安、宜陽）、安陽（林縣、安陽、滑縣、湯陰）、鶴壁（浚縣、淇縣）、三門峽（澠池、陝州）、商丘（夏邑、虞城）、新鄉（汲縣、輝縣、獲嘉）、焦作（山陽、沁陽、溫縣、孟縣）、濮陽、許昌（禹州、鄢陵、長葛、襄城）、信陽（光山、息縣、固始、羅山縣）、南陽（桐柏、淅川、方城即裕州、内鄉、鄧州）、平頂山（汝州、葉縣、寶豐、魯山）、周口（鹿邑）、漯河（臨潁、郾城、舞陽）、駐馬店（上蔡、泌陽）、濟源等地。其中以開封、鞏縣、偃師、洛陽、登封、安陽等縣市成果最爲集中。

從碑刻的數量，也可見河南宋代碑刻的發達。宋代碑刻的發展，在河南主要限在北宋，即從建隆元年至靖康年間，包括自趙匡胤立國的第一年（960），至徽宗、欽宗爲金人虜遷北地結束（1127），共發展近一百七十年。這近一百七十年間，據各種金石文獻統計，鐫刻了1500件左右的碑刻（可以想見千年前産生的碑刻數量應該遠多於此，因爲這是經過人爲的毀壞及自然的風化後餘存的數量）。

宋代河南碑刻發展不僅地域廣、數量多，且内容豐富，包括政治、軍事、文化、教育、經濟、農業、文學藝術、宗教等。其間名人名碑，或者重要碑刻也比比皆是，如歐陽脩《興化寺廊記》《石曼卿墓表》《太子太師陳文惠公神道碑》《太尉王文正公神道碑》《宜春令贈太師冀國公神道碑》《觀文殿大學士晏公神道碑》《尚書屯田員外郎張君墓表》《重修净垢院記》《忠武軍節度使武恭王公神道碑》《太師中書令程文簡公神道碑》《龍巢寺記》《范文正公神道碑》等。蘇軾《□□和尚碑》《黃州定惠院海棠詩》《後赤壁賦》《富鄭公神道碑》《布袋真儀》《蘇文忠二賦碑》《妙峰亭榜》《樞密使趙康靖公神道碑》《郊行詩》《文潞公德威堂銘》《小字松醪賦》《蜀岡詞》《"蘇門山涌金亭"六字》《觀世音像贊》《漢御史大夫周苛碑》；二絶碑，歐陽脩撰、蘇軾書碑的《醉翁亭記》；三絶碑，歐陽脩撰、蔡襄書碑的韓琦祠堂碑《晝錦堂記》。這些碑刻是研究宋代歷史不可多得的，甚至是唯一的文獻。這些碑從立碑或者撰書主體看大致可分兩類，一是朝廷刻碑，二是個人刻碑。其中，朝廷刻碑包括敕撰、敕書、敕牒碑、帝王御撰御書碑等，這些碑代表的是朝廷或者説是皇帝的意志，比較突出的一是前朝帝王碑，二是本朝皇陵採石記碑，這兩類對認識宋朝的興衰有一定價值。

首先，我們説宋代撰刻的先朝帝王碑。今知河南有開寶六年

（973）《修帝嚳廟碑》《修商王成湯廟碑》《新修光武皇帝廟碑》《修唐太宗廟碑》，開寶七年（974）《新修商中宗廟碑》，端拱元年（988）《錢忠懿王神道碑》（錢俶曾爲吳越國王），大中祥符九年（1016）《修湯王廟碑》，紹聖四年（1097）《商王廟大殿記》等。這是全國當時鐫刻帝王碑的一個縮影。考全宋碑刻，宋前帝王，趙氏大多爲之立碑，如開寶六年（973）在全國其他地區還有《新修女媧廟碑》《大宋新修周康王廟碑》《新修周武王廟碑》《宋新修漢文帝廟碑銘》《新修唐太宗廟碑》《新修唐憲宗皇帝廟碑銘并序》《大宋新修唐高祖皇帝廟之碑》《晉平西周君廟象贊》，太平興國四年（979）《重建湯王廟碑》《後周太祖廟碑》。甚至歷來被冠以暴君的秦始皇，據駱天驤撰《類編長安志》記載，楊昭儉也奉敕撰有《宋新修秦始皇帝廟碑銘》，這有可能是歷史上唯一的官修秦始皇帝廟碑。

宋代大修前朝帝王廟并鐫刻碑銘，多發生在太祖或太宗年間，是其他朝代少有的舉動。立碑形制巨大。《新修光武皇帝廟碑》碑高一丈一尺六寸，廣五尺六寸。《新修商中宗廟碑》高一丈四尺六寸，廣六尺四寸五分。皇帝皆敕命重臣分別撰文作書。這些碑銘爲祭祀前朝帝王，爲頌揚前朝帝王而作，其目的是穩定政局，是趙匡胤治國方略之一。趙宋皇帝積極利用碑刻宣揚其文治武功，將其作爲穩定趙氏家族統治的一種國家策略，特別是宋朝初年。其一，宣傳趙氏政權天命所歸的正統地位。由於趙氏政權係黃袍加身而得，乃從柴氏孤兒寡母的手中奪取，唯恐政權得不到天下人認同，故趙匡胤急於要天下人明白自己統治的合理性所在。他說："歷代帝王，各膺曆數。驪翰共於光躅，正朔被於中原。"（《新修商中宗廟碑》）即自己的這個皇帝是符合"曆數"的，是合於改朝換代的"正朔"天命的，是上天賜予他的皇帝，正如商朝取代夏朝一般。其利用刻碑在此方面宣揚，以爭取天下臣民的認同。凡帝王碑刻多具此類内容，又如開寶六年

（973）太中大夫行右補闕內供奉柱國蘇德祥奉敕撰《新修光武皇帝廟碑》，鑒於趙匡胤起於行伍，碑文將宋室的興起與劉秀自平民而至天子繼承漢統相比較："惟後漢起南陽、静諸夏，康濟於一時；惟大宋舉墜典、秩無文，輝映於千古。是知祠祀大功，其來尚矣，沿革盛禮，可得言焉。"將趙宋取代柴周與劉秀取代新莽相提并論，闡述了趙匡胤取代柴氏政權建立新朝的前車之例。其二，宣揚趙宋王朝的武功與文治成就，通過貶抑前朝而張揚本朝，將趙宋帝王描述爲千古一帝，如説"梁則干戈日尋，晋則獫狁□熾，漢因屠戮而覆，周乃功烈未伸。唯我應天廣運聖文神武明道至德仁孝皇帝，德服萬邦，威加四海，舉偏師而下西蜀，不假金牛；用裨將以復南荒，寧標銅柱！嘉禾瑞麦，感和氣而集豐年；合璧連珠，麗蒼穹而昭聖代。是以安民富國，已隆萬世之基；事天禮神，更盛百王之制"。（《新修唐憲宗皇帝廟碑銘并序》）帝王碑重在贊述趙皇的不世成就，如《新修光武皇帝廟碑》稱贊趙匡胤武功："德威四方，擒僭僞之君者二；歲周一紀，□郊祀之禮者三。而猶避興化之鴻名，讓成功之懿號。若朽索之御六馬，不捨戒懷；理大國如烹小鮮，自然均化。制前古未行之禮，旌歷代有道之君。"描述了趙匡胤在宋朝建立後，削平南唐與西蜀的平定天下之功，及超邁前朝的治績。《新修商中宗廟碑》也説："惟帝克大祖宗之業，生知皇王之道。臨下有赫，在上不驕。休光炳然，煒燁耀世。皇家有天下之十五載，王塗無外，帝理有光。文德誕敷，遠人來格。武功大定，凶族咸劉。惠澤需于黎元，和氣煦于昆蟄。恢禹迹之遐理，復中州之故封。蠻貊之征，歲紀職方之籍；象胥之譯，時踐藁街之庭。加以天下大寧，海內如砥。陰陽水旱，罕值於天灾；山川鬼神，必助於聖作。郊丘備物之祀，祖考孝思之誠。三陛紫壇，親奠蒼璧。帝王之能事畢舉，邦國之墜典聿脩。爵鄫侯之孫，興廢見乎厚德；封黄帝之後，繼絶表於至仁。"也是稱贊趙匡胤治績與勘定天下的豐功偉業。從太祖、太宗等皇帝的平穩發展過程與成就看，顯然，趙匡胤利用爲歷代帝王刻碑這種形式，宣傳自己統治的能力與統治合法性，從而達到贏取天下士民信任與支持的目的，達到了很好效果。

祭祀嶽鎮海瀆建立神碑，其作用可視作與祭祀先朝帝王相等，趙匡胤是將嶽瀆祠及歷代帝王碑的建設放在同等地位考慮的，因此碑文的撰寫者也是將嶽瀆之神與帝王相提并論。宋代祭祀嶽瀆神碑包括中嶽、東嶽、西嶽、北嶽、南嶽等，甚至包括南海廣利王，其中特別重視對登封中嶽廟中天王的祭祀。在趙匡胤看來，中原統治是正統的象徵，嵩山"居天地之正中"，所謂"天設神府，陰主人事者"为中天王。主要碑刻有《重修中嶽廟記》（964）、《大宋新修嵩嶽中天王廟碑》（973）、《大宋中嶽中天崇聖帝碑銘并序》（1014）、《大宋增修中嶽中天崇聖帝廟碑銘并序》（1022）。此類碑目的主旨在於宣揚皇權天授，如《大宋新修嵩嶽中天王廟碑》引趙匡胤話曰："神以我爲有道之君，故祈禱應；神以我爲求理之代，故風雨調。"總而言之，"我"現在做皇帝是天的意志，非我自己要做皇帝，我所做的都是上天認可的，是上天要"我"做的，我代表上天爲世人帶來了福祉，以此，凡信仰上天的就應該尊崇"我"，尊崇"我"也就是信仰天，把"天"與"帝"完全等同。同時，皇帝也借爲前朝帝王立碑，宣傳其愛民之心，如碑文所説"神以我有愛民之心，故稼穡豐穰；神以我有惠物之志，故煙塵掃盪"，"我之盛德兮超彼前聞，我之祈福兮在于生民"。愛民，是嶽瀆碑要表達的又一重要主題，是爭取民心的基礎，因此高唱"我之盛德兮超彼前聞，我之祈福兮在于生民"。

其次，宋代河南鐫刻了一些本朝皇帝、王后陵墓碑，其中，帝王皇后的陵墓採石碑是稀見宋代碑刻，展示了宋朝皇家生活不爲人知的一個側面。此次搜録到相關碑刻五件，如乾興元年（1022）立真宗

《永定陵修奉採石記》，元祐八年（1093）立英宗《宣仁后山陵採石記》，元符三年（1100）立哲宗《永泰陵採石記》，建中靖國元年（1101）立《二陵採石記》，政和三年（1113）立元符皇后《崇恩園陵採石記》等。這些《採石記》的文字僅存於石上，或者後人輯著的金石著述中，正史與個人文集中鮮見，內容也頗爲珍稀。其與其他文獻不同處主要在於詳細記載了帝王修陵所用的物力、人力。如修永定陵用軍民役匠三萬一千六百人，宣仁后山陵二千九百七十四人，永泰陵役兵匠九千七百四十有四人，二陵（神宗欽聖憲肅向皇后與欽慈陳皇后）採石記記載集七路匠師，"陪役之兵，以指計者九萬六千三百三十"。由於修陵有時間的限制，生活條件惡劣，甚至飲水都成爲問題，加上勞動強度高，所以修陵期間時常伴有疫病甚至死人的事發生。如《永泰陵採石記》記載"役兵匠九千七百四十有四"，"病者千七百餘人，而不可治而死者蓋亦百釐之二"。《二陵採石記》也記載六十日的修陵時間，"若匠若兵或死或亡纔二十有九人"。通過這些數字，採石記撰寫者或是爲了宣揚皇家喪事的宏大與影響，客觀上，當時普通百姓體會到的是趙氏王朝不惜民力給天下百姓帶來的深重苦難，不惜民力而導致怨聲載道。《永泰陵採石記》載"居山土人皆云，每至久積陰晦，常聞山中有若聲役事之歌者，意其不幸橫夭者沉魂未得解脫逍遙而然乎"，寫出了徭役人士的心中鬱結而無法表達的痛苦。"土人"所云該是一種委婉的抗議，表達對北宋王朝勞役人民的不滿。

筆者以上就兩類碑談了對河南宋代碑刻價值的粗淺認識，其實每一件碑刻，專家們都可從中發現無可替代之處，如較少人討論的記載了183名宋代自立國至崇寧年間的開封府尹人名的《開封府題名記碑》。李之亮先生以為此碑"較詳實地記錄了自宋太祖建隆元年（960）至宋徽宗崇寧四年（1105）一百四十六年間一百八十多任開

封府尹的任免情況，爲宋史研究提供了可靠的第一手資料"（《北宋
〈開封府題名記〉續考》，《文獻》1990 年第 2 期）。趙龍通過《開封
府題名記》研究了北宋開封府官長籍貫地理的演變、科舉出身的狀
況及開封府官長任用區分等，探討了宋朝官場政治生態（《再論北宋
開封府官長群體——由〈開封府題名記〉談起》，《平頂山學院學報》
2015 年第 6 期）。又如《千倉渠水利奏立科條碑記》，周寶珠先生認
爲其"是人們目前能够看到的最爲完整的一項農田水利專法。通過
《科條》的具體内容，人們可以得知宋代農田水法的諸種特點，并進
而窺知王安石變法期間對農田水利的高度重視，爲評價變法提供了一
個重要史證"（《千倉渠科條碑記與宋代農田水法》，《歷史研究》
1995 年第 6 期）。吳漫先生以爲其"是目前可見最早且約束全面的保
障農田灌溉的重要科條碑刻"，并從碑的社會效益論述該碑存在的歷
史與現實價值："自宋迄清，科條約束發揮了長久效力，這依賴於國
家力量的有力保障、集中管理下注重民意的表達，以及有效節度并平
衡地區間涉利地户的權益，在一定程度上體現了今天所謂破解'集
體行動困境'的意義。"（《〈千倉渠水利奏立科條碑〉與嚴格的水管
理》，《歷史文獻研究》2015 年總第 35 輯）。又如《石保吉神道碑》
《石保興神道碑》，二碑分别叙述兩人如何得到趙氏重用及忠於趙氏
的人生旅程。石保吉（尚太祖第二女）、石保興二人乃宋朝開國功臣
石守信的兒子。世人皆知趙匡胤杯酒釋兵權的故事，責備趙匡胤心機
重，而很少議論趙匡胤重用功臣子弟的歷史。解除父權重用子弟，也
當是趙匡胤釋兵權的組成部分。同類碑河南還有《魏咸信神道碑銘》
《李昭亮神道碑》等，碑主皆與皇家有姻親關係，可見趙匡胤馭下之
權術。再如歐陽脩撰《范文忠公神道碑》認爲曾爲政敵的范仲淹與
吕夷簡二人晚年曾釋怨修好，范仲淹之子范純仁却不同意此說，因此
刻碑之時便删除了歐陽脩的文字。歐陽脩大不以爲然，成爲歷史公

案，有神道碑見證。似此之類，不勝枚舉。但對這些碑的存在或價值，并不是人人熟知的，這主要緣於對河南宋碑整理的不足，至今没有一種較爲全面的河南宋碑整理成果，相關整理研究散存於綜合的金石或地志著作中。或爲簡目而缺乏内容，如黄叔璥《中州金石考》、孫星衍等《寰宇訪碑録》、畢沅《中州金石記》之類；或爲文字整理本如《金石萃編》《八瓊室金石補正》，但缺乏校勘整理；或爲拓本匯編而無文字辨識，如《北京圖書館藏中國歷代石刻拓本匯編》。新中國成立以來，各縣市多有學人整理本地碑刻，如《龍門區系石刻文萃》《少林寺石刻藝術選》《嵩山中岳廟》《大伾山名勝區石刻選》《鄭州博物館文物精華》，其中雖有宋碑，但如散金碎玉，過於零碎，也難以見其價值，這都妨礙了河南宋碑價值的開發與利用。有鑒於此，本人在前人與時賢所著的基礎上，奔赴各地調研，專一搜録宋代碑刻，辨析文字，纂成此集。

宋代的河南在國家發展中地位特殊，河南宋碑對宋代、對當今河南也有不一樣的認識價值與應用價值，但願此集對河南及宋代歷史文化的研究有所助益。

凡　例

一、本集限録今河南境内存在、發生在北宋與南宋（960~1278）期間的所有碑刻文字，包括宋人復刻的宋前作品，以及元、明、清人復刻的宋代碑刻作品。

二、本集限録發生在地面以上的刻石作品，墓誌、墓銘、地券等地下埋刻不在收録範圍。

三、收録以曾經刻石作品爲對象，難以確認入石者，如別集中稱作碑刻而未見刻石者不録。所録包括本人尋訪到的現存宋代碑刻、有拓片或者照片存在的，如《北京圖書館藏中國歷代石刻拓本匯編》《中國金石總録》等。純文字版整理石刻僅收録民國以前的金石專著如《金石萃編》《八瓊室金石補正》之類所録，以及民國以前各種地志中的“金石”部分，如《鞏縣志》《偃師縣志》《安陽縣志》等。凡當代純文字整理本石刻不作録入所據，但可校勘參考。

四、録文包括石刻原文、説明、校勘記三部分。

原文包括石刻中的全部文字，如碑額，碑題，正文，以及立石人、鐫字人等所有刻石標注的信息。録文次序以石刻本身位置爲先後。若有石刻，同時又有整理文字，則依石刻爲準，如《金石萃編》往往移動位置録入作者、書碑人，與石刻的原刻文位置不符。句中殘闕字可數者每字以"□"替代，字不可數，則以省略號"……"替代。録文中凡石刻篆書、草書等一律録爲正書。又石刻多俗字、異體字，儘量采用通用規範繁體字録入。後人録碑使用避諱字，徑改不出校，如邱（丘）、甯（寧）、寍（寧）、歷（曆）、元（玄），"廟諱""今諱""御名"，還有缺末筆、字外加"□"之類。若石刻本文避宋人諱則不改，如正元、正觀、真觀等。

五、録文按照現代標點規範標點斷句。

六、説明文字的撰寫，主要記録石刻所在地及依據文本的來源，確認曾經以刻石存在。自訪得到的標明石刻的所存地點。依據圖本等文獻録文的，著録圖本的名字及關於石刻的出土地及形制的描述、卷次頁碼。如若一方石刻參用了多種文獻，則以實物、拓本、文字本的次序著録。又，當代整理石刻純文本著作，爲了節約篇幅，初見者、有校勘價值者入説明文字，其他皆入附録參考文獻，不一一列舉。

七、校勘記的撰寫。凡有完整石刻，或者照片、拓片存在的，直接據之録文。如李昌孺少林寺詩刻，落款是"政和六年孟夏"，《八瓊室金石補正》失辨"孟夏"二字，《拓本匯編》可辨，直接補文而不出校。若石刻、照片、拓片皆不存在，不同整理本之間有差異，則出校勘記。

石刻文本常與傳世集本所載有差異，即便石刻文本有缺、誤，集本文字也不納入參校文獻。

八、石刻排序不分地域與形制，皆按照其產生的時日先後排列。石刻缺月者列在當年後，缺日者列在當月後。如無年月者，列在同作者有年月作品之後。如集中無作者兼無時代，則根據作品時代就近排列。北宋作品列在靖康後，南宋作品列在南宋後。石刻本身無作者，可按斷定大概時間歸列。南北宋無從斷定區分但可斷定爲兩宋石刻者，列在本集最後。

目　録

劉氏爲夫造尊勝幢記

建隆元年（960）四月四日

佛頂尊勝陁_勒。

夫清□深□□□□□□而超昇業海，□□善因□□□□□□□之罪……□三途之殃。粤有妻劉氏奉爲亡夫□□□□資□己□□□□□□□□□□□□□□□不終合卺之歡，忽掩逝川之嘆。今者特興鄩匠之工，報答恩情之道，是以刊玉□□又□大悲尊勝□羅尼幢一所。伏□魂游寶刹，面禮慈悲。

時大宋國建隆元年歲次□□□月庚午朔四日癸酉建[1]。

[説明]

據《八瓊室金石補正》，高二尺七寸。八面，面廣三寸四分。四行，行廿字，字徑五分。第一面上列佛像。第八面題記，五行，行卅一、卅二字不等。字徑四分。正書。刻於建隆元年（960）四月四日。碑在洛陽存古閣。

見《石刻史料新編》第1輯，第7册，5321頁。

[校勘記]

[1] 據碑文所記"歲次"及月份干支"庚午"推算,"□□□"當作"庚申四"。

佛説温室洗浴眾僧經

建隆二年（961）二月十一日

佛説《温室洗浴眾僧經》一卷。

阿難曰：“吾從佛聞如是：一時佛在摩竭提國因沙崛□□□□□□有大長者，奈女之子，名曰耆域，爲大醫王，療治眾□□□□□□□過通，智達五經、天文、地理。其所治者莫不除愈，死□□□□□□，其德甚多，不可具陳，八國宗仰，見者歡喜。於是耆域□□□□□佛所，當問我□。”

晨旦，□家大小眷屬，嚴至佛所。到□□□□□□□照天地。眾□四輩，數千萬人，佛爲説法，一心静□□□□□□□□爲佛作禮，各坐一面。

佛慰勞曰：“善來！醫王！欲有□□，莫得疑難。”

□□長跪白佛言：“雖得生世，爲人疏野，隨俗眾流，未□□□□□□佛及諸眾僧、菩薩大士，入温室澡浴，願令眾生長□□□□□□□，不遭眾患。唯佛聖旨，不忽所願！□□□□□□□□□□病，皆蒙除愈，遠近慶賴，莫不歡喜。今復請佛及諸□□□□□□□□□方眾藥療病，洗浴除垢，其福無量。一心聽法！□□□□□□□□眾僧反報之福。”

佛告耆域："澡浴之法，當用七物，除□□□□□□□。何謂七物？一者然火，二者净水，三者澡豆，四者蘇□□□□□□□□□七者内衣。此是澡浴之法。何謂除七病？一者四□□□□□□□□者除濕痺，四者除寒冰，五者除熱氣，六者除垢□□□□□□□目精明。是爲除衆僧七病。如是供養，便得七福。何謂□□□□□□□□生□安，勇武丁健，衆所敬仰；二者所生清净面目□□□□□□□人所敬；三者身體常香，衣服潔净，見者歡喜，莫不□□□□□□□□威光德大，莫不敬嘆，獨步無雙；五者多饒人從，拂拭塵垢□□□□□□□□命；六者口齒香好，方白齊平，所説教令莫不肅用□□□□□□□□衣裳，光飾珍寶，見者悚息。

□□□□□□□□□□□□□□□如是。從此因緣，或爲人臣，或爲帝王，或爲日月四天神□□□□□□□□聖王，或生梵天，受福難量。或爲菩薩，發意治地□□□□□□□□□因由，供養衆僧，無量福田，旱澇不傷。"

於是世□□□□□□□□□□：

"觀諸三界中，天人受景福，道德無限量，諦聽次説之。□□□□□，□□□□□，體性常清净，斯由洗衆僧。若爲大臣子，財富常吉安，□□□□□，□□□□□，所説人奉用，身體常香潔，端正色從容，斯由洗衆僧。□□□□□，□□□□□，洗浴以香湯，苾芬以熏身，形體與衆異，見者莫不欣，□□□□□，□□□□□。□一四天王，典領四方域，光明身端正，威德護四鎮，□□□□□，□□□□□，斯由洗衆僧，福報如影響。第二忉利天，帝釋名曰因，六重之寶城，七寶爲宮殿，□□天中尊，端正壽延長，斯由洗衆僧，其報無等倫。□□□□□，□□□□□，□行四海外，兵馬八萬四，明寶照晝夜，玉女隨時供，端正身香潔，斯由洗衆僧。□六化□天，欲界中獨尊，天相光影足，威靈震六天，□□□□□，□□□□□，

□德難稱□，斯由□衆僧。梵魔三鉢天，净居修□□，□□□□□，□□□□□，梵行修潔己，志□在□洹，得生彼天中，斯由洗衆僧。□□□□□，□□□□□，□行□數劫，今乃得真道，金體玉爲琰，塵垢不著身，□□□□□，□□□□□。諸佛從行得，種種不勞勤，所施三界人，無所不周□。□□□□□，□□□□□，道德從中出，是行最妙真。□□□□□□□□□□□□□□□長短，福德多少，皆由先世用心不等，是□□□□□□□□□□□皆由洗浴聖衆得之耳！"

佛説經已，阿難白佛言："□□□□□□□□□。"

佛告阿難："此經名曰《温室洗浴衆僧經》！諸佛所□□□□□□□□□□受與。求清净福，自當奉行。"

佛説是經已，耆域□□□□□□□□□□□道，禮佛求退，嚴辦洗具。衆坐大小，各得道□□□□□□□□□

佛説《温室洗浴衆僧經》一卷。

時大宋建隆二年歲次辛酉二月十一日乙亥。洛右衛應聖資。

［説明］

據《拓本匯編》，高 50 釐米，寬 99 釐米。刻於宋建隆二年（961）二月十一日。藏洛陽存古閣。

見《拓本匯編》37 册第 3 頁。

重修中嶽廟記

乾德二年（964）八月十五日

重修中嶽廟記。

鄉貢進士駱文蔚謹撰并書。

傳經講論沙門守崟篆額。

恭聞聰明正直者神，於是乎封五嶽、命四瀆，以主天地之柄；溫良恭儉者人，於是乎位三公、侯萬户，以序君臣之政。神之靈，雪霜風雨應其候；人之正，士農工商樂其生。是知神正則福善，人貴則通神。既感應以相符，在影響而斯契。嵩嶽廟者，名高祀典，位冠中央。南汝川而北洛川，地封靈鎮；左太室而右少室，天設神宮。國家祭享之外，留守禱祈之暇。每至清明届候，媚景方濃，千里非遥，萬人斯集，歌樂震野，幣帛盈庭，陸海之珍，咸聚於此。或曰非禮，然事涉餘論，且理亦存焉。使人畏其神，則暗室之中有所思也；使人畏其法，則康莊之内有所懼也。若畏其神懼其法，成政之道亦在兹乎。其如所獻，不可勝紀，雖云廟用，未曰精專，歷政以來^[1]，罕革厥事^[2]，不有明略，無由立功。留守侍中稟嶽之英，得河之靈，許國忠貞，施政肅清。於是奉君之餘，愛民之暇，乃偵斯邑，備聆厥由。一日命寮佐曰："食君之禄，豈徒然哉？今欲務木成政如斯，可乎？"

四座咸曰："善！"於是選彼公人，監之於廟。未逾期月，所獻寶貨幣帛充溢廊廡，仍令掌綰，竚俟修崇。乃差軍將孫禧相度，又差登封鎮將郭武等曰："以爾早親，左右聽吾指蹤，擇彼梓人，臻其必葺，雜用二十三處，行廊一百餘間，莫不飾以丹青，繪之部從。栽松植木，去故就新，不可一一盡紀。"俄而，吏不敢欺，告厥成功。仍聽民歌，靡敢弗録，歌曰："時之泰兮聖人功，政之清兮君子風。睹廟宇兮嚴潔，賴明師兮修崇。"足使謁者生肅然之禮，祭者敦如在之恭。則明神貴人，感應之兆，信不虛耳。文蔚奪篡，無能編苦。自許徒寄化風之内，幸窺修飾之功。是馨蘸詞直書盛事。慮年代以杳邈，勒貞珉而斯在。

時乾德二年八月十五日記。

廟丞前攝邠州定平縣令將仕郎試大理評事劉仁矩。

朝散大夫行廟令兼監察御史裴陟。

河南府押衙同監修王仁遇。

隨使押衙銀青光禄大夫檢校國子祭酒兼御史大夫驍騎尉登封鎮遏使監修郭武，廟子唐令珣。

鐫字人莫仁美。

[說明]

據《拓本匯編》，高116釐米，寬63釐米。據《金石萃編》，碑高四尺九寸，廣二尺六寸七分。二十一行，行三十七字。行書。篆額。刻於乾德二年（964）八月十五日。碑在河南登封中岳廟。

見《拓本匯編》37冊第11頁；《石刻史料新編》第1輯，第3冊，2276頁；《（乾隆）河南府志》卷84。

[校勘記]

[1]“以來”，據《（乾隆）河南府志》補。

[2]“罕”，據《（乾隆）河南府志》補。

朱生璘經幢記

乾德三年（965）二月一日

大宋乾德三年歲次乙丑二月壬寅朔一日建。

［説明］

據《偃師金石遺文補録》，刻於乾德三年（965）二月一日。存。
正書。碑在偃師縣南緱氏鎮南門外。

見《偃師金石遺文補録》卷8。

經幢記

開寶三年（970）九月

嵩岳□□□□壇院……

大師出家二十□□□□念……

僧居二十來年約近三千餘衆……

故立此幢，伏願國界安寧，法輪□轉……

大宋開寶三年歲次庚午九月乙亥……

[説明]

幢八面，在登封嵩陽書院，一面刻記文，字多殘難辨。刻於開寶三年（970）九月。尚未見整理。

010

劉氏尊勝陁羅尼經幢記

開寶五年（972）正月十五日

佛説《尊勝陁羅尼經》。

如是我聞，一時薄伽梵在室羅筏住誓多林給孤獨園，與大苾芻衆千二百五十人俱，又與諸大菩薩僧万二千人俱。爾時三十三天於善法堂會，有一天子名曰善住，與諸大天游於園觀，又與大天受勝尊貴，與諸天女前後圍繞，歡喜游戲，種種音樂，共相娛樂，受諸快樂。爾時善住天子即於夜分，聞有聲言善住天子却後七日，命將欲盡，命終之後生贍部洲，受七返畜生身，即受地獄苦。從地獄出，希得人身，生於貧賤，處於母胞中即無兩目。爾時善住天子聞此聲已，即大驚怖，身毛皆竪，愁憂不樂，速疾往詣天帝釋所，悲啼號哭，惶怖無計，頂禮帝釋二足尊已，白帝釋言："聽我所説，我與諸天女共相圍繞，受諸快樂，聞有聲言'善住天子却後七日，命將欲盡。命終之後生贍部洲，七返受畜生身，受七身已，即墮諸地獄。從地獄出，希得人身，生貧賤家而無兩目。天帝，云何令我得免斯苦?"爾時，帝釋聞善住天子語已，甚大驚愕，即自思惟此善住天子受何七返惡道之身。爾時，帝釋須臾静住，入定諦觀，即見善住受七返惡道之身，所謂猪狗野干獮猴蟒蛇烏鷲等身，食諸穢惡不净之物。爾時，帝釋觀見善住天子當墮七返惡道之身，極助苦惱，痛割於心。諦思無計，何所歸依，唯有如來應正等覺令其善住得免斯苦。爾時，帝釋即於此日初夜分時，以種種華鬘塗香末香，以妙天衣莊嚴執持，往詣誓多林園於世尊所，到已。頂禮佛足，右繞七匝，即於佛前廣大供養，佛前胡跪而白佛言："世尊，善住天子云何當受七返畜生惡道之身？"具如上説。爾時，如來頂上放種種光，遍滿十方一切世界已，其光還來繞佛三匝，從佛口入。佛便微笑告帝釋言："天帝，有《陁羅尼》，名爲《如來佛頂尊勝》，能净一切惡道，能净除一切生死苦惱，又能净除諸地獄閻羅王界畜生之苦，又破一切地獄，能迴向善道。天帝，此《佛頂尊勝陁羅尼》，若有人聞一經於耳，先世所造一切地獄惡業皆悉消滅，當得清净之身，隨所生處憶持不忘。從一佛刹至一佛刹，從一天界至一天界，遍歷三十三天，所生之處憶持不忘。天帝，若人命欲終時，須臾憶念此《陁羅尼》，還得增壽，得身口意净，身無苦痛，隨其福利随處安隱，一切如來之所觀視，一切天神恒常侍衛，爲人所敬，惡障消滅，一切菩薩同心覆護。天帝，若人能須臾讀誦《陁羅尼》者，此人所有一切地獄畜生閻羅王界餓鬼之苦，破壞消滅，無有遺餘。諸佛刹土及諸天宮一切菩薩所住之門無有障礙，隨意游入。"爾時，帝釋白佛言："世尊唯願如來爲衆生説增益壽命之法。"爾時，世尊知帝釋意心之所念，樂聞佛説是《陁羅尼》，即説咒曰：

曩謨引。婆誐嚩無可反，下同。帝引。怛嚩二合引。格引。枳也二合。鉢囉二合。底丁以反。尾始瑟吒二合引。野三。没馱引。野婆去。誐嚩帝引。四。怛你也二合。他去引。五。唵引。尾戌引。馱野尾戌引。馱野□娑麼娑麼三去。滿多去。嚩婆引。娑七。娑頗二合。囉拏鼻音。誐底誐賀曩八。娑嚩二合。婆去引。嚩小。尾秫詩律反。第九。阿上。鼻詵上謹反。左一本云者。睹铪莫欹反。引。素誐哆十。嚩囉嚩左准上。曩引。十一。阿蜜㗚二合。轉引。鼻曬所□反。闟十二。摩賀曼怛囉橎乃阿賀囉阿去。賀囉十三。阿去反。庚羊主反。散馱引。囉柅尼教反。十四。戍引。馱野戍引。馱野十五。誐誐曩尾秫第十六。鄔瑟柅二合。引。灑尾惹自欄反。野尾秫第十七。娑賀娑囉二合。喝囉濕銘二合。散祖一本云主。你泥以反，下同。帝十八。薩嚩怛他去引。誐多十九。嚩盧羯你寧頂反。二十。娑吒波二合。囉蜜多引，二十一。波唎布去。引。囉尼二十二。薩嚩怛他薩多纈哩二合。馱野二十三。地瑟吒二合。引。曩二合。二十四。地瑟耻二合。多二十五。摩賀引。毋捺嚂二合轉去。二合。引。廿六。嚩日囉二合。迦引。野二十七。僧賀多曩尾秫第廿八。薩嚩引。嚩囉挐廿九。波耶突哚二合。褐底跛唎秫第三十。鉢囉二合。底顥韈胧發反。轉舌。多野阿去引。欲秫第卅一。三去。麼野引。地瑟耻二合。帝卅二。麼顥麼顥摩賀麼顥卅三。毋顥毋顥尾毋顥卅四。怛闍去引。多部引。多卅五。句引。知跛哩秫第卅六。尾娑普二合。吒没跎秫第卅七。惹野惹野卅八。尾惹野尾惹野卅九。二合。娑麼二合。囉娑麼二合。囉四十。薩嚩没馱引。地瑟耻二合。多秫第四十一。嚩日哚二合。引。嚩日囉二合。蘗陛引。四十二。嚩日覽二合。引。婆去。引。嚩睹麼麼自稱姓名，若緣諸事，此亦須言之。薩嚩薩怛嚩四十三。舍唎嚂薩嚩薩埵喃四十四。難者迦耶跛唎秫第四十五。薩嚩誐底跛里秫第四十六。薩嚩怛他去。引。蘗多去。引。室多□四十七。三去。麼引。溼嚩二合。娑演睹四十八。薩嚩怛他去。引。蘗多四十九。三去。麼鼻。引。濕嚩二合。娑去。引。地瑟耻二合。帝五十。没地野二合。没地野二合。五十一。尾冒引。馱野尾冒引。馱野五十二。三滿多跛哩秫第五十三。薩嚩怛他去。蘗多纈哩二合。馱野引。五十四。地瑟姹二合。曩引。地瑟耻二合。多五十五。摩賀引。毋捺哩二合。轉舌。引。娑嚩賀引。五十六。

佛告帝釋言："此咒名'净除一切恶道佛頂尊勝陁羅尼'，能除一切罪業等障，能破一切穢恶道苦。天帝，此《陁羅尼》八十八殑伽沙俱胝百千諸佛同共宣説，隨喜受持。"大如來智印印之，爲破一切衆生穢惡道義故，爲一切地獄畜生閻羅王界衆生得解脱故，臨急苦難墮生死海中衆生得解脱故，矩命薄福無救護衆生，樂造雜染惡業衆生□故，説人此《陁羅尼》於瞻部洲住持力故，能令地獄惡道衆生種種輪轉生死薄福衆生、不信善惡鬼神布單那羯吒布單那阿波娑摩羅蚊蝱龜狗蟒蛇一切諸鳥及諸猛獸、一切蠢動含靈乃至蟻子之身，更不重受即得轉生。諸佛如來一生補處菩薩同會處坐，或得大姓婆羅門家生，或得大刹利種家生，或得豪貴最勝家生。天帝，此人得如上貴處生者，皆由聞此《陁羅尼》故，轉所生處皆得清净。天帝，乃至得到菩提道場最勝之處，皆由贊美此《陁羅尼》功德如是。天帝，此《陁羅尼》名爲吉祥，能除一切惡道，此《佛頂尊勝陁羅》猶如日藏摩尼之寶，净無瑕穢，净等虚空，光焰照徹無不周遍。若諸衆生持此《陁羅尼》亦復如是，亦如閻浮擅金明净柔軟，令人喜見，不爲穢惡之所染着。天帝，若有衆生持此《陁羅尼》亦復如是，承斯善净，得生善道。天帝，此《陁羅尼》所在之處，若能書寫宣通受持，讀誦聽聞供養能如是者，一切惡道皆得清净，一切地獄苦悉皆消滅。

佛告天帝：若人能書寫此《陁羅尼》安高幢上，或安高山，或安樓上，乃至安置窣堵波中，天帝，若有苾蒭、苾蒭尼、優婆塞、優婆夷、族姓男、族姓女於幡等上方一見，或與相近，其影映身，或風吹《陁羅尼》幢上塵落在身上，天帝，彼諸衆生所有罪業，應墮惡道、地獄、畜生、閻羅王界、餓鬼阿修羅身惡道之苦，皆悉不受，亦不爲罪垢之所染污。天帝，此等衆生，爲一切諸佛之所授托，皆得不退轉於阿耨多羅三藐三菩提。天帝，何況更以多諸供具，華鬘塗香末香幢幡寶蓋等，衣服瓔珞作諸莊嚴，於四衢道造窣堵波，安置《陁羅尼》，合掌恭敬，旋繞行道，歸依禮拜。天帝，彼人能如是供養者，名摩訶薩埵，真是佛子持法棟梁，又是如來仁身舍利窣堵波塔。

爾時，閻摩羅法王於時夜分來詣佛所，到已，以種種天衣妙華塗香莊嚴供養佛已，繞佛七匝，頂禮佛足而作是言："我聞如來演說讚持大力《陀羅尼》者，我常隨逐守護，不令持者墮於地獄。以彼隨順如來言教而護念之。"爾時，護世四天大王繞佛三匝白佛言："世尊唯願如來爲我廣說持《陀羅尼》法。"爾時，佛告四天王："汝今諦聽，當爲汝宣說受持此《陀羅尼》，亦爲矩命謀衆生說。當先洗浴着新净衣，白月圓滿十五日時，持齋誦此《陀羅尼》滿其千遍，令矩命衆生還得增壽，永離病苦，一切業障悉皆消滅，一切地獄諸苦亦得解脫。諸飛鳥畜生含靈之類，聞此《陀羅尼》一經於耳，盡此一身更不復受。"佛言："若遇大惡病，聞此《陀羅尼》，即得永離，一切諸病亦得消滅，應墮惡道亦得除斷，即得往生寂靜世界，從此身已後，更不受胞胎之身。所生之處蓮華化生，一切生處憶持不忘，常識佛命。"佛言："若人先造一切極重罪業，遂即命終承斯惡業，應墮地獄，或墮畜生閻羅王界，或墮餓鬼乃至墮大阿鼻地獄，或生水中，或生禽獸異類之身，取其亡者隨身分骨。以土一把誦此《陀羅尼》廿一遍，散亡者骨上，即得生天。"佛言："若人能日日誦此《陀羅尼》廿一遍，應消一切世間廣大供養，捨身往生極樂世界。若有誦念得《大涅槃》，復增壽命，受勝快樂。捨此身已，即得往生種種微妙諸佛刹土常與諸佛俱會一處，一切如來恒爲演說微妙之義。一切世尊即受其記身，光照耀一切佛刹。"佛言："若誦此《陀羅尼》法於其佛前，先取净土作壇，隨其大小方四角，作以種種草華散於壇上，燒衆名香，右膝着地胡跪，心常念佛，作慕《陀羅尼》，即屈其頭指，以大母指伸合掌當其心上，誦此《陀羅尼》一百八遍訖，於其壇中如雲王雨華，能遍供養八十八俱胝殑伽沙那庾他百千諸佛，彼佛世尊或共讚言'善哉'，希有真是佛子，即得無障礙智三昧，得大菩提心莊嚴三昧，持此《陀羅尼》法應如是。"佛言："天帝，我以此方便，一切衆生應堕地獄恶道，令得解脱一切恶道，亦得清净。復令持者增益壽命，天帝，汝去將此《陁羅尼》授與善住天子，滿其七日，汝與善住俱來見我。"爾時，帝釋於世尊所受此《陁羅尼》法，奉持還於本天，授與善住天子。"爾時，善住天子受此《陁羅尼》已滿六日六夜，依法受持一切願滿，應受一切恶道等苦，即得解脱住菩提道，增壽無量，甚大歡喜。高聲嘆言，希有如來，希有妙法，希有明驗，甚爲難得，令我解脱。爾時，帝釋至第七日與善住天子，將諸天衆嚴持華鬘，塗香末香、寶幢幡蓋、天衣瓔珞，微妙莊嚴，往詣佛所，設大供養，以妙天衣及諸瓔珞供養世尊，繞百千匝於佛前立，踴躍歡喜，坐而聽法。爾時，世尊舒金色臂，摩善住天子頂而爲説法，授菩提記。佛言："此經名'净一切恶道佛頂尊勝陁羅尼'，汝當受持。"爾時之聞法歡喜，信受奉行。《佛頂尊勝陁羅尼經》一卷。

女弟子劉氏，伏爲自身預建津梁，遂以特捨净財，召命良工，謹就花藏禪院建立《佛頂尊勝陁羅尼經》幢一坐，伏願皇帝萬歲，府主千秋，國界人安，法輪常轉。女弟子劉氏所有先修功德，伏願百靈護助，千聖加威，見生之恒沐休祥，來世之長逢善果，餘希無情普又有情世界，含□□□利樂。

時大宋開寶五年歲次壬申正月壬辰朔十五日丙午建。

院主管内僧正賜紫沙門歸温督□。沙門歸静書。

[説明]

據《濮陽碑刻墓志》，幢八棱柱，高 112 釐米，上細下粗，直徑 40~44 釐米。沙門歸静書。楷書。刻於開寶五年（972）正月十五日。幢 2006 年出土，在濮陽三義廟街。

見《濮陽碑刻墓志》圖第 4 頁，釋文第 85 頁。

會善寺尹輔詩刻

開寶六年（973）二月十六日

　　大德偃卧林泉，罔求聞達，蓋以道行久著，聲華自高，故得丹詔遠臨、紫衣就降。信有光于法侶，是以榮彼僧門。輔方揖道風，備嘗真味，喜觀殊命，形諸咏言。謹録咨呈，幸希采覽。

　　登仕郎試大理司直守登封縣令賜緋魚袋尹輔上。

　　支通行藏惠遠才，幾年嵩少避浮埃。八行丹詔雲間落，一對紫衣天上來。誦律夜窗寒月皎，閉門秋渚白蓮開。名高自達君王聽，就降殊恩不假媒。

　　開寶六年歲次癸酉二月十六日題記。

[說明]

　　據《八瓊室金石補正》，高一尺二寸三分，廣二尺四寸。廿行，行字不等。字徑七分。正書。刻於開寶六年（973）二月十六日。碑在河南登封。

　　見《石刻史料新編》第 1 輯，第 7 册，5365 頁。

重書龍池石塊記

開寶六年（973）四月二十一日

重書龍池石塊記。

大漢通容元年，太歲甲辰，其年大旱。有懷州河内縣界溝村百姓李繼安爲商，泛湖迴至君山廟祭奠。次忽見一人衣朱衣，形儀有異，將書一封。稱達至懷州西七十里濟源縣縣西北約三里，有一龍池，前有石一塊。但擊此石，必有人出，其形差異，但勿驚畏。此書玉皇敕下濟瀆神行雨，子至彼，當得賞錢二百貫。李繼安以書扣石，事悉皆驗。

大宋開寶六年四月念一日重書此記。

[説明]

據《拓本匯編》，高 110 釐米，寬 63 釐米。刻於開寶六年（973）四月二十一日。碑在河南濟源。

見《拓本匯編》37 冊第 32 頁。

百家巖寺大殿西壁畫净土功德記并序

開寶六年（973）十月十五日

百家巖寺大殿西壁畫净土功德記并序。

鄉貢進士任夢達撰并□。

竊聞西方過去十万億國土有極樂世界，佛號彌陁，與大比丘及諸……或則放白毫相遍满三千，光耿耿兮照諸幽暗，或則吐廣長舌覆蓋他方，音□□□□□□□樹万劫長春，空碧天花千秋不老，常聞音樂，詎識悲哀，實拔俗之良□，乃長生之福境。有深信者□□而不遥，有輕謗者指掌近而非近。斯有覃懷信士邑衆五十餘人，維那王翰、喬密等，幼懷聰敏，長誤浮沉，知□月之非，堅念榮枯之不久。身居幻化，心重釋宗。於火宅公賦之資，修過去未來之果。每年於我佛降誕之日競湊此寺，乃見新建大殿西壁空閑，衆相議曰："我徒幸鄰金地，獲居梵宮，可不修功德於斯焉？"乃異口同音□發洪願，遠召丹青，畫阿彌陁佛一尊，金沙布□，寶樹成行，雙林八水像西天，五音六律□東土。孔雀共命，靡殊極樂之鳴；白鶴頻伽，匪異長生之樂。又大悲一尊，千眼視之如動，千手觀之若□。連此壁三界之輪，懲恶而勸善，自然僧俗利益，鳥獸歸依，來者真觀於西方，去者願生於彼國。況百家巖寺者，稠禪嘗解虎之地、王列遇石髓之方，蘭惹儼然，靈蹤□在，東連白鹿，西接太行。近孫登長嘯之臺，逼嵇康淬劍之水。晨鐘夕梵，何殊於鹿苑蜂臺？法水香雲，豈異於雪山鷲嶺！白雲亭下，濛濛兮瑞霧嵐煙；明月池邊，窈窈兮杉松野鶴。寺主僧懷乂等，莫不四禪頻誤、八解昭通，懸法鏡於心臺，談藏經於口海。幸偶縣宰楊君、主簿張公，道高言從，德重季香，化一方之民物舒蘇，感百里之山川肅靜。時宋皇之御天下也，萬邦一統，三聖重光，佛日晝晴，梵天夜雨。四海仰無垠之化，八方歌有道之風。實謂再顯羲軒，重昌舜禹。當天下之世，無兵革之虞，歲稔時和，功德圓就。乃眾意召良工，刻奇石，命墨客，紀有成功乎垂示將來，傳化後世。琢碣既畢，請余述焉。告之曰："本無才業，素乏聲光，不可以狂簡之詞雕於金石。"又云："子早聆通經之士，曷□文乎？"余終退讓不能，乃爲頌曰：

太行巍巍，擎天永固，祚我皇兮；蓮宮赫赫，蘭蕋不朽，表聖師兮；住極樂國，吐廣長舌，覆四生兮；畫諸功德，刊在貞石，記萬古兮。

大宋開寶六年歲次癸酉十月辛巳朔十五日乙未立碣記。

寺主僧懷乂，供養主僧懷信，典座僧懷圓、僧懷辯，堂維那僧懷暹、僧懷榮、僧懷恩，師侄僧惠一、僧惠美，寄住尚座僧紹安、僧道培；宣德郎守修武縣令賜緋魚袋楊崇美、將仕郎守修武縣主簿張頌，僧飯志、僧智忍、僧宗顯、僧慧維，邑人僧净廣、僧仁審、僧道原，都維那王廷翰、喬密，邑録事王璉，邑人瞿詮、左威、瞿進、皇達、瞿貴、麻洪、劉筠、李進、胡超、李霸、張韜、李河、牛河、劉樸、趙思、鄭明、李瓊、袁遇、武昇、左蘊、范賢、楊鋭、衛□、崔斌、劉美、王□、李榮、胡榮、□榮、李貞、向遠、張貞、王貴、皇訓、王朗、張美、李普、馮美、司馬重竣、李□□、□□□、孫守湮、楊顥、□□普、張達、王文、張堅、秦知榮、馮□□。

[説明]

據《中國金石總録》録。據《修武碑刻輯考》，碑圓首，青石。左側底部略殘，右下角斷裂，文字基本完整。高113.5釐米，寬63釐米，厚13釐米。楷書。刻於開寶六年（973）十月十五日。碑在百家巖寺。

見《中國金石總録》16026拓；《修武碑刻輯考》3頁。

大宋新修嵩嶽中天王廟碑

開寶六年（973）十二月一日

大宋新修嵩嶽中天王廟碑銘（碑額）。

大宋新修嵩嶽中天王廟碑銘并序。

翰林學士朝議大夫行尚書兵部員外郎知制誥上柱國賜紫金魚袋臣盧多遜奉敕撰。

翰林待詔中散大夫行太僕寺丞柱國臣孫崇望奉敕書。

《廣雅》稱"山大而高"者，嵩也。詩人謂"峻極于天"者，嶽也。名義昭著，布在文籍。齊德泰華而獨峙于中方，俯視河洛而助成其秀氣。惟神是宅，炳靈孔昭。以太史璇璣察乾文，知其協星辰之定域；以陽城土圭測日景，知其居天地之正中。萬山四顧而來向，峭壁高聳而直立。太室少室，左右之勢通；朝陽夕陽，東西之分正。神仙秘洞府，則浮丘子晋隱別館於巖巒；帝王會衆神，則秦皇漢武著古迹於壇廟。眇觀歷代，厥有祭法。播在典故，垂諸禮文。四簋六甒，崇其儀制。一禱三祀，著爲彝章。我應天廣運聖文神武明道至德仁孝皇帝，平一六合，澄清四海。精誠貫於白日，德教加于百姓。凝旒顧問，侍臣預對。謂"天設神府，陰主人事者何也？"曰"嶽神也"。"地邇王畿，位正中土者何也？"曰"嵩高也"。"嵩高何神也？"曰

"中天王也"。"中天之封何代也?"曰"唐玄宗天寶五載也"。帝曰:
"吁!我其念哉。嘗聞天垂元鑒,神助陰騭。合道則祐之,反是則禍
之。神以我爲有道之君,故祈禱應;神以我爲求理之代,故風雨調;
神以我有愛民之心,故稼穡豐穰;神以我有惠物之志,故煙塵掃盪。
我今虔意思有報者。夫祀事,恒典也,何以加焉?封爵,舊制也,無
以增焉。將欲隆萬人之瞻仰,莫若嚴繢塑;必欲垂永世之崇重,莫若
闡廟貌。"乃命盡輪奐之美,先列於畫圖。又命擇貞幹之臣,就護其
力役。厥功告畢,有司上言。復命勒銘貞珉,以盡紀錄。盛矣哉!

聖人之德,冠古無倫。以乾覆坤載爲楷模,申之以周物;以堯步
舜驟爲軌躅,益之以緩轡。猶能不以運祚自大,而讓德於元功;不以
治平自高,而推謝於神祇。不以豐登開托,驕其志,每志務乎允恭;
不以祠祀齋莊,邀其福,欲福臻於黎庶。修建既備,瞻奉有所。牲牢
蠲潔,甄俎羅列。使四望之禮煥赫於典章,綿彼歲月垂諸碑碣。俾百
王之道,無偕於法則。夫如是,則每言執大珪、登泰壇,柴燎一舉而
天神下降者信矣。則知嶽神奉上天以安物,因我皇而昭應。惟仁是
助,潛契寬恕之德;惟明是贊,默協和平之道。是故言必從、祈必
應、泰吾國、安吾民者,豈徒然哉?蓋人神交感之若是也。上古稱以
待風雨,易之以宮室;後世謂既勤樸斲,惟其塗丹臒。本以純素,漸
崇壯麗。以至左平右墄,著爲禮容;範金合土,窮其華飾。先王或留
心祠禱,崇奉虛誕。望仙作宮,遂極土木之費;夢蛇立時,大設廟堂
之饗。雖紀在方冊,而無所取法。今之建嶽廟、奉嶽神,大增其華而
不在奢侈,曲盡其美而曾無勞役。嚴殿宇、崇門垣,雕梁彩棟,連甍
接廡,庭軒洞邃,瞻之肅然。有以見我皇稽古守正、爲民崇祀之心,
形容於斯廟也。不假探策,知神有延洪之貺;不俟磨崖,知我有永久
之法。然而冠古立制,敷祐垂德,不有撰錄,其何宣著?微臣職備禁
署,目睹盛事,奉命叙述,文不逮意。豈獨使四海一統,漢臣傳華嶽

之碑；百堵九成，周史頌終南之廟。敢用實録，而爲銘云：

惟天保民，在乎歲功。惟聖治民，暢乎時風。奉天助聖兮感而遂通，昭昭嶽神兮鎮于寰中。備物有秩兮祀事是崇，所以古禮之垂文兮五嶽視三公。惟民戴君，尊乎寶位。惟神祐君，伸乎大義。愛民奉神兮潔誠以祭，皇皇聖王兮重彼明祀。昭以靈貺兮顯乎嘉瑞，所以漢帝之告功兮嵩山呼萬歲。視三公兮表崇重於薦神，呼萬歲兮告延洪於聖人。天地之中兮嵩高磷磷，寰海一統兮景福無垠。我之盛德兮超彼前聞，我之祈福兮在于生民。豈比夫獻壽之聲兮標漢史而徒云！

開寶六年歲次癸酉十二月辛巳朔日建。

[説明]

碑在河南登封中嶽廟。據《金石萃編》，碑高一丈三尺二寸，廣五尺二寸。二十五行，行六十四字。行書。刻於開寶六年（973）十二月一日。

見《石刻史料新編》第 1 輯，第 3 册，2292 頁。

新修光武皇帝廟碑

開寶六年（973）

大宋新修後漢光武皇帝廟碑（碑額）。

大宋新修後漢光武皇帝廟碑銘并序。

太中大夫行右補闕內供奉柱國臣蘇德祥奉敕撰。

翰林待詔中散大夫行太僕寺丞柱國臣孫崇望奉敕書。

《祭法》曰：“能禦大災，能捍大患，方得在祀典。”《祭義》曰：“宮室既修，墻屋既設，所以交神明。”惟後漢起南陽、靜諸夏，康濟於一時；惟大宋舉墜典、秩無文，輝映於千古。是知祠祀大功，其來尚矣，沿革盛禮，可得言焉。

昔者漢運中缺，新室不道，九縣飈起，三精霧塞。劉聖公以繡緼之衣，憑凌冠蓋；劉盆子擁赤眉之衆，竊弄干戈，跨州連郡，蜂飛蝟起。光武皇帝攘臂一呼，群心四附。決昆陽之戰，克平百萬之敵；拔邯鄲之壘，遂應四七之符。築鄗邑之壇，於以授天命；定洛陽之都，於以順人心。若乃起於民間，始無尺寸之土；乘乎帝位，終爲夷夏之君。復能日慎一日，安不忘危，□□覽機權，日昃乃罷。或躬閱經史，夜分乃寐。保全功臣而奉朝請，進用文吏而責時務。易凶歲爲豐年，變亂代爲治□。□國二百載，傳位十二帝。則前之言禦大灾、捍大患，光武之道諒無愧焉。

應天廣運聖文神武明道至德仁孝皇帝，端居九五之位，交泰億兆之民。德威四方，擒僭僞之君者二；歲周一紀，□郊祀之禮者三。而猶避興化之鴻名，讓成功之懿號。若朽索之御六馬，不捨戒懷；理大國如烹小鮮，自然均化。制前古未行之禮，旌歷代有道之君。於是下明詔，命有司。陵寢除荊榛之穢，廟貌拯籩豆之潔。則前之言修宮室、設墻屋，我皇之旨，侯其偉歟。

美哉！新廟既已成，能事亦已畢。爰覃睿旨，俾建豐碑。臣猥以虛屠，亦參撰述，敢揚茂實，謹作銘云：

開闢已來，聖帝明王多矣。粵若無位而興、無兵而起，自民間分爲天子，而能掃蕩煙塵、混同文軌，保功臣之令名，進文吏而致治，有始有終者，惟光武皇帝而已。光武既没分餘荒陵，我皇制禮分崇明祀。正殿歸立，長廊對峙。籩豆拯其蠲潔，土木窮其壯麗。貞石勒銘，庶幾乎天長地久，知我皇之旨。

開寶六年歲次癸酉月朔日建。

[説明]

據《金石萃編》，碑高一丈一尺六寸，廣五尺六寸。十九行，行四十五字。行書。刻於開寶六年（973）。故碑在孟津縣鐵謝村劉秀墳。

見《石刻史料新編》第 1 輯，第 3 冊，2291 頁；《洛陽名碑集釋》239 頁。

新修商中宗廟碑

開寶七年（974）四月十六日

大宋新修商帝中宗廟碑銘并序。

宣德郎右拾遺臣梁周翰奉敕撰[1]。

翰林待詔朝請郎太子率更寺主簿臣司徒儼奉敕書。

眇覿上古，遐聽前王。尊盧栗陸之代興，燧人有巢之更王。皇猷允塞，五帝步而同驅；盛德光亨，三王驟而并軌。言至治者，乃稱其茂烈；語聖嗣者，必本其鴻源。雖子孫垂裕而克昌，亦昏明繼世而迭有。載籍具在，可得而言。案《商本紀》，帝太戊，契二十一代之孫，帝雍己之弟。司徒事夏，佐治水而有功；天乙勤商，征諸侯而受命。惟帝克大祖宗之業，生知皇王之道。臨下有赫，在上不驕。休光炳然，煒燁耀世。皇家有天下之十五載，王塗無外，帝理有光。文德誕敷，遠人來格。武功大定，凶族咸劉。惠澤霑于黎元，和氣煦于昆蟄。恢禹迹之遐理，復中州之故封。蠻貊之征，歲紀職方之籍；象胥之譯，時踐藁街之庭。加以天下大寧，海內如砥。陰陽水旱，罕值於天災；山川鬼神，必助於聖作。郊丘備物之祀，祖考孝思之誠。三陛紫壇，親奠蒼璧。帝王之能事畢舉，邦國之墜典聿脩。爵酅侯之孫，興廢見乎厚德；封黃帝之後，繼絕表於至仁。居一日，皇帝若曰：

"歷代帝王，各膺曆數。驪翰共於光躅，正朔被於中原。雖年祀浸邈而園寢尚在，瘞錢盡發[2]，穿窬者往焉。陵土皆抔，樵蘇者弗禁。朕載用震悼，豈忘寤興。有陵闕之處，宜令并禁樵採，仍各建祠廟一所，務盡宏壯。光靈賁於萬古，皇明昭於九幽。

粵以開寶辛未歲經始，以壬申歲畢功，事越非常，功存不朽。太平之饗，遂秩於中祠；二簋之誠，必更乎檢禮[3]。至于豆甒之器[4]、祝史之辭，率非舊章，皆用新典，當使泯然之俗、紛若之巫。禱請天時，將有豚蹄之愧；誼譁神宇，益知銅鼓之非。將鏤貞珉，以觀永代。臣仰承睿旨，實寡英辭。採舊史以披文，但瞻陳迹；染柔毫而叙事，終玷清芬。拜手颺言，謹作銘曰：

司徒佐禹，聖謨有裕。成湯勤商，王業云昌。祖宗昭顯，子孫蕃衍。盛德聿興，玄猷允升。世去千古，陵荒無主。廟貌不陳，禱祀何人。皇鑒昭晰，興廢繼絶。陵樹無樵，德音孔昭。乃興大構，以資玄祐。端拱嚮明，凛然如生。載披青簡，帝文炳焕。桑穀生朝，旦暮惟喬。脩己禳應，妖不勝德。君道允常，休有烈光。禮文載秩，宣揚茂實。碑於廟門，終古其存。

開寶七年歲次甲戌，四月己卯朔十六日甲午建。

[説明]

據《中原文化大典·文物典·碑刻墓志》拓本，碑高720釐米，寬160釐米，厚59釐米。據《金石萃編》，碑高一丈四尺六寸，廣六尺四寸五分。二十一行，行五十四字或五十六、五十三字不等。行書。現在内黄縣亳城鎮劉次范村商代王陵。刻於開寶七年（974）四月十六日。

見《中原文化大典·文物典·碑刻墓志》87頁；《石刻史料新編》第1輯，第3冊，2294頁；《（嘉靖）內黃縣志》卷9第16頁。

[校勘記]

[1]"撰"字拓本缺，據《金石萃編》補。

[2]"盡"字拓本缺，據《（嘉靖）內黃縣志》補。

[3]"檢禮"，拓本不清楚，此據《金石萃編》，《（嘉靖）內黃縣志》作"儉禮"。

[4]"豆甄"，拓本不清楚，此據《金石萃編》，《（嘉靖）內黃縣志》作"登豆"。

華州別駕杜承訓尊勝幢記

開寶七年（974）閏十月二十八日

佛頂尊勝陁羅尼。

佛説千手千眼觀世音菩薩廣大圓滿無障碍大悲心《陁羅尼》真言般若波羅蜜多心經。

《尊勝》幢記。

鄉貢進士張汝弼撰。

蓋聞西極之土有金人焉，具無量威德，植無量福田，發大悲心，救一切苦，有無兼謝，覺夢都忘。證十號以庇群生，拔三塗而福幽界。尊勝陀羅尼者，我佛總持之教，人雄方便之門。燭彼昏衢，燃以智慧炬；濟諸苦海，泛以般□舟。不可思議，廣大利益，未來過去，悉所歸依。凡報父母慈育之恩，答怙恃劬勞之力，非仗如來真諦以資勝利，則安能成人子之道，伸罔極之情哉？

大宋開寶七載冬閏十月二十八日，京兆前攝華州別駕杜承訓奉爲先考府君諱澄，字德潤，亡妣夫人周氏建兹幢焉。自唐封杜，因國命周，書契已還，罕敵大姓。府君以恪恭之美，佑彼侯藩；夫人以貞懿之行，宜其家室。有慈有義，可法可象，銘誌斯在，行諜備詳。府君寄骨於晋陽，夫人啓殯於兹地，庶合周人之禮，□□楚相之魂。敬鑴龍藏之文，少寫蘭陔之恨。汝弼早悟苦空，深信因果，聞是請命，歡喜踴躍，恭敬合掌，謹述偈言。

我佛大慈悲，能滅諸苦惱。乘是功德山，速成無上道。下空。

次男銀青光禄大夫前攝相州別駕兼監察御史承詡，長新婦吕氏，次新婦趙氏。孫男五人：長曰繼明，前攝華州觀察巡官，新婦吴氏；次曰繼昇，前攝相州司馬；次曰繼宗，前攝華州長史；次曰喜哥；次曰重喜。孫女四人：長曰相哥，次曰邢哥，次曰妹兒，次曰洛姐。重孫男汴哥、女鳳姐。

[說明]

據《八瓊室金石補正》，高三尺二寸五分，八面，面廣四寸。《尊勝大悲真言》五面，面五行，字徑六分。《心經》一面，六行，字徑四分。記二面，面五行，字徑四分。行字均不一，正書。刻於開寶七年（974）閏十月二十八日。碑在河南洛陽存古閣。

見《石刻史料新編》第1輯，第7册，5333頁。

靳氏尊勝幢題字

開寶八年（975）十二月

佛頂尊勝陀羅尼經。

開寶八年十二月　日建立，奉爲亡過女弟子靳氏造尊勝經幢壹座。

[說明]

據《八瓊室金石補正》，高四尺。八面，面廣四寸三分。各七行，行字不一。字書。刻於開寶八年（975）十二月。碑在河南洛陽。

見《石刻史料新編》第 1 輯，第 7 冊，5334 頁。

沈繼宗造金剛經碑

太平興國二年（977）十月八日

金剛般若波羅蜜經。

般若波羅蜜多心經。

修立金剛經石壁功德。伏願皇帝萬歲，親王千秋，文武勳賢，千官百辟，長扶聖代，永佐皇家，將吏緇黃，諸軍万姓，俱臻富壽，咸遂樂康。次願本宅尊親，永隆福慶，闔家卑幼，同保安寧。然更願天平地成，河清海晏，風調雨順，歲稔時豐，慶瑞畢臻，灾害不作，法輪常轉，佛道興行，六類四生，三界九地，盡虛空界，一切含識，俱乘聖力，同證真常。

大宋太平興國二年歲次丁丑十月戊午朔八日乙丑，鄉貢進士趙安仁書。

朝散大夫行尚書水部員外郎柱國沈繼宗建。

匠人王能鎸。

[説明]

據《八瓊室金石補正》，六石。石高二尺七寸四分，廣二尺二寸至二尺四寸五分不等。每石三截，截廿八行至卅一行不等，行十一字。經後題記每行十字，唯首行十一字，署銜二行較多。字徑七分許。正書。刻於太平興國二年（977）十月八日。碑在河南開封繁臺塔內。

見《石刻史料新編》第1輯，第7冊，5369頁。

《十善業道經要略》碑

太平興國二年（977）十月八日

十善業道經要略。

唐金紫光禄大夫守中書侍郎兼户部尚書同中書門下平章事充集賢殿大學士裴休撰。

如是我聞，一時佛在娑竭羅龍宮告龍王言：

一切眾生，心想異，故造業亦異。由是，故有諸趣輪轉，靡不由心。而心無色不可見取，但是虛妄諸法集起，畢竟無主無我。我所雖各隨業所現不同，而實於中無有作者，故一切法皆不思議，自性如幻，智者知已，應修善業。汝觀佛身，諸相莊嚴，光明顯曜，諸大菩薩妙色嚴净，皆由修集善業福德而生。今大海中所有眾生，形色粗鄙，或大或小，亦由自心造不善業。是故隨業各自受報，汝當於此正見不動，勿復墮在斷常見中。當知菩薩有一法，能斷一切諸惡道苦，何等為一，謂於晝夜常念思，惟觀察善法。令諸善法，念念增長，不容分毫不善閑雜。是則能令諸惡永斷，善法圓滿，常得親近諸佛菩薩及餘聖。眾言善法者謂人天身聲聞，獨覺無上，菩提皆依此法以為根本而得成就，故名善法。此法即是十善業道，何等為十：一者不殺生，二者不偷盜，三者不邪行，<small>三事為身業。</small>四者不妄語，五者不兩舌，六者不惡口，七者不綺語，四事爲口業。八者不貪欲，九者不瞋恚，十者不邪見。三事爲意業。

若能永離殺生，即得十種離惱法：一者，於諸衆生普施無畏；二者，常於衆生起大慈心；三者，永斷一切瞋恚習氣；四者，身常無病；五者，壽命長遠；六者，恒爲非人之所守護；七者，常無惡夢，寢興快樂；八者，滅除怨結，衆怨自解；九者，無惡道怖；十□□□□□。若能迴向阿□□□□□三菩提，後成佛時，得佛隨心自在壽命。

若能永離偷盜，即得十種可保信法：一者，資財盈積，王賊水火不能散滅；二者，多人愛念；三者，人不欺負；四者，十方□美；五者，不憂損害；六者，□□流布；七者，處衆無畏；八者，財命色力、安樂辯才，具足無缺；九者，常懷施意；十者，命終生天。若能迴向阿耨多羅三藐三菩提，後成佛時，得證清净大菩提智。

若能永離邪行，即得四種智所贊法：一者，諸根調順；二者，永離喧掉；三者，世所稱嘆；四者，妻莫能侵。若能迴向阿耨多羅三藐三菩提，後成佛時，得佛丈夫隱密藏相。

若能永離妄語，即得八種天所贊法：一者，口常清净，優鉢花香；二者，爲諸世間之所信伏；三者，發言成諦；四者，常以愛語安慰衆生；五者，得勝意樂，三業清净；六者，言無誤失，心常歡喜；七者，發言尊重，人天奉行；八者，智慧殊勝，無能制伏。若能迴向阿耨多羅三藐三菩提，後成佛時，得如來真實語。

若能永離兩舌，即得五種不可壞法：一者，得不壞身，□能害故；二者，得不壞眷屬，無能破故；三者，得不壞信，順本業故；四者，得不壞□，行所修堅固故；五者，得□□□，知識不誑惑故。若能迴向阿耨多羅三藐三菩提，後成佛時，得正眷屬，諸魔外道不能沮壞。

若能永離惡口，即得八種淨業：一者，言不乖度；二者，言皆利益；三者，言必契理；四□，□詞美妙；五者，言可承□□□言即信用；七者，言無可譏；八者，言盡愛樂。若能迴向阿耨多羅三藐三菩提，後成佛時，具足如來梵音聲相。

若能永離綺語，即得三種決定：一者，定爲智人所愛；二者，定能以智如實答問；三者，定於人天，威德最勝，無有虛妄。若能迴向阿耨多羅三藐三菩提，後成佛時，得如來諸所受記，皆不唐捐。

若能永離貪欲，即得五種自在：一者，三業自在，諸根具足故；二者，財自在一切，怨賊不能奪故；三者，福德自在，隨心所欲，物皆備故；四者，玉位自在，珍奇妙物，皆奉獻故；五者，所獲之物過本所求、百倍殊勝，由於昔時不慳嫉故。若能迴向阿耨多羅三藐三菩提，後成佛時，三界特尊，皆共敬養。

若能永離瞋恚，即得八種心：一者，無煩惱心；二者，無瞋恚心；三者，無諍訟心；四者，柔和質直心；五者，得聖者慈心；六者，常作利益安衆生心；七者，身相端嚴，衆共尊敬；八者，以和忍故，速生梵世。若能迴向阿耨多羅三藐三菩提，後成佛時，得佛無礙心，觀者無猒。

若能永離邪見，即得十種功德法：一者，得真善意樂真善等侶；二者，深信因果，寧殞身命，終不作惡；三者，唯皈依佛，非餘天等；四者，直心正見，永離一切吉凶疑網；五者，常生人天，不更惡道；六者，無量福德，轉轉增勝；七者，永離邪道，行於聖道；八者，不起身見，捨諸□業；九者，住無礙見；十者，不墮諸難。若能迴向阿耨多羅三藐三菩提，後成佛時，速證一切佛法，成就自在神通。

右已上是凡夫位中所修十善業道，修此業道，則常於人天受大福報。若能知心是佛，知法無常，樂修佛乘，厭離五欲。欲自度脫，先須度人，廣運慈悲，濟拔群品，以此十善爲本而行菩薩妙心，是名迴向阿耨多羅三貌三菩提。唐言無上正真道，是一切衆生本心。一切諸佛所證，更無一法過於此法也。欲證自心，須觀法性，降伏三毒，除去我人而發四宏誓願，衆生無邊，誓願度法門無邊，誓願學煩惱無邊，誓願斷無上佛道，誓願成。行六波羅蜜，一布施、二持戒、三忍辱、四精進、五禪定、六智慧，以十善爲本而行此六波羅蜜，便入菩薩位。修四無量心，一慈心、二悲心、三喜心、四捨心。以十善爲本而行此四心，便入菩薩位。運四攝法，一布施、二愛語、三利行、四同事。以十善爲本而行此四攝，以攝衆生，便入菩薩位。及三十七品助菩提道。皆以十善爲本，而次第修行，以莊嚴菩提之心，拔濟衆生之苦，即得速成佛果，超過人天。《華嚴經》《金剛藏》《菩薩説》《菩薩從》第一歡喜地入第二離垢地，始能順性行十善道。從凡夫位乃至地前，但順理而修，登地已後習以成性而而修也。

佛子菩薩住離垢地，性自遠離一切殺生，不畜刀杖，不懷怨恨，有慚有愧，仁恕具足。於一切衆生有命之者，常生利益慈念之心，是菩薩尚不惡心惱諸衆生，何況於他起衆生想而行殺害。

性不偷盜，菩薩於自資財，常知止足；於他慈恕，不欲侵損。若物屬他，起他物想，終不於此而生盜心，乃至草葉不與不取，何況其餘資生之具。

性不邪淫，菩薩於自妻知足，不求他妻，於他妻妾他所護女親族，媒定及爲法所護，尚不生於貪染之心，何況從事。

性不妄語，菩薩常作實語，實語時語，乃至夢中亦不忍作覆藏之語，無心欲作，何況故犯。

性不兩舌，菩薩於諸衆生無離間心，無惱害心，不作離間説，不説離□語。若實若不實：不將此□爲破彼，故而向彼説；不將彼語爲破此，故而向此説。未破者不令破，已破者不令增長。

性不惡口，所謂毒害語、粗獷語、苦他語、令他瞋恨語、現前語、不現前語、鄙惡語、庸賤語、不可樂聞語、聞者不悦語、瞋忿

語、如火燒心語、怨結語、熱惱語、不可愛語、不可樂語、能壞自身
他身語，如是等語，皆悉捨離。常作潤澤語、柔軟語、説意語、可樂
聞語、聞者喜悦語、善入人心語、風雅典則語、多人愛樂語、多人悦
樂語、身心踴悦語、性不綺語。菩薩常樂思審語、時實語、義語、法
語、順道理語、巧調伏語、隨時籌量決定語，是菩薩乃至戲笑尚恒思
審，何況故出散亂之語。

性不貪欲，菩薩於他財物、他所資用不生貪心，不願不求。

性離瞋恚，菩薩於一切眾生，恒起慈心、利益心、哀愍心、歡喜
心、和潤心、攝受心，永捨瞋眼、怨害、熱惱，常思順行、仁慈、
祐益。

性離邪見，菩薩住於正道，不行占卜，不受惡戒，心見正直，無
誑無諂於佛法。

僧起決定信佛子菩薩摩訶薩，如是護持十善業道，常無間斷，復
作是念，一切眾生墮惡趣者，莫不皆以十不善業。是故我當自修正
行，亦歡於他令修正行，何以故？若自不能修行正行，令他修者無有
是處。佛子此菩薩摩訶薩，復作是念。十不善業道是地獄、畜生、餓
鬼受生因，十善業道是人、天乃至有頂處受生因。據《大經義》，十善大分爲
上、下品，細分爲五品。此段是人天十善，都爲下品以其皆不出三界淪迴也。

又此上品十善業道，以智慧修，習心惬劣。故怖三界，故闕大
悲，故他聞聲而解了，故是聲聞乘。自此於上品中分爲四段，此段明聲聞乘十善，以
其出離三界淪迴，永斷煩惱，故爲上品。以其尚怖三界，闕大悲心，疾取涅槃，且安寂静，故爲小乘。
又此上品十善業道修治清净，不從他教自覺悟，故大悲方便不具足，
故悟解甚深因緣法，故成獨覺乘。此段明獨覺乘十善，以其不從他教，自悟甚深因緣
法，故爲□品。以其大悲方便尚未具足，故爲中乘。又此上品十善業道修治清净、心
廣無量，故具足悲愍，故方便所攝，故發生大願，故不捨眾生，故希
求諸佛大智，故净治菩薩諸地，故净修一切諸度，故成菩薩廣大行。

此段明菩薩十善，以其廣大悲愍、不捨衆生、净治菩薩諸地，故上品。以其希求諸佛大智、一切佛得圓滿，未得超過品位，故爲菩薩乘。又此上上十善業道一切種清净，故乃至證十力四無畏，故一切佛法皆得成就。是故我令守行十善應令，一切具足清净，如是方便，菩薩當學。此段明佛果十善，以其十力四無畏、一切佛法皆成就圓證，無有等量，故爲上上品。

佛子此菩薩摩訶薩又作是念十不善業道：上者地獄因，中者畜生因，下者餓鬼因。殺生之罪能令衆生墮於地獄、畜生、餓鬼。若生人中，得二種果報：一者短命，二者多病。偷盜之罪亦令衆生墮三惡道，若生人中得二種果報：一者貧窮，二者共財不得自在。邪淫之罪亦令衆生墮三惡道，若生人中，得二種果報：一者妻不貞良，二者不得隨意眷屬。妄語之罪亦令衆生墮三惡道，若生人中，得二種果報：一者多被誹謗，二者爲他所誑。兩舌之罪亦令衆生墮三惡道，若生人中，得二種果報：一者眷屬乖離，二者親族弊惡。惡口之罪亦令衆生墮三惡道，若生人中，得二種果報：一者常聞惡聲，二者言多諍訟。綺語之罪亦令衆生墮三惡道，若生人中，得二種果報：一者言無人受，二者語不明了。貪欲之罪亦令□□墮三惡道，若生人中，得二種果報：一者心不知足，二者多欲無厭。瞋恚之罪亦令衆生墮三惡道，若生人中，得二種果報：一者生邪見家，二者其心諂曲。

佛子十不善業道能生此等無量無邊衆大苦聚，是故菩薩作如是念，我當遠離十不善道，以十善道爲法園苑，愛樂安住，自住其中，亦勸他人令住其中。

右已上是菩薩地中所修十善，自凡夫至地前約理而修登地以後順性而修。又十善約分五品，人天爲下品，聲聞第二品，緣覺第三品，菩薩第四品，佛爲上品。諸經具明，前注已釋。又案經云：往昔佛在舍衛國祇陁精舍告舍利弗，若受十善不持八戒，終不就成。若毀八戒十善俱滅，應當從今清旦至明清旦，至心堅持八戒，歸依於佛、持心如佛，歸依於法、持心如法，歸依於僧、持心如僧，八戒齋者是過去現在諸佛。如來爲在家人制出家法：一者不殺，二者不盜，三者不淫，四者不妄語，五者不飲酒，六者不花鬘纓絡、香油塗身、倡優伎樂及故往觀聽，七者不坐高廣大床，八者不過中食。持此齋戒，功德不墮地獄、不墮餓鬼、不墮畜生、不墮阿修羅，常生人中，正見出家，得涅槃道。十善自可啓告諸佛菩薩。堅心受持八戒，事須請師，依法而受。或一日或十日，乃至終身，隨力受持，永無三惡淪迴之苦。

右十善八戒，是滅罪生福之妙道，從凡入聖之初門。不妨俗緣，不礙世務，不必勞苦，不要資財，唯在近取諸身，調制三業。若未厭生死，則常於人天，廣受福德；若深求出離，則永游覺路，疾證菩提。下視三塗，橫截苦海，有此大利，何若不爲？顧此浮生，早爲身計，無自沉棄，後悔難追。

《十善業道經要略》。

《佛説天請問經》。三藏，鳩摩羅什奉詔□。

如是我聞一□薄伽梵在室羅筏城住，誓多林給孤獨園有一天人，顏容殊妙，過於夜分，來詣佛所，頂禮佛足，却坐。一面是天威，光甚大，赫奕周遍，照耀誓多林園。爾時，彼天以伽陁面請佛曰："云何利刀劍，云何燥毒藥，云何熾盛火，云何極重闇？"爾時世尊亦以伽他告彼天曰："粗言利刀劍，貪欲燥毒藥，嗔恚熾盛火，無明極重闇？"

天復請曰："何人名得利，何人名失利，何者堅甲冑？云何利刀杖？"世尊告曰："施者名得利，受者名失利，忍爲堅甲冑，惠爲利刀杖。"

天復請曰："云何爲盜賊，云何智者財，誰於天世間，説名能劫盜。"世尊告曰："邪思爲盜賊，尸羅，智者財，於諸天世間，犯戒能劫盜。"

天復請曰：“誰爲最安樂，誰爲大富貴，誰爲恒端嚴，誰爲常醜陋？”世尊告曰：“少欲最安樂，知足大富貴，持戒恒端嚴，破戒常醜陋。”

天復請曰：“誰爲善眷屬，誰爲惡心怨，何者極重苦，云何第一樂。”世尊告曰：“福爲善眷屬，罪爲惡心怨，地獄極重苦，無生第一樂。”

天復請曰：“何者愛非宜，何者宜非愛，誰爲極熱病，誰爲大良醫？”世尊告曰：“諸欲愛非宜，解脱宜非愛，貪爲極熱病，佛是大良醫？”

天復請曰：“誰能覆世間，世間何所魅，誰能捨親友，誰復障生天？”世尊告曰：“無知覆世間，世間癡所魅，慳貪捨親友，染著障生天。”

天復請曰：“誰非火所燒，風亦不能碎，誰非水所爛，能扶持世間，誰能與王賊，勇猛相抗敵，不爲人非人之所來侵奪？”世尊告曰：“福非火所燒，風亦不能碎，福非水所爛，能扶持世間，福能與王賊，勇猛相抗敵，不爲人非人之所來侵奪？”

天復請曰：“我今猶有疑，請佛爲除斷，今世若後世，誰爲自欺誑？”世尊告曰：“若多有珍財而不能修福，今世若後世，彼極自欺誑。”

爾時，彼天聞佛所説是《經》已，歡喜踴躍，嘆未曾有，□禮佛足，即於佛前欻然不□《佛説天請問經》。

重立《十善業道經要略》石壁功德。伏願君王萬歲，永致太平。臣佐千秋，長扶明盛。文武品位，中外官寮，將吏緇黄，諸軍万姓，俱臻富壽，咸遂樂康然。次願天平地成，河清海晏，風調雨順，歲稔時豐，祥瑞畢臻，灾害不作，三塗之罪苦，永謝諸天之福報。長崇佛道興行，法輪常轉，三界九地，六類四生，盡於虛空，一切含識，乘斯善道，同證真如。

大宋太平興國二年歲次丁丑十月戊午朔八日乙丑重建。

鄉貢進士趙安仁書。

都維那朝散大夫行尚書水部員外郎柱國沈繼宗。

副維那朝散郎守國子監丞監復州榷貨務趙孚。

東頭供奉官銀青光禄大夫檢校兵部尚書兼御史大夫上柱國吳載。

右班殿直沈繼明。

朝奉郎守國子書學博士李護。

徵事郎試大理司直前守貝州清陽縣令田誠。

前攝河陽軍節度推官沈旿。

將仕郎試秘書省校書郎時貞吉。

銀青光禄大夫檢校太子賓客兼殿中侍御史雲騎尉李延溫。

銀青光禄大夫檢校太子賓客兼殿中侍御史雲騎尉韓奉進。

鄉貢進士宋元興。

當寺講金剛經百法論賜紫沙門志蘊。

修塔功德主沙門鴻徹。

[説明]

據《拓本匯編》，共六石，分拓六紙。拓片均高87釐米，寬71釐米。尾跋《佛説天請問經》及願文。據《中國金石總録》，拓紙六塊，均高87釐米，寬71釐米。"十善"拓、"三者"拓、"晝夜"拓、"無可"拓、"無惡"拓均3列，每列23~25行，行10字；"瞋恚"拓3列，第1、2列均23行，行10字；第3列15行，行6~23字不等，總字數4436字。

據《八瓊室金石補正》，六石。石高二尺七寸三分，廣一尺二寸至一尺四寸不等。三列，列廿三行至廿五行不等。行十字，字徑七分。後幅題記、銜名廿四行，行字大小均不一，均正書。刻於太平興國二年（977）十月八日。碑在河南開封繁臺塔內。

見《拓本匯編》37 冊第 40 頁；《中國金石總録》第 16035 號拓片；《石刻史料新編》第 1 輯，第 7 冊，5370 頁。

□院廊下僧守節卵塔記

太平興國二年（977）十一月一日

　　……大寧村人也，俗姓呂，諱守節。曩者以形辭襁褓，性別嬰童。歠聚塵沙，必爲龕塔。尊親知異，尋恕出家就當縣浴室院主僧惠舟，爲其和尚，而□□籠捨父，妙道從師，一霑于惠露慈風，能開醉眼；幾過于花紅柳綠，解鎖春心。時遂尸羅，年登弱冠，常也經持孔雀，亙以形伏，人神壽□有涯，世無所戀，曾非久瘝，欻致遷靈，依法茶毗得舍利百粒。厥有門人崇杲，俗弟再榮，尤敦同氣，彌敬精珠，共削金資，起斯石卵。切慮年移歲遠，莫委前蹤，鏤果□因□□□。

　　時太平興國二年十一月丁亥□。

[説明]

　　據《偃師金石遺文補錄》，正書。刻於太平興國二年（977）十一月一日。存。碑在河南偃師壽聖寺。

　　見《偃師金石遺文補錄》卷8。

金重刊太平興國刻三教聖象碑

太平興國二年（977）

皇帝萬歲（碑額）。

三教聖象。

唐肅宗皇帝贊。

吾儒之師曰魯仲尼，仲尼師聃龍，吾不知聃師竺乾，蕭入無爲，稽首正覺吾師師師。

[説明]

碑在河南登封嵩山少林寺。原碑置於玻璃罩内。據《中國金石總録》，拓片碑額高25釐米、寬16釐米，碑高90釐米、寬60釐米。碑額1行，行4字，碑8行，行6字，總字數134字。隸書。刻於太平興國二年（977）。

見《中國金石總録》第16040號拓片。

碑像有金人重刻題跋：

此文依長安國子監太平興國二年石本重刊。

太原孫儒、林世熙、周臣甥孫僧少林祖昭繪像書贊。

儒林郎芝田縣主簿沛邑郡公高烈夫等助緣施財。

大金大安改元秋七月中元日，嵩山少林祖師道場住持傳法虛明老比丘教亨建。

陳洪進等繁塔捨銀題名

太平興國三年（978）三月

　　弟子平海軍□□使特進檢校太師陳洪進，伏睹繁臺天清寺建立寶塔，特發心奉爲皇帝陛下捨銀伍伯兩入緣。

　　右謹稽首。

　　刹上如來恒沙菩薩，竊以繁臺真境，大國名藍，六洞靈仙，曾留勝迹，九層寶塔，近立崇基。洪進頂戴睿恩，耳聆厥善，合掌爰游於妙域，傾心特捨於中金。伏願舜德巍巍，□乾坤而共久，堯風蕩蕩，播衆海以恒清。今因捨施，和南謹記。

　　太平興國三年三月　日，弟子平海軍節度使持節檢校太師陳洪進記。

　　檢校司徒前漳州刺史陳文顥捨銀壹伯。

　　前順州刺史陳捨銀伍拾兩。

　　惠州刺史任太保□過縣君曹□□八娘□金壹拾捌兩，銀伍拾伍兩，願生天界。

　　揚州節度使錢惟濬捨錢伍拾□文。

　　[説明]

　　據《拓本匯編》，拓片高38鳌米，寬75鳌米。據《中國金石總録》，拓紙高38釐米，寬75釐米，20行，行2~17字不等，總字數234字。正書。刻於太平興國三年（978）三月。碑在河南開封繁塔。

見《拓本匯編》37冊第52頁；《中國金石總録》第16036號拓片。

宋社邑降魔大隨求經幢

太平興國六年（981）八月二十日

武陟縣社邑降魔大隨求經幢（正書額）。

伏以洪鐘未扣，佛日先輝。拔四生之出離沉淪，救八難之永除苦海。□□□□總受聖因□□於大降魔之隨求也數歲，施功□日成就，經中具載，妙算難儔。□□□□骨□於上登天界，佛真身窣堵在□豈没福增，不假詞繁，聊陳片善，所造經幢，永充供養。一則上裨皇化，及資岳牧山河郡邑宰寮忠貞公幹。二乃各願先亡父母地獄之永不聞名，天界之生生應壽，願見存永固，大小謐寧，隨意所求，咸當稱遂。良工遠召，刊記略而特力維那兄孫守貞，母鄧氏，侄文政、文震、文玉，南氏。

都維那袁□不終功德而乃身亡，有男袁懿爲父同扶持此勝事果滿而已。孤子袁懿母路氏、亡妣唐氏，前昭文館寺官□□延祚，僧行旻。

特力都維那孫守榮、霍召、袁漢榮、郭仁謙、彭宗顯、劉仁义、洪弼、袁知短、張光义、萬文德、張延壽、李進、僧智深、僧智堅。

隨求社邑人張祚、□□普清知朗、齊延超、霍仁義、張贊英、陳維忠、□□□□□、朱懷信、張守寧、郭守信、楊守信、張守能、王守節、僧□海、僧守□。以上八行在額下。

維那妻李氏、男袁榮，吳□、王留女伴姑。此行在經之末行下。

大宋國太平興國六年歲次辛巳八月乙丑朔廿日立。

鄉貢□□□□□撰。□□造匠人王元。

登仕郎試大理評事守武陟縣令傅沼。文林郎守武陟縣主簿酈象。
登仕郎守武陟縣尉邊緒。□□檢校太子賓客兼監察御史武騎尉鎮遏使
□□□前下溺。□□監酒務潘志寧。□□□□主知□□□□錄事
□□□院主僧□□寺主僧歸正。真舍利□□僧。下。

[説明]

據《（道光）武陟縣志》，幢凡八面，每面八行，行六十餘字不
等。正書。刻於太平興國六年（981）八月二十日。碑在武陟縣張
村。據《攟古録》，樂澤靈撰記。

見《（道光）武陟縣志》卷21。

蔣保榮施財題名

太平興國七年（982）正月五日

内品監宣化門蔣保榮奉爲亡過父母願離昔生天施此石。

太平興國七年正月五日記之。

[説明]

據《拓本匯編》，高 21 釐米，寬 12 釐米。刻於太平興國七年
（982）正月五日。碑在河南開封繁塔。

見《拓本匯編》37 册第 61 頁。

閻訓等修塔助緣題名

太平興國七年（982）正月十五日

閻訓爲修塔助緣施井錢三拾貫文。

齊州客楊守元施車壹乘。

軒鳳施牛叁頭。

茶末鋪李守信施錢。

醋店孫每月供人二、醋壹碩伍斗直至圓就，即住至太平興國七年正月十五日，已前供過時伍拾碩，願世世常逢勝事，福樂無災。

菜園王祚施菠薐貳阡把、蘿蔔貳拾考老。

[說明]

據《拓本匯編》，高 39 釐米，寬 30 釐米。刻於太平興國七年（982）正月十五日。碑在河南開封。

見《拓本匯編》37 册第 62 頁。

劉彥施財題名

太平興國七年（982）二月五日

劉彥爲亡父劉進、母王氏，聞宰堵波爲住持滕碑石爲着力之因，特捨净財，用崇堅福，迴施菩提，法界有情。

壬午歲二月五日記之。

[説明]

據《拓本匯編》，高 21 釐米，寬 13 釐米。刻於太平興國七年（982）二月五日。碑在河南開封繁塔。

見《拓本匯編》37 册第 63 頁。

丁進施石題名

太平興國七年（982）

盧州客丁進施石一片，願家眷安樂。

[說明]

據《拓本匯編》，高 16 釐米，寬 9 釐米。刻於太平興國七年（982）。碑在河南開封繁塔。

見《拓本匯編》37 冊第 78 頁。

于再榮施財題名

太平興國七年（982）

男弟子于再榮爲母張氏施。

[説明]

據《拓本匯編》，高 21 釐米，寬 10 釐米。刻於太平興國七年（982）。碑在河南開封繁塔。

見《拓本匯編》37 册第 79 頁。

王仁贊等施財題名

太平興國七年（982）

王仁贊、胡庭翰、成進、徐榮四人共施。

[説明]

據《拓本匯編》，高21釐米，寬10釐米。刻於太平興國七年（982）。碑在河南開封繁塔。

見《拓本匯編》37冊第80頁。

弟子王守琪施石題名

太平興國七年（982）

弟子王守琪施石一片，願家眷安樂。

[説明]

據《拓本匯編》，高 20 釐米，寬 9 釐米。刻於太平興國七年
（982）。碑在河南開封繁塔。

見《拓本匯編》37 冊第 81 頁。

王延超施財題名

太平興國七年（982）

男弟子王延超施。

[說明]

據《拓本匯編》，高 21 釐米，寬 6 釐米。刻於太平興國七年
（982）。碑在河南開封繁塔。

見《拓本匯編》37 冊第 82 頁。

王祚等施財題名

太平興國七年（982）

男弟子王祚、女弟子杜氏施。

[説明]

據《拓本匯編》，高 17 釐米，寬 8 釐米。刻於太平興國七年
（982）。碑在河南開封繁塔。

見《拓本匯編》37 冊第 83 頁。

王美施財題名

太平興國七年（982）

男弟子王美奉爲母馮氏施石一片。

[説明]

據《拓本匯編》，高 23 釐米，寬 12 釐米。刻於太平興國七年（982）。碑在河南開封繁塔。

見《拓本匯編》37 册第 84 頁。

王晏施財題名

太平興國七年（982）

男弟子王晏亡妻李氏施。

[説明]

據《拓本匯編》，高 20 釐米，寬 10 釐米。刻於太平興國七年（982）。碑在河南開封繁塔。

見《拓本匯編》37 冊第 85 頁。

元氏施財題名

太平興國七年（982）

女弟子元氏施，願聖賢荷護。

[說明]

據《拓本匯編》，高 21 釐米，寬 14 釐米。刻於太平興國七年（982）。碑在河南開封繁塔。

見《拓本匯編》37 冊第 86 頁。

石文德等施石題名

太平興國七年（982）

男石文德、李妙行，新婦張氏一娘，爲亡父石延福施石，願生天界。

[説明]

據《拓本匯編》，高 21 釐米，寬 11 釐米。刻於太平興國七年（982）。碑在河南開封繁塔。

見《拓本匯編》37 册第 87 頁。

田罕施財題名

太平興國七年 (982)

男弟子田罕施，願闔家安樂。

[説明]

據《拓本匯編》，高 24 釐米，寬 12 釐米。刻於太平興國七年 (982)。碑在河南開封繁塔。

見《拓本匯編》37 冊第 88 頁。

朱氏及子莫彦進施財題名

太平興國七年（982）

妻朱氏、男莫彦進爲亡父莫訓，願生天界。□仔眷屬各保無灾。

[説明]

據《拓本匯編》，高 18 釐米，寬 11 釐米。刻於太平興國七年
（982）。碑在河南開封繁塔。

見《拓本匯編》37 册第 89 頁。

李氏施石題名

太平興國七年 （982）

朱家女弟子李氏施額石一片，願闔家安樂無灾。

[說明]

據《拓本匯編》，高 19 釐米，寬 11 釐米。刻於太平興國七年
（982）。碑在河南開封繁塔。

見《拓本匯編》37 册第 90 頁。

任延昌及妻龐妙嚴施財題名

太平興國七年（982）

教坊笛部賜緋任延昌、妻龐妙嚴，同發心施，願道長清吉。

［説明］

據《拓本匯編》，高 21 釐米，寬 10 釐米。刻於太平興國七年（982）。碑在河南開封繁塔。

見《拓本匯編》37 册第 91 頁。

宋光濟施財題名

太平興國七年（982）

男弟子宋光濟施。

[説明]

據《拓本匯編》，高 13 釐米，寬 11 釐米。刻於太平興國七年（982）。碑在河南開封繁塔。

見《拓本匯編》37 冊第 92 頁。

宋全朗施財題名

太平興國七年（982）

弟子宋全朗施。

[説明]

據《拓本匯編》，高 17 釐米，寬 7 釐米。刻於太平興國七年
（982）。碑在河南開封繁塔。

見《拓本匯編》37 冊第 93 頁。

李光文施財題名

太平興國七年（982）

夏州番洛都知兵馬使李光文施。

[說明]

據《拓本匯編》，高 24 釐米，寬 12 釐米。刻於太平興國七年（982）。碑在河南開封繁塔。

見《拓本匯編》37 冊第 94 頁。

李延貞施財題名

太平興國七年（982）

男弟子李延貞施。

[說明]

據《拓本匯編》，高 24 釐米，寬 7 釐米。刻於太平興國七年（982）。碑在河南開封繁塔。

見《拓本匯編》37 冊第 95 頁。

李從蘊等施財題名

太平興國七年（982）

通許鎮李從蘊，弟從睿、從政爲亡父母施。

[説明]

據《拓本匯編》，高 20 釐米，寬 12 釐米。刻於太平興國七年（982）。碑在河南開封繁塔。

見《拓本匯編》37 冊第 96 頁。

李順等施財題名

太平興國七年（982）

男弟子李順、女弟子董氏，男文遂、新婦欒氏闔家施。

[説明]

據《拓本匯編》，高 22 釐米，寬 11 釐米。刻於太平興國七年（982）。碑在河南開封繁塔。

見《拓本匯編》37 冊第 97 頁。

李福等施財題名

太平興國七年（982）

男弟子李福、女弟子馮氏施。

[説明]

據《拓本匯編》，高 19 釐米，寬 10 釐米。刻於太平興國七年
（982）。碑在河南開封繁塔。

見《拓本匯編》37 册第 98 頁。

李漢唐施財題名

太平興國七年（982）

男弟子李漢唐願家眷安樂。

[說明]

據《拓本匯編》，高 20 釐米，寬 10 釐米。刻於太平興國七年
（982）。碑在河南開封繁塔。

見《拓本匯編》37 冊第 99 頁。

李璠施石題名

太平興國七年（982）

西川弟子李璠爲冤家債主施石一片，願世世相逢、歡喜解釋。

[説明]

據《拓本匯編》，高 22 釐米，寬 12 釐米。刻於太平興國七年（982）。碑在河南開封繁塔。

見《拓本匯編》37 冊第 100 頁。

李繼昇施財題名

太平興國七年（982）

男弟子李繼昇爲父母施額石一片，願長命安樂、家眷無灾。

[説明]

據《拓本匯編》，高 19 釐米，寬 12 釐米。刻於太平興國七年
（982）。碑在河南開封繁塔。

見《拓本匯編》37 册第 101 頁。

吴守節等施財題名

太平興國七年（982）

吴守節、李繼璘、文仁朗同社三人共施。

[説明]

據《拓本匯編》，高 23 釐米，寬 10 釐米。刻於太平興國七年
（982）。碑在河南開封繁塔。

見《拓本匯編》37 冊第 102 頁。

吕延遇施財題名

太平興國七年（982）

男弟子吕延遇施。

[説明]

據《拓本匯編》，高 19 釐米，寬 7 釐米。刻於太平興國七年
（982）。碑在河南開封繁塔。

見《拓本匯編》37 册第 103 頁。

吕凝等施財題名

太平興國七年（982）

男弟子吕凝、妻劉氏施，願闔家安樂。

［説明］

據《拓本匯編》，高 22 釐米，寬 10 釐米。刻於太平興國七年（982）。碑在河南開封繁塔。

見《拓本匯編》37 册第 104 頁。

谷懷靄等施財題名

太平興國七年（982）

興元隨使醫官谷懷靄、魏信共施。

[説明]

據《拓本匯編》，高 18 釐米，寬 12 釐米。刻於太平興國七年
（982）。碑在河南開封繁塔。

見《拓本匯編》37 冊第 105 頁。

何紹隆施財題名

太平興國七年（982）

男弟子何紹隆施。

[説明]

據《拓本匯編》，高 20 釐米，寬 6 釐米。刻於太平興國七年
（982）。碑在河南開封繁塔。

見《拓本匯編》37 冊第 106 頁。

呼延宣浩等施財題名

太平興國七年（982）

齊州福壽鎮客呼延宣浩、妻韓氏、長男守寅同施。

[説明]

據《拓本匯編》，高 21 釐米，寬 11 釐米。刻於太平興國七年
（982）。碑在河南開封繁塔。

見《拓本匯編》37 册第 107 頁。

郎光贊等施財題名

太平興國七年（982）

郎光贊、妻劉氏、男佛留、妳子張氏共施。

[説明]

據《拓本匯編》，高 22 釐米，寬 11 釐米。刻於太平興國七年（982）。碑在河南開封繁塔。

見《拓本匯編》37 册第 108 頁。

郎贊施財題名

太平興國七年（982）

男弟子郎贊施。

[説明]

據《拓本匯編》，高 19 釐米，寬 5 釐米。刻於太平興國七年
(982)。碑在河南開封繁塔。

見《拓本匯編》37 册第 109 頁。

胡十五娘施石題名

太平興國七年（982）

盧州女弟子胡十五娘施石一片，願家眷安樂。

[説明]

據《拓本匯編》，高 19 釐米，寬 10 釐米。刻於太平興國七年（982）。碑在河南開封繁塔。

見《拓本匯編》37 冊第 110 頁。

胡晏等施財題名

太平興國七年（982）

亳州客胡晏，妻丁氏，男郭五、馬見、驢見，女妹重闔家共施。

[説明]

據《拓本匯編》，高 20 釐米，寬 12 釐米。刻於太平興國七年
（982）。碑在河南開封繁塔。

見《拓本匯編》37 冊第 111 頁。

范敬遷施財題名

太平興國七年（982）

昇州范敬遷施。

[説明]

據《拓本匯編》，高 17 釐米，寬 6 釐米。刻於太平興國七年（982）。碑在河南開封繁塔。

見《拓本匯編》37 册第 112 頁。

姚崇等施財題名

太平興國七年（982）

姚崇、汪氏，大姐姚氏同施。

[説明]

據《拓本匯編》，高 19 釐米，寬 10 釐米。刻於太平興國七年
（982）。碑在河南開封繁塔。

見《拓本匯編》37 册第 113 頁。

高斌等施財題名

太平興國七年（982）

高斌，長男重諲、重海、重威、重興，孫男再成、小興與闔家同施。

[説明]

據《拓本匯編》，高23釐米，寬13釐米。刻於太平興國七年（982）。碑在河南開封繁塔。

見《拓本匯編》37冊第114頁。

高進等施財題名

太平興國七年（982）

男弟子高進，女弟子趙氏。

[説明]

據《拓本匯編》，高 20 釐米，寬 10 釐米。刻於太平興國七年
（982）。碑在河南開封繁塔。

見《拓本匯編》37 册第 115 頁。

唐延慶施財題名

太平興國七年（982）

廬州客唐延慶施。

[説明]

據《拓本匯編》，高 22 釐米，寬 7 釐米。刻於太平興國七年
（982）。碑在河南開封繁塔。

見《拓本匯編》37 冊第 116 頁。

袁浦施財題名

太平興國七年（982）

男弟子袁浦奉爲亡父知柔施。

[説明]

據《拓本匯編》，高 19 釐米，寬 10 釐米。刻於太平興國七年
（982）。碑在河南開封繁塔。

見《拓本匯編》37 冊第 117 頁。

軒鳳等題名

太平興國七年（982）

　　府太康縣義門鄉西華縣長平鄉修塔會人：軒鳳、時還、王威、張順、劉祚、胡祚、時肇、匡遇、邵興、吳美、吳演、徐乂、焦榮、解琛、時遇、張秘、時興、軒誠、母祚、軒莚、軒嗣、戚嗣、魏珍、楊柔、軒福、高雅、軒紹、朱氏、吳氏、王氏、時氏、吳氏、朱氏、時氏、張氏、馬氏、軒氏、靳氏、閻氏、李氏、吳氏、張氏、劉氏、高氏。

［説明］

　　據《拓本匯編》，高40釐米，寬29釐米。刻於太平興國七年（982）。碑在河南開封繁塔。

　　見《拓本匯編》37冊第118頁。

孫允昇等施財題名

太平興國七年（982）

男弟子孫允昇、女弟子張氏施。

[説明]

據《拓本匯編》，高 19 釐米，寬 10 釐米。刻於太平興國七年
（982）。碑在河南開封繁塔。

見《拓本匯編》37 冊第 119 頁。

時德勳等施財題名

太平興國七年（982）

男弟子時德勳、女弟子高氏施。

[説明]

據《拓本匯編》，高 18 釐米，寬 12 釐米。刻於太平興國七年（982）。碑在河南開封繁塔。

見《拓本匯編》37 册第 120 頁。

徐勳等施石題名

太平興國七年（982）

　　徐勳爲亡父施石壹片，願離苦生天。兼闔家四十一口施佛伍拾壹尊，計錢壹拾柒貫捌伯文，各願增延福壽。

[説明]

　　據《拓本匯編》，高 23 釐米，寬 11 釐米。刻於太平興國七年（982）。碑在河南開封繁塔。

　　見《拓本匯編》37 册第 121 頁。

梁延興等施財題名

太平興國七年（982）

梁延興、妻酈氏、男崇德、女陳哥施石一片，願家眷安樂。

[說明]

據《拓本匯編》，高 21 釐米，寬 11 釐米。刻於太平興國七年（982）。碑在河南開封繁塔。

見《拓本匯編》37 冊第 122 頁。

梁焦氏等施財題名

太平興國七年（982）

梁家焦氏、沈氏施，願骨肉安吉。

[説明]

據《拓本匯編》，高 20 釐米，寬 13 釐米。刻於太平興國七年（982）。碑在河南開封繁塔。

見《拓本匯編》37 册第 123 頁。

章榮施財題名

太平興國七年（982）

建州浦城縣章榮爲亡妣應氏六娘施。

[説明]

據《拓本匯編》，高 20 釐米，寬 10 釐米。刻於太平興國七年
（982）。碑在河南開封繁塔。

見《拓本匯編》37 册第 124 頁。

許守欽等施財題名

太平興國七年（982）

維那許守欽、杜守榮化到第六級助緣會：

王審恭、吳暉、王貴、王奉謙、馬遇、宮延韜、范延贇、王超、尹知遇、王思温、李繼榮、傅彥超、牛榮、時演、王明、張超、張欽、楊文遂、朱美、李繼勳、劉睿、王延超、楊仁美、蕭光義，已上各貳拾貫文。

劉彥施叁拾貫文、馬昭裔施叁拾貫文、孟隱施拾伍貫文。

張霸、翟守貞、蘇榮、任守贊、田珣、劉廷翰、崔光緒、申温、牛謙、梁漢瓊，已上各施拾貫文。

范光政、王延超、趙温、袁守政、成岳、黃文演、劉義、王守贊、李興、曹仁美、時守彬、秦晃、梁懷志、閻進、劉義、王斌、楊崇、田罕、李斌，已上施伍貫文。

李榮、樂美、孟美、李美、鄭延嗣、張榮、□晃、張光嗣、張福、張義，尼鄭氏、王氏、杜氏、郝氏、穆。

［説明］

據《拓本匯編》，高 39 釐米，寬 56 釐米。刻於太平興國七年

102

（982）。碑在河南開封繁塔。

　　見《拓本匯編》37 册第 125 頁。

張文施石題名

太平興國七年（982）

男弟子張文施石一片，願闔家清吉，妻胡氏、男張福更願無災。

[説明]

據《拓本匯編》，高 18 釐米，寬 12 釐米。刻於太平興國七年（982）。碑在河南開封繁塔。

見《拓本匯編》37 册第 126 頁。

張守貞等施財題名

太平興國七年（982）

男弟子張守貞、女弟子李氏施。

[説明]

據《拓本匯編》，高 24 釐米，寬 9 釐米。刻於太平興國七年（982）。碑在河南開封繁塔。

見《拓本匯編》37 册第 127 頁。

張延超施財題名

太平興國七年（982）

男弟子張延超施。

[説明]

據《拓本匯編》，高20釐米，寬10釐米。刻於太平興國七年
（982）。碑在河南開封繁塔。

見《拓本匯編》37冊第128頁。

張延贇施石題名

太平興國七年（982）

男弟子張延贇施石一片，願家眷安樂。

[説明]

據《拓本匯編》，高18釐米，寬10釐米。刻於太平興國七年（982）。碑在河南開封繁塔。

見《拓本匯編》37册第129頁。

張知福等施財題名

太平興國七年（982）

張知福、張光遠、李氏、曹氏，男合得，女不醜，貴師，闔家同施。

[説明]

據《拓本匯編》，高 20 釐米，寬 9 釐米。刻於太平興國七年（982）。碑在河南開封繁塔。

見《拓本匯編》37 冊第 130 頁。

張重習施財題名

太平興國七年（982）

西京龍門張重習施。

[説明]

據《拓本匯編》，高 21 釐米，寬 6 釐米。刻於太平興國七年
（982）。碑在河南開封繁塔。

見《拓本匯編》37 册第 131 頁。

張朗施石題名

太平興國七年（982）

日騎左第二軍第二指揮第五都張朗化到，衆人共施一片，願同增福利。

［説明］

據《拓本匯編》，高 24 釐米，寬 13 釐米。刻於太平興國七年（982）。碑在河南開封繁塔。

見《拓本匯編》37 册第 132 頁。

張裕等施財題名

太平興國七年（982）

張裕、李氏、男文政同施。

［説明］

據《拓本匯編》，高 19 釐米，寬 9 釐米。刻於太平興國七年（982）。碑在河南開封繁塔。

見《拓本匯編》37 册第 133 頁。

張福等施財題名

太平興國七年（982）

張福、張光遠、李氏、曹氏，女不醜，男合得，貴師，闔家
同施。

[說明]

據《拓本匯編》，高25釐米，寬11釐米。刻於太平興國七年
（982）。碑在河南開封繁塔。

見《拓本匯編》37冊第134頁。

112

張贇等施破氣湯題名

太平興國七年（982）

張贇、張斌漢遇成氏、邵氏、姜氏女，破氣湯共施。

［説明］

據《拓本匯編》，高 23 釐米，寬 10 釐米。刻於太平興國七年
（982）。碑在河南開封繁塔。

見《拓本匯編》37 册第 135 頁。

陸祚等施財題名

太平興國七年（982）

陸祚、妻石氏，弟陸政、郝氏施。

［説明］

據《拓本匯編》，高 20 釐米，寬 11 釐米。刻於太平興國七年（982）。碑在河南開封繁塔。

見《拓本匯編》37 册第 136 頁。

陳氏王守勳等施財題名

太平興國七年（982）

陳氏，王守勳，楊氏，女王氏、王氏，合得張哥、伴哥共施，願
安樂□灾。

[説明]

據《拓本匯編》，高 24 釐米，寬 13 釐米。刻於太平興國七年
（982）。碑在河南開封繁塔。

見《拓本匯編》37 冊第 137 頁。

陳昌嗣等施財題名

太平興國七年（982）

……陳昌嗣……同施。

[説明]

據《拓本匯編》，高 17 釐米，寬 10 釐米。刻於太平興國七年
(982)。碑在河南開封繁塔。

見《拓本匯編》37 冊第 138 頁。

陳迪施石題名

太平興國七年（982）

男弟子陳迪施石一片，願安樂。

［説明］

據《拓本匯編》，高 18 釐米，寬 10 釐米。刻於太平興國七年
（982）。碑在河南開封繁塔。

見《拓本匯編》37 冊第 139 頁。

常普等施財題名

太平興國七年（982）

隨州大洪山奇峰寺藏真大師常普與小師法因同施。

[說明]

據《拓本匯編》，高 23 釐米，寬 11 釐米。刻於太平興國七年（982）。碑在河南開封繁塔。

見《拓本匯編》37 冊第 140 頁。

莫彦進施石題名

太平興國七年（982）

男弟子莫彦進爲自身施石，願見佛聞法。

［説明］

據《拓本匯編》，高 22 釐米，寬 12 釐米。刻於太平興國七年（982）。碑在河南開封繁塔。

見《拓本匯編》37 册第 141 頁。

馮延超施石題名

太平興國七年（982）

男弟子馮延超奉爲父母施石一片，上告諸佛賢聖擁護。

[説明]

據《拓本匯編》，高 22 釐米，寬 14 釐米。刻於太平興國七年（982）。碑在河南開封繁塔。

見《拓本匯編》37 冊第 142 頁。

惠志等施財題名

太平興國七年（982）

相國寺廣法大師惠志、僧智瑩、僧繼常、僧法廣、男弟子鄭守節共施。

[説明]

據《拓本匯編》，高 23 釐米，寬 15 釐米。刻於太平興國七年（982）。碑在河南開封繁塔。

見《拓本匯編》37 册第 143 頁。

智緣等施財題名

太平興國七年（982）

僧智緣、義能共施，願見佛。

[説明]

據《拓本匯編》，高20釐米，寬11釐米。刻於太平興國七年
（982）。碑在河南開封繁塔。

見《拓本匯編》37冊第144頁。

程成施財題名

太平興國七年（982）

西華縣洪溝鄉九曲村程成爲母王氏施。

[説明]

據《拓本匯編》，高 20 釐米，寬 10 釐米。刻於太平興國七年（982）。碑在河南開封繁塔。

見《拓本匯編》37 册第 145 頁。

王氏施財題名

太平興國七年（982）

賈家王氏闔家施，願安樂。

[説明]

據《拓本匯編》，高 19 釐米，寬 10 釐米。刻於太平興國七年（982）。碑在河南開封繁塔。

見《拓本匯編》37 册第 146 頁。

賈氏劉守信等施財題名

太平興國七年（982）

女弟子賈氏、劉守信、劉繼昭、王氏、李氏、小姐姐、韓十哥，
闔家施。

[説明]

據《拓本匯編》，高 19 釐米，寬 11 釐米。刻於太平興國七年
（982）。碑在河南開封繁塔。

見《拓本匯編》37 册第 147 頁。

楊榮等施財題名

太平興國七年（982）

南造舡務第一指揮軍頭楊榮、陳氏三娘共施。

[説明]

據《拓本匯編》，高 18 釐米，寬 13 釐米。刻於太平興國七年（982）。碑在河南開封繁塔。

見《拓本匯編》37 册第 148 頁。

楊勳等施財題名

太平興國七年（982）

日騎左第三軍第一指揮楊勳、妻宋氏、男文坦同施，願安樂。

[説明]

據《拓本匯編》，高 24 釐米，寬 12 釐米。刻於太平興國七年
（982）。碑在河南開封繁塔。

見《拓本匯編》37 册第 149 頁。

董再遇等施財題名

太平興國七年（982）

潁州舡户董再遇、男延朗，闔家同施。

[説明]

據《拓本匯編》，高 20 釐米，寬 12 釐米。刻於太平興國七年
（982）。碑在河南開封繁塔。

見《拓本匯編》37 册第 150 頁。

董澄彬等施財題名

太平興國七年（982）

通許鎮董澄彬、弟澄玉爲母鄭氏施，兼願家眷安樂。

[説明]

據《拓本匯編》，高 20 釐米，寬 11 釐米。刻於太平興國七年（982）。碑在河南開封繁塔。

見《拓本匯編》37 册第 151 頁。

解演施財題名

太平興國七年（982）

男弟子解演、女弟子王氏施。

[説明]

據《拓本匯編》，高 19 釐米，寬 9 釐米。刻於太平興國七年（982）。碑在河南開封繁塔。

見《拓本匯編》37 册第 152 頁。

解審澄施財題名

太平興國七年（982）

男弟子解審澄施，願見佛聞法。

[説明]

據《拓本匯編》，高 23 釐米，寬 14 釐米。刻於太平興國七年
（982）。碑在河南開封繁塔。

見《拓本匯編》37 册第 153 頁。

趙繼宗施財題名

太平興國七年（982）

樞密院勒留官趙繼宗爲母楊氏施。

[說明]

據《拓本匯編》，高 16 釐米，寬 12 釐米。刻於太平興國七年
（982）。碑在河南開封繁塔。

見《拓本匯編》37 冊第 154 頁。

裴贊等施財題名

太平興國七年（982）

南造船務修塔會人裴贊等。

楊榮、朱德崇、杜受、成傳、曹宋勳、衛守弼、楊郎、陳氏三娘、張昌、賈興、桑仁朗、吳繼能、竇榮、張。女弟子王榮感，王仁范爲父母宗親施錢二貫文粳米一碩。吳温、梁廷訓、于再榮、吕普、妻郭氏、吕氏、陳□、許興、張仁義、王令珪、鄭成瓊、段師僅、靳、張祚、牛氏、翟嗣、張裕、張再興、蔡仁緒、車榮、王祚、高照敏、宋福、常、郭珂、趙永、郭思、龐光軫、姚守贊、牛暉、吕延遇、宋光濟、李遇、陳廷玉、王守贊、李仁福、王守謙、張祚、張知進、滕守節、曹懷德、鄭重木、李全寶、耿延豐、孟訓、翟光贊、徐光嗣、鄭延朗、苗珪、解貞、向斌、趙光祚。

京東修塔會人梁文鋭等。

扈延祚、扈守璘、張繼榮、秦知遇、張懷義、宋遇、許審筠、王再榮、郭再興、張守己、王福、王瑋、王□、廉文顯、介美、劉榮、丁審筠、霍祚、趙鄂、韓羽、段進、劉進、杜璉、張廷訓、王美、王懷玉、張再興、曹光義、許朗、張文濟、時超、劉美、王威、周延德、孔贊、李謙、尹祚、劉再榮、邵從訓、戴興、倪延浦、丁超、朱審凝、許福、張延福、劉柔、王美、王知朗、顔榮、程、文進、梁文銳、王召、荀、尚超、趙處均、郭守節、張贇、劉懷義、文昭濟、史□□、趙瓊、吕言、石景玫、周進、龐隱、楊光瞻、霍政、王仁祚、王思讓、駢延昇、李□琪、鹿延政、張延證、孫德、趙環妻李氏、周、王允、丁明、閶丘勳、張昭、梁延貴、楊廷皓、倪斌、袁浦、嚴霜卿、宮緒、高、梁守勳、吴全慶、陳知柔、張德英、李福、賈、蘭仁美、趙貴、高堯、杜繼明、武紹贇、李興、劉。

嚴守能施磚壹仟口，王守正施磚陸佰伍拾口，高温施錢拾貫文，高福施石灰壹佰秤，秦州客郭庈施錢肆貫文，許承贊施錢壹拾叁貫伍佰文。

[説明]

據《拓本匯編》，高 40 釐米，寬 108 釐米。刻於太平興國七年（982）。碑在河南開封繁塔。

見《拓本匯編》37 册第 155 頁。

曹氏及潘允恭施財題名

太平興國七年（982）

縣君曹氏、男殿直潘允恭，願家眷安樂施。

［説明］

據《拓本匯編》，高 18 釐米，寬 14 釐米。刻於太平興國七年
（982）。碑在河南開封繁塔。

見《拓本匯編》37 冊第 156 頁。

潘遂融施財題名

太平興國七年（982）

愽州夾灘鎮男弟子潘遂融施。

［説明］

據《拓本匯編》，高 19 釐米，寬 12 釐米。刻於太平興國七年
（982）。碑在河南開封繁塔。

見《拓本匯編》37 册第 157 頁。

鄭進等施財題名

太平興國七年（982）

男弟子鄭進、妻李氏施，願家眷安樂。

[説明]

據《拓本匯編》，高 21 釐米，寬 11 釐米。刻於太平興國七年（982）。碑在河南開封繁塔。

見《拓本匯編》37 冊第 158 頁。

樊忠等施財題名

太平興國七年（982）

男弟子樊忠、妻孫氏、男宜春闔家施。

[説明]

據《拓本匯編》，高 23 釐米，寬 11 釐米。刻於太平興國七年（982）。碑在河南開封繁塔。

見《拓本匯編》37 册第 159 頁。

蔡仁緒等施財題名

太平興國七年（982）

宣化門外蔡仁緒、妻武氏同施，願安樂。

[說明]

據《拓本匯編》，高 22 釐米，寬 12 釐米。刻於太平興國七年（982）。碑在河南開封繁塔。

見《拓本匯編》37 冊第 160 頁。

滕守卿施財題名

太平興國七年（982）

男弟子滕守卿奉爲亡過父母，願生天界。

［説明］

據《拓本匯編》，高 23 釐米，寬 10 釐米。刻於太平興國七年（982）。碑在河南開封繁塔。

見《拓本匯編》37 冊第 161 頁。

滕家范氏施財題名

太平興國七年（982）

滕家女弟子范氏施。

[説明]

據《拓本匯編》，高 21 釐米，寬 8 釐米。刻於太平興國七年
（982）。碑在河南開封繁塔。

見《拓本匯編》37 册第 162 頁。

劉守琪等施財題名

太平興國七年（982）

男弟子劉守琪、妻文氏闔家施。

[說明]

據《拓本匯編》，高 20 釐米，寬 10 釐米。刻於太平興國七年
（982）。碑在河南開封繁塔。

見《拓本匯編》37 冊第 163 頁。

劉匡嗣施財題名

太平興國七年（982）

廬州客劉匡嗣爲父母施。

[説明]

據《拓本匯編》，高 21 釐米，寬 6 釐米。刻於太平興國七年
（982）。碑在河南開封繁塔。

見《拓本匯編》37 册第 164 頁。

劉再遇等施財題名

太平興國七年（982）

男弟子劉再遇、弟再美，願家眷安樂施。

[説明]

據《拓本匯編》，高 21 釐米，寬 9 釐米。刻於太平興國七年（982）。碑在河南開封繁塔。

見《拓本匯編》37 册第 165 頁。

劉彬施財題名

太平興國七年（982）

堂後官劉彬施，願皇帝萬歲。

［説明］

據《拓本匯編》，高 20 釐米，寬 10 釐米。刻於太平興國七年
（982）。碑在河南開封繁塔。

見《拓本匯編》37 册第 166 頁。

劉福等施財題名

太平興國七年（982）

開封府陳留縣柳店村弟子劉福、母侯氏同施，願家眷安樂。

[説明]

據《拓本匯編》，高 22 釐米，寬 10 釐米。刻於太平興國七年（982）。碑在河南開封繁塔。

見《拓本匯編》37 冊第 167 頁。

劉福等施財題名

太平興國七年（982）

開封府陳留縣柳店村弟子劉福、母侯氏同施，願闔家安樂。

[説明]

據《拓本匯編》，高 22 釐米，寬 13 釐米。刻於太平興國七年
（982）。碑在河南開封繁塔。

見《拓本匯編》37 冊第 168 頁。

劉漢能施石題名

太平興國七年（982）

弟子劉漢能施石一片，願家眷安樂。

[説明]

據《拓本匯編》，高 21 釐米，寬 10 釐米。刻於太平興國七年
（982）。碑在河南開封繁塔。

見《拓本匯編》37 册第 169 頁。

劉德顯施財題名

太平興國七年（982）

劉德顯奉爲亡過父母，願生天界，見存眷屬并保無灾。

[説明]

據《拓本匯編》，高 22 釐米，寬 11 釐米。刻於太平興國七年
（982）。碑在河南開封繁塔。

見《拓本匯編》37 册第 170 頁。

盧守全等施財題名

太平興國七年（982）

餙店盧守全、桑氏奉爲父母施。

[説明]

據《拓本匯編》，高 20 釐米，寬 12 釐米。刻於太平興國七年（982）。碑在河南開封繁塔。

見《拓本匯編》37 册第 171 頁。

錢守璘等施財題名

太平興國七年（982）

錢守璘、妻鞏氏闔家同施。

[説明]

據《拓本匯編》，高 21 釐米，寬 12 釐米。刻於太平興國七年
（982）。碑在河南開封繁塔。

見《拓本匯編》37 册第 172 頁。

謝剗施石題名

太平興國七年（982）

陳州客謝剗施石壹片，願家眷安樂。

[説明]

據《拓本匯編》，高 21 釐米，寬 8 釐米。刻於太平興國七年（982）。碑在河南開封繁塔。

見《拓本匯編》37 冊第 173 頁。

韓惟忠施財題名

太平興國七年（982）

　　汝州隨使押衙知進奏銀青光禄大夫檢校國子祭酒兼御史中丞驍騎尉韓惟忠施。

［説明］

　　據《拓本匯編》，高 19 釐米，寬 15 釐米。刻於太平興國七年（982）。碑在河南開封繁塔。

　　見《拓本匯編》37 册第 174 頁。

魏知顯等施財題名

太平興國七年（982）

高郵軍魏知顯與妻張十一娘同施。

［説明］

據《拓本匯編》，高 23 釐米，寬 13 釐米。刻於太平興國七年
（982）。碑在河南開封繁塔。

見《拓本匯編》37 册第 175 頁。

魏超等施財題名

太平興國七年（982）

尉氏縣驍捷第一指揮魏超化到本營眾人等共施，各願事官清吉。

［説明］

據《拓本匯編》，高 20 釐米，寬 13 釐米。刻於太平興國七年
（982）。碑在河南開封繁塔。

見《拓本匯編》37 册第 176 頁。

歸辯等施財題名

太平興國七年（982）

相國寺賜紫歸辯、貞會、從政僧亞嵩、僧智塋同施，願見佛聞法。

[説明]

據《拓本匯編》，高 22 釐米，寬 14 釐米。刻於太平興國七年（982）。碑在河南開封繁塔。

見《拓本匯編》37 冊第 177 頁。

羅延嗣等施財題名

太平興國七年（982）

羅延嗣、楊氏五姐同捨，願安樂無災。

[説明]

據《拓本匯編》，高 19 釐米，寬 8 釐米。刻於太平興國七年
（982）。碑在河南開封繁塔。

見《拓本匯編》37 冊第 178 頁。

嚴延愛等施財題名

太平興國七年（982）

男弟子嚴延愛、女弟子石二十九娘同捨，願無灾障。

[說明]

據《拓本匯編》，高 20 釐米，寬 11 釐米。刻於太平興國七年
（982）。碑在河南開封繁塔。

見《拓本匯編》37 冊第 179 頁。

嚴霸卿等施財題名

太平興國七年（982）

嚴霸卿、妻呂氏、男懷玉、女賽哥、女住姐闔家共施。

［説明］

據《拓本匯編》，高 25 釐米，寬 10 釐米。刻於太平興國七年（982）。碑在河南開封繁塔。

見《拓本匯編》37 册第 180 頁。

尚庭翰建經幢

端拱元年（988）三月八日

贊文并序。

夫真經，一句可以濟生死焉；秘教，一言可以平怨魔矣。此蓋尊勝陀羅尼之謂與？所以，亡過父母時虧溫清，養乏旨甘，何生我以劬勞，靡施恩而望報。每驚風樹，俄見斬摧，不諧厚葬之儀，唯備威刑之禮。墳之既窆，願乃後酬。庭翰聞此陀羅尼神呪，可以破地獄，可以闢昏衢。鎮垢地爲清净之地，迎福緣爲殊勝之緣。是以庭翰抽父母之遺材，作津梁於彼岸。得不以尋山刊石，觀器求工，雕勒既周，始終乃遂。上爲皇帝鑾輿安静，鳳蓋無傾，州縣宷察，常居品位。伏願所居土地，方近靈祇，暗紙步樂之恩，潜假護持之力。

時大宋端拱元年戊子歲三月戊午朔八日乙丑建幢訖。

見存眷屬各具尊卑者：家主清河子尚庭翰。繼留、二婆張氏。妹，魏郎婦，住恭敬村。次女，翟郎婦，住田門村。新婦魯氏。次三女，李郎婦，住孟村。

弘農子鄉貢三傅楊簡能撰并書。

佛頂尊勝陀羅尼真言。

特進試鴻臚卿大興善寺三藏沙門大廣智不空奉詔譯。

（經文略）

［説明］

據《山陽石刻藝術》拓本録。刻於端拱元年（988）三月八日。石幢在焦作市博物館。

見《山陽石刻藝術》第 40 頁。

陳知白等大伾山題記

端拱元年（988）

正□□□□□□□□□□□□□□□□□□□□□□□□士簽書通利軍判官事陳知白晦叔、蘇村巡河侍禁桑泉景初、黎陽尉王旭進之□□。

[説明]

摩崖今在河南浚縣大伾山，刊刻時間不明。《浚縣金石録》歸入宋，有考證："按通利軍在宋迭爲廢置。始建於端拱元年，至天聖元年改爲安利，後復於明道二年至熙寧三年又廢，迨元祐元年復置爲軍。近人不察而概於宋曰'通利軍'，失之矣。題銜有通利軍判官、蘇村巡河、黎陽尉等官。《宋史・職官志》巡檢有巡馬遞鋪、巡河、巡捉、私茶鹽等，各視其名，以修舉職業。是知巡河即巡檢矣。又建隆三年每縣置一尉，在主簿之下。故此題名以爵序，而尉獨最後書也。"依考證之言，姑附端拱元年（988）之後。

見《浚縣金石録》卷上。

錢忠懿王神道碑

端拱元年（988）

錢忠懿王神道碑。

□□□□□國崇文耀武宣德守道中正功臣武勝軍節度使開府儀同三司守太師尚書令、兼中書令使持節鄧州諸軍事、行鄧州刺史，上柱國鄧玉，食邑□萬七千户，食實封□萬六千九百户賜劍履上殿書詔不名追封秦國王謚曰忠懿神道碑銘并序。

推忠同德佐理功臣銀青光禄大夫尚書吏部侍郎兼秘書監上柱國隴西縣開國伯食邑七百户臣李至奉敕撰。

翰林侍書朝奉郎行殿中侍御史賜緋魚袋臣王著奉敕書并篆額。

□□□人之興也，有開必先，故能成天下之務；君子之動也，見機而作，故能通天下之變。在昔高祖造漢，始構大象，有若吳芮，以百越佐帝，共攻崤函。蕭王中興，用顯丕業。有若竇融，以河西歸國，預平汧隴。我國家率服夷夏，惠綏黎元，交三神之歡，接千歲之統。鳥獸魚鱉，罔不咸若；山川鬼神，亦□□□。又其有歷祀百載，三世五王，霸有東南，代修職貢。在天成象，冠三台之位；在地成形，視列岳之秩。極人臣之寵數，兼文武之雄才，遭我盛明，益推誠節，助建業之薄伐，獻全吳之舊地，盡室歸朝，束身向伐，生則國封

163

王爵，焜耀於一時；歿則美諡追榮，穹崇其九德。有始有卒，知微知章，□□見之於秦國王矣。

王諱俶，字文德。唐武德中陪葬功臣潭州大都督巢國公九隴，王之十一代祖也。威勝軍節度推官纍贈太師諱寬，秦國太夫人丘氏，王之曾祖父母也。天下兵馬都元帥尚父守尚書令吳越國王諡曰武肅，諱鏐，晋國昭懿大夫陳氏，王之祖父母也。天下兵馬□□元師守尚書令吳越國王諡曰文穆，諱元瓘，吳越國恭懿大夫吳氏，王之考妣也。

惟王爲吳越國王三十載，任太師守尚書令兼中書令四十載，爲元帥五十□載，歸朝之後封國王者五、領節制者□□後八換功臣名奉邑通真，食□□七萬三千九百户。帶劍不名，自存及歿，三膺册封之命。以後唐天成已丑歲八月二十四日生於餘杭之功臣堂，皇朝端拱戊子歲八月二十四日薨於南陽之正寢，春秋六十。

嗚呼哀哉！鰲柱中摧，虹梁忽圮。日邊之楚子雲飛，天上之武侯星墜。春者爲輟相，邦人爲罷市。草樹凄色，兒童隕淚，無邵父兮何怙？□□母兮何恃？上聞訃，惻然出淚霑袂，雖梁武驚任昉之謝，投瓜以悲；太宗哭張謹之喪，辰日無避。嗟乎！君臣之情，曾不過是。詔廢朝七日，示震悼之深也。是歲孟冬五日，自鄧徂梁，權殯於京城之東墅，詔大鴻臚營葬。中謁者祭奠，贈賻加等。塗芻備儀，襄事所須，縣官咸給，乃命有司，撰日貳卿，持節追封爲秦國王，文昌會議，曲臺稽□，諡曰忠懿。惟幽惟顯，以哀以榮。御蓋重茵，方念祭遵之疾；畫棺玉匣，遽寧梁竦之神。越明年正月望日，以鹵簿鼓吹，導王輴翠歸全於西京洛陽縣賢相里陶公原，禮也。王芬至論，止窆京畿；崔瑗遺言，勿歸鄉里。異代同達，不亦賢乎？上乃永懷懿鑠，慮或湮滅，詔臣論次其事，楬爲豐碑。臣拜命周章，罔知攸措，懼不能彪炳徽烈，游揚好詞，副聖君之知，效良吏之作。然而獲在天禄，得游書林，覽太史公之傳記久矣，閱諸侯王之事迹多矣。夫金石之刻所以垂勸來代，彰明往懿，故無過實，無虛美，斯令戒之所式，亦微臣之所恥。

謹按家牒，詳國史，拜手直書，將傳信乎刊紀。粵若錢氏之先也，堯封彭城，其裔曰孚，在宗周時，實司圜府，因而命氏。丹則戰國之隱士，産則嬴秦之亞相，讓則漢庭之良牧，鳳則晋室之名臣，椒聊蕃衍，慶流天下，憑高積厚，宜生閒傑。頃者天敗唐祚，盜起中原，王室衰微，不能專國之征伐，方隅叛換，而敢問鼎之輕重。內則岐梁跋扈，置宗廟于印墟；外則巢蔡橫行，墜生靈於塗炭。龍蛇起而英傑出，干戈尋而區宇裂。武肅王蘊經濟之略，屬艱虞之運，鵲起豹變，頤指氣使，料敵制聖，神授其謀，尊主□民，天與其德。蚩蚩薛郎，莫逭膏原。齷齪董昌，旋從伏鑕。或以少擊衆，敗黃巢於臨安；或仗順討逆，平漢宏於歐越。遂成霸業，實啓孫謀。于時寰縣罹灾，奸雄樂禍，或負固於嶺表，或假息於閩中，或竊號於邗溝，或僭稱於庸蜀，皆屢馳單介，勸以自尊。王皆拒而不答，慷慨增憤。及理命之際，手書以戒子孫，且曰：吾生平所受數異，□□之後，當悉去之，以守藩臣之禮。故得尊莫尊於尚父，屈珠旒以崇之；貴莫貴於真王，降玉册以封之。五廟之蒸嘗，不絶弈葉之富。

[説明]

《金石萃編補正》云："碑計當在洛陽。今無拓者，未知原石尚存否。青圃得其裝本一册，約有一千六七百字，然僅有其半爾。文甚瑰麗，王著行書，深得晋人遺矩。余驚喜錄之，不敢以其宋殘碑而忽之也。"又碑無刊刻年月，權入錢俶去世年端拱元年（988）下。

見《石刻史料新編》第1輯，第5册，3504頁。

善才寺觀音院記

淳化元年（990）閏五月二十六日

善才寺觀音院記。

宣補鎮遏使陽晙撰。

梁文素書并撰額。二行在標題下。

佛教興也，像宇設也。盡河沙杳邈，法無二門□□界□□心等一味□□□□者……接引群生，開悟解脫，超躋至真，視于龕堵精苑……輓□肆莊嚴之□□□□睹相……申下執□□本識□爲教化之漸，津梁□要自此□深之□宗建□□蓋□有爲之教□朝□□□闡也。屬大宋之有天下□□二□即□□日，改太平興……□上文武哲睿，明于萬邦，寬□仁惠，臨于百姓。虔奉宗廟，靈□敬受元□式訓□出雷□□□品物心□交□康睦，中外叶暢□□□育，周文恤忍，虞舜孝□……鞠養……柔服□懷遠也。樂□老□□徼海隅曹□□□徂□□□□□容隮南道煙邸。涉西沙流河，陟北□幽崖，壤□覆載……天休□助明德，陶然大化□不知……繇是，行□□觀……國今爲□馬□□比差勝概不□依慕……乾之曲羿□東魯……懸楣□檀老□西□□户有觀音院者，……寺之幽□□□劣……摩□盡……僧法名從軏者……太原聖俱之寺受業也……唯安……爽基□發□□。夫創置之迹

166

洪大之事……□太平□立兹院□寺之……塵□□□蘚盈階□堂厨已□
且□□未構，况定水之金可萃，香山之材可鳩……之□亦以□……
□□□從勸引者風馳随喜捨者草偃……之役□畚錆……藻梲□□斧斤
□合□點朱直繩……杌□札□桷排差□翠……入晴□□□奔……五十
□有餘廊宇一□間……金僊一……嚴出世神縱絶智□□□新俾游從者
目□皈依者心悦……妙申……□□□自資於清世□日□寶者……毛者
得……萬端共後工貳叁億，即乃□也笠屐兩□□□勤□□□主結緣□
也……鐫□也。鄙陋斐辭，慚爲直紀。

大宋淳化元年歲次庚寅伍月……

儒林郎守許州陽翟縣令張結明一。

□仕郎守許□陽翟縣主簿張用□。

將仕郎……内品監許州陽翟縣鹽麴商税鄘延遇。

殿前承旨監許州陽□縣鹽麴商税董詡。

文林郎……供奉官前監□州陽翟縣鹽麴商□李繼遠。

……郎前守許州陽翟縣尉王從一。

當寺……

……仁美刊。在首行下。

[説明]

據《八瓊室金石補正》，高四尺五寸，廣二尺六寸五分。廿五
行，行字不一。字徑寸許。行書額。刻於淳化元年（990）閏五月二
十六日。碑在河南禹州。

見《石刻史料新編》第1輯，第7册，5394頁。

167

啓母廟石門限刻字

淳化四年（993）

淳化肆年歲次癸巳□□丙戌朔二十二日建。石作都料張守嚴、張□□。維那録事程知謙、牛延頸、□□司梁思密，同勾當人□□李忠信并村衆人等。

［説明］

據《偃師金石遺文補録》，正書。石限中鎸花樣制極工細，左右題刻於淳化四年（993）。碑在河南偃師縣。

見《偃師金石遺文補録》卷8。

大宋重修西京白馬寺記

淳化某年（990~994）四月八日

翰林學士承旨朝請大夫中書舍人上柱國賜紫金魚袋蘇易簡奉。

翰林院待詔朝奉郎秘書丞同正兼御書院□侯賜□□□□□
文□□。

東周舊壤，西洛名都；景氣澄清，風物奇秀。長源渺渺，元龜負
書之川；平隰依依，白馬馱經之地。考其由，爲中國招提之始；語其
要，居兩京繁會之間。歷纍朝而久鬱禎符，偶昌運而薦陳靈貺。不有
興葺，寧昭德音。

法天崇道皇帝，端拱北辰，委裘南面[1]，步攝提而重張歲紀，
把鈞陳而再紐乾綱。實異俗於藥街，納生民於壽域。尚或探元象外，
訪道環端。恭己虛懷，法媧汭無爲之化；凝神静想，憶靈山授記之
言。省鴻名，崇十號之空王；畢皇居，峻三休之妙觀。坐致華胥之
境，平登安養之方。慈雲遠覆於冰天，法浪遐滋於桂水。東逾漲海，
揚帆頌貝葉之書；西洎流沙，刻石紀金剛之座。勤行之能事著矣，陰
隲之元功大矣。居一日，謂近臣曰："朕嘗探賾造化，窮研載籍。祀
彼河海[2]，猶分其先後；譬諸水木，尚本其根源。觀夫像教斯來，
真誠下濟，誠由彼摩騰、竺法蘭二法師者，揚菴園之末緒，越蔥嶺之

169

修程。百千億佛，始演其性宗；四十二章，初宣其密義。則何必伯陽道德，止留關令之家；倚相典墳，傳自侯生之口而已哉^[3]！瞻彼維洛，靈蹤尚存；未旌勝緣，良謂闕典。時屬單閼，直歲勾芒馭辰，龍星雖耀於雩壇，兔魄罕離於畢宿。詢於黔首，未興雲漢之謠；軫彼皇情，已甚桑林之禱。"命中使以馳驛，謁仁祠而致誠^[4]。憂勤上通，靈應如響。豈獨商羊鼓舞，但聞闕里之言；力士沾濡，惟紀開元之代。乃命鼎新偉構^[5]，寅奉莊嚴。採文石於他山，下瓌材於邃谷。離婁騁督繩之妙，馮夷掌置臬之司。闢蓮宮而洞開，列紺殿而對峙。圖八十種之尊相，安二大師之法莛。靈骨宛如，可驗來儀於竺國；金姿穆若，猶疑夢現於漢庭。天風高而寶鐸鏘洋，晴霞散而雕拱輝赫。周之以繚垣浮柱，飾之以法鼓勝幡。遠含甸服之風光，無殊日域；旁映洛陽之城闕，更類天宮。

時則郊鄽游客，輦轂遺俗，或黃髮鮐背之老，或元髻稚齒之童。途謠巷歌，相與而謂曰："吾皇帝之稽古務本也。爲蒼生而祈福，致金僊而降靈。"遂使權輿聖教之津將壅而復決，經始福田之所已圮而更興。未睹時巡彌堅，望幸佇聽。建圭立極，逾姬公洛食之符；檢玉升中，越孝武山呼之瑞。臣生逢堯禹，職符嚴徐。自追閬苑之勝游，粗得楞伽之真趣。爰承詔旨，命紀歲時。雖磬沒荒蕪，欲繼金聲而莫及；然勒銘琬琰^[6]，期將火德以彌新。□□□

□□□□□祀四月八日記。

翟文。

臣□。

張□□刻。

[説明]

據《金石萃編》，碑高一丈四尺，廣五尺八寸。二十行，行五十五至五十七字。行書。刻於淳化某年（990~994）四月八日。碑在河南洛陽。

見《石刻史料新編》第 1 輯，第 3 册，2325 頁；《（嘉靖）河南通志》卷 19 第 1 頁。

[校勘記]

[1]"委裘"，《（嘉靖）河南通志》作"垂裳"。

[2]"祀"，《（嘉靖）河南通志》作"視"。

[3]"侯"，《（嘉靖）河南通志》作"伏"。

[4]"謁"，《金石萃編》作"竭"，據《（嘉靖）河南通志》改。

[5]"偉"，《（嘉靖）河南通志》作"緯"。

[6]"琰"，《（嘉靖）河南通志》作"伏"。

杜澤里尊勝幢贊

至道元年（995）十月一日

《佛頂尊勝陁羅尼》。

金僊氏之垂教也，眹□六塵，筌蹄八表。□無生之妙法，闡有截之真風。威福巨興，救群迷於千劫；慈悲廣備，拯庶類於三塗。天地終而靡終，神明歇而匪歇，是故四生受蔭，万化歸心，將袪濁海之沉湮，必藉空門之善果。是以設茲勝事，表以薦修，所謂慧力恢宏，法源遐貫。此四行上刻佛象。蓄禎休而斯厚，顯濟拔之功深。寶像陰迴，照之者魂超净土；梵文聲振，聞之者道證菩提。知其然而爲然，迺至用而爲用，蓋孝子答父母之禮也。其先，考妣於淳化五年七月二十三日合祔於洛陽縣杜澤里，松楸方茂，丘壠正高，空思鞠育之恩，寧報劬勞之力，遂以推諸同氣，卜以良工。鑿緱嶺之貞珉，遽成寶刹；繕祇園之貝葉，旋布銀鈎。剖厥之樟木一尋，恒臨封樹；突兀之崑峰數尺，永鎮佳城。元冥之善果聿臻，長夜之素魂可托。離幽出晦，願符資薦之由；傾魄頹曦，任促推遷之運。因刊歲月，聊述贊云：

大哉釋氏，垂教曠代。以智以慧，不滅不壞。上天下地，孰亡倚賴。此四行亦上刻佛象。孝子之禮，報効斯深。鞠育爲念，劬勞在

心。憑此功德，以薦幽沉。貞珉遽鑿，寶幢俄立。至願既臻，休
感斯集。緬想元夜，威福宏及。封樹已□，佳城尚高。曠野茫
茫，悲風蕭蕭。齋戒贊嘆，瞻望魂銷。

至道元年十月一日建立。

刻字翟文翰。

［説明］

據《八瓊室金石補正》，高三尺二寸。八面，面廣四寸。各四
行，行字大小均不一。正書。刻於至道元年（995）十月一日。碑在
河南洛陽存古閣。

見《石刻史料新編》第 1 輯，第 7 册，5334 頁。

夏家堂尊勝殘幢記

至道二年（996）四月

《佛頂尊勝陁羅尼》真言。三行，字徑一寸四分。在弟一面上方。

□□□邑衆等重脩殿宇佛□并建□□□□。此行在弟二棱。

[説明]

據《八瓊室金石補正》，高四尺二寸，面廣五寸三分，棱廣四寸。行字不計，字徑七分許。正書。刻於宋。碑在河南汝州。據《八瓊室金石補正》記載，刻於至道二年（996）四月。

見《石刻史料新編》第 1 輯，第 7 册，5335 頁。

174

真宗回鑾詩碑

景德元年（1004）

契丹出境。

我爲憂民切，戎車暫省方。征旗明夏日[1]，利器瑩秋霜。鋭旅懷忠節，群胡竄北方。堅冰消巨浪，輕吹集嘉祥。繼好安邊境，和同樂小康。上天垂助順，回旆躍龍驤。

[説明]

據《河南碑刻類編》圖片録文，《（正德）大名府志》亦有録文。殘石今在濮陽，刻石據説刊在景德元年（1004）澶淵之盟時。

見《（正德）大名府志》卷10；《河南碑刻類編》115頁。

[校勘記]

[1]“夏”，《（正德）大名府志》作“愛”，顯誤。

尼審定塔銘

景德二年（1005）九月

（第一行全漶）　□□□□□□□智□□於權實示生□……□□於去來
知三際圓明，四歸妙蘊，了斯元……□涅槃大□諱審定，俗□李
氏……也□投崇夏寺慈□大師出家，於廣順元年剃……□受戒。乾德
六年，蒙□□□□□□師忽興四方之志，欲□□□之心□□□□來
□□京洛乃□得□□修行寺大悲院焚修□□□□鞅勞之力，甘志道之
門。身心□匪石之誠，修持□□物之化。昨於景德元年十二月十七
日，無疾而終，俗□七十二，戒臘五十五。嗚呼！藍軒永絕於□曇□
容不再於人世。乃有同學妹賜紫明化大師審貞，與小師内外臨壇講律
比丘尼道通□於明年□地建於外塔，以藏靈骨。莫不山尋□□□求□
手殊攻。既畢，用永歲華□□猥承□□俾□芳猷。慚無精健之才，聊
席光明之□。乃爲銘曰：

綿綿真性，無無生死。唯四□□，□□□致。電□歸空，泡
□□□。□乎大師，□□□始。身隨薪爐，塔將□壘。
□□□□，□□□起。

176

時大宋景德二年九月□□□日建。

□□□□□撰。

同學妹明化大師賜紫尼審貞。

□師內外臨壇講律比□尼□□。

道智、道□。

[說明]

據《拓本匯編》，長 31 釐米，寬 39 釐米，沙門紹從正書。《八瓊室金石補正》，高一尺，廣一尺二寸五分。廿三行，行字不一。字徑四分。正書。刻於景德二年（1005）九月。碑在河南洛陽存古閣。

見《拓本匯編》第 38 冊第 15 頁；《八瓊室金石補正》，《石刻史料新編》第 1 輯，第 7 冊，5424 頁。

郭重顯等尊勝大悲幢贊

景德二年（1005）十一月四日

《佛頂尊勝陁羅尼》。

□悲心《陁羅尼》。

翟文顯鐫字。

聞日落西山，水流東海。表人生而□去，彰世法以不來。在聖位而猶關，豈凡情而得免。今者孤子男重顯等奉爲考妣二靈，特就墳所，於東南隅建尊勝大悲經幢一所，用表勤誠，庶拔生天之界。伏願憑茲妙社，登佛刹之金城；托此良因，蹈仙宮之玉殿。塵霑罪滅，影拂福生，資庶幽魂，能仁誠説矣。贊曰：

孤子志痛，憑何所追。是竭心誠，唯佛可歸。故鐫《尊勝》，特寫大悲。用報劬勞，影藉光□。

維大宋景德二年歲次乙巳十一月乙巳□初四日戊申建。

長男太原郭重顯、新婦白氏，次男重甫，孫女婆安，孫男婆吉。

178

［説明］

據《八瓊室金石補正》，高三尺四寸五分。六面，面廣四寸，各四行。題記一面，五行，行字不一。字徑五分。正書。刻於景德二年（1005）十一月四日。碑在河南洛陽存古閣。

見《石刻史料新編》第 1 輯，第 7 冊，5335 頁。

楊某題記

景德四年（1007）四月二十日

　　時大宋歲次丁未朔景德肆年孟夏月二十有四日，奉使帖訪尋古迹，攢爲圖經入進，故記之。

　　押司録事□□楊□□。

[説明]

　　據《八瓊室金石補正》，高一尺五寸五分，廣二尺五寸。七行，行六字。字徑二寸許。另一行小字。正書。左行。刻於景德四年（1007）四月二十日。碑在河南新鄭。

　　見《石刻史料新編》第 1 輯，第 7 册，5425 頁。

宋真宗御書《龍門銘》

大中祥符四年（1011）二月十日

□製御書并篆額[1]。

夫□而爲□□而爲谷[2]，設險阻於地理，資守距於國都。足以表坤載之無疆[3]，示神州之大壯者也[4]。矧復洪源南導，高岸中分，夏禹濬川，初通闕塞[5]，周成[6]相宅[7]，肇建王城，風雨所交，形勢斯在。靈萉珍木，接畛而揚芬；盤石檻泉[8]，奔流而激響[9]。寶塔千尺，蒼崖萬尋，秘等覺之真身，刻大雄之尊像[10]。豈獨勝游之是屬，故亦景貺之潛符[11]。躬薦兩圭，祀汾陰而祈民福；言旋六轡[12]，臨雒宅而觀土風[13]。既周覽於名區，乃刊文於貞石[14]。銘曰[15]：

高闕巍峨，群山迤邐[16]。乃固王城[17]，是通伊水。形勝居多，英靈萃止[18]。螺髻遍摹，雁塔高峙[19]。奠玉河濱，回輿山趾。鳴蹕再臨，貞珉斯紀[20]。

大中祥符四年二月十日[21]。

[説明]

摩崖在河南洛陽龍門石窟東山。摩崖已多處崩毀，殘存部分。據《金石萃編》，碑題《龍門銘》，碑高九尺一寸，廣五尺三寸，十三行，行二十五字，正書。刻於大中祥符四年（1011）二月十日。

見《石刻史料新編》第 1 輯，第 4 册，2401 頁。

[校勘記]

[1]"□製御書并篆額"，據《金石萃編》補。

[2]"夫□而爲□□"，據《金石萃編》補。

[3]"坤載之無疆"，據《金石萃編》補。

[4]"示"，據《金石萃編》補。

[5]"濬川，初通闕塞"，據《金石萃編》補。

[6]"周成"，據《金石萃編》補。

[7]"宅"，《金石萃編》作"宇"，誤。

[8]"接畛而揚芬；盤石檻泉"，據《金石萃編》補。

[9]"奔流"二字，右尚各存半邊。

[10]"覺之真身，刻大雄之尊像"，據《金石萃編》補。

[11]"景貺之潛符"，據《金石萃編》補。

[12]"躬薦兩圭，祀汾陰而祈民福；言旋六轡"，據《金石萃編》補。

[13]"臨雒"，據《金石萃編》補。

[14]"文於貞石"，據《金石萃編》補。

[15]"銘曰"，據《金石萃編》補。

[16]"高闕巍峨，群山迤邐"，據《金石萃編》補。

[17]"乃固"，據《金石萃編》補。

[18]"英靈萃止"，據《金石萃編》補。

［19］"螺髻遍摹，雁塔"六字，據《金石萃編》補。

［20］"鳴蹕再臨，貞珉斯紀"，據《金石萃編》補。

［21］"大中祥符四年"，據《金石萃編》補。"二月十日"，《金石萃編》作"三月十一日"，誤。

石保吉神道碑

大中祥符四年（1011）十一月四日

大宋故西平石公神道碑（篆額）。

大宋故推忠保節同德守正翊戴功臣鎮安軍節□陳州管内觀察□□□使開府儀同三司檢校太師同中書門下平章事使持節陳州諸軍事行□□刺史兼管内勸農使上柱國駙馬都尉西平郡開國公食邑一万三千九百户□□□□□□□□□□□□。

翰林學士同修玉清昭應宮使太中大夫行右諫議大夫知制誥判登□檢院柱國隴西郡開國侯食邑一千三百户，食實封貳伯户賜紫金魚袋臣李宗諤奉敕撰。

翰林待詔朝請大夫守將作少監□□騎都尉臣白憲奉敕書并篆額。

臣聞哲王紹慶基而撫運，必有方召之侯，然後隆保大定功之業；良臣總明略以輔世，非遇勛華之主，不能展開物成務之績。矧乃興邦茂勛之後，弈葉重侯之貴？聯姻帝室，膺降嬪築館之榮；致位公朝，極出藩入輔之盛。從□□□□□□□親睹□□□□□□□□□□舊封克下闕。具美，歷考前聞，未有如故陳師西平公者也。皇帝南汾祈穀之年，華闕旋衡之日，大宮飲至，方捨爵以策勛；雲臺觀像，遽興懷而念舊。以爲紀功笃簡，已藏虎觀之書；相質松阡，未舉龜趺之

184

制。爰頌詔旨，申命詞臣，備□□□之辭，冀揚不朽之烈。臣乏公西□識_{下闕}。懼，敢憑實錄，以示方來。

按石氏之世，家本姬周而肇姓，康叔封受社而開國，大夫碏立義而揚名。世胄聿昌，英賢間出，蟬聯錫□，史不絕書，稽乎譜系，閥閱之盛其所由來舊矣。

公諱保吉，字祐之，本家於真定，後徙居浚儀，今爲大梁人也。大王父諱銳，纍贈太子□侍中，積善在躬，韜光□耀，終協其昌□□□□大_{下闕}。流光慶鍾貽厥勛清風以垂燕翼，樹陰德以大門閭。惟烈考鎮安軍節度使守中書令贈尚書令追封秦王諱守信，輔皇宋之開基，爲元勳而佐命，位崇上將，名冠列藩。平叛壘於惟揚，剪癘階於上黨。聖祖篤塤箎之□，契君臣之分，尤隆□□□□□之純誠，終始之恩彌渥優游，五鎮翊_{下闕}□政備存表道之碑，莫之與京，此不具載。

公即秦王之第二子，母曰秦國太夫人魏氏。岳瀆孕靈，熊羆兆夢，靡童心而好弄，挺奇節以不群。論兵究三略之書，撫劍學萬人之敵。九苞威鳳，迥標瑞世之姿；千里神駒，早動過庭之嘆。□王之節制汶上也，公實□行□□□□□內都指揮使，恭惟□□賢□_{下闕}。太祖皇帝第二女也。以帝子之尊，漸公宮之教，降星津而下嫁，開王第以疏封。將擇名才，必先貴胄，公以列侯之子，膺副馬之求，式協帝俞，允符時望。選尚之日，授銀青光禄大夫檢校工部尚書左衛將軍駙馬都尉，峨武弁衛周廬星紀載遷寵私荐洽遷檢校尚書左僕射行□州刺史_{下闕}。太宗皇帝丕承寶命，嗣守瑤圖，展愛沁園，益鍾睿眷，推恩魯館，特峻徽章，進位檢校司空充本州防禦使。三年，肆類上帝，珪璧嚴泰畤之祠。四年，薄伐太原，金鼓下寔沉之壤，公陪竹宮之望，拜扈革輅以親征。既□□□之□□□□□□□□□□□□□□□階金紫_{下闕}。拜朔州觀察使。九年夏六月，先王薨於淮陽，先皇帝痛股肱之虧，悲梁木之壞，永惟同德之舊，遂推延世之恩，有子象賢，克家

濟美。公侯必復，金革從權，起於苫塊之中，寵以旌幢之貴。制授起
復雲麾將軍右金吾衛大將軍□州刺史威襄軍節度使。祥琴既御，命
□□□進階光禄大夫，俄纏□□之哀下闕。太行之險，是爲襟帶之地，
素重腹心之寄，僉言綏撫，允屬勳賢。受詔知河陽軍州事。大河之
北，魏爲咽喉，歷代已來號爲巨屏，歲屯銳旅，以備盛秋。守土總
戎，素有難才之嘆；頒條鞠旅，遂膺兼領之榮。移知天雄軍兼兵馬都
部署。公以王□□□□□□□□□□□□□□有若於生知，法令之行下
闕。衆也畏愛兼資而人莫敢犯。故連營士卒，仰三令之嚴；闔境蒸黎，
戴二天之惠。端拱初，帝藉展躬耕之禮，率土覃遂行之慶。建牙易
地，瀕海殿邦，加檢校太傅滄州橫海軍節度使，進封西平郡開國公。
又明年，加特進授邢州□□軍節度使。夫加地進□□□□□□□□
有功也，轉秩賜金，漢法所下闕。風聲。輿情率籲以借留，璽書勞賚
而褒美。故兩遷龍節而猶撫銅臺。爾後紀號改元，就陽報本，常先軍
旅之貢，屢進□□之□。皇帝膺寶運以承乾繼大明而出震誕，敷寵澤
首眷元侯。惟彼棠郊控於桃塞，西□秦關百二□□□□□□□□周畿
千里□□□□□□分陝□治下闕。督府長史充保平軍節度使。歲在
乙亥，邊城晏開，控弦之衆內侵，插羽之書狎至。虎臣式遏，尚稽月
捷之音；鑾輅有征，遂□□巡之馭。詔以公充河北諸路行營都部署，
公稟九重之成算，先萬乘以啓行，受命忘□，有穰苴之□□師下闕。
皇威而清朔塞，攘敵之效公實首之。旋加開府儀同三司。景德元年，
國家以公有□□禦邊之績，有襲黃惠民之□，疇庸之際，注□彌隆，
議賞南宮，亟舉旌賢之命；改轅西楚，遂升論道之司。加同中書門下
平章事□州武寧軍節度使。其下闕。排陣使受面命於□坐，遽星馳而
戒道。總精銳之旅，軍於澶淵北門之外，一旦戎騎數萬，徑及城下，
公不俟擐甲，獨當其鋒。即日，乘輿至於侯服駐蹕之始，亟幸北城，
按節勞軍，歡聲雷動。二旆迎□□前□六師賈勇以增□皇下闕。迴鑾

於丹闕，示慈折俎，爰加禮於元戎。錫宴於州之行宮，賜射於宮之後巷。上射侯連中。公與襄師次第中焉。上閱之喜，遽命弓發矢，隨而解之。從官率觴稱賀，左右咸呼萬歲。即時，俱有襲衣寶帶雕鞍名馬之賜。是時□□稽首_{下闕}宸謀之獨斷□北邙以布堅□□强弩以當前鋒，苟閉壘以自安，豈交兵而□勝？公於宸扆之側，慷慨自陳曰："臣無鷹犬之材，蒙被驅策，仰資廟勝，獲睹謐寧，誠賴繼隆，共申□海逃曠敗以期幸愧勸勞而蔑聞襄師復頓首懇言□□□□□石某之下□□□上器公能□賢而崇_{下闕}賜巨觴，極歡而罷。及驂騑旋輮幕府□勳首益□封式隆寵數。明年，肇禋行慶，易壤推恩，改陳州鎮安軍節度使。宛丘奧區，順□而近先王舊治之地，布遺愛以在人，高牙繼世之榮；嗣仁風而及物，折薪之□未獲前修元□□□□□天眷□□□□□昭易改號既均於大慶_{下闕}於來朝修□上奉符而行。公鳴珂以從□事岱宗之下，捧俎封祀之壇。及□祭於方祇泊歸格於清廟，皆以侍中執事陟降帝右，率禮無違。加檢校太師，進邑千户實食四百。尋詔歸鎮，屬大長公主美□有如良□未効□□□□□□□□□□□□□□之藥終嘆於無□□□□□□□逝不_{下闕}勉力赴朝，不敢言病。泊涉旬而增篤，方請告以家居。王人太醫相望於道，天衷不懌，翠葆巫臨。初上之來，公雖困憊之甚，不忘恭慎之儀，尚踟躇以門迎，靡拖紳而臥見。上駭公羸惙，促命左右，扶以就榻，委曲□□□□形于色。公□□而涕淚交下□□而_{下闕}舍以何之。嗚呼！以大中祥符三年四月二日晡時啓手足於豐義坊之私第。

天子初□而覽奏，抵几以震驚，念同體之是虧，嘆殲良之何速。坐不俟旦，亟開苑門，命昭宣使入内内侍省内侍都都知恩州刺史秦翰徑至其第□襄□□翌日□□都官郎中□□□□假□鴻臚持節_{下闕}爲之助。舉曲臺之謚典，給温明之秘器，地臨洛汭，曹京兆之新阡；家象祁連，霍將軍之故事。即以其年六月二十六日，具鹵簿鼓吹，奉公靈柩歸河南府洛陽縣平樂鄉宣武原祔先王之塋，與大長公主合葬焉。從周制也。

昔先王歸□之日五十七而薨，公享任與年若合符契，雖下闕。而克終盡善，公又過之。惟公儲大昴之純精，稟空桐之勁氣，襟量豁無於城府，志節礭如於石席。慕前哲之行事，思立功於當年。其臨民則遵守朝經，嚴明有制；治戎則申明軍政，果敢必行。折獄訟於片言，究學問於餘力。御家嗃嗃，守《易》象之格言；事主兢兢，奉《詩》人之深誡。□以嫉爲□□出於下闕。之人常厚禮以延納，其或邊隅告警，羽檄徵兵，每裹革以上言□顏行而効命，有踴躍用兵之志，多縱橫制勝之謀。前後三總丈人之師，六換元戎之幕。風聲茂著，勳望攸崇。及玄塞通驆，輶軒修聘，公以戚里台衡之重，主靈□宴射之儀。北使瞻十丈之奇姿，睹六鈞之絶藝，嘆月角山庭之下闕。晉室英才，中的獨推於武子而已哉！若夫位高能讓范宣子之存心，功成不伐孟之側之爲德。昔亞夫絳侯之子也，握兵漢室，乏明哲以保世官；郭曖汾陽之嗣也，尚主唐朝鮮勳庸以書甲令。夫如是則不驕而滿不溢，善其始而令其終，求之□□公無愧於古人矣。

同氣三人：長曰保興，負雄武之稱，有下闕。終於棣州防禦使；季曰保從，器宇恢宏，風韻灑落，挺天鍾之秀氣，遽促脩齡；屈海運之雄圖，靡登貴仕。終於東頭供奉官閣門祇候。男十人：崇儀副使貽孫、禮賓副使孝孫，并驥騄奇材，珪璋令器，剸犀干鏌，俱瑩神鋒，構厦梗楠，終膺顯□。餘□□□亡。侄二人：崇儀副使慶孫、西頭供奉官下闕。女十有二人：長適内園副使王承德，次適右侍禁符承祐，次適左侍禁閣門祇候薛貽廓，次衣道士服法名玄通，次幼女五人，自王氏長女而下凡九人并早亡，次適西頭供奉官吳守嚴，次二人在室。大勳之後，昭世祀以無疆，盛德之門鏤册書而有耀。將□□佳城而流懿範，播□石以永清芬而下闕。豐碑對聳。虎承睿旨，恭述斯文。銘曰：

赫赫皇宋，天集駿命。祖功宗德，重熙纍盛。帝運會昌，王圖多慶。允資鉅賢，以輔元聖。煌煌西□，才爲時生。星辰孕秀，岳瀆鍾靈。白猿授射，黃石傳兵。盤矛擅譽，探穴揚名。^{下闕}肯構承家，建侯胙土。兩世旌麾，一門龍虎。乃守宛丘，先正舊封。乃服□□，奕葉上公。緇衣濟美，油幕臨戎。朝推碩德，人仰英風。天臨銅臺，親秉武節。時公先驅，奮揚威烈。將師而行，□人氣□。^{下闕}控弦犯塞，亟幸澶淵。時公受命，禦侮河壖。皇威誕震，睿略遐宣。卒臻偃伯，無復騷邊。愛國忘家，丹誠蘊積。推美讓功，令猷充塞。宸懽浹洽，聖言獎激。榮□二字，寵逾三錫。奉符喬岫，□宗仙□。^{下闕}□祠攝事，恪慎如初。齋心匪懈，執禮無逾。鳳去秦樓，忽歸遼廓。夢奠兩楹，俄悲夜壑。梁木其摧，將星遽落。邦國殄瘁，冕旒震愕。苟池飾壙，滕室開銘。筠編勳伐，煙閣儀形。邙阡舊壤，□樹新□^{下闕}。

大中祥符四年歲次辛亥十一月庚午朔四日建。

勾當人曾福□貴。都勾當元隨。押衙李拱。翟□均、鄒從善、王德用、翟文會鐫字。

[説明]

據《金石萃編》，下缺。約高一丈四尺七寸，廣五尺八寸。三十五行，字數無考。行書。篆額。刻於大中祥符四年（1011）十一月四日。碑在孟津縣常袋鄉石碑窯村北路溝。

見《石刻史料新編》第 1 輯，第 4 册，2403 頁；《洛陽名碑集釋》241 頁。

石保興神道碑

大中祥符四年（1011）十二月十一日

　　大宋故贈□州觀察□□公碑（篆額）。

　　大宋故棣州防禦使光禄大夫檢校□□□持節棣州諸軍事行棣州刺史兼御史大夫上柱國西平郡開國公食邑三千四百户，食實封貳伯户贈貝州觀察使石公神道碑銘。

　　翰林學士通奉大夫行尚書户部郎中知制誥同修國史□史館事上柱國南陽郡開國侯食邑一千一百户賜紫金魚袋臣楊億奉敕撰。

　　翰林待詔朝散大夫守太府少卿同正騎都尉賜紫金魚袋臣尹熙古奉敕書并篆額。

　　夫功加于時，周官藏於盟府；忠以奉上，馬史列於世家。蓋智勇之誕生，必在乎將相之族；慶靈之回復，允鍾乎公侯之門。若乃馮厚於德基，濟美於勳閥，若季孫之仕魯，是爲世卿；條侯之仕漢，繼掌兵柄。□□餘比光弗□人見之於西□公矣。

　　公諱□□字□□，其先□□□周之冑盛於淇衛之邦。春秋所記，官族甚盛。孝謹之譽，既符於西京；偉麗之姿，實顯於晉室。積纍深遠，蕃衍扶疏，今爲大梁人也。惟烈考諱守信，以河目龜文之表，通龍韜鶡冠之學，□□祖以光啓王業，奉□宗以四征□□握兵星

190

□□□□□□□太祖宣戡亂之功，佐佑太宗極常尊之數。周旋無悔，高朗令終，凡節制五鎮，而一保釐西都。歷位守中書令，追册爲尚書令，衛王，纍封秦王。而曾王父諱銳，纍贈太保兼侍中。曾祖妣王氏，追封趙國太夫人。王父□纍贈太師兼中書令，祖妣王氏追封魏國太夫人。皆由□□之貴□□□王之□□母曰秦國太夫人魏氏，蘊積善慶，誕生畯良。

公始在孩提，居然穎秀。岐嶷之表本乎天資，偏伍之容彰於兒戲。先王見而異之，拊其背曰：軍旅之事，仲尼辭以未聞；詩禮之資，卻穀由之登用。不學墻面，古典所非；遺子金籯，昔人不取。因遣就外傅，俾之講習□□□□并曉□□□而不遺，多識前言，博通大義。

建隆初以□子之令補東頭供奉官，始年十四□□尚食副使。太祖方創業垂統，訓師皁財，丕昭皇靈，式遏亂略，寤寐人傑。講求武經，成湯之日新是圖，文王之朝食靡暇。每束□延訪之□西清□□之□必□□□□□□□其能或質之以煩挐，俾剖釋其槃結。或叩之以疑似，俾彈射其否臧。咫尺不違，□機攸慎。公應對明辯，風義甚高。太祖奇之，即拜如京使，且有意於進用也。屬紫壇蒼璧，將事於親□罈案帷□□巖於宿寢，命公爲御營四面都巡檢□□□□□□□□道□□□居岑寂群靈受職而咸泊至尊高枕而攸寧。未幾，領順州刺史。專域之重荐啓於侯封，兩綏之榮仍參於内侍。

太宗皇帝天飛在運，帝籙升名。四夷奉珍，諸侯輯瑞。閩越舉□而宿衛，勾吳獻□於有司。九州攸同，三乘澈□□□□□□□□□□□□□靡懷秉武節而躬討。公從容進對，慷慨請討，願得執殳以備前驅，□掄而當一隊。太宗嘉之，以爲御寨四面都巡檢。深入之舉止誅於元惡，千撇之寄允賴於□□。帝□無□□之虞，群下□□□之罰。太原平，錄其勞，加實封。太宗益知其有馭衆之略，將付以治戎之任。天街之北，祲氛未消；引弓之民，仍歲爲寇。自晋人失幽陵之地，周室復三關之壤，列鄣相望盛，兵□□□有李□守□之能□□□□防□之□□□命公爲□陽關駐泊都監。公内□□□外□□□□□□□□□容□生養威，懷必勝之略。單醪所及，絶甘而悉周，燼火斯傳，對博而無廢。威名以震，紀律用張。會先王捐館宛丘，公即見星而往行哭。孺慕哀感路人，倚廬絶漿，僅成死孝。

有詔起復□□將軍順州團練使□世之賞□□於元□□墨之□乃□□□□雍熙□□□□□□□□□□□支之生羌，連党項之雜種，犯關縱擾以干靈誅。命公爲銀夏綏麟府州故關都巡檢使。秋氣始至，塞外早寒，□□□□，膠折弓勁。公因率麾下以□戎索由氁□寨并黑□□□□中戎人數千騎安義於□□立分精騎二千，持短兵伏於□側。戎人□□□□□□以□□□急擊，斬首百餘級，逐北數十里。鼓儳泓水，吻合於沉機；獻馘泮宫，聿騰於善頌；□詔褒諭，英聲著聞。俄丁内艱，殆將滅性。中旨抑奪，急于用才，出爲澶州駐泊都監，以綏軍政。朔方猶□□車未□□□銀夏微巡之寄，兩河□□佳兵未戢。復□高陽□□□□□□知□□軍。未幾，知莫州軍州事。涿鹿之野，百雉□制，惟雄文□之邦九合之□所出。公緩帶爲治，雅歌自娛，疆事益修，條□咸叙。

太宗念服戎之斯久，屬乘塞之甫寧□□□□□□修覲。俄爲西京水南北都巡檢使，實先王□守之地，多□□去□之人□□□□素□□□第美檟成列，俯邇於塋阡，慰勤孝之□懷，多□公之清宴。時星□猶朗□□方馳。公慨然嘆曰："金革未息，吾恐不得久居此矣。"月餘，真拜蘄州團練使京兆府駐泊兵馬鈐轄兼管華□□商巡檢兵馬捕□等事。戎酉假息□□於恢疏，邊壘戒嚴，不忘於備□□□□鎮□□所集，兼總數道，以當一面。

徙公爲延州路鈐轄，兼管界都巡檢使。至道中，命范廷召爲都部署，俾公副之。總萬旅以□征□五□而□會山川聚米虜已見於成擒，甲冑起□才皆思於賈勇。既致千□之□乃爲絕漠之行，錫□□□容□□金鼓之□□□□有□□□□□□拒王師。公以其蠢蠢之妖，無假堂堂之陣，選敢死士數百人，銜枚夜襲盡滅其族，無有噍類。自是吳移越移，等□公□□□恩望風來歸，適與賊遇□□池，彼既□□公□□□□出□□□□□□□中流矢而踣。公□立□□□□敢向□□□□□□□□□□□□□□□□□我而我武益奮，凶黨遂奔。左輪朱丹豈嘗言室□書月至安敢寧居。朝命班師，不獲窮討。公蓄銳氣以克壯，恨渠魁之未殲，謂軍吏曰：“彼朝□者非臨陣先遁，將擒□□下矣□太宗□□□□公□□□□皇帝□任舊人，慎重邊寄，命公知威虜軍事。明年，單于萬騎長圍孤堞，雲梯并進，術盡於九攻；頹壞僅存，危極於三版。公以衆□既懸利於堅壁，激勸斯在，莫如揮金。大發官帑，以□□士□□□執□□□□□之□□□□□□□□□□□事寧□□□□□□□既□□□□□矢石雨下，殺傷甚多。烏烏聲樂，宿夕皆遁。完守之績，帝用嘉之，就拜棣州防禦使。俄以足疾移知邢州，又改知澶州事。衆潦并集，洪河暴漲，激竹箭之迅浪，溢金隄之□防。公洗心以齋□□致□考古制以沉□□□□□□□□□□□□冀於弭患□□□水□攸□是□□苗亦有秋，樂和之聲騰於里諺，保鄣之効簡于天衷。而美珍有加，削章荐至，亦既受代。肩輿而歸。賜告家居，以便頤養，王人太醫，晨夕診問。嗚呼！不幸以□□□年秋八月十一日啓手足於□義坊之第，享年五十□□□聞訃嗟悼，□久□□□□□□□□□守□監護喪事，凡百費用悉從官給。以明年秋八月甲午，歸葬於河南洛陽縣平樂鄉宣武村梓澤原之先塋，舉夫人洪農縣君楊氏祔焉，禮也。

夫人即故保大軍節度使廷璋之□女□□□德儀于通門先公而亡不□□□□□□□□□崇儀□□□□□□□□□□□□□□內朝嘗爲小相，

角巾束道，方庇大宗，實華胄之恭人，鍾高閎之積慶。次曰懿孫，西頭供奉官，温良自守，淑慎靡渝，俯及勝冠，已彰肯構。五女：長適西頭供奉官閤門祇候程繼忠，故□州團練使□元之子；次適侍禁□永崇故鎮□將軍節度使廷□之子；次適□□子□□□政□適供奉官曹伸，今殿前都指揮使宿肺璪之子；次在室。惟程氏、李氏及幼女皆夭。孫二人：長宗道，右班殿直；次尚幼。孫女一人，亦幼。

母弟故鎮安軍節度使檢校太師同中書門下平章事駙馬都尉□中書令，諱保吉□□□□□□□□□□□□□□□□□□□□□□□偉望冠于友邦。胡不永年，兹用太息。季弟保從，東頭供奉官閤門祇候，夙負美材，未躋臕仕，亦悲早世，莫申永圖。中書之二子曰貽孫崇儀副使，孝孫禮賓副使，咸挺英概，無忝貽謀□下之徵□大□□。

公之歷官□□□□□□□□□□□□□□□□□□□□□□□公菜邑纍千室，其禄位之盛矣。五典郡政，八司戎律，屢馳使傳，三護大營，斯倚任之重矣。

公至性純孝，勤於致養。先王太夫人或晦明微疹，息偃弗康，冠帶侍旁，□調自手藥先嘗而乃進□宿露以□□出於誠心，未遑卜□而□□□□□□□□□□□□□□□□□□□□美閨門稱悌。至於擊劍之妙，飲羽之能，絶出輩流，莫可倫儗。穰苴兵法，孔明陣圖，臾匠之占，圮橋之略，悉探其賢，必索其精。加以涉獵史傳，應答無滯，吟咏情性，叩課特工。苩澶淵日，作言懷詩一篇，叙止足之意，得比興之體，傳□人□作□□□□□□□□□□□□□□□漢藉攸記翁歸兼文武之才，惟四美之難偕於公斯無闕矣。矧又體貌魁傑，志懷沉毅，重夫然諾，兼金是輕，嫉彼回邪，過門必騁。善保基緒，重世而莫京；謹守廉隅，歷官而無過。咨所謂人倫之□子，王國之吉士者。□大中祥符□年□□□□之□□□流根之□貝州觀察使，貽燕之祉，久而益光。褒命之數，兹焉爲異。

公本名貞，太祖改賜今諱，允協充閭之慶，以成知臣之美。公亦拜君之賜，退思而有光裕父之蠱，聿修而無忝載德之盛，良可述焉。諸孤等以窀穸即安，歲月增逝，□□□□□□□□□□□□□□□□刊貞（御名），猥頒俞旨屬於下臣，顧慚空疏，謬當論撰。九原可作，方惻於宸襟；一字之褒，虔遵於直筆。銘曰：

先民有言，立功不朽。公于出征。屢折戎醜。大易之訓，積善慶餘。公之肯構，克昌門閭。紫禁承榮，倫侯列爵。印分纍纍，綬分若若。通都列城，居官有恪。二矛重弓，從軍信樂。擊鼓其鏜，我□□□□□□□□□□□□□□威名日彰。嗚呼不弔，今也云亡。曲洛東流，維嵩南峙。鞏樹蒼茫，周原瀰迤。逝者如斯，人生到此。真宅言歸，新阡鬱起。日車奔兮風駟馳，□舟趨兮灰琯移。夜漫漫兮佳城閉，露瀼瀼兮宿草滋。□□□□□□，□□德兮□□。□□□□□□，欲報德兮無期。托斯文兮篆刻，尉終天之孝思。礱密石兮表幽域，亘方來兮無愧辭。

大中祥符四年歲次辛亥十二月庚子朔十一日庚戌建。
翟詢、翟文□刻。勾當人張羅。

[説明]
據《金石萃編》，碑高一丈四尺四寸，廣五尺九寸五分。三十六行，行一百五字。行書。篆額。刻於大中祥符四年（1011）十二月十一日。碑在孟津縣常袋鄉石碑窰村碑。

見《石刻史料新編》第1輯，第4冊，2409頁；《洛陽名碑集釋》247頁。

先天太后贊并序

大中祥符七年（1014）正月二十二日

先天太后贊并序。

御製御書并篆額。

若夫元氣本無，尚存其祖，高旻至大，亦有其先。斯蓋本於自然，生乎太極。靈期所始，雖表異而靡詳；人理攸同，諒顯親而斯尚。洪惟教父，首此聖階，降迹於清都，炳靈於歷代。時隱時見，如彼應龍；或闇或彰，同兹杲日。爰自太皞，泊于宗周，或居世而含真，或賓天而戢影。仰觀神化，雖則無方；俯協人倫，故將有自。所以感流星而受氣，指仙李而誕生。居楚國之靈封，宅厲鄉之名壤。七十二載，乃剖腋而見形；三百餘年，常守藏而混俗。及夫指流沙而高蹈，悟可化者胡人；度崤函而逆知，得先覺者關令。七百篇之法，所以役使鬼神；五千言之經，所以遐宣道德。百世膺其祐，萬靈歸其尊。由是渦曲神區，實存於恭館；皇唐令典，緬想於邃源。懷顧復於厥初，追劬勞於罔極。大明聖善之德，別建密清之庭。奉先天之名，所以崇徽稱；葺洞霄之宇，所以法元都。上以顯天經，下以揚孝道。至于體凝寂之氣，分柔順之精，飛翔以彰神，靜嘿以凝性，豈止姜嫄履武，紀彼周篇，含始吞珠，存乎漢錄者哉？

國家介祉穹昊，協德神明。政本於希夷，治歸於清净。經天緯地，太祖攝金鉞而靖八紘；返朴還淳，太宗調玉燭而齊七政。俾中區之大定，由至道之降康。粵以眇冲，膺斯命歷，元符申錫，大禮紹成。接飈歘於禁闈，□□福於宇縣。眷惟景亳之耆舊，□□象魏之搢紳。述款謁之令儀，舉省方之舊典。羽旄協吉，遵夷路而屆殊達；蘋藻致虔，奉精心而脩嘉薦。瞻淑靈於別宇，想茂躅於前聞。升彼帝車，既傳於密記；閟茲遺服，尚睹於高丘。勵乾翼之至誠，答混茫之鴻應。金石之刻，昭述於凝禎；億萬之祥，永期於濬發。贊曰：

老氏之德，協符昊穹。李母之迹，章顯靈通。仰居霄極，俯運丕功。權輿至道，資始真風。式揚神化，用致時雍。耽耽秘館，穆穆睟容。和鑾順轍，圭璧致恭。允祈多福，大庇區中。儲靈不測，昭感有融。一刊樂石，永耀琳宮。

大中祥符七年正月二十二日。
御書院奉敕模勒刻石。

[説明]

據《拓本匯編》，高 312 釐米，寬 168 釐米。刻於大中祥符七年（1014）正月二十二日。碑在河南鹿邑。

見《拓本匯編》38 冊第 42 頁。

見《十二硯齋金石過眼録》，《石刻史料新編》第 1 輯，第 10 冊，7941 頁。

宋真宗《商元聖伊尹空桑廟碑》

大中祥符七年（1014）正月二十九日

商元聖伊尹空桑廟碑（篆額）。

始就於桀，以勸人臣之忠；後歸於湯，以濟天下之難。咸有一德，敷祐萬方。大節昭明，嗣王服其訓；餘慶不墜，令子承其家。舊禮攸存，明祀斯享。

朕因駐蹕，永用懷賢。聊復刻銘，庶幾旌善。

贊曰：成湯之仁，溥率來賓。阿衡之忠，天輔成功。民難既平，嘉謨寔貞。王室不衰，大訓可知。蘋蘩之祭，傳于永世。金石之刻，表予褒德。

大中祥符七年春正月二十九……

[說明]

碑在河南杞縣。篆書。刻於大中祥符七年（1014）正月二十九日。大中祥符五年（1012）以聖祖趙玄朗授天書，詔天下避聖祖諱，改玄為元，朗為明，原碑刻文避宋諱，從原碑錄。

見《（雍正）河南通志》卷75。

大宋中嶽中天崇聖帝碑銘并序

大中祥符七年（1014）九月七日

大宋中嶽中天崇聖帝碑銘并序。

翰林學士中大夫行尚書主客郎中知制誥史館修撰知審刑院事柱國太原縣開國子食邑五百户食實封壹伯户賜紫金魚袋臣王曾奉敕撰。

翰林待詔朝奉大夫守府少卿同正輕車都尉臣白憲奉敕書并篆額。

□□登封岱宗之四年，有事於汾陰后土。親奠黃玉，對越□□。乃并洪河、抵太華，經塗溫洛，望秩維嵩，言旋上都，誕受丕祉，無德不報，靡闕不思。於是尊五岳之祠，備加等之禮。分命近□，祇薦徽稱。詔遣册禮使攝太尉□諫議大夫龍圖閣直學士陳彭年、副使攝司徒光禄少卿沈繼宗奉玉書袞章，加上中嶽“中天崇聖王”曰“中天崇聖帝”，申殊典也。粤若剛柔既位，形器肇分。上則圓蓋左旋，星辰爲之紀；下則黃圖俯察，山嶽奠其方。卑□□□□陳翕闢之精攸托。是故昭彰景緯，實參化育之權；錯峙崇巒，式表神明之壤。用能妥綏，厚載磅礴無垠。宣一氣以施生，降列真而主治。事光虞典，備五載之時巡；績著夏王，正九州之封略。惟中□之絶巘，直闉塞之□區，京邑在其旁，經瀆流其域。萬邦輻湊，霜露之所均；二室天開，風雲之所蓄。仙館靖冥宅其下，玉漿□溢湛其間。頼木□其幽經，紫

199

芝擢乎靈藪。唅□□鑿，始終乎鶉火之墟；峴壩群峰，包舉乎坤元之紐。龍彎月童之陟降，浮丘子晋之游□。畫野逶迤，干霄挺拔。寓彼至剛之質，洪惟不測之神。至於輔德降祥，祝融由其興夏；生賢命世，申伯以之蕃周。霈膏潤於原田，殖寶藏於邦國。博大崇高而可仰，聰明正直以無私。兹所以盛尸□之儀，首□沈□法。歲時祈報，垂往載以不刊；牲幣吉蠲，走殊方而胥暨者也。遐觀秘□，博考靈蹤。自書契之云興，即等威之斯辨。異軒冕服章之數，爲山林川澤之宗。既袟視於三公，亦禮均於四望。漢孝武之□，爰啓戶□；唐天册之年，聿遵時邁。洪猷益茂，昭薦惟貟，逮乎□德，重熙坤□。荐委乃特疏於王爵，用溥洽於神休。雖事煥彌文，而名非極摯。污隆在運，消長□時。若乃鉅宋之有天下也，仗黄鉞以開階，建朱□而統曆。掃僭僞荒屯之迹，追皇王挹讓之風。烈祖以功格上旻，赫威靈於九服；神宗以德綏群品，薄文軫於四遐。翼子詒孫，重規疊矩，卜年有永，弈世其昌。崇文廣武感天尊道應真佑□上□欽明仁孝皇帝，躬濬哲之姿，撫鴻明之運，出乎震而齊乎巽，就如日而望如雲。宣九德以在躬，定一戎而纂業。慎恤刑典，鄙凝脂之煩苛；貟布政經，同馭朽之兢畏。絕濫巾於丘壑，寬盍澈於農桑。宮罔飾於采椽，澤□□於行葦。萬民以察，庶□伊凝。破觚爲圜，返群情於太素；懷遠以德，篤交聘於殊鄰。□曆以朝，諸□志敦不匱；被衮而郊，上帝神享克誠。故得時協混同，歲臻豐柉，高穹委鑒，真馭戒期。荐錫寶符，丕昭□曆。登岱舉封崇之禮，臨□展合答之祠。刻翠崖之鬱蒼，踐隆□之崛□。升煙瘞玉，闕察之義□修；垂象資生，應見之祥紹至。遂成□志，對越純休。洎乎五玉會朝，六飛□軫，貟緣二□，□望三川。既并走於祠官，亦周爰於土□。瞻言翠嶠，增肅皇情□□；至以弟勤，益爲民而儲祉。順時行慶，大賚及於幽遐；恭己嚮明，寂慮周乎冲漠。爰稽往誥，肇易鴻名。亟下詔於□□，俾□儀於置□。用□昭報，馨達清衷。以爲在天者五精既隆，稱謂麗地者列鎮當極。惟崇壽載之義，則均伙助之功。曷爽登于帝錄，允契靈心。先是東巡之年，已加崇聖之號。逮兹閏歲，愈洽徽章。于時孟冬式辰，軺軒飭駕，儼法坐，闢端闈。臨遺以示乎必躬，信辭以申乎有恪。公卿就列，使分奉塗。擁翠□之車，載溫珉之冊。山龍盛服，羽衛多儀，備物孔昭，歸尊斯在。戊申發軔於京闕，辛酉致饗於廟庭。四牡趨風，六樽登薦。其始至也，凝露布濩，色晦平林；其將升也，霽景晏溫，光含邃宇。嘉氣吐蜿蜒之狀，喬雲呈綵絺之姿。及清醮之蕭陳，復素□之紛灑。□殊禎於史牘，浹餘潤於農疇。昔者三境登晨，乃靈氛之協兆；五車受職，亦時雪之先期。千古同符，萬邦攸仰。矧復鋪皇睿訓，紬繹微言。發爲垂象之文，顯述奉神之旨。頒於著位，告厥多方。同星日之耀芒，□典墳而擅美。啓曚昏之耳目，示制作之楷模。遂令率土承流，盈庭獻議，□刊翠琰，徧揭嚴祠，衆□上通，俞音誕布。琢佗山而列跱，攄□藻以相輝。文籍以還，莫斯爲盛。而又壼闈之式，像設攸存，懿號未彰，群黎安仰。思舉正名之典，用昭作合之崇。象服有加，褘衣允穆。即以其年十二月，遣使致告，特尊爲貞明。后莫不義敦咸秩，凸盡於精虔；慶洽維新，永光於儀矩。昊蒼有成命，我實受之；神祇有常奉，我實主之。禮文之廢墜，惟聖人修之；典冊之徽數，惟哲后行之。然則出雲播氣，福善庇民。啓絲沓之殊徵，保延洪之景祚。鎮静坤軸，□壓都畿，純佑之功，斯爲至矣。懷柔之道，庸可闕乎？得不罄昭事之儀，懋虔威之志。翠旒玉藻，飾如在之睟容；驆犢明粢，展惟馨之潔祭。采物於焉而大備，格思由是而可期。赫偉觀於八紘，奮景炎於億載。事存因革，禮浹幽明。煌煌焉，秩秩焉，真竹素之英□，而帝皇之盛則者矣！是宜發揚懿鑠，篆刻豐碑，俾民聽之弗迷，協山聲而共永，允資麗藻，煥彼殊庭。而臣猥以瑣才，濫膺明詔。屬辭比事，雖慕於陽秋；相質披文，懼遺於德美。旁稽舊典，以爲斯銘。其辭曰：

沈潛定位，块圠殊形。或融或結，爲紀爲經。奠方作鎮，含澤儲靈。生物不匱，得一以寧。節彼崧高，峙茲中土。帝宅開疆，仙臺胥宇。霜露所均，梯航攸聚。四國是維，□讖式序。奚其主治，邈矣清眞。宣功博載，授職高旻。財成庶頴，陰隲齊民。列辟嚴奉，牲□有倫。乃視公爵，降周集慶。乃啓王封，□唐纍盛。奉若貞期，對揚景命。將極推崇，聿□玄聖。炎精撫運，蒼震承基。天臨赤縣，□偃遟圻。祀事肅增，祠官□鼇。勤恁大寶，交修上儀。謁款隆睢，□塗太室。□慕仙館，裴回雲蹕。何以致誠，於焉望秩。明詔誕敷，微言有述。温珉載刻，羽衛斯皇。登于帝籙，飾以表章。信辭郁郁，鸞車鏘鏘。法座臨遣，縟禮具揚。四牡于征，殊庭戾止。潔志旁達，靈心遙喜。霰雪霏灑，卿雲蔚起。□德歆馨，發祥□祉。昔在治□，祇惕明威。道苟中否，神亦靡依。赫赫□后，聿彰鴻徽。祭則受福，先而不違。顯號克崇，丕猷允穆。流咏琬珉，飛英筴祝。峻品孟安，高巖□蠱。等固瑶圖，永綏坤軸。

大中祥符七年九月七日建。
中書省玉册官文林郎守高州司馬御書院祇候臣王欽刻字。

[説明]

據《拓本匯編》，高 340 釐米，寬 144 釐米。正書。刻於大中祥符七年（1014）九月七日。碑在河南登封。

見《拓本匯編》38 册第 43 頁；《金石萃編》，《石刻史料新編》第 1 輯，第 4 册，2415 頁。

太清宮崇真橋記

大中祥符九年（1016）七月一日

太清宮崇真橋記[1]。

儀使推忠協謀同德守正佐理功臣樞密使開府儀同三司行吏部尚書檢校太師同中書門下平章事上柱國太原郡開國公食邑一万七百户實封肆阡貳佰户臣王欽若奉敕撰。

……所以濟不通[2]。興祠在譙，跨渦有橋。絢紫氣於建杓，激清流而韻韶。天子乃罄齋明而款……以大道之行，際乎天而蟠乎地；元后之德，作者聖而述者明。敷佑兆人，歸尊璿極。景亳之右……惟混元上德皇帝示至神之妙有，化浩劫以和平。鴻濛毓粹，叁午儲靈。垂溟涬之大範，賢慌惚以惟……天清地寧。闡微言於蓋世，顯奇相於強名。恬智莫測，清净是宗。尹喜守關，始瞻氣於函谷；漢桓感夢，遂……彌永本系誕彰。追崇之號，肇因於武德；輪奐之飾，大熾於明皇。儼羽駕之來洎，授諄誨而允咸。繇是……晴虹夭矯於電梁。自盜起六雄，時經五代。寶宇之蕭蓊復絕，元都之麋鹿遂游。運續赤明，天造皇宋……州□□仁孝□□繼二聖之洪基，育八紘之群品。豐財美利，纍洽重熙。所以上帝眷懷，靈文荐降……當□□□昭凑四夷來會□五□之合度[3]，徇萬國之忻戴。乃蔵鴻儀、稽嚴配，鳴鑾于龜蒙，射牛于云岱。所以告謝……駕□□□仙掌潔犠，象臨郊壤。三英祭乎經術，百寶麗乎俯仰。所以對越坤元，薦岂於脤上也。於是……感通乎神明，惟……命□□□□大□禀命虛皇，降格紫殿[4]。昭靈源之所自，顯聖壽之無疆。邃古之所未聞，綿宇以之大賚。能……之元系，永錫長發，異世同□。乃嚴整六飛，騰裝七萃。大雨弭節，風伯清塵，指巽維，臨苦縣……白沛中，詔班湛恩，存問年耆，詢訪民隱，增新祠宇，重構河梁。茲橋也，處大邑之東廛，直靈宫之……圮，乃宏其基址，易以梗楠。民以子來，功謂神造。隐伏犀於中泒，揭翹鶴於四隅。泊雲罕斯臨……成□而臻亨會也。千乘萬騎，挂轊而叠肩；九□一志，掎裳而連襻。憧然往復，若踐平塗。允所謂達川澤之……仙源。彼秦誇鞭石，本異庇民；李謂應星，分在遐域。豈若北連畿甸，南屆淮陽，東控甬橋，西通鳴鹿。俾耕織之俗熙……我皇屬念宗禋，注心億兆，盡恭致禱，作善降祥，利涉大亨，何以臻此？臣學慚淵博，識昧希微，昔……之瑣瑣，仰龍德以巍巍，莫鋪宣於聲教，但紀述於歲時。

大中祥符九年七月一日謹記。

……詔朝請大夫守司農少卿同正輕車都尉賜紫金魚袋臣裴瑀奉□書并篆額。

玉册官文林郎守高州司馬御書院祗候臣王欽、玉册官御書院祗候臣王餘慶鑴字。

[説明]

據《拓本匯編》，高177釐米，寬116釐米。刻於大中祥符九年（1016）七月一日。碑在河南濟源。

見《拓本匯編》38册第46頁；《鹿邑縣志》，《石刻史料新編》第3輯，第28册，251頁。

［校勘記］

［1］《鹿邑縣志》標題作"太清宮崇真橋記"；《拓本匯編》標題作"濟瀆廟頌碑"。

［2］"……所以濟不通"拓本缺失，据縣志補。

［3］"荐降……當□□□昭凑四夷來會□五□之合"拓本缺失，據縣志補。

［4］"惟……命□□□□大□禀命虛皇，降"拓本缺失，據縣志補。

大宋國洛京河南府緱氏縣
太尉鄉□賈邨修湯王廟碑

大中祥符九年（1016）七月二十日

鄉貢三禮張宗立撰書并篆額。

王昔有天下時，遂放桀於南巢，使萬國之心咸歸一德，始都亳焉。在位開三面之羅，□舉善□能，不仁者矣？實聖道之廣運，美紹陶唐，寬宥典刑，富豐比屋。迺至乾坤肅靜，日月貞明，八紘播義□，仁山百辟葉，賢臣列士，彰乎萬代，神聖可知。順地應天，積薪告雨，星辰垂佑，稼穡及時。宵旰之情，人物所感。是以念桀之暴，懷王之恩，□合之中，乃建祠而祀之。至於今也，國家尚陳簠簋，薦奠弗虧。本廟即在偃師縣□，正都之邑也。亳自周武王朝歌迴，因此偃息兵師，故改其號不復□。可知上以聰明正直，富壽萬方，屏棄回□，精勤帝道。志永者□靈無不應，淫祀者福莫降臨。只不惟名，著廟堂位，極藩鎮則，未聞有敢不歸仰之，又何況於庶士者哉？

邑眾初心□廟貌□歲綿□，寔歷風霜，□朽梁摧，樹欹□側，遂聞之於上。知□諫議滕公，以氣直道諸□祀特達，命筆判□爲許令復葺。如是，鄉人尋山刊木，歷郡永功不倦，掄材資饒，剖劂先成。

巍巍正殿，森聳凌空。南瞻萬代之龍堂，北□三齊之玉廟。後□

兩序，儼雅非常。左連王子之鳳，勝雲霄；右帶佛國之真身，寶塔徘徊。□繪宛若神功，計三十餘間。及□知縣郎中聆諸，喜懌再三，謂同寮曰："此蓋是域中人主，天下虛祠，位近皇都，嚴持紫禁，無□四時，列鳳竹鸞絲，奏陳上利，見萬户備□，仰謝深恩。□夫金渠□㳅灁清流，登豐黍稷，玉華之峰巒蒼翠。□是月也，奇巧言功，暫來告畢。□宿恐□盛事□記斯文。宗立永禮請時多□暇，慚無所見，謬□然。幸望賢能，恕存實録，鐫題永固，已俟長年。

時大中祥符九年丙辰歲七月癸卯朔二十日壬戌建立碑記。

［説明］

據《偃師金石遺文補録》，正書。篆額。刻於大中祥符九年（1016）七月二十日。存。碑在河南偃師縣。

見《偃師金石遺文補録》卷8。

彭城仲渥等龍門石窟題名

天禧元年（1017）三月二日

彭城仲渥、樂安秀表同游于此，天禧元年三月二日□□□□之□。

[説明]

據《八瓊室金石補正》，高五寸五分，廣一尺。七行，行三四字。字徑一寸二分。行書。左行。刻於天禧元年（1017）三月二日。摩崖在河南洛陽龍門石窟。

見《石刻史料新編》第 1 輯，第 7 册，5430 頁。

中嶽醮告文

天禧三年（1019）九月

御製中嶽醮告文（篆額）。

中嶽醮告文。

御製。

維大中祥符八年歲次乙卯，二月壬子朔二十五日丙子，皇帝稽首言：

　　伏以列辟之規、有邦之典，必依憑於神化，用保佑於生民。禮存大享之言，書著咸秩之訓。上下之祀，必在於交修；人神之和，乃臻於多福。所以勵明誠於鑒寐，奉嘉薦於苾芬。庶使不測之靈，誕昭於忽怳；無疆之應，允洽於希微。竊念猥以眇躬，紹茲大寶。荷監觀於穹昊，承積纍於祖宗。致百福之來同，由三神之儲祉。向自交馳玉帛，倒載干戈，尉候聊存，風俗無外。古先盛德之事，罔不繁興；圓清眷佑之心，由其丕顯。發春戒序，吉日協期，夕夢先通，秘文嗣降。既而徇鄒魯之望幸，脩云岱之上封。綠錯之圖疊，承於錫美；紫煙之燎言，獲於升中。以至輯玉於魏脽，旋軫於郊鄗。款后祇而躬祈穑事，朝山園而再展孝思。

飊馭下臨，璿源邈悟，珍臺肇葺，寶字奉安。將以伸逼，追罄乾
箪。定國陽之位，方答乎天祺；詣渦曲之庭，先朝乎道秘。歷平
臺而駐蹕，尊藝祖而建都。盛則繼揚，彌文悉舉，率土脩貢，輿
誦多歡。律呂回環，未盈七載；禮容首冠，俄已三成。自先置之
辰，汔飲至之日。鴻猷景鑠，既已有融，美覿禎圖，抑復無算。
爾乃甘泉滋液，神草紛披，珍木交柯，靈禽接羽，矞雲炳蔚，嘉
氣氤氳。日月揚於榮輝，星宿應於瑞諜。考於曩古，蓋墳史之未
傳；萃于方今，乃耳目而咸熟。至若齊璇璣之七政，和玉燭之四
時，通範圍之書文，惠海域之黎獻。千倉之積，盈儲峙於大農；
三尺之繁，措刑辟於司寇。顧惟眇薄，成此治平。欲仰報於百
靈，用永安於九宇。乃詢甲令于掌禮之官，乃訪秘科于脩真之
士。載念始繕儀於岱嶽，俄飲至於譙都。或豐厥牲牷，或潔斯蘋
藻。或崇壇而斯建，或靖館而斯臨。雖復欽翼內增，齋明上達。
然而茫茫曾宙，杳杳方輿，其載無聲，其功不宰。高也，明也，
豈裨竈之所詳知？經之，緯之，豈豎亥之所徧步？穹壤之表，非
可以臆論；鬼神之形，莫諧乎縷見。寒門所會，既秩序而靡彰；
塗山所朝，亦疆宇而曷識。璇臺珠闕，邈處於鴻濛之中；金簡琅
函，莫盡於杳冥之際。其有默熙妙用，幽贊丕功。或命歷之云
毗，或造化之攸輔。烈風迅雨，仰其節宣；精氣游魂，資其陶
冶。或高處於清都紫府，或下居於名山秘洞。或德及庶物，世罔
之聞；或力濟群生，人弗之諭。雖茂承於純嘏，而終闕於豐禋。
茲謂弗欽，何伸大報？由是內懷顒若，遠考遍于，庶達寅威，以
釃況施。矧復載稽地志，緬眺靈區。挺喬嶽以奠方，號下都而分
治。神鄉福地，咸紀寶章，乘煙御風，常迥欻駕。是以擇陽和之
序，瞻峻極之峰。祗遣輀車，遐脩醮席，縷形善禱，罄達至虔。
夫國之所保者民，民之所尚者生，生之所切者食，食之所豐者

歲。儻或疵癘靡作，富庶允登，壽考可期，順成常洽。然後八荒之外，俗變風移，九服之中，導德齊禮。衣冠不異，何止於緩刑；文告靡施，孰煩於用武。是則天之佑也、神之顧也，敢不勵乃志，懲乃心？以保乎盈成，以戒乎逸豫。兢兢爲務，庶協於永圖；翼翼在懷，實期乎來格。無任懇倒之至。謹言。

天禧三年九月日建。

翰林待詔朝奉郎行少府監主簿賜緋臣劉太初奉敕書并篆額。

中書省玉册官御書院祇候臣沈慶、臣晉文寶鐫。

[說明]

碑在河南登封嵩山。刻在八面石幢上，字迹清晰可辨。據《拓本匯編》，高 123 釐米，寬 109 釐米。《金石萃編》存目未錄文。刻於天禧三年（1019）九月。

見《拓本匯編》38 册第 49 頁；《金石萃編》，《石刻史料新編》第 1 輯，第 4 册，2428 頁。

摩騰入漢靈異記

天禧五年（1021）正月七日

摩騰入漢靈異記。

己巳之歲四月八日，孝明皇帝駕幸鴻廬卿寺，謁二三藏，問對數次，彌加禮重，得迦葉摩騰□陛下曰："寺之東鄰是何館室？"皇帝曰："彼中疇昔無故忽然勇起，可及丈餘。人或之平，尋復隆阜，其上往往時發光明，民所異之。乃聞上國政，因該祀典，遂名'洛陽土地之神'。其所阜者土，俗謂之'聖冢'。今在庭中，凡所祝告，皆隨懇願，自□而下，蟬聯命享，情未知由。"三藏曰："噫！余嘗於中印度躬覽合藏，其中所云如來滅度百年之後，有阿恕伽王起八萬四千七寶塔，安佛舍利。那闍羅漢運以神通，將右手掩日，放八萬四千光，攝衆寶塔□彼光內。旁視四維，上極空界。八萬四千同時而葬。"文曰"東土支那有一十九處云。□有□□時而出。余今至此，屢目神光，無異中印，□光明□。今陛下所言聖冢者，乃十九數中之一，必不虛焉。"是時，二三藏遂命皇帝□百寮同詣彼廟，列聖冢之前。三藏敷座興而歸禮，皇帝與宰臣亦禮。當禮次，聖冢上現一圓相影二三藏禮皇帝。三身如鑒，照容分明內現，其餘臣寮但睹其光，不現其身。□相謂曰："我輩寡福不現其身。"由是，□□□各見□身

212

獨在光内。皆曰："其□偏照於我。"已而，二三藏以梵語□□而眾咸稱未之如也。時皇帝聖情悦懌，□□素□感恨流涕，語二三藏曰："朕若不偶二師，□能覺佛遺佑矣。"自是，方深信釋迦牟尼真身舍利之塔也。皇帝遂敕所師，令稟三藏制度，崇是浮圖。自是年二月一日起，□至庚午歲十二月八日，□功告畢，凡□□高五百尺，岌若嶽峙，塔□齊雲，寺通白馬。至後周二年四月八日，塔上現五色神光，天香氛氳，罔知何至。而自光中□一金掌持起寶塔，可高尺餘，色如瑠璃，内外明澈。自午及申，□□方隱。時皇帝泊宰臣并士庶，咸瞻勝相，欽玩無數。人之右繞，光亦右繞；人之左旋，光亦左旋。皆悉嘆仰，不知所以然而然也。當是□□□千眾中有梵僧九□僧伽摩羅等，咸謂正是阿恕伽王□□所造之塔□樣也。竺乾亦有三處，我曾數禮奉。因是靈感，彌益信心。□流終古。長興二年二月八日記。

巨宋天禧五年正月七日重建。

西蜀武都山僧景遵書。

西京□□□白馬寺主净□大師賜紫文翊。

[説明]

碑嵌在洛陽白馬寺大雄殿壁中。據《金石萃編》，碑橫廣六尺，高二尺七寸。三十五行，行二十五、二十六、二十七字不等。行書。刻於天禧五年（1021）正月七日。

見《石刻史料新編》第 1 輯，第 4 冊，2429 頁。

大宋增修中嶽中天崇聖帝廟碑銘并序

乾興元年（1022）六月十六日

大宋增修中嶽廟碑銘（篆額）。

大宋增修中嶽中天崇聖帝廟碑銘并序。

朝散大夫行尚書比部員外郎知制誥判大理寺輕車都尉賜紫金魚袋臣陳知微奉敕撰。

翰林待詔朝散大夫太子中舍同正臣邢守元奉敕書并篆額。

臣聞融結斯分，岩嶤列峙。秀出奠方之勢，財成育物之功，嶽鎮之炳靈也。陰陽靡測，變化難窮。周大塊以無方，助鴻鈞而不宰，至神之妙用也。交修享祀，對越神祇。望秩于山川，薦馨于簠簋，有國之茂典也。尊崇顯號，增葺殊庭。備物以致嚴，祈禠而庇俗，帝王之精意也。四者還相爲用，然後能馨昭事而膺純錫矣。非聖人撫運，則何以臻于是乎？巖巖維嵩，作鎮中夏。控制轘轅之域，連延郟鄏之區。拳石流形，自胚渾而特起；土圭測影，驗寒暑之無忒。舜典紀乎時巡，周詩壯其峻極。加以功宣化育，德輔沈潛。四象相生，惟土也周流乎八卦；群山既列，惟崧也磅礴乎三川。居然神秀之姿，莫測崇高之狀。是使真仙攸托，珍瑞沓臻。石壇騰金壁之輝，天井瀋蛟龍之穴。鳳笙鶴馭，嘉子晋之嬉游[1]；石髓玉漿，見茂先之博識。草木

214

以之而效異，峰巒由是而標奇。貝葉扶疏，疑生於净土；神芝菌蠢，
幾秀於中林。許由韜晦而不還，漢武封崇而有自。三臺峭拔，想翠輦
以曾臨；二室穹隆，顧赤霄而可接。宜乎配天而比峻、鎮地而稱雄
者也。

洪惟至靈，宅兹勝壤。居中正位，受命於紫清；毓粹含章[2]，
顯仁於博厚。體姁煦生成之造，茂聰明正直之儔。得一生三，冥符於
道妙；知來藏往，莫究乎幾微。丕應屢彰，群情斯屬。眷惟歷代，率
勵明誠。顧名級以是分，亦典章而盡在。衮衣焜燿，視公爵於成周；
羽蓋葳蕤，進王封於天寶。雖申仰止，未極推崇。允契昌辰，彌昭
盛則。

烈祖以建邦立極，禁暴勝殘，革五代之澆漓，副萬方之愛戴。啓
炎靈之祚，本自一戎；宣震耀之威，咸清九服。蕩除僭偽，馴致治
平。言念珍詞[3]，實居温洛。式奉苾芬之祀，聿增輪奂之規。正乎
信辭，介我殊祉。神宗以時膺下武，化洽同文。徹烽燧於邊陲，列膠
庠於郡國[4]。干戈載戢，美播乎聲詩[5]；俎豆斯陳，動遵乎典禮。
瞻彼靖冥之館，素繫陰隲之仁。寅奉有加，修營靡怠。資綿長於永
曆，聳壯觀於黎氓。誕集蕃釐，爰鍾濬哲。崇文廣武感天尊道應真佑
德欽明上聖仁孝皇帝[6]，撫重熙之景運，嗣二聖之元基。觀乙夜之
書，詳求治本；布陽春之澤，溥浸含生。鑒沿革於前王，洽謳謠於庶
品[7]。參天兩地，法亭毒以無私；一日萬機，示躬親而靡倦。威加
卉服，德被鴻荒。顓頊絜誠，必先乎祭祀；唐堯稽古，用廣乎文思。
温恭既邁於有虞，勤儉更逾於伯禹。好問則裕，成湯唯務於永圖；建
官惟賢，周武於焉而大定。升王猷於八表，式帝命於九圍。欽恤刑
章，命軺軒於列郡；昭宣德化，賜束帛於高年。睦鄰遂息於征徭，教
學遄臻於友悌。下勸農之詔，冀力穡而有秋；精取士之科，以得人而
爲盛。仁心格乎動植，孝感達于幽遐。按蹕諸陵，肅展奉先之志[8]；

燔柴吉土[9]，虔伸報本之儀。一變淳風，爰臻净治。然猶兢兢馭朽，翼翼持盈。端委嚮明，茂對重離之位；儲精垂思，深窮衆妙之門。黃屋非心，紫虛降鑒。元夷之使，戒之以先期；綠字之書，授之於獻歲。諭以大中之旨，崇乎清净之風。同河洛之秘文[10]，冠皇王之嘉瑞。欽承寶命[11]，迭舉鴻儀。撿玉岱宗，仰答慶靈之佑；奠琮脽壤[12]，上祈豐柹之祥。秘祝無聞，蒸黎是賴。既畢頌祇之禮，仍覃在宥之恩。禹會斯嚴，俾諸侯之肆覲；秦川載覽，飾萬乘以言旋。惟法御之經塗，迪祠官之舉職。皆申潔祭，咸秩無文。矧彼崧高，鎮兹京邑。宅中圖大，斯惟定鼎之郊；生甫及申，實乃降神之岳。夙存廟貌[13]，多歷歲時。厥制未隆，斯民何仰。道不終否，時逢會昌。粤惟守土之臣，實奉保釐之寄。因崇祀事，周覽庭除。露奏以聞，冀加必葺。況升名帝籍，早奉於徽章；列像神皋，載嚴於恭館。重以覃研聖慮，彪炳乾文[14]。奉神既折於微言[15]，垂世永存於懿鑠。而宅靈之地，棟宇未崇，增肅宸襟，特頒明詔。大中祥符紀號之六年癸丑歲季夏月，於是乎命中使登高丘[16]、造嚴祠、敷睿旨、涓吉日、協靈辰。梓匠授其全謨，材衡度其貞幹。因乎舊制，焕以新規。礬巨石以瑰琦，廣餘基而顯豁。風斤載運，雲錙偕興。鳩功靡奪於農時，經費咸資於御府。崇墉繚繞，屹若雲連。秘宇深沈，呀如洞啓。文楶鏤櫍，燦琳碧以相輝；銀牓璇題[17]，對煙霞而絢彩。而又神靈之迹，應見之徵，假繪事以章施，俾民瞻而竦畏。聿成壯麗，愈洽豐融。龍袞珠旒，端晬儀於正寢[18]；褘衣闕翟，昭盛服於中闈。羽衛駢羅，簪裳拱侍。以至會同四岳，森列群神。環像設於回廊，赫威容於福地。嚴警巡之次，蓋法周廬[19]；敞齋宿之宮，爰資潔志。若乃牲牷克備，鼎俎惟寅。嘉薦尚乎吉蠲，至誠通於肸蠁。垂鴻不朽，率禮無違。至乙卯歲季夏月，載歷炎涼，厥功告畢。增修殿宇并創造碑樓等，共八百五十間。移塑尊像及裝修新舊功德畫壁等，共四百七十所。至矣哉，荐興雲構，載擁神休。真介福之奧區，乃集靈之邃宇也。宜乎茂昭純嘏，丕冒黎元。躋薈蔚之容[20]，涵滋品彙；峻巍峨之質，等固蘿圖。必資鴻碩之流，式志修崇之美。而臣才非穎曜，學本空疏。徒塵切近之司，莫著揄揚之效。遽承芝檢，輒叩蕪音。徵黃絹之辭，誠慚麗藻；刻翠珉之字，曷暢徽猷。但謹歲時，敢為銘曰：

太極肇判，二儀乃分。草木麗地，山川出雲。風雷噴薄，氣象絪縕。惟茲列鎮，實煥前聞。崧高峨峨，蟠亙千古。如轂處中，如日當午。遠控伊洛，挺生申甫。群岳之宗，列真之府。崛起隆阜，削成奇峰。崔嵬既結，純粹攸鍾。山聲表瑞，漢益戶封。土德符慶，唐致時雍。靈壤開基，明神是宅。廟貌斯存，威嚴有赫。雲帷高張[21]，巖扉巨闢。輔彼柔祇，居為勝域。粵惟往古，咸勵欽崇[22]。軒裳孔異，爵秩增隆。國章雖盛，臣位攸同。允屬昌運，爰推至公。縟典有加，鴻儀載肅。濬發天衷，昭升帝籙。宸座斯皇，珠旒允穆[23]。備極寅恭，惟新戠穀。祠庭夙設，歷歲滋深。金鋪雨駁，玉甋苔侵。宜崇偉觀，式契靈心。守臣飛奏，宸旨遐臨。乃降輶軒，爰徵梓匠。即舊謀新，重規大壯。架險陵虛，稱雄四望。神化難名，翬飛莫狀。虹梁偃蹇，藻井芬敷。雲羅掩映，霞綺縈紆。高齊絶巘，永鎮名區。刊諸琬琰，禁以樵蘇。籩豆有楚，犧牲是薦。筴祝陳信，罇彝致奠。能事斯畢，明靈乃眷。祚我皇圖，彌鍾錫美。

乾興元年歲次壬戌六月己亥朔十六日甲寅建。
御書院祇應臣沈政、臣鄒義等刻字。

［説明］

按《金石萃編》，碑高一丈二尺七寸，廣五尺八寸四分，三十三行，行七十五字。行書。刻於乾興元年（1022）六月十六日。碑在河南登封中岳廟。

見《石刻史料新編》第1輯，第4冊，2434頁；《（嘉靖）登封新志》卷5。

［校勘記］

［1］"嘉"，《（嘉靖）登封新志》作"喜"。

［2］"粹"，《（嘉靖）登封新志》作"秀"。

［3］"珍詞"，《（嘉靖）登封新志》作"真祠"。

［4］"郡國"，《（嘉靖）登封新志》作"邦國"。

［5］"乎"，《（嘉靖）登封新志》作"於"。

［6］"尊"，《（嘉靖）登封新志》作"遵"。

［7］"謡"，《（嘉靖）登封新志》作"歌"。

［8］"志"，《（嘉靖）登封新志》作"義"。

［9］"燔"，《（嘉靖）登封新志》作"燎"。

［10］"洛"，《（嘉靖）登封新志》作"海"。

［11］"承"，《（嘉靖）登封新志》作"奉"。

［12］"雕"，據《（嘉靖）登封新志》補。

［13］"夙"，《（嘉靖）登封新志》作"昔"。

［14］"彪"，《（嘉靖）登封新志》作"虎"。

［15］"折"，《（嘉靖）登封新志》作"祈"。

［16］"高丘"，《（嘉靖）登封新志》作"嵩丘"。

［17］"銀牓璇題"，《（嘉靖）登封新志》作"銀牓琢題"。

［18］"儀"，《（嘉靖）登封新志》作"容"。

［19］“法”，《（嘉靖）登封新志》作“能”。

［20］“躋”，《（嘉靖）登封新志》作“濟”。

［21］“帷”，《金石萃編》作“惟”，《（嘉靖）登封新志》作“帷”，“帷”是。

［22］“勵”，《（嘉靖）登封新志》作“厲”。

［23］“珠”，據《（嘉靖）登封新志》補。

永定陵修奉採石記

乾興元年（1022）八月十日

永定陵修奉採石記。

京西諸州水陸計度轉運使朝請大夫行尚書兵部員外郎護軍鍾離瑾篆額。

文林郎守河南府緱氏縣主簿管勾採取般運山陵石段樂輔國撰。

若乃土圭定國，卜洛處二宅之雄；地鎮秉靈，維嵩冠五岳之首。風雨之所會，陰陽之所和。居然得天地之心，綽爾是皇王之宅。周漢已降，實曰名都。我國家運契隆興，創業垂統，削平多壘，奄宅中區。京邑長百萬之師，城闕有億兆之衆。相水陸五達之要，實漕運萬計之饒。所以控淮汴之上游，爲都畿之勝地。比之全盛，又絕擬倫。

伏自太祖太宗，應順天人，追尊祖禰，欽崇懿號，遷奉寢園。乃於定鼎之都，以卜藏金之地。爰從吉兆，實建宏規。協舉孝思，高邁五陵之制；恭承道廕，聿鍾萬世之基。大行皇帝祇席璿圖，恢融寶命，啓迪精妙，逢迎粹和。紹二聖之令猷，超九皇之懿範。睿文冠古，窮經天緯地之源；神武膺期，成撥亂反正之業。仁以守位，孝以奉先。四時固絕於畋游，七廟彌敦於恪謹。爰自君臨兆庶，德服華夷。運神策於邊荒，執利器於掌握。四夷即叙，不施烽燧之輝；百姓

220

乂安，不識軍旅之事。綿延怗泰，盛節交修。翠巘泥金，聿舉增高之
典；神雕奠璧，復施益厚之功。以至延欸馭於寰清，授珍符於秘殿。
奉希夷之誨，昭示仙源；瞻晬穆之容，延昌寶祚。顯道宗之積纍，則
幸景亳以朝真；答紫帝之貽謀，則款陽郊而薦號。顧能事之畢舉，仍
宸念以增虔。旰昃萬機，焦勞庶務。六一丹就，百靈無舐鼎之緣；二
十功成，□后有攀髯之嘆。莫不哀纏聖嗣，痛結宮闈。六龍未達於杳
冥，四海遽聞於遏密。俟臨遠日，爰上廣阡。指瀍澗之三賓，□蒼梧
之野。庀徒集事，豈易其人？首命威塞軍節度使侍衛親軍步軍副都指
揮使夏公守恩充修奉部署，左驍驥使忠州防禦使入内都知藍公繼宗充
修奉鈐轄。二公荷先朝拔擢之恩，副當宁選掄之寄。同心戮力，夙夜
在公。仗鉞而來，得以便宜從事。募諸道兵士工匠來赴力役；表請文
武官僚使命分掌其事。雖欽承治命，以儉約而處先；而遵法古儀，在
堅固以爲事。計用：安砌皇堂石二万七千三百七十七段，門石一十
四，侍從人物、象、馬之狀六十二。凡有名山，悉皆尋訪。緱氏縣南
有粟子嶺者，蓋少室之西山、萬安之東嶺也，多產巨石。巖稜温潤，
罕與爲比。輔國忝居麾下，仍屬隄封，首奉指蹤，往司計置，還以益
贍爲言。乃命中貴内殿崇班李知常、左侍禁李丕遠，與輔國同辦其
事。部領工匠四千六百，抑山并般運兵士二萬七千。兹山也，深入煙
蘿，攀沿峭峻，不迷行路，杳絶居民，固無井泉以充日用，汲引甚
遠，飲歡或愆。士民之心方增勞止，忽有石泉一眼湧出。并巖谷中有
清泉一派，臨于山址。其源深而流長，其味甘而且美。挈瓶而至，有
若雲屯，熬熬之心，不勝其樂。儻匪一人之孝感二公之至誠，不能致
也。拜井水湧，詎止於耿恭；刺山泉飛，靡專於李廣。挺生傑出，何
代無人？

　此山舊有神祠，綿歷時歲，棟宇摧壞，且基址具存，因與同僚議
其完葺。揆諸材瓦，假力餘工，曾未浹旬，儼然新廟，冀其降福，以

庇兹民。復有靈蛇，出爲瑞應，其色皎絜，其狀蜿蜒。爰有飛章，達于天聽。特詔中使，頒睿旨、賫名香，率道流二七人，建靈場三晝夜，并設清醮以答神貺。而又屢宣宸慈，撫恤士伍，餌以醫藥，賫以物帛，群情感激，罔不盡心。每梯霞躡雲，沿崖抱棧，若履平地，咸欲先登，鐫琢之聲，聞數百里。凡所攻採，應手而得，號令所出，如同影響，般輦相繼，有若風雷。而未及前期，厥數大備。自暮春之令序，逮獻裘之屆辰。以日繫時，其功就畢，洎乎充用，抑有羨餘。輔國獲處下風，叨預陳力，備觀事實，仍仰徽猷，秉筆直書，詞亦無愧。至於崇奉陵域，種植松楸，巖肅威儀，秘邃宮闕，規模宏壯，制度久長。亦二帥之輸忠，諸君之協贊，固不可得而備言也。聊書採石一時之事，乃萬分之一二矣。

時乾興元年八月十日記。

左侍禁提舉山陵逐程排頓及馬遞鋪管勾採取般運石段李丕遠書及刻字。

內殿崇班提舉山陵逐程排頓及馬遞鋪管勾採取般運石段李知常。

山陵修奉鈐轄左騏驥使忠州防禦使入內內侍省都知勾當皇城司同整肅隨駕禁衛藍繼宗。

山陵修奉部署侍衛親軍步軍副都指揮使威塞軍節度使夏守恩。

[說明]

據《拓本匯編》，高 180 釐米，寬 88 釐米。刻於乾興元年（1022）八月十日。碑在河南偃師永慶寺。

見《拓本匯編》38 冊第 58 頁。

見《偃師金石文補遺》卷 8；《金石萃編》，《石刻史料新編》第 1 輯，第 4 冊，2437 頁。

濟瀆詩

天聖三年（1025）十月七日

　　余自天禧元祀解宥密之職，首治是邦，越期月而移蒞他郡，于今八載，復領藩政，再踐殊館。仰廟□□如昔，感威靈而長在。強抽鄙思，以紀歲華。

　　淮南節度使特進檢校太師同中書門下平章事判軍州事張旻述。

　　雄屏□分寄，珍祠倐再臨。鼍飛叢宇峻，龍護湫淵深。蘋藻羅清薦，金匏合雅音。風旌飜鳳蜺，晨炷燎榆沉。麝墨披新刻，塵籤認舊吟。樂游情未足，殘照下西岑。

　　天聖三年十月七日立。

　　東染院副使駐泊兵馬都監兼在城巡檢徐繼和。

　　知觀察判官宣德郎試大理評事權發遣本廳公事劉中吉。

　　隨行：

　　□侍禁隨行指使馬崇□，男東頭供奉官閤門祇候從一，男東頭供奉官禮一，男東頭供奉官閤門祇候得一書，男東頭供奉官如一，男東頭供奉官昭一，翰林醫學孫元吉，中書沿堂五院直省官王可宗。

　　鐫字翟文翰。

［説明］

據《拓本匯編》，高 49 釐米，寬 114 釐米。刻於天聖三年
（1025）十月七日。碑在河南濟源。

見《拓本匯編》38 册第 68 頁。

龍門山丁裕等題名

天聖四年（1026）三月二日

　　大宋天□四年三月二日，三班借職監西京伊河□木務……龍門大□煙火修……公事□裕記。

[說明]

　　據《中國金石總録》，拓片高28釐米、寬16釐米，5行，行8字。左行。據下件推測，當刻於天聖四年（1026）三月二日。題名刻於龍門石窟，碑址不詳。

　　見《中國金石總録》第21040號拓片。

龍門石窟盧舍那佛龕丁裕題名

天聖四年（1026）三月二十六日

西京龍門山大像龕題名。

三班借職監伊河竹木務兼本鎮煙火修整石佛石道公事丁裕與弟祜，并仲子觀東，鄉友□吏顏翰、安定胡汎同至此。

大宋天聖四年丙寅三月二十六日。裕書。

鐫字李遇。

［説明］

據原石録，題名刻於龍門石窟盧舍那大佛底座石壁上。據《拓本匯編》，高 69 釐米，寬 60 釐米。刻於天聖四年（1026）三月二十六日。碑在河南洛陽。

見《拓本匯編》38 冊第 69 頁。

龍門石窟東山黨暉洞丁裕等題名

月份漫漶，同名隨上

　　三班借職監伊河竹木務兼本鎮煙火修整龍門山石佛公事丁裕[1]，與弟祜[2]、仲子觀東，河南府助教白利用[3]，洛陽□□，鄉友貢士顏翰[4]，清河張居□，安定胡汎同至此[5]。

　　皇宋天聖四年丙寅□□二十□□□□裕題。

[説明]

　　據原石録，題名刻於龍門石窟東山黨暉洞右上方。左行。月份漫漶，因同名權附於此。

　　見《金石續編》，《石刻史料新編》第 1 輯，第 5 册，3299 頁。

[校勘記]

[1]“兼”“鎮煙火”“整”原石漫漶，據《金石續編》補。

[2]“弟祜”原石漫漶，據《金石續編》補。

[3]“東”“利用”原石漫漶，據《金石續編》補。

[4]“洛陽”“鄉”原石漫漶，據《金石續編》補。

[5]“安定胡汎”原石漫漶，據《金石續編》補。

王曙龍門石窟題詩

天聖五年（1027）三月二十日

光禄卿清源王曙。

鑿龍蒼翠照□川，白鳥平蕪暮雨間。一夕塵襟清似水，潺湲聲裏□□□。

偶□。

□倚蒼崖次弟開，暫停征傳一徘徊。人間萬事皆如此，偶爾□勝特地來。

甲子夏五月四日留題。

天聖五年丁卯三月貳十日侍禁□余䲧書石（此行古篆）。

賈宣鐫。

[說明]

據《八瓊室金石補正》，高二尺三寸，廣一尺六寸。七行，行字不一。字徑八分。行書。刻於天聖五年（1027）三月二十日。摩崖在河南洛陽龍門石窟。

見《石刻史料新編》第 1 輯，第 7 冊，5430 頁。

慈雲寺石香幢記

天聖五年（1027）九月二十五日

惟大宋國相州彰德軍林慮縣仙嵒鄉趙村管東曲山村疃，於天聖五年歲次丁卯九月戊戌朔二十五日壬戌，鐫造香鑪一所，供養諸佛。

匠人申晋。維那頭馮遂、梁均。

[說明]

據《林縣志》，香幢四面，前刻記文，正書。刻於天聖五年（1027）九月二十五日。在林縣曲山。

見《（民國）林縣志》卷14。

魏咸信神道碑銘

天聖六年（1028）九月

贈太師尚書令魏公神道碑銘（篆額）。

□宋故推忠保節同德守□□□□臣保平軍節度陝州管內觀察處置等使開府儀同三司檢校太尉同中書門下平章事行陝州大□督府□□□□□□上□國鉅鹿郡□□公食邑□□□□□□□□實封肆伯□□□□□□□□□□公神道碑銘。

翰林學士承旨兼侍讀學士光禄大夫行尚書左丞知制誥□館修撰□館事□判尚書都省三□院□□□□□□□□□□□□二□六百户，食實封柒百户臣李維□敕□。

□□□□□尚書。下渤。

臣聞處師臣之任者，蓋以總兵要、揚國威，顓制乎閫外，生民之所司；命登輔相之崇者，蓋以翼政道，熙帝載，經濟乎天下。正□之所注意。二者之重，兼而領之而復叶□□□□□□馬之選嘉□□□□□□□□主而□□□□□□介祉鍾家慶□□□□□□之□□□□□□播厥悠永，今見之於魏公矣。

公諱咸信，字國寶，其先鉅鹿人也，本乎受封之國，遂爲保姓之始。佐於火運，有嚴毅之稱；出於典午，著質朴之譽。南北之代，衣

230

冠□屬，或□□□族，或勳在盟府，□□蕃衍□□絕□公之□祖
□□□□□□□□□□□□□□□□□□□父□□□□□國公；祖諱容，
纍贈中書令越國公，皆以世道多虞，夷退無竟，遺榮履素，達志保
身。皇考諱仁浦，始佐周室，旋輔興運，英猷茂績，煥於國書，終尚
書右僕射，纍贈尚書令，追封秦王，諡曰宣懿。公即宣懿公之第三子
也。□□姚□□□封□國太夫人□姚□□□封晉國太□□母□氏□封
秦□□夫人。繼母李氏追封韓國太夫人。皆華腴淑哲，尊行休德，憑
是積厚，叢厥福履，疏封大國，由公之貴也。

公神粹天挺，英靈嶽降。越自毀齒，動必孝成；甫及勝冠，游皆
長者。綽蘊經□□器□□□□之舉建□初□□□□□
□□□□□□□□□□□□□□□□□□□人□五加服
章。初太祖在潛之際，昭憲皇后嘗至宣懿第，公侍秦國之側，神彩凝
暎，瞻視不凡。昭憲目而奇之，由是始有議姻之意矣。太祖以□懿□
舊，加公使□□□召公於□□殿□□□□□□□□□□□□□□□□
□□□□□□□□□□□□□□□□一□四方之志，實男子之事也。然
詩書之教，更須服履。公欽承寶誨，克踐聖言，繇是慕古以服儒，
篤志以學問。乾德五年，神宗尹正浩穰，遣判官劉□面
□□□□□□□□□□於□□□賜□衣□□□□□□□□□□□□□
□□□□□□□□□□□□□□□□□□□□□□引御□水以灌池沼，漢以
列侯尚主，始垂就第之文。周以同姓主婚，聿崇築館之制，鳴鳳之占
允叶，盤蟭之禮斯縟。六年，領吉州刺史。太宗即位，超授本州防禦
使。太平興國四年，晉壘未平，王師薄伐。公親執羈靮，從帝于征，
陪櫛沐之勞，預攻討之略，洎盪彼妖孽，潴其城□俄□□□之
□□□□□□□□□□□□□□□□□□□□□□□□□□□□□□□
□□□□□□□□授□□□察使。雍熙三年，羽書狎至，邊候弗寧，柬
求戚里之賢，分領翰垣之任。駙馬都尉王承衍鎮大名，石保吉守河

陽，乃眷澶淵，實陪京輔。皇家股肱之郡，天下咽喉之地，邑屋相望□□□□ 北 阿 之 □□□□□□□□□□□□□□□□□ 至 以 □□□□□□□□□□□□□□□□□□□二十里以直水勢，自是無潰漏之患。端拱元年，河清于郡界，公汲於中流，貯之銀缶，因公主上之。九里之潤，方蒙福於京師；一清之期，復薦祥於□日□夫協氣□流□□□□□合□□□□□□□□□□□□□□□□□□□□節召還下渤。帝宸載隆於體貌，尋命兼澶州馬步軍都部署，賜白金五千兩，復遣之鎮。淳化元年介主入覲，留於京師。是歲，澶州河大決，城堞頹圯，舟梁盪絶，居民□ 其昏墊 □□□□□□□□□□□□□□□□□□□□□□□□□□灾之□□□□□□□□□□□□□□□□□□□□乏絶者賑之，雕弊者撫之。止於彌旬，闔境用乂。先是，朝廷以橋壞，命內殿崇班閤承翰專繕完之任，承翰惑於輿誦，執其所議，以爲歲暮風勁，寒威日□ 峨 □□ 水 □□□□□□□□□□□□□□□□□□□□□之□□□□□□□□□□□□□□□外□□□意內獨斷于心，因郊餞迴，召諸工謂之曰："橋梁之役，所以濟萬人也，天心所屬，正在此爾。吾爲州將，忍坐觀而忘宣力乎？"因自乘輕舸，董役於洪流。無何，氣候□□□□水泮 □□□□□□□□□□□□□□□□□□ 見 □□□□□□□□□□□□□□□□□□□□□□□□□陳難成之狀，而公奏繼至，太宗大悅，顧謂左右曰："朕選魏咸信，果不謬知人矣。"翌日公主入賀，太宗復嘉嘆數四，密賜珠玉之珍，以旌賞之□調卒七千□□河□既□役遂□□□□□□□□□□□□□□□□□□□迴□□□□□□□□□□□□□□□□□□□□□□明年春，有司以每歲修隄故事計其功，當役夫二萬。公遽省其半，奏之，太宗益嘉嘆焉。時民田水退，盡爲膏壤，而家乏種子，嗷嗷靡訴。公飛奏□官廩貸麥三萬斛□□□□威德□□□□□□□□□□□□□□□□□□□□□□□之□□□□

□□□□斯□轉□□□公□□言詔偒蠲免五年。以仲兄太僕少卿咸熙
屬疾削奏願一省視，尋詔赴闕□□。真宗即位，改定國軍節度使。咸
平二年八月，講武東郊，詔公充在京新舊城内都巡檢。十一月，郊
禋，充舊城内都巡檢，其月以戎人犯塞，真宗將議親征，命公充貝冀
□□□□□□□□□□□□□□□□□□河□□□□□□□□□
□□□□□公□戒道□天雄軍，始得步騎二千置之麾下，以少擊衆，
志立於奇功，倍道兼行，聲馳於大敵。方及治所，虜已遁去，亦由公
威名素著之使然也。尋命公愛子昭□傳詔召赴行在，改命知□州
□□□□□□□□□□□□□□□□□詔□□□合屬惟□□□□濟
□□□□□□□□□□□集荒而不治。公商利度勢，絶隄立門，疏其
湍流，偒與渠合。繇是皆成良業，民獲安堵。帳下群吏市物爲奸，公
廉而知之，即倍償其直。先刺部者威嚴□□奪攘之黨横於州境□公至
□戎□□□□□□□□□□□□□□之□□□□□盡□□□□
□□□□□從□幸澶州。三年，授武成軍節度使。四年，車駕朝陵，
詔公扈從。無何，曹南編人列狀借留，會天子眷三城之地，擇萬夫之
長，高牙大旆，授之以行。大中祥符元年，建云亭之封，舉
□□□□□□□□□□□□□□□□□□□□□□□□□□□□□□
□□□□□宴_{下渤}禮，盡其歡心。三年，國家卜崛岘之丘，成合答之
禮。七萃電逝，千官景從，爰念上游之寄，必資同德之臣。遂復命知
澶州兼駐泊馬步軍都部署，賜銀□□劍各□拜□□□□□□□□
□□□□□□□□□□□□□□中使□召公□□□□□□□□□□今
□□□□□辭也。公祗承嚴召，往不俟駕。既而射中銀缶者再，真宗
連解之，賜襲衣金帶鞍勒馬，睿眷隆密，觀者榮之。四年，禮畢，遷
忠武軍節度使。七年，真宗以□□□□□時□勳□□□□□□□□
□□□□□判天雄軍□□□□泊馬□軍□□□□□□□□□□□嘉
禾帝錫褒檢。九年，民吏萬餘人伏闕請刻石頌德，公剡奏懇避，得請

後已。天禧元年移保平軍節度使，申伯著藩宣之勞，載於《詩》咏，充國有脚脛之苦，恤以綸言。尋召□□□□□□□□□□□□□□□□□加□□□□無□之□□□□□□□□□□□□□□□□公□□□謁對見，移晷精爽不耗，感極以泣。帝俯加存慰，厚其錫賚。是月甲子以不起聞，享年六十有九。天子深撫床之痛，士林興埋玉之□，輿駕親臨，哭爲之慟。詔廢朝三日□□□□□□□□□□□刺史寶神□□□□□□□之□□司□□□□□□□□□護□以其年十一月丁酉於河南府洛陽縣賢相鄉勳德里發許國恭惠長公主塋合祔焉，禮也。惟公主承徽紫極，發秀璿枝，洵淑才明本於館天賦，孝友□懿，非由外獎□□□□□□□□公_下次曰昭亮，四方館使、端州防禦使，贈安州觀察使，間世挺生，慕服濟美，器宇沉粹，識略宏遠。初太宗以其與王世隆皆嫡外孫，特□之，嘗并召賜坐，以安州□□□之勳有□□□□□□人之風□□□定體之名未立，御筆書二名以賜，恩獎交被，舉無倫比。初，公之捐館也，安州削奏以終喪制，寢恩例爲請，雖俞詔靡下，而爲搢紳之所羨焉。次曰昭□□賓副使安□□□□□□□□□□□□□□□□ 紹成世□□□□□□家□著美後□□而□□，斯又萬石之不衰，臧孫之有後也。女二人：長封壽光縣主，適內殿崇班閣門祇候張士宗；次適右班殿值閣門祇候王從益，皆夙禀慶靈，載誕柔淑，宜其良匹，休有惠□。

公□狀碩偉，業行優□□□淵厚□□□□□□□□□□□□□□□於成□□□□□□□□□□□□□□□□□□□□□綜人倫風后陰陽之占，窮於秘要，逢蒙弧矢之法，得其指歸，斯所以近天子之光，預勳臣之列，周旋禮任，蒙被寵數者已。夫其撫封也，民不見□，官不及私，□刻□之蠲，除德□□□□□□□□□□□□□□□□□□□□□□□□□□□□□□□□□□□□□至□□□□□□□附衆武克制勝，威重以任己，敦整以訓兵，善志外敷，聲猷克壯，淵謀内講，紀律用張，倚爲長城，式是戎閫，從王師之有征也。晝陪日御，夕護天營，申令惟嚴，威愛允濟□□□□□□之光□□□王□不□□□□□□□□□□□□□□□□□□□□□□□□内朝宏□別館。簫臺三襲，奉帝子之游；食筯萬錢，盛席賓之饌。

惟公逢時，熙盛致位，台鉞奉晝，接而前脒。告辰獻以沃心，出則佩刻麟之符，冠藩伯之首；入則居浴鳳之沼，兼_{下泐}萃一門，伯淵之忠著三世，蓋所謂有邦之哲艾，群后之表式者也。歷階至一品，策勳上柱國，爵本郡公，縶邑萬室，凡三加功臣之號，其國爵之崇矣。七司郡寄，兩從王征，□□節□□聲□□□□□之□□□□□□□代□□器□□□□□□□□□□□□□□而登□鑒蒙園覽止之分，究義經知得之義。莫不推高乎達識，騰芬於餘論。宜乎茂昭庸績，長保尊榮，終始隆名，優游華旦，乃侯之祉，濟其世以流芳，翼子之謀，昌□後而斯允楊□之感□愛錫□□□□□□□□□□□□□□□善□□□□□□□□□□□□□□□□□□□□□乃詔下臣，俾當紀述。爰稽贊命，式採民諺，成令嗣光昭之美，揚元侯景懿之烈。懼遷岸谷，猶存少女之詞；竊叙世家，敢益孟堅之傳。仰遵宸旨，謹爲之銘。銘□：

天人合符，才賢命世。風雲冥感，旦暮之際。慶荅善鍾，繼世登庸。其行惟茂，其德惟隆。黼藻薦紳，冠冕百郡。□士國□，_{下泐}藏勳金券，書忠緹史。位亢名大，責重憂深。崑丘玉折，台□星沉。愍册贈章，光赫侯屏。喪禮葬數，邁超夷等。當□形□，□朝_{下泐}嗟隙駟兮遄奔，對弔鶴兮何言。返至真兮太素，給秘器兮東園。龜告猶兮烏協吉，欝佳氣兮鮮原。儼軿襚兮在列，□□□兮悽咽。□□門兮□□，□□□兮□□。□□□兮□□□_{下泐}天聖六年九月日，奉□旨建。中書□□□□□□

□□□□□□□□□□

[説明]

據《八瓊室金石補正續編》，碑高一丈七寸，廣三尺九寸。四十一行，行一百十字。字徑六七分，正書。刻於天聖六年（1028）九月某日。碑在洛陽關林。原録文行文注釋泐多少字，此整理每字以□替代。

見《八瓊室金石補正續編》卷45；《洛陽名碑集釋》259頁。

邢昂等龍門石窟題名

天聖七年（1029）三月十三日

……推官仲簡，府……處士邢昂鑒密大……
天聖己巳歲三月十三日同游。

[説明]

碑在河南洛陽龍門石窟擂鼓臺遺址。刻於天聖七年（1029）三
月十三日。

真宗賜賀蘭碑

天聖九年（1031）十月八日

大宋真宗皇帝詩詔賜賀蘭先生之碑（篆額）。

敕賀蘭栖真：汝棲身巖壑，抗志烟霞，觀心衆妙之門，脱屣浮榮之外。朕奉希夷而爲教，法清静以臨民，思得有道之人，訪以無爲之理。久懷上士，欲覲真風，爰命使臣，以禮徵聘。汝其暫別林谷，來至闕庭，無辭跋涉之勞，當體招延之意。今差入内高班内品李懷贄，往彼招汝赴闕，故兹示諭，想宜知悉。秋冷，汝比好否？遣書，指不多及。十八日。

敕。

詩賜賀蘭栖真：

玄元留教五千言，有象難名恍惚間。數進篇章達至理，時吟時咏道清閑。

七言四韻詩一首贈宗真大師。

尚書右僕射判軍州事張齊賢上。

月耕雲耨護芝田，洞府游多隱奉仙。聳秀萬尋連翠嶠，澄明一派接靈泉。鳳書昔降幽居側，鶴駕曾朝瑞日邊。四海高名誰可并，赤松

238

黃石好差肩。

七言詩一絕贈賀蘭宗真大師。

知制誥陳堯咨上。

偶分天命過仙家，松竹森森一徑斜。此境豈教塵俗愛，主人高論盡南華。

進士楊虛己書并篆額。太原王思道刊字。

聖詔御詩及朝賢紀贈賀蘭先生序。

進士汪仲詢撰。

賀蘭栖真者，譙國人也。始事驪山白鹿觀馮洞元，洞元冲寂，復訪道於終南，結茅於巖曲。未載紀，思得福地以毓其真，於是乎游王屋，□濟源，濟之奉仙，即唐小魯真人舊隱之所也。沁□之流潤其側，行屋之翠聳其旁。波滉漾以爭翻，雲縹渺而相揖。其或風人叩課，朝士經由，潛分洞府之春，悉覿神仙之趣。不逾跬咫，可致方壺，斯亦邑中之景勝者歟？故高士達人咸睎隱息，以茲庲止焉。先生小節靡拘，至真不染，深於莊老，仍善解辟穀，吐故納新，稚顏鴉鬢。而常獨住天壇，藥匱，採擷靈苗，馴致猛獸，民咸異斯，莫之以茹。景德初，真宗皇帝以四海太寧，萬機豐暇，詢訪奇妙靈士。用資恭默之誠，聞其素風，渴其全德，二年秋九月，遣中使，馳蒲輪，賚鶴板而召之。先生識探幾萌，道臻妙本，祇荷聖念，應召闕下。逮入對崇和，果加前席，禮遇勤厚。未幾請還，上許之，寵以蘭袍，旌以□□，著《七言》以賜之，增重幣以將之。觀有土田，永蠲租賦。授茲賚賣□于旋歸。

泊錫符紀號之三祀，冬十一月二十有一日，無疾而終，享年一百一十三歲。□月之內，貌猶如生，舉體柔軟，捫之者驚駭，目之者欽承，此道家所謂尸解者也。葬之日，邑中三百餘人爲之理冢，迨今薰焚，曾無闕矣。□妙□不宰，明道若虚。其生也，揚□教於一人；其歿也，示真筌於綿古。淵偉英特，其先生之謂乎？

今邑宰裴君德滋仰先皇之奉道，□□人之□猷，傷歲月以爲遷，□詩詔之失墜，乃召監觀羽人郭太明，蓋先生之道孫也，遍搜篋□，復得朝賢紀贈詩二章共四首，餘皆散落弗可備存，緜是磨礱□石，刊勒斯文，命走鄙辭，式揚盛事，所貴乎往素□□，觀夫道行，知上德之可宗；閲彼宸宰，見垂裳之博采。創立有是，不亦美乎！

時大宋天聖九年歲次辛未孟冬月十有八日叙。

尚座道士孟元亨，觀主道士黄大文。

登仕郎縣尉王宏，將士郎守主簿王克昌。

左班殿直知河陽濟源縣事兼兵馬監押裴德滋立。

[説明]

據《中原文化大典·文物典·碑刻墓志》：宋真宗、張齊賢、陳堯咨、汪仲詢撰，楊虚己書并篆額。行書，碑分上中下三層。碑高265釐米，寬96釐米，厚23釐米。刻於天聖九年（1031）十月八日。碑原在濟源奉僊觀賀蘭墓側，今藏河南博物院。

見河南博物院展拓片；《中原文化大典·文物典·碑刻墓志》90頁；《道家金石略》236頁。

法師義從尊勝幢記

明道二年（1033）五月

《佛頂尊勝陁羅尼》。

洛陽開字人翟靈芝。

稽首千葉蓮花殿，金剛座上尊勝王。爲滅七返傍生路，願舒金手摩我頂。灌頂吉祥妙章句，九十九億如來傳。流通變化濟含生，故我發心恒贊誦。如有衆生薄福德，聞此《陁羅尼》添福壽。如有衆生大災難，聞此《陁羅尼》災消散。如有衆生造極重業，聞此《陁羅尼》罪消滅。如有衆生遇惡病，聞此《陁羅尼》病輕愈。如有衆生臨命終，聞此《陁羅尼》生净土。我今諷誦此真言，唯願如來常救護。

那謨薄伽跋帝帝隸二合。路迦鉢囉二合。底毗失瑟吒耶勃陁耶薄伽跋帝怛侄他唵毗輸馱耶娑摩三□多嚩婆娑娑撥囉二合。拏揭底伽訶那娑婆嚩秫地阿鼻詵者蘇揭多伐折那阿密㗚二合。多毗曬罽阿訶囉阿訶囉阿瑜散陁羅尼輸馱耶輸馱耶伽伽那毗秫提烏瑟尼沙毗逝耶秫提娑訶娑囉喝囉濕弭珊珠地帝薩婆怛他揭多地瑟姹那頞地瑟恥帝慕侄隸跋折羅迦耶僧訶多那秫提薩婆伐囉拏毗秫提鉢囉二合。底你伐怛耶阿瑜秫提薩末耶遏地瑟恥帝末你末你怛闥多部多俱胝鉢利秫提毗薩普吒勃地二合。秌提杜耶杜耶毗杜耶毗杜耶薩末囉薩末囉勃陁遏地瑟耻多秌提跋折梨跋折羅揭鞞跋折□娑伐都摩摩<small>弟子某甲普，爲四恩三有法界衆生受侍。</small>薩婆薩埵寫迦耶毗秌提薩婆□底鉢利秌提薩婆怛他揭多三摩濕婆娑遏地瑟耻帝勃陁勃陁蒱陁耶蒱陁耶三澇多鉢利秌提薩婆怛他揭多地瑟姹那遏地瑟耻帝摩訶慕帝隸<small>二合。</small>娑婆訶。

法師名諱義從，本鄭州管城人也。幼歲出家，年一十二於本郡龍興寺石佛院禮範大德爲師，至年十六剃髮爲沙彌，十七受具。自後，辭師雲游諸處，習諸經論，不捨晝夜。至年二十三，爲衆講《百法論》近二十餘遍。自後，講《彌勒上生經》三十餘遍，志求兜率，願睹慈尊，本所願也。於天聖年中，蒙請於寶應蓮宮，講《百法》、《上生》十五餘遍，俗壽六十三，僧臘四十六。於明道二年正月二十九無疾而終於寶應之房。學法門人近二十餘人，不能具録其名矣。當年五月中建此幢記。

講經律論傳大小乘戒同行願賜紫沙門德政書。

[説明]

據《拓本匯編》，高68釐米，寬94釐米，八面刻。按《八瓊室金石補正》，高二尺五寸。八面，面廣三寸七分。三行，行廿一字，字徑寸許。第八面記文五行，行四十字，字徑七分。俱正書。“法師名諱義從”之前文字《八瓊室金石補正》未録，據拓片補。刻於明道二年（1033）五月。碑在河南洛陽存古閣。

見《拓本匯編》38册第80頁；《八瓊室金石補正》，《石刻史料新編》第1輯，第7册，5335頁。

重修昇仙太子大殿記

明道二年（1033）六月一日

重修昇僊太子大殿記（篆額）。

聖宋西京永安縣緱山通天觀重修昇仙太子大殿記。

朝奉郎尚書度支員外郎直集賢院同判河南府輕車都尉謝絳撰。

將仕郎守河南府右軍巡判官王顧篆額。

豫章僧智成書。

夫大道希微而不可詰者，尸萬化之育而歸於自然；上帝杳冥而所以尊者，宅太虛之奧而蘊於無迹。有生御辯，裁如委蛻，列真炳靈，欻若脱屣。是皆籍在仙品，格于殊鄉，茫乎邈焉，未易究極者矣。昇仙太子參華帝胄，遺榮少海，注瑟對瞑臣之問，挹袂接浮丘之游。去龍樓於震宮，作鳳吹於洛曲。三年上賓於帝所，七日舉手於雲阿。陞右弼於玉晨，職金庭於桐柏。丹符素券，親受紫陽，空洞靈音，迭歌句曲。遺俗凝慕，逖聞吸日之謠；故山橫絕，綽有順風之拜。因是標概，作爲叢祠，光塵藹如，區處增勝。唐天后聖曆中，親製紀勒，設置守衛。厥後靡易基兆，再新觀宇，年籥浸遠，壞梁不支，殿屋之餘，鞠爲宿莽。初天聖四年，今西都分憲趙公以祠部郎中治園邑也，會出境，上即款廟廷。念高構之衰，乘民政之隙，謀作大壯，以舍真

243

像。公首捐資，用及率籲。里人呂仲簡等相與佽助，聿來營之。粵自伻圖，迄于役罷，日力勿亟，夫家不勞。地爽且靈，蔚爲福庭，重陛叢楹，兹焉落成。山月林風，徘徊有待，雲璈玉簫，胻鑋如接。睟容淵穆而再儼，蜺仗棽麗而肅設。控衆真之妙境，奠景室之神隩。音徽未泯，軒臺西向而可畏；岸谷相變，靈光巋然而獨存。可與夫姑射仙山人能飲露，建安舊壤洲名墜馬者比焉。以余稔聞興葺，懼逸歲月，見咨撰述，不獲讓云。

時明道二年六月一日記。

中奉大夫太常少卿權西京留司御史臺上柱國天水縣開國男食邑三百戶賜紫金魚袋趙世長建，孫將仕郎守河南府永安縣尉垂佑同立。

太原□思道刊字。

助緣人進士□拱，學究趙静，董正馬驤，教練使呂若冲，倅仲宣，勾當人馮遂。

[説明]

據《拓本匯編》，高 190 釐米，寬 93 釐米。篆額高 49 釐米，寬 33 釐米。刻於明道二年（1033）六月一日。碑在河南偃師緱山仙君廟。篆額作“僲”，正文作“仙”。

見《拓本匯編》38 册第 81 頁；《金石萃編》，《石刻史料新編》第 1 輯，第 4 册，2454 頁。

會聖宮碑

景祐元年（1034）九月十三日

新修西京永安縣會聖宮碑銘（篆額）。

大宋新修西京永安縣會聖宮碑銘并序。

翰林學士金紫光禄大夫行給事中知制誥判集賢院勾當三班院上柱國樂陵郡開國侯食邑一千二百户食實封壹佰户臣石中立奉敕撰。

翰林待詔御書院祗候臣李孝章奉敕書并篆額。

臣聞宅萬邦而垂統者，帝王之丕業也，故奉先之道，崇其孝而爲大；亘百世而流光者，祖宗之懿德也，故錫羨之慶[1]，炳其耀而彌顯[2]。成周之卜，惟洛食驗風雨於神樞；炎劉之作，我上京游衣冠於高寢。蓋以欽其世烈，奠厥靈居，履霜露以霑裳；聿凝宸感，列枌榆而建社。爰考國章[3]，非夫烏弈垂休無以襲巍巍之盛；吉蠲致饗，無以表烝烝之思[4]。寶系有開，皇眷攸屬。我國家應五運之會，接三神之歡。炎上騰精，赫淳耀而斯渥；靈長啓祚，濬洪源而莫紀[5]。太祖誕受休命，恭膺正統。下民欣戴，洽謳歌而有歸；協氣横流，偉符瑞之交薦。振一戎而大定，總萬廷而克昌。化迪清平，□□□衍。太宗挺惟睿之德，恢至治之具。聲明震疊，紀律昭宣。嘉靖庶邦，以攬乎權綱之要；欽承大卞，以建乎中和之極。舜階舞羽而遐裔來

245

格[6]，羲圖呈像而斯文曲備[7]。德崇富有，業臻太平[8]。真宗紹復
丕基，憲章邃古[9]。重華協帝，天啓於神謨；濬哲惟商，日躋於聖
政。宅群萌於醇粹，納百揆於雍和。展采介丘，以答清寧之貺[10]；
鳴鑾景亳，以揚希闊之儀。微胡瑣而不頤[11]，光有容而必照[12]。卓
越之度，不可稱已。皇上財成景化，祗遹先猷，蘊清明而在躬[13]，
守慈儉以爲寶[14]。御六氣之辨[15]，統和於天人[16]；躬千畝之耕，憂
勤於稼穡。饗明成南面之治[17]，下令如流水之源[18]。欽恤庶刑，以
徹乎脂網之密；詢求多士，以來乎骨鯁之議[19]。賁金玉以垂度，一
文軫以敦風。德洞淪冥，信周翔泳。興廉舉孝，所以灼于邦光；繼好
息民[20]，所以厚于時聘[21]。夫贊揚迪哲[22]，至道也，陛下能行之；
虔鞏勞謙[23]，聖則也，陛下能守之。滋液之体，披圖而可見；幅員
之廣[24]，闢纊以惟明[25]。其居也靜而淵，其動也博而利。俗躋壽而
胥悦，家懷讓而敦勸[26]。順考古道[27]，欽奉天經。眷三川之舊
都[28]，乃列聖之攸宅[29]。土圭測景，契陰陽之和[30]；文龜負圖[31]，
開神明之奧。水繹繹以凝耀，氣葱葱而發祥。兆域有嚴，封樹相望。
三后在天而垂貺[32]，萬靈護野以儲休[33]。陟配于京，既崇於歸格；
因山爲體，自成於宏敞。分繚垣而屹立，植雙表以齊平。折衷其宜，
高視前世。以謂墳衛之禁，素舉於彝章；蘋藻之奠，未廣於寅奉。謹
按地志，訾王山者[34]，冠於諸阜，僉曰陶區[35]。協太史之明占[36]，
錫鳳臺之紀號[37]。前瞻少室，偉靈異之所躔；却負太行，邈穹旻之
設險。控川陸之兼會，介周鄭之通衢。嵩顔豁以中開，溪聲浩其雙
接。自天聖八年孟春之初，首議胥宇[38]，俯壽原之爽塏[39]，擬閟宮
之靚深。揆緯裁基，以程乎豐約；審曲面勢，以極乎經營。人以悦
來，匠以心競。林衡□木[40]，文櫾綺柏之質，山積而登用；大壯取
象，上棟下宇之飾，翬飛而增麗。粲餘霞於鏤窑，歷倒景於增梁[41]。
殊庭砥平，界道繩直。礱他山之石，以嚴於交楯[42]；節睢陽之杵，

以峻於頰糊。據寶勢之凌兢，邐初陵之岑寂。圓淵綺煥，翔鷗仰而弗逮；重橑櫛比，尺蠖動而成響。翼長廊之四注[43]，旅萬楹而有閑[44]。輪焉奐焉，稽百□之咏；去泰去甚，振三代之規。章程明密而神迷其方，登降照爛而目眩其際。不惄于素，罔或告勞。越明年閏十月十有五日，宮成。隱若中天，宛如化出。乃降溫詔，命曰"會聖"。揭諸銀榜，煥在璇題。保天祚於浸昌，旌神功於不朽。於是宏關秘殿，儼設晬容，珠幄焜黃，藻旒晻藹。鼎峙而分聖位，玉溫而聳天暉。想嘽嘽穆穆之風，尊嚴可象；仰顒顒昂昂之德，表則斯存。率拱侍於勳臣，灼威儀於近列[45]。其中則朱堂天邃，瓊壁環周。絢妙繪以交施，象內朝之有肅。銀璫左貂，給事殿省之列，旅陳于外；璧臺金屋[46]，充選掖庭之綴，序分乎內；銜組樹羽，激越鈞天之奏，鱗差於後。百司具備，五采咸彰。正爵辯儀，趨翔而中節；隨形象頌[47]，炳煥以揚輝。落成之日，特遣使以奉安之，昭殊禮也。復陳法醮，旋啓清場[48]。延駕欻之高真[49]，集屏塵之上士。金仙羽襜，凌汗漫以交舒；紫極靈章，叩青冥而上達。仍開宮五日，許士庶朝謁。衣纓雜襲，綺組繽紛。攘裳連襼以并趨，蹈德咏仁而胥樂。表裏悅穆，室家相慶。繁縟之典[50]，煥乎惟新。每星駅展軫[51]，天畿促駕。或銜如絲之旨，或被追鋒之召。旆悠悠而照野，人憧憧而假途。咸造于庭，以申虔奉。疏瀹澡雪，以滌於塵襟[52]；擎跽曲拳[53]，以遵於臣禮。著在甲令，垂爲景猷。揚世廟之威神[54]，示朝家之軌範[55]。爰命中使，總莅其官。閾閾有程，督察無曠。仍即其東南之地，特崇其像設之居。寶色煥乎焜煌，禪林美乎縈映[56]。霓軒雲閣，隆九仞於鹿園[57]；文梵晨鍾[58]，交二音於鷲嶺。曲池涵功德之水[59]，衆果散清涼之陰[60]。勝侶狎臻[61]，法筵大啓。廣宣妙諦，以扇一極之風；恪奉真游，以濟三乘之轍。四事之資給豐矣[62]，百福之莊嚴備矣。若乃寒暑易候，寅昏警時。陳植壁之多儀[63]，展祈褫之精意。仙唄交發，將崖谷以共清[64]；嬰香馥芬，與煙雲而競合。等海聚之無量，期道濟於不窮。神其格思，化感無外。此乃陛下聿追來孝，翕受敷施。潛發睿心于以加於百姓，寅威景命于以奉於十倫。宜乎純嘏來同，丕應紹至。霈殊休之汪濊，洽靈寢之鴻平。丹羽巢阿，紛綸而表慶；仙衣拂石，延袱以齊榮。永底蒸民之生茂[65]，揚盛德之事者矣。臣職塵扃禁，學昧縑緗。跼影丹帷，曷承答於清問；褒功樂石，莫據發於英辭。仰被俞音，內增惕厲。敢揚懿範，庶示方來。銘曰：

炎靈啓運，赤伏呈祥[66]。造我區夏，揚其烈光。真系有屬，鴻徽聿昌[67]。緹油茵藹，瓜瓞綿長。於鑠三后，繼天作聖。宜冒生民[68]，紹開明命。則堯爲大，與黃比盛。九服咸歸，萬景攸正。我皇嗣統，化格深淳。昭章雲漢，獨運陶鈞。禹不自假，湯惟又新。漏泉疏渥[69]，弛罟推仁。奉若先猷，崇茲孝志。在祀彌恂，因心罔置。對越清廟，備成福事。孺慕興懷，時思展義。乃眷溫洛，實惟帝都。壽陵高敞，拱木紛敷。風樹不止，春露既濡。必崇骨宇[70]，永奠靈區。爰建清宮[71]，俯臨劇縣。率見昭考[72]，以時致薦。列堵若星，揮斤軼電。凹凸凝采，丹青點絢[73]。雲屋天構，陽榮霧披。以安靈宸，以奉仙祺。垂旒寫照，澤玉含姿。克昌厥後，永言孝思。傍啓梵庭，廣營佛寶。禪慧攸集，土木兼造。珠幡映日[74]，金繩界道。贊唄交誦[75]，薰修致禱。惟祖德兮貽謀，惟帝心兮荷休。誠優肅之所感[76]，期戩穀以來求。經始勿亟兮卜茲寶勢[77]，告厥成功兮靡逾間歲。壯崇址兮控三川，佑丕圖兮垂億綿[78]。

景祐元年歲次甲戌九月丁亥朔十三日己亥建。

中書省玉册官御書院祗候臣□□□。

入內內侍省內侍高班勾當會聖宮同監修碑樓臣楊承政。

入內內侍省內西頭供奉官監修碑樓權勾當會聖宮臣蕭繼元[79]。

禮賓副使勾當御藥院提點管勾會聖宮臣任承亮。

［說明］

據《金石萃編》，碑高一丈八尺七寸，廣八尺三寸。三十六行，行八十四字。正書。篆額。刻於景祐元年（1034）九月十三日。碑在河南偃師。

見《石刻史料新編》第1輯，第4冊，2456頁；《（弘治）偃師縣志》卷3（校勘文字稱《偃師縣志》）；《（乾隆）偃師縣志》卷28；《中原文化大典·文物典·碑刻墓志》91頁。

［校勘記］

［1］"慶"，據《偃師縣志》補。

［2］"炳"，據《偃師縣志》補。

［3］"考"，據《偃師縣志》補。

［4］"無以表烝烝之思"，"表""思"二字據《偃師縣志》補。

［5］"源"，《偃師縣志》作"淵"。

［6］"而遐裔"，據《偃師縣志》補。

［7］"圖呈像而斯文曲備"，據《偃師縣志》補。

［8］"德崇富有，業臻太平"，"德崇富有""平"，據《（乾隆）偃師縣志》補。

［9］"邃古"，《偃師縣志》作"還古"。

［10］"以答清寧"，據《偃師縣志》補。

［11］"不頤"，"不"字據《偃師縣志》補。"頤"，《偃師縣志》作"熙"。

［12］"光"，據《偃師縣志》補。

［13］"明"，據《偃師縣志》補。

［14］"儉"，據《偃師縣志》補。

［15］"氣"，據《偃師縣志》補。

［16］"統"，據《偃師縣志》補。

［17］"治"，據《偃師縣志》補。

［18］"下令"，據《偃師縣志》補。

［19］"議"，據《偃師縣志》補。

［20］"繼好息"，據《偃師縣志》補。

［21］"聘"，據《偃師縣志》補。

［22］"夫贊揚迪"，據《偃師縣志》補。

［23］"鞏"，《偃師縣志》作"恭"。

［24］"員"，《偃師縣志》作"奠"。

［25］"惟"，《（乾隆）偃師縣志》作"維"，《偃師縣志》作"推"。

［26］"而敦勸"三字，據《偃師縣志》補。

［27］"古"，據《偃師縣志》補。

［28］"都"，《偃師縣志》作"址"。

［29］"乃"，《偃師縣志》作"睹"。

［30］"和"，《偃師縣志》"文"。

［31］"文龜"，《偃師縣志》作"神龜"。

［32］"而垂貺"，據《偃師縣志》補。

［33］"萬靈護野以儲休"，"萬靈""野""休"，據《偃師縣志》補。

［34］"王"，《偃師縣志》作"於"。

［35］"曰隩區"，據《偃師縣志》補。

［36］"占"，據《偃師縣志》補。

［37］"之"，《偃師縣志》作"而"。

［38］"首議胥宇"，"首""宇"據《偃師縣志》補。"議"，《偃師縣志》作"儀"。

［39］"俯"，據《偃師縣志》補。

［40］"□木"，《（乾隆）偃師縣志》云"石本作'偋木'"，《偃師縣志》作"潺水"。聯繫文意，以"偋木"爲佳。

［41］"增梁"，據《偃師縣志》補。

［42］"以嚴"，據《偃師縣志》補。

［43］"注"，《（乾隆）偃師縣志》云石本作"主"，《偃師縣志》作"柱"。

［44］"旅"，《偃師縣志》作"楱"。

［45］"威"，據《偃師縣志》補。

［46］"臺"，據《偃師縣志》補。

［47］"象頌"，"頌"，據《偃師縣志》補。"象"，《偃師縣志》作"相"。

［48］"場"，《偃師縣志》作"揚"。

［49］"欯"，《偃師縣志》作"刻"。

［50］"繁縟之"三字，據《偃師縣志》補。

［51］"馴，《偃師縣志》作"驛"。

［52］"襟"，據《偃師縣志》補。

［53］"擎"，據《偃師縣志》補。

［54］"揚世廟之威神"，"神"字據《偃師縣志》補。"揚"，《偃師縣志》作"極"。

[55]“示”，據《偃師縣志》補。

[56]“映”，據《偃師縣志》補。

[57]“圍”，據《偃師縣志》補。

[58]“文”，據《偃師縣志》補。

[59]“之水”，據《偃師縣志》補。

[60]“之陰”，據《偃師縣志》補。

[61]“勝侶”，據《偃師縣志》補。

[62]“四事”，《偃師縣志》作“四時”。

[63]“陳植壁之多儀”，“植壁”“多”三字據《偃師縣志》補。

[64]“崖谷”，據《偃師縣志》補。

[65]“民”，據《偃師縣志》補。

[66]“赤伏”，《偃師縣志》作“赤夫”，《（乾隆）偃師縣志》作“赤符”。

[67]“鴻”，據《偃師縣志》補。

[68]“宜”，據《偃師縣志》補。

[69]“泉”，據《偃師縣志》補。

[70]“必”，據《偃師縣志》補。

[71]“爰建”，《偃師縣志》作“遠見”。

[72]“昭考”，《偃師縣志》作“昭孝”。

[73]“點絢”，《偃師縣志》作“黝絢”。

[74]“映日”，《偃師縣志》作“應日”。

[75]“贊唄交誦”，“交誦”二字據《偃師縣志》補。“唄”，《偃師縣志》作“咒”。

[76]“儇肅”，《偃師縣志》作“儀肅”。

[77]“寶勢”，《偃師縣志》作“寶地”。

[78]“佑丕圖兮垂億綿”，“綿”字據《偃師縣志》補，“佑”，

《偃師縣志》作"佐"。《（乾隆）偃師縣志》云"石本作祐"。

[79]"蕭",《（乾隆）偃師縣志》作"肖"。

王益恭等龍門石窟題名

景祐二年（1035）

□□知雒中□□□邑大夫同舍王益恭、推官尹宗濟載之同游。
厂歲在乙亥……

[説明]

摩崖在河南洛陽龍門石窟東山。原摩崖年號漫漶，以《授堂金石文字續跋》載尹宗濟有寶元二年（1039）濟源題名，該題名年號有乙亥，據干支推算題名當刻於景祐二年（1035）。

大宋河陽濟源縣龍潭延慶禪院
新修舍利塔記

景祐三年（1036）六月二十七日

延慶禪院新修舍利塔記（篆額）。

大宋河陽濟源縣龍潭延慶禪院新修舍利塔記。

應賢良方正能直言極諫科奉直郎守殿中丞騎都尉賜緋魚袋馬元穎撰。

夫二儀既列，陰陽定而晝夜分；三寸妙法，道德失而仁義著。聖賢劫出，教化是興。故陽法天而仁也，陰法地而義焉。三教既立，五常同軌。大雄氏之興也，教本於義，道屬於仁，由智信而行大慧也。始自西方，流於東土。談寂滅苦空之說，運慈悲解脱之因。立善應之源，□惡趣之本。航濟苦海，梁渡昏衢。假色身之名，立如□□之號。化度千佛，慈布萬劫。□雨所潤，四生賴焉。□涅丈六之身，槃四八之相，故東土莫得而禮焉，是故靈骨舍利，慕如來者，斲棺樹塔而葬焉，塗相繪色爲堂殿而供焉。皆以歸依斷惡，睹相生善，而繪像崇土木表其歸依耳。故惡除而善積，乃有上品生天之果，而惡趣鬼業莫得聞焉。相設教興，人天咸信，孟州濟□□□□禪院比丘法□者蓄諸佛舍利數十粒，千佛之遺體也。坐卧行立，置之道場，常以□化色

255

身正處傳授，欲謀塔置，未得其所，至誠感應，果有其人。河陽軍□定寺僧教舉言議成就，而濟源縣延慶院主僧省初□□共濟其事，乃□院之西北隅爽塏之□而建□□基□益之心欲慕良因□者，得鳩財之士程文政，得十人，潺功埏埴，寒來暑往，期半而就。塔高一百尺，級數凡七層，以景祐三年三月二十一日畢功。設僧道比丘尼大會慶贊者□。嗚呼！諸佛出世，萬法歸一，明聖賢之旨，張聖賢之教。使飛走獲其利，草木循其性者，不有其人，安能盛之乎？三僧十士，寅緣周濟，佛法圓滿。樹無疆之因，興無疆之果，使千百年而下知皇宋之有信士耳。元穎叨主縣風，備執其事，恭勤見請，謬爲記云。

景祐三年六月廿七日建。

江陵楊虛己習晋右將軍王羲之書。

將仕郎守縣尉李昭慶。

儒林郎行主□夏宗古。

右班殿直監鹽酒稅趙允寧。

左班殿直河陽管界巡檢錢宥。

左侍禁新授河陽管界巡檢魚□文。

□直郎守殿中丞知河陽濟源縣事兼兵馬都監騎都尉賜緋魚袋馬元穎。

少室山人郝黯篆額。

院主僧省初。

修塔主講《上生經》《百法論》沙門法言。

[說明]

據《拓本匯編》，高 113 釐米，寬 76 釐米。刻於景祐三年（1036）六月二十七日。碑在河南濟源。

見《拓本匯編》38 册第 92 頁。

秦國陳公省華碑銘

寶元二年（1039）八月十五日

大宋故中散大夫左諫議大夫輕車都尉臨潁縣開國男食邑三百户賜紫金魚袋纍贈開府儀同三司太師尚書令兼中書令追封秦國陳□□□碑銘。

朝散大夫尚書兵部郎中知制誥同勾當三班院上輕車都尉賜紫金魚袋王舉正撰。

朝散大夫行尚書膳部員外郎知國子監書學兼判吏部南曹輕車都尉周越書并篆額。

夫雲上于天，需甘澤而潤下；士志於道，靄餘慶而昌後。若乃嚮用五福，浚明三德，輝光炳《大畜》之旨，博厚服《中庸》之訓，亘代作範，詁謀俾肖□□□□□君□□□□。

公諱省華，字善則。其先潁川人，嬀滿受封，權輿胙姓，隱耀儲祉，才英間出，紛綸卓犖，薰灼方册。曾王父諱翔，唐末補并門記室，王建守益，部□□幕下。時建恃險□□□□□□記□諷以大義，建不能用。投劾謝□，遂爲□□□□□□□□□。王父諱詡，仕蜀爲遣運使。嚴考諱昭汶，抗志遁俗，林卧家食。奕世令德，兹焉發祥，纍贈俱躋極品。

257

公十三而孤，端誠力學，奮節不倚□□□□□聞其名，召爲閬州
西水□□□無所，遂委質焉。嘗濟夾江，始及中流□□□□□舟覆
□□公伏于馬上，與之沉浮，觀者駭焉，謂之必溺。俄有漁者飛楫而
拯，因而獲全。識者謂非有德者乃無生矣，陰護幽贊，孰知其然，異
時昌大詎可知也。□□□□□以□□得而爲行益敏□□□□之道吾知
之矣□□□□不□□□□自他有耀，予□行矣。

會鉅宋開國，僞昶納籍，公不俟駕而首覲闕下。初命秦州隴城
簿，纍改京兆府櫟陽令。鄭白之沃爲邑，膏雨惠久而吏蠹，政慢而
□□□□□□專利□□□□ 盜 □□□□□□公一心農疇，戮力渠
事，且令□□□□日□寠民□金之斂歲輸強家，非所以爲銅墨之大夫
也，必將爭之，不勝不止。彼營營之飛，狺狺之聲，祇益其咎爾，胡
足畏也。鄰壤違公之言，□公之心，□□□□□□□□復乃滲瀝之潤
□□□□之稼□食邦賦充衍不匱，人到於今□□□□里之俗，尚乎晚
葬，父母昆弟率從槁瘞，木已拱矣，視之恬然。公職化長人，思有以
勸，乃謂民猶水也，繫夫所導。孔子曰□□□□事□從周，蓋美夫送
終之禮。具□□□□草莽忘□霜露誨之，自我能無□□□□之氓，以
感以泣。悉曰："使往者有歸，□□□魄，陳公之心仁於我也厚矣。"
相與周急，勉奉其事，未期月而葬者過半。逮公改邑，僅無遺矣。公
乃曰："謂民無知，不亦欺乎！"□□□從憲□樓煩令。時長子堯叟
□進士□□登第，□□□□□□□□□□氣磊落。太宗臨試，深所屬
目，因詢其家世。輔臣素知公之才德，遽以名對。上曰："見其子知
其父矣。"擢太子中□制曰： "且欲勸天下之□人父者。"
□□□□□□□□□鹽鐵判官遷殿中丞，錫□□□□□爲光禄丞□
屬東觀促召同賜，拜前拜後，葳蕤簪紱，朝倫仰止，儒苑增□。鄆州
爲東夏巨屏□□□□國家慎柬□□公首其選而□命焉，瀕河之邦分
□□□□□□□□□之 □□□ 防川 □ 禮義之設所以牖民

□□□□□何從而略焉。始乎繕完，終乃教化，事靡□素，人率蒙惠。惟苟簡之弗任，顧滅裂而何有？就委京東轉運使。

至道初，越絕凶饑，蘇臺特甚，如□慘急之吏，未恤傷瘝之□。詔還，賜三品□□□□□□而綏□□□□澤之區綿載不□□□□□□□□□道殣之苦，裕人約己，茲可忽乎？繇是，炳忠厚之誠，諭輕惰之俗，明罰敕法，舉其大略。情恕理遣，宥夫小過，夷易煦嫗，如熱斯濯，治效著聞，璽札垂獎。

真廟繼聖，眷乃方面，又進吏部移□潭州。長沙奧區，列郡都會，控要荒而作翰，亘舳艫而贍國。啟迪孝悌之訓，尊隆清浮之化。精力匪□□□□□有矩度□□□□□□□之□□□□□□□判官，以蠻徼俶擾□□□□□□□任開封府推官，以章奏指切出潮州通判。同氣二人，咸處嶺外。朝廷意公上言親黨，願公有請。公曰："兄之行也，分招徠式□□□□□□□直□□□□□□□□□為□□□□□□祥，吾不為惡，豈□□□□□□□□□忱，吾以此卜昭昭之鑒，其食言乎。"後果嚴召，俱躋廡仕，信已不惑有如是焉。陟明授鴻臚少卿州南曹，俄同判吏部流內銓。景德初，知開封府□□□□□尚威免，公則不然□以□□□□處□俾恥格而無犯謂馴致之□□□□轂之□□夏民或鈎距辨智□不能也。上喜其然，謂可大受。就遷光祿卿。時堯叟為樞密使，堯佐直史館，堯咨知制誥。腰金鳴玉，蚤暮溫清□□□光□□士族，公以久次之風望，荷□聖之器任，寵深而□□□□而不侈。嘗□謂郄曲乃□支離者壽，稽縱心而請老，遂剡奏而還印。上方樂近耆德，函詔敦諭，特授左諫議大夫，允解府綬。俄鎮□□□□□路北狩□□□□□□□□□□□□復適，循進退之度□□寒暑□疢復三□□□□官□□□□□素未獲俞可之報而乃宸翰中降，示以圖任之意，略曰：卿但清心養氣，勿弗過慮，諒冀漸諧于康愈，即當別俟于□□渥眷無倫□□□□□

259

□□□□□□久□□腴厚方引退而決去，豈苟□□□□願罷□請□□奏。弗許，命有司趣給如故。旋又緘御藥而加賜，走國醫而接踵。密誨臨撫，曾無虛日。公恭愿之度發于天性，□王人降□，必力疾西向稽首，□□□命加服□□不爽臣禮。迨乎寢劇，中使旁□，左右掖之而興□□能言，但□□頤指，若有所蘊。家人弗曉，乃復之曰："是不欲南面乎？"公頷焉，遂復西向。自感疾至于屬纊，未始一日忘其然也。嗚呼□□如是。主知如是，體其□□心□□□□□□□□□國事而尚少，天何不憖，迫乃冥數。以景德三年□□□未隙然委化，啓手足於東京安定坊之私第，享年六十八□□皇上悼嘆，追贈太子少師。法贈加等，遣中貴人就第，申弔復□□□護葬，皆非常例也。以是年七月二十七日，歸□□鄭州新鄭縣臨洧鄉抱章山之側。

噫！太祖握符，公即被遇，綢繆中外之任，咺赫始終之節，生榮歿顯，世罔偕者。纍贈開府儀同三司、太師、尚書令兼中書令、秦國公。夫人馮氏柔□□□□□□□□□□□□以嚴以□薦紳之談，謂之孟母，年八十五歲，後於秦國公十五歲終，誥封燕國太夫人。子三人，悉所長也，列秀競爽，高大閥閱，堯叟仕至樞密使、戶部尚書同中書門下平章事，出爲右僕射判河陽。堯佐仕至戶部侍郎同中書門下平章事，集賢殿大學士，出爲淮康軍節度使，同中書門下平章事。□□□□□□□□□□□□冠科級，仕至翰林學士、龍圖閣學士、工部侍郎知開封府，出爲武信軍節度使，知天雄軍。頃歲咸以雄文偉學□□太史，通才敏識，互尹京兆，唯叔出季處之政□前張後王□□□□□□亦嘗茊其任。內史之選出於一門□□□□□□□第者凡八百一十九人。猶子堯封洎侄孫漸、淵三榜復六百七十二人，無不拜公於丈人行也。昔萬石之家舉集光寵，荀氏之子并有名稱，以今方古，彼或缺焉。

女五人：長適□中□□□；次適□州支使崔保緒；次適□□外鄭

□慶；次適起居□□□□□；次適度支中郎嚴誥。孫一十五人，咸列仕籍，詵詵雁行，濟濟鷺序，章明似續，取重軒冕，今年淮康公罷相，府言鎮圃澤，展視松檟之域，緬懷金石之刻，謂舉正迹涉外姻，耳目事實見托論撰，以備丘谷。大懼孤陋之作，徒貽質俚之誚，□□□□□□□□□□□□□□之旨也。銘□：

惟聖御天，惟賢輔聖。歿有令名，是曰流慶。顯允陳公，太丘之裔。詩禮趨庭，芝蘭生砌。宰邑斯勤，守土惟仁。銓管京兆，衡平鑒新。公嘗有言，孔父之旨，造次弗違，□□而已。□□□□，□□□□。千載風雲，一門龍虎。有子維何，曰將曰相。有孫維何，友直友諒。洪範五福，皋陶三德。公實兼之，可頌可則。既畢婚嫁，乃營亭榭。世謂賢□，人推達者。年未縱心，□□□□。□□□□，□□□□。臨洧之鄉，抱章之坂。南望邢山，如見子產。二公爲臣，憂國憂民。豈曰世異，今爲德鄰。喬木森森，冥途陰陰。賁乃真宅，光玆孝心。

寶元二年歲次己卯八月庚申朔中秋日甲戌建。

[説明]

據《（乾隆）新鄭縣志》，碑高二丈左右，闊八尺二。千四百九十一字，殘缺五百二十七字。碑在新鄭市郭店鎮宰相陳村崇孝寺。殘毀。刻於寶元二年（1039）八月十五日。原録文標記缺字，改爲一字一“□”。

見《（乾隆）新鄭縣志》卷29；《新鄭碑文集》26頁。

龍門石窟石曼卿題詩

康定元年（1040）十二月十四日

開張天岸馬，奇逸人中龍。

希夷先生人中龍，天岸夢逐東王公。酣睡忽醒骨靈通，捥指拂之來天風。鸞舞廣莫鳳鸂空，俯視羲獻皆庸工。投筆再拜稱技窮，太華少華白雲封。

延年題。

時康定庚辰歲十二月十四日。

[説明]

據碑録，刻於康定元年（1040）十二月十四日。碑在洛陽龍門石窟。

劉從政龍門石窟東山題名

慶曆元年（1041）十二月二十三日

內殿承制彭城劉從政仲淑，寶元元年仲冬月授西京水北都巡檢使兼管勾太祖、太宗、真宗影殿應天禪院之命，遂游龍門十有二回，尋幽選勝，終日忘歸而長負不宿山寺之會。慶曆改元辛巳歲季冬月，忝奉帝命解職赴闕，二十三日乃訪舊游得香山寶應，凡數宵，徘徊登眺。不忍輕別。豈敢繼古賢仁智之趣，聊自足山水之賞。因題于石壁。

四明賜紫知白書、太原王德明刊。

看經院主賜紫法明，西頭供奉官監伊河竹木務兼本鎮煙火張昭告。

[說明]

碑在洛陽龍門石窟東山。刻於慶曆元年（1041）十二月二十三日。

廖山甫等題名

慶曆三年（1043）八月八日

　　廖山甫、張復、張曜、孟辯、王庠、馮舜元、王易，慶曆三年八月八日游。

[說明]

摩崖在洛陽龍門。刻於慶曆三年（1043）八月八日。

重修泗州大聖殿記

慶曆四年（1044）二月十五日

　　蓋聞如來膺聖，爰演化於西方。雄釋闡揚，乃傳流於東土。□夢而遄臨帝室，振錫而遠格摩騰。悟彼正真，始究三乘之旨；達斯妙理，是成六譯之文。中有助佛宣教，其惟大聖者哉！

　　觀乎應變難窮，行惠無量，秘真軀於勝地，供儀相於諸方。今有河南府偃師縣泗州尼院，舊塑真容，莊嚴宛若。然香花之將虧，顧堂殿之非□。芝田鄉南柏谷村天水趙繼昇，端謹自立，□節不逾。尤藝術之素高，實純和之稱譽。言之海量處衆，蘊寬厚之情，念彼塵勞悟性，得逍遥之趣。嘗因瞻□，發願興修。乃以羡餘，將謀基構。首俾斤斧之匠，施成杞梓之材。豈期繼昇俄浮世以告□靡逾於籌算，嘗慕聖而恭志克盡于前緣。嗣子□□□□遺體承家，奉先思孝，義方之訓，咸自於庭闈；風木興悲，□□徒傷於罔極。是以仰遵先志，式副夙誠，誘化鄉人，同助建立。以日繼月，革故從新，法宇既成，彩繪俱畢。香燈□施，善□識隨喜有歸；瓶錫臻嚴，比丘尼焚修因怠。增□則慈雲布□，昭顯則惠日□光。愧乏時才，褒揚盛事。□乎□□，因誌永年。

　　大宋天聖六年歲次戊辰三月二十日立。

慶曆四年二月十五日，復建立舍屋十□，堂三間。永安縣柏谷施
主趙用方、王明义、劉全、劉宗元。

道士夏清譽書。

[說明]

據《偃師金石遺文補録》，湯維撰，行書。刻於慶曆四年（1044）
二月十五日。存。王復案語：《大聖殿記》湯維撰，道士夏清譽書。天
聖六年立石，慶曆四年復建，今碑陽刻熙寧元年敕牒，此又轉碑刻，
因易表爲裏，土人因便取利，往往如是。碑在河南偃師縣芝田鄉壽
聖寺。

見《偃師金石遺文補録》卷9。

陳堯佐自撰墓碑

慶曆四年（1044）九月二十七日

　　有宋穎川生堯佐，字希元，道號知餘子，壽八十二不爲夭，官一品不爲賤，使相納禄不爲辱。三者粗可。

　　歸息於秦國先令公、燕國先太夫人、元兄樞密相公棲神之域。

　　慶曆四年歲次甲申九月己未朔二十七日乙酉，進士冀上之奉太師相公治命書於石。

　　［説明］

　　碑存新鄭市北郭店鎮宰相陳村崇孝寺。陳堯佐撰。冀上之書。刻於慶曆四年（1044）九月二十七日。

　　見《新鄭碑刻文集》36 頁。

葉清臣等龍門石窟題名

慶曆七年（1047）八月十五日

翰林侍讀學士長興葉清臣道卿之任長安，同留臺南陽張師錫天寵、刑部郎中清河張子憲公式、群牧判官彭城劉黃中公厚、提點刑獄扶風馬成美智周同游。

慶曆丁亥中秋。

［説明］

碑在河南洛陽龍門石窟東山擂鼓臺建築遺址。碑刻於慶曆七年（1047）中秋。

張昭範尊勝幢序

慶曆八年（1048）九月二十六日

《佛頂尊勝陁羅尼》。

蓋聞六根煩障，釋迦開方便之門；它界苦空，菩提發慈悲之念。故我佛知生死之有漏，不染法身；覺泡幻之無常，以觀實相。孤子清河張昭範奉爲先父諱素、先妣汾陽郭氏。亡父掩逝于康定元年庚辰歲五月九日，感疾終于嘉慶之里第，享年六十有八[1]。於慶曆八年戊子九月二十六日辛酉，附葬于河南洛陽縣金谷鄉朱陽里洛之北原。謹立《尊勝陁羅尼》功德幢于仙壠之左。泣血告予曰："子孫追慕，號泣罔極，欲答奉先之孝，須資鞠育之恩。"請予序兹勝緣，用伸資薦。伏願乘兹利因，永居凈界，故本云或安墳墓側，寔在斯矣。曁早以有舊，猥承見托，故不得讓，里人之命，直紀歲月，以卜卜休年。

進士董師旦序。

長男昭範，次男昭懿，大新婦劉氏，次新婦秦氏，孫新婦王氏，孫男友直、友諒、友聞，孫女大娘、二娘、三娘、四娘、五娘、七娘，重孫男六升，重孫女六娘。

孫男友諒書石。

清河張慶刻。

［説明］

據《八瓊室金石補正》，高二尺九寸五分。八面，面廣四寸三分。各四行，行字不一，字徑六分，序每行廿九字。正書。刻於慶曆八年（1048）九月二十六日。碑在河南洛陽存古閣。

見《石刻史料新編》第 1 輯，第 7 册，5337 頁。

［校勘記］

［1］“享”，《八瓊室金石補正》作“亭”。

侍禁上官士衡等嵩陽宮石柱題名

皇祐二年（1050）三月二十六日

侍禁上官士衡□□□郎張甫，進士□□，皇祐二年三月廿六日游此[1]。

[説明]

據《八瓊室金石補正》，三行，行字不一。字徑一寸。左行。刻於皇祐二年（1050）三月二十六日。石在河南登封。

見《石刻史料新編》第 1 輯，第 8 冊，5581 頁。

[校勘記]

[1]《嵩陽石刻集記》卷下錄文作："侍禁上官士衡著作佐郎張甫，進士李冠，皇祐二年三月廿六日游此，暮宿於峻極中院。"

張吉甫魏夫人祠碑陰題名

皇祐二年（1050）九月一日

皇祐庚寅九月朔，張吉甫來，鐫字。

[説明]

據《八瓊室金石補正》，一行，字徑寸餘。刻於皇祐二年（1050）九月一日。碑在河南沁陽。

見《石刻史料新編》第 1 輯，第 8 册，5584 頁；《河内縣志》卷 20 金石下。

重修仙鶴觀記

皇祐二年（1050）九月一日

重修仙鶴觀記。

前進士河南王夷仲撰。

佛老之法[1]，要其所歸，惟清净寂滅，全自然之性，不以外物縈於中者也。黄氏佛老之法也[2]，遷史叙老子西出關[3]，又傳記有説老子近西域而始爲佛圖者[4]，所以其書相出入，轍雖異，而其歸一也。其法牙於漢[5]，蔓於晋魏梁隋之間，後之欲某道之相勝也[6]，則佛者必忌於老[7]，老者必疾於佛。迭攻交毁，歧而二焉。然佛之宫遍處天下[8]，竦然相望，鮮華偉壯，莫之能加[9]。其徒，豐衣旨食，幾中夏四民之半[10]。傾奉之心，猶慊慊然，患不能穹隆極侈[11]，以充其志也。老之居雖通都大邑[12]，不逾一二[13]，垣頽屋敗，僅有存者。其徒常汲汲於蚤暮間，且猶不克自資於温飽也。嗚呼！彼何盛而此何衰邪！豈佛之者能恢張其説[14]，謂極天之上而上，際地之下而下，洎人之死生去來、貴賤壽夭，凡生民之大惡欲[15]，莫不畢出於佛而主之焉？是以鼓動群衆，使趨向之，如走號令。雖四海九州之外，莫不一其心也。老之法有羽化久視[16]、殿役鬼神、移變星文之休咎，至於禬禳厭伏之事[17]、□雄偉大[18]，苟奉而有之，

273

豈少哉？蓋佛者眾而老者寡[19]，近世之人[20]，隨時趣舍[21]，向於後而忽於此也[22]。故欲治老之宮者[23]，非奉道篤信之士不可成已。緱氏縣前記有周靈王太子晉控鶴昇仙之事，故城東三里有仙鶴觀者，得号於李唐間，年祀浸遠，屋址因廢[24]。

慶曆中，里中之樂善者凡數十人，相與嘆曰："是觀且廢，今不能復之，則何以使人瞻仰信奉，以漸於善乎？"乃卜地得縣署之西東南隅裁百步[25]，狀於縣大夫冀君膺爲請命於府[26]，曰："可得道士左慶之，清苦者也，使居且用功[27]。"越明年[28]，觀之門墙殿宇就[29]，慶之百造吾門，有曰[30]："爲是觀也，用非蠹於民，而積丐其微以足其須[31]，役非擅而作[32]，蓋即舊號而起其廢功，非逾乎制而裁能庇其像[33]。請文勒石，以章興修之志於後。"予謂蠹於民、擅於役、逾於制者，皆過也，今無一焉。惡得不爲之書乎哉？

大宋皇祐二年九月乙酉記。

觀主賜紫左慶之立石[34]。將仕郎守河南府緱氏縣丞張昭奭，將仕郎守河南府緱氏縣主簿劉丕。

右班殿直監西京緱氏縣鹽酒稅孟延亨書并篆額[35]。

禮部員外郎知河南府緱氏縣事上輕車都尉賜緋魚袋路綸。

[説明]

據《金石萃編》，碑連額高六尺八寸，廣三尺一寸五分。二十行，行四十五字。正書。篆額。刻於皇祐二年（1050）九月一日。碑在河南偃師縣緱氏鎮。

見《石刻史料新編》第 1 輯，第 4 冊，2502 頁；《（弘治）偃師縣志》卷 3；《（乾隆）偃師縣志》卷 28。

［校勘記］

［1］"佛"字缺，據《（弘治）偃師縣志》補。

［2］"黄氏佛"三字缺，據《（弘治）偃師縣志》補。

［3］"西出關"三字缺，據《（弘治）偃師縣志》補。

［4］"近西""佛"三字缺，據《（弘治）偃師縣志》補。

［5］"牙"字，《（弘治）偃師縣志》作"方"。

［6］"後之欲某道之相勝"，"之""某"字缺，據《（弘治）偃師縣志》補。

［7］"佛"字缺，據《（弘治）偃師縣志》補。

［8］"佛"字缺，據《（弘治）偃師縣志》補。

［9］"能加"字缺，據《（弘治）偃師縣志》補。

［10］"半"字缺，據《（弘治）偃師縣志》補。

［11］"極"字，《（弘治）偃師縣志》作"相"。

［12］"大"字缺，據《（弘治）偃師縣志》補。

［13］"不逾"字缺，據《（弘治）偃師縣志》補。

［14］"佛"字缺，據《（弘治）偃師縣志》補。

［15］"大"字缺，據《（弘治）偃師縣志》補。

［16］"久視"字缺，據《（弘治）偃師縣志》補。

［17］"至"字缺，據《（弘治）偃師縣志》補。

［18］"□雄偉大"四字，《（弘治）偃師縣志》作"尊雄偉大"，《（乾隆）偃師縣志》作"英雄偉人"。

［19］"佛"字缺，據《（弘治）偃師縣志》補。

［20］"近世"字缺，據《（弘治）偃師縣志》補。

［21］"趣舍"字，《（弘治）偃師縣志》作"趨舍"。

［22］"後"字，《（弘治）偃師縣志》作"彼"。"彼"爲是。

［23］"欲"字缺，據《（弘治）偃師縣志》補。

［24］"址"字缺，據《（弘治）偃師縣志》補。"因"字，《（弘治）偃師縣志》作"湮"。

［25］"西東南隅裁"五字缺，據《（弘治）偃師縣志》補。

［26］"狀於縣大夫冀君膺"，"狀""膺"字缺，據《（弘治）偃師縣志》補。

［27］"用功"二字缺，據《（弘治）偃師縣志》補。

［28］"越明"字缺，據《（弘治）偃師縣志》補。

［29］"就"字缺，據《（弘治）偃師縣志》補。

［30］《金石萃編》"慶之一□□吾□□曰"，《（弘治）偃師縣志》作"慶之百造吾門，有曰"，此遵《（弘治）偃師縣志》。

［31］"須"字，《金石萃編》作"頃"，此從《（弘治）偃師縣志》。

［32］"役"字，《金石萃編》作"假"，此從《（弘治）偃師縣志》。

［33］"裁能"字缺，據《（乾隆）偃師縣志》補。

［34］"觀主賜紫左慶之立石"，《（乾隆）偃師縣志》此句在最後。

［35］"右"字缺，據《（乾隆）偃師縣志》補。

重修仙鶴觀實録

皇祐二年（1050）九月一日

武威安道卿書。

緱氏縣郭下燈油醮社故比部郎中孫、劉、荀等，經縣陳狀請到東京上清宮賜紫道士左慶之充仙鶴觀主焚修住持，開排施主如後：

郭下安中素捨施地基二十八畝三分，係正稅絹七尺，外別無青苗稅數，亦無官私地課。

郭下女弟子董氏獨辦修蓋正殿一坐。

郭下女弟子閻氏獨辦塑老君并部從等。

郭下韓宗正施造老君磚坐一所。

郭下王居安自辦材木修道堂一坐。

郭下田乂裝土地里域真官兼造堂一所。

左慶之與醮社等同共修真武殿一坐并門樓了當。醮社人李元吉、高士元、王乂、梁熙、李從政、李仕誠、李居正、李道真、張士元、李舜德、李仕簡、李義。

此仙鶴觀元在縣東三里，已來年代深遠，倒塌荒廢。至大宋慶曆六年三月中，依本縣圖經內名額重修。

皇祐二年庚寅歲九月乙酉建，安中素施石。

東平康垣刻字。

[説明]

據《金石萃編》，石高四尺九寸，廣三尺一寸。十八行，行二十一字。正書。刻於皇祐二年（1050）九月一日。碑在河南偃師縣緱氏鎮。

見《石刻史料新編》第 1 輯，第 4 册，2503 頁。

陳知損嵩陽宮石柱題名

皇祐三年（1051）七月十八日

皇祐辛卯七月十八日，潁川陳知損陪……侍禁上官士衡，縣……游天封觀[1]。

[説明]

據《八瓊室金石補正》，三行，行字未詳。字徑一寸。左行。刻於皇祐三年（1051）七月十八日。碑在河南登封。

見《石刻史料新編》第1輯，第8冊，5581頁。

[校勘記]

[1]《嵩陽石刻集記》卷下錄文作："大宋皇祐辛卯七月十八日，潁川陳知損陪邑大夫宮舍趙畋巡檢，侍禁上官士衡，縣尉田盛，太室山人劉正之游天封觀。"

蘇舜元嵩陽宮石柱題名

皇祐五年（1053）正月

蘇舜元才翁題，皇祐癸巳孟春因之河南府也。

[説明]

據《八瓊室金石補正》，一行，六字。字徑三寸許。左右題款二行，行六字，字徑寸許。刻於皇祐五年（1053）正月。碑在河南登封。

見《石刻史料新編》第 1 輯，第 8 冊，5581 頁。

趙士宏等石淙題記

皇祐五年（1053）十二月二十二日

趙士宏、舒昭叙、朱壽臣、陳天錫、王慎微，皇祐五年十二月二十二日同游。

[説明]

摩崖在河南登封。刻於皇祐五年（1053）十二月二十二日。是刻尚無整理。

趙士宏等嵩陽宮石柱題名

皇祐六年（1054）二月晦日

趙士宏、朱壽臣、舒昭□[1]、王慎微同游，皇祐六年仲春晦日。公嗣題[2]。

[説明]

據《八瓊室金石補正》，三行，行九字。字徑寸許。左行。刻於皇祐六年（1054）二月晦日。碑在河南登封。

見《石刻史料新編》第1輯，第8冊，5581頁。

[校勘記]

[1] 舒昭□，《嵩陽石刻集記》卷下作"舒昭叙"。

[2] 公嗣題，《嵩陽石刻集記》卷下作"公嗣題記"。

張子諒等魏夫人祠碑陰題名

至和元年（1054）五月二十四日

張子諒、何嶠、姚師魯，至和元年五月廿四日題。

[說明]

據《八瓊室金石補正》，一行，字徑三寸許。又年月一行，字徑二寸許。左行。刻於至和元年（1054）五月二十四日。碑在河南沁陽。

見《石刻史料新編》第 1 輯，第 8 冊，5584 頁。

范純仁題名

至和二年（1055）十月十五日

范純仁至和二年十月望日游。同拱川……[1]

[説明]

據《説嵩》，刻於至和二年（1055）十月十五日。碑在河南登封石淙南崖。《説嵩》云"拱川"二字"下闕。此題十月以下在王績詩行間，字體不全，難以盡榻"。

見《説嵩》卷 15；《嵩陽石刻集記》卷下，《石刻史料新編》第 2 輯，第 14 册，10225 頁。

[校勘記]

[1] 拱川，《嵩陽石刻集記》卷下作"洪川"。

程嗣立三門峽題記

至和二年（1055）十月二十二日

尚書外郎程嗣立，弟運判嗣宗，侄校書壽孫，男監簿令孫，游嶼公院觀禹迹。木瑀書。

至和二年十月二十二日。

[説明]

據《三門峽漕運遺迹》，真書七行，左行，第三行"書"及第六行"至"上半均殘泐。字徑約 15 釐米，末二行紀年較小，爲 12 釐米。通高 120 釐米，通寬 120 釐米。摩崖在三門峽人門棧道，刻於至和二年（1055）十月二十二日。

見《三門峽漕運遺迹》文 45 頁，拓片録 93 頁。

程嗣宗三門峽題記

無刊刻年月，同名隨上

……程嗣宗……觀。進士木瑀書。

[説明]

據《三門峽漕運遺迹》，真書二行，右行。字徑約 20 釐米。通高 120 釐米，通寬 40 釐米。摩崖在砥柱石，無刻石時間，權隨同名刻石。

見《三門峽漕運遺迹》文 53 頁。

范文正公神道碑

至和三年（1056）二月

褒賢之碑（篆額）。

宋推誠保德功臣資政殿學士金紫光禄大夫尚書户部侍郎護軍汝南郡開國公食邑二千三百户食實封陸佰户贈兵部尚書諡文正公范公神道碑銘并序。

皇祐四年五月甲子，資政殿學士尚書户部侍郎汝南文正公薨於徐州，以其年十有二月壬申，葬于河南尹樊里之萬安山下。

公諱仲淹，字希文。五代之際，世家蘇州，事吳越。太宗皇帝時，吳越獻其地，公之皇考從錢俶朝京師，後爲武寧軍掌書記以卒。公生二歲而孤，母夫人貧無依，再適長山朱氏。既長，知其世家，感泣去之南都。入學舍，掃壹室，晝夜講誦，其起居飲食，人所不堪，而公自刻益苦。居五年，大通六經之旨，爲文章論説必本于仁義。祥符八年，舉進士，禮部選第壹，遂中乙科，爲廣德司理參軍，始歸迎其母以養。及公既貴，天子贈公曾祖蘇州糧料判官諱夢齡爲太保，祖秘書監諱贊時爲太傅，考諱墉爲太師，妣謝氏爲吳國夫人。

公少有大節，其於富貴、貧賤、毀譽、懽戚，不一動其心，而慨然有志於天下，常自誦曰："當先天下之憂而憂，後天下之樂而樂也。"其事上遇人，壹以自信，不擇利害爲趨捨。其所有爲，必盡其方，曰："爲之自我者當如是，其成與否，有不在我者，雖聖賢不能必，吾豈苟哉!"天聖中，晏丞相薦公文學，以大理寺丞爲秘閣校理。以言事忤章獻太后旨，通判河中府、陳州。久之，上記其忠，召拜右司諫。當太后臨朝聽政時，以至日大會前殿，上將率百官爲壽。有司已具，公上疏言天子無北面，且開後世弱人主以强母后之漸，其事遂已。又上書請還政天子，不報。及太后崩，言事者希旨，多求太后時事，欲深治之。公獨以謂太后受托先帝，保佑聖躬，始終十年，未見過失，宜掩其小故以全大德。

初，太后有遺命，立楊太妃代爲太后。公諫曰："太后，母號也，自古無代立者。"繇是，罷其册命。是歲，大旱蝗，奉使安撫東南。使還，會郭皇后廢，率諫官、御史伏閣爭，不能得，貶知睦州，又徙蘇州。歲餘，即拜禮部員外郎天章閣待制。召還，益論時政闕失，而大臣權倖多忌惡之。居數月，以公知開封府。開封號難治，公治有聲，事日益簡。暇則益取古今治亂安危爲上開説，又爲《百官圖》以獻，曰："任人各以其材而百職修，堯、舜之治不過此也。"因指其遷進遲速次序曰："如此而可以爲公，可以爲私，亦不可以不察。"由是，吕丞相怒，至交論上前，公求對，辨語切，坐落職，知饒州，徙潤州，又徙越州。而趙元昊反河西，乃以公爲陝西經略安撫副使遷龍圖閣直學士。是時，新失大將，延州危。公請自守鄜延扞賊，乃知延州。元昊遣人遺書以求和，公以謂無事請和，難信，且書有僭號，不可以聞。乃自爲書，告以逆順成敗之説，甚辯。坐擅復書，奪壹官，知耀州。未逾月，徙知慶州。既而四路置帥，以公爲環慶路經略安撫招討使兵馬都部署，遷諫議大夫樞密直學士。

公爲將，務持重，不急近功小利。於延州築清澗城，墾營田，復承平、永平廢寨，熟羌歸業者數萬户。於慶州城大順以據要害，奪賊地而耕之。又城細腰、胡蘆，於是明珠、滅臧等大族，皆去賊爲中國用。

自邊制久隳，至兵與將常不相識。公始分延州兵爲六將，訓練齊整，諸路皆用以爲法。公之所在，賊不敢犯。人或疑公見敵應變爲如何，至其大順也。一旦引兵出，諸將不知所向，至柔遠，始號令告其地處，使往築城。至於版築之用，大小畢具，而軍中初不知。賊以騎三萬來爭，公戒諸將："戰而賊走，追勿過河。"已而賊果走，追者不度，而河外果有伏。賊既失計，乃引去。於是諸將皆服公爲不可及。公待將吏，必使畏法而愛己。所得賜賚，皆以上意分賜諸將，使自爲謝。諸蕃質子，縱其出入，無□人逃者。蕃酋來見，召之臥內，屏人徹衛，與語不疑。公居三歲，士勇邊實，恩信大洽，乃決策謀取橫山，復靈武，而元昊數遣使稱臣請和，上亦召公歸矣。初，西人藉其鄉兵者十數萬，既而黥以爲軍，惟公所部，但刺其手，公去兵罷，獨得復爲民。其於兩路，既得熟羌爲用，使以守邊，因徙屯兵就食內地，而紓西人饋輓之勞。其所設施，去而人德之，與守其法不敢變者，至今尤多。

慶曆三年春，召爲樞密副使，五讓不許，乃就道。既至數月，以爲參知政事，每進見，必以太平責之。公嘆曰："上之用我者至矣，然事有先後，而革弊於久安，非朝夕可也。"既而上再賜手詔，趣使條天下事，又開天章閣，召見賜坐，授以紙筆，使疏于前。公惶恐避席，始退而條列時所宜先者十數事上之。其詔天下興學，取士先德行不專文辭，革磨勘例遷以別能否，減任子之數而除濫官，用農桑、考課、守宰等事。方施行，而磨勘、任子之法，僥幸之人皆不便，因相與騰口，而嫉公者亦幸外有言，喜爲之佐佑。會邊奏有警，公即請行，乃以公爲河東、陝西宣撫使。至則上書願復守邊，即拜資政殿學士、知邠州，兼陝西四路安撫使。其知政事，纔壹歲而罷，有司悉奏罷公前所施行而復其故。言者遂以危事中之，賴上察其忠，不聽。是時，夏人已稱臣，公因以疾請鄧州。守鄧三歲，求知杭州，又徙青州。公益病，又求知潁州，肩舁至徐，遂不起，享年六十有四。

方公之病，上賜藥存問。既薨，輟朝壹日，以其遺表無所請，使就問其家所欲，贈以兵部尚書，所以哀恤之甚厚。

公爲人外和內剛，樂善泛愛。喪其母時尚貧，終身非賓客食不重肉，臨財好施，意豁如也。及退而視其私，妻子僅給衣食。其爲政，所至民多立祠畫像。其行臨事，自縉紳處士、里閭田野之人，外至夷狄，莫不知其名字，而樂道其事者甚衆。及其世次、官爵，誌于墓、譜于家、藏于有司者，皆不論著，著其繫天下國家之大者，亦公之志也歟！銘曰：

范於吳越，世實陪臣。俶納山川，及其士民。范始來北，中間幾息。公奮自躬，與時偕逢。事有罪功，言有違從。豈公必能，天子用公。其艱其勞，一其初終。夏童跳邊，乘吏怠安。帝命公往，問彼驕頑。有不聽順，鋤其穴根。公居三年，怯勇墮完。兒憐獸擾，卒俾來臣。夏人在廷，其事方議。帝趣公來，以就予治。公拜稽首，茲惟難哉！初匪其難，在其終之。群言營營，卒壞於成。匪惡其成，惟公是傾。不傾不危，天子之明。存有顯榮，歿有贈謚。藏其子孫，寵及後世。惟百有位，可勸無怠。

至和三年二月　日建。
翰林學士尚書吏部郎中知制誥充史館修撰歐陽修文。
翰林學士兼侍□尚書吏部郎中知制誥□□館□□王洙書。

［說明］

據《洛陽名碑集釋》。《金石萃編》云碑高一丈二尺四寸二分，廣五尺七寸。三十行，行七十二字。隸書。刻於至和三年（1056）二月。碑在河南洛陽。

見《石刻史料新編》第 1 輯，第 4 册，2510 頁；《洛陽名碑集釋》拓 285 頁。

魏西門大夫廟記

嘉祐二年（1057）七月晦日

西門大夫廟記（篆額）。

魏西門大夫廟記。

將仕郎守信安軍司理參軍馬需撰。

春秋已來，列國相滅，因其郛郭以爲郡縣，縣之長曰宰、曰尹、曰大夫，其實一也。

魏文侯時，西門君之爲鄴大夫，捽群巫而投之漳，以銷蠱弊之風；鑿大渠而溉其田，以紓磽瘠之苦，斯煜煜於傳記而籍籍於人口。故太史公云："西門豹爲鄴，令名聞天下，澤流後世無絶已時，幾可謂非賢大夫哉？"夫澤流後世，謂之賢大夫，廟居血食於吾民，雖千萬世不爲過。歷載浸久，傳習益訛。今邑之西，祠宇雖存，而被其神以王公之袞冕，且名其神曰"豹神"，不惟呼之於人，而又篆之於石。嗚虖？縣令春秋率僚佐以祈、以報、以酧、以薦，姑僕僕再拜於其庭，訖不推本其神之名與廟之貌，亦足以爲暗且慢矣，惡睹所謂政事之舉耶？

嘉祐改元之秋九月，予弟益長于茲邑二年矣，祗報祭以伏祠下，疚其號服之乖剌不合也，迺命工新其神象，易以古縣令之衣冠飾之，劚其石篆之，刻豹神者大榜其門曰"西門大夫"，禁其土俗而告以新號。予嘉予弟之有意於政事而得違暗慢之過也，因爲詩以頌前人之仁正後人之失云。詩曰：

老巫臺吏兮奸罔紛紜，爲河伯娶兮賊吾良民。殺生自任兮賦斂無垠，橐無完幣兮室無完人。原隰畇畇兮濁河之濱，舃鹵沉斥兮磽确嶙峋。種不菽粟兮莽爲荆榛，歲常凶餒兮人益□貧。惟公之來兮謀度諏詢，害期必去兮利期必遵。奸巫沉水兮大溝通津，鄴俗俯首兮服公至仁。祠叢土木兮時謹祭倫，歷載幾千兮不爲無文。舛生積久兮弊緣因循，□侈其服兮名斥其神。噫！誰與正兮聖宋之臣，棟宇雖舊兮號服惟新。

時嘉祐丁酉二年秋七月晦日立石。
登仕郎行相州鄴縣尉張誘。
將仕郎守相州鄴縣主簿周明道。
將仕郎試秘書省校書郎守相州鄴縣令馬益。

［説明］

據《安陽縣金石録》，碑在安陽市豐樂鎮西門君祠，嘉祐二年（1057）七月晦日。

見《石刻史料新編》第 1 輯，第 18 册，13862 頁；《中原文化大典·文物典·碑刻墓志》93 頁。

潘旦等魏夫人祠碑陰題名

嘉祐二年（1057）八月二十三日

潘旦南卿、杜璞元真同游，嘉祐丁酉八月廿三日題。

[説明]

據《八瓊室金石補正》，二行。字徑三寸，年月字徑一寸五分。刻於嘉祐二年（1057）八月二十三日。碑在河南沁陽。

見《石刻史料新編》第1輯，第8冊，5584頁。

劉几等題記

嘉祐三年（1058）七月晦日

尚書刑部郎中劉几，祕書丞錢衮，宣祕大師紹海，賜紫僧守豐，羽人丁永固、樊守真、姜蒲，嘉祐戊戌孟秋晦日游。山人趙抗末至。

[説明]

幢八面，在登封嵩陽書院，與樓異題記在同一石幢。嘉祐三年（1058）七月晦日刊。尚未見著録與整理。

佚名石淙題記

嘉祐三年（1058）

　　嘉祐三祀戊戌□□□□與□□□□□李□曾至此洞，□□□後再至此……

[說明]

摩崖在河南登封。刻於嘉祐三年（1058）。是刻尚無整理記録。

錢衮等嵩陽宮石柱題名

嘉祐四年（1059）七月十九日

錢兗去私、張淮次公同游。嘉祐己亥七月十九日，黄通介夫書。

[説明]

據《八瓊室金石補正》，二行，行十二字。字徑三寸餘。左行。標題作"錢衮"，正文作"錢兗"，未知孰是。刻於嘉祐四年（1059）七月十九日。碑在河南登封。

見《石刻史料新編》第1輯，第8册，5581頁。

宋三賢堂贊

嘉祐四年（1059）九月九日

旌賢崇梵院三賢堂贊并序。

起居舍人知制誥劉敞原甫。

丞相沂公葬東里子産之墟，而與裴晋公鄰。鄭人以三賢者之行事已上養人使民其終始同，然則宜相近然，爲之作祠堂合而享之，豈所謂尊德樂善，緇衣之遺風也歟。贊曰：

賢不常出，曠世而遇，其猶旦暮。如三公者，或相一國，或相天下。善始令終，高明有融，盛德大功。時之遠也，千有餘歲，若相長弟。循迹揆心，死而不忘，孰有古今。其像於此，自鄭人始，有來仰止。嗚呼！若登高山，若浮深淵，夫又深測焉。

嘉祐四年己亥重陽日緯書中書省玉册官司馬鋭刊。

大明成化十二年中秋日，住持僧可鑑，石匠董薰重刊。

[説明]

據《金石萃編補正》，碑在新鄭，刻於嘉祐四年（1059）九月九日。

見《石刻史料新編》第 1 輯，第 5 册，3511 頁。

會善寺張景儉殘詩刻

嘉祐五年（1060）三月十六日

　　□□知一宿□觀屋十餘間齋糧不□深愧塵勞迹解恰臨寺□刹共嵯峨依巖竇砌龍林□樂堪随喜鍾磬聲清唄

　　紫雲洞

　　雲洞黃冠既前導絳褥亦後□仞高不知雙鳥重攝衣叩洞□□□用賞景未盡興向夕遽旋踵……

　　潁陽山墅

　　名韁賴此營山墅頻年到潁□。

　　……五年三月十六日游□。

　　張景儉集賢校理。

　　□南府登封縣。

［說明］

　　據《八瓊室金石補正》，高廣不計。存十七行，行字不等。行書。刻於嘉祐五年（1060）三月十六日（按：刻碑年份據陸增祥注補）。碑在河南登封。

　　見《石刻史料新編》第1輯，第8冊，5614頁。

文彥博嵩陽宮題名

嘉祐五年（1060）三月十八日

潞國公文彥博嘉祐庚子三月十八日游。

張景儉[1]、王起、陸經從游。

[説明]

據《拓本匯編》，高、寬均 51 釐米。右行。刻於嘉祐五年（1060）三月十八日。碑在河南登封嵩陽宮。

見《拓本匯編》38 冊第 167 頁；《八瓊室金石補正》，《石刻史料新編》第 1 輯，第 8 冊，5614 頁。

[校勘記]

[1]"張"，拓片缺，據《八瓊室金石補正》補。

宿少林寺詩

嘉祐五年（1060）四月一日

宿少林寺。

保平軍節度使同中書門下平章事判大名府兼北京留守司事潞國公文彥博。

六六仙峰繞佛居，俗塵至此暫銷除。西來未悟禪師意，北去還馳使者車。予方受命移守北都。五品封槐今尚在，九年面壁昔何如。心知一宿猶難覺，花藏重尋貝葉書。

嘉祐五年四月一日。

給事郎守太子中舍知河南府登封縣兼管句崇福宮事燕若拙立石[1]。

崇福宮副宮主明教大師董道紳、掌文籍賜紫王崇祐同摸刊。

[說明]

據《拓本匯編》，高 42 釐米，寬 25 釐米。刻於嘉祐五年（1060）四月一日。碑在河南登封。

見《拓本匯編》38 冊第 168 頁；《金石萃編》，《石刻史料新編》第 1 輯，第 4 冊，2517 頁。

[校勘記]

[1]"嘉祐……同摸刊"拓片缺，據《金石萃編》補。

真君秘誥石碣

嘉祐五年（1060）七月三日

翼聖真君秘誥[1]：去執忘貪，少思寡欲；世短人浮，晝夜輪促。醉飽腥膻，減壽減禄[2]；秘語靈文，謹守莫觸。

嘉祐五年七月三日。崇福宮立石。

［説明］

據《説嵩》，碑在河南登封嵩陽書院講堂西壁。刻於嘉祐五年（1060）七月三日。

見《説嵩》卷14；《嵩陽石刻集記》卷下。

［校勘記］

[1] 翼聖，《嵩陽石刻集記》作"翊聖"。

[2] 減禄，《嵩陽石刻集記》作"絶禄"。

石繼和三門峽題記

嘉祐五年（1060）九月十一日

陝洛捕寇石繼和公美到此，嘉祐庚子九月十一日題。

[説明]

據《三門峽漕運遺迹》，真書四行，左行。字徑約8釐米。通高
50釐米，通寬35釐米。摩崖在開元新河東岸。刻於嘉祐五年
（1060）九月十一日。

見《三門峽漕運遺迹》文50頁，拓片録111頁。

滕公輔三門峽榜書

嘉祐五年（1060）

清慎。大宋庚子歲，滕公輔書。

[説明]

據《三門峽漕運遺迹》，真書。"清慎"二字，徑約 160 釐米，其餘兩行小字徑約 10 釐米。通高 350 釐米。摩崖在開元新河東岸。從滕公輔生平可見，此庚子當爲嘉祐五年（1060）。

見《三門峽漕運遺迹》文 48 頁，拓片録 103 頁。

張師皋大悲尊勝幢銘

嘉祐七年（1062）三月十日

□□□□□□□□□□□□經幢。

世謂金僊氏能除苦惱、滅罪障，有功力如化者。人以是習其書、行其教，至於□者，必以幢刊《陁羅尼》文樹之□左。噫！蓋□人子者欲報罔極，庶薦福於先乎？□□□□□□□□□□□□□□陽之原，亦立是幢。甥殿中丞鄭惟幾謹書於石而爲銘云：

　　佛之理，其可詰乎？幢之立，其惟□乎？
　　□□□□壬寅三月戊申朔十日丁巳立。
　　千手千眼大悲觀世音菩薩廣大圓滿無礙大悲心《陀羅尼》。
文不錄。以上三面分書。
　　佛説千手千眼觀世音菩薩廣大圓滿無礙大悲心《陀羅尼》神妙章句。
　　《佛頂尊勝陁羅尼》。以上五面正書。

［説明］

據《八瓊室金石補正》，高三尺六寸。八面，廣四寸，各五行。

前三面分書，第一面行四十三字，二、三面行四十字，字徑六分。後五面正書，行四十二字，字徑五分。刻於嘉祐七年（1062）三月十日。碑在河南洛陽存古閣。

見《石刻史料新編》第 1 輯，第 7 册，5337 頁。

陳知雄等嵩陽宮石柱題名

嘉祐七年（1062）十一月六日

陳知雄、宋□之、抗正辭同游，嘉祐壬寅□仲冬初六日也[1]。

［説明］

據《八瓊室金石補正》，二行，行十一字。字徑寸許。左行。刻於嘉祐七年（1062）十一月六日。碑在河南登封。

見《石刻史料新編》第1輯，第8冊，5581頁；《説嵩》卷15；《嵩陽石刻集記》卷下。

［校勘記］

[1]《説嵩》此則全文爲"陳知雄守景，趙抗正辭同游。嘉祐壬寅歲仲冬初六日也"。《嵩陽石刻集記》卷下作："陳知雄守柔，趙抗正辭同游。嘉祐壬寅歲仲冬初六日也。"

鍾信等大伾山題記

嘉祐七年（1062）十一月二十二日

嘉祐七年十一月二十二日，鍾信、李諤、王惟茲，隋從都尉李侯過此。

孫世文題，高奭刻。

[說明]

摩崖今在河南浚縣大伾山。刻於嘉祐七年（1062）十一月二十二日。

見《浚縣金石録》卷上，《石刻史料新編》第 2 輯，第 14 冊，10269 頁。

宗舜臣等臥羊山題名

嘉祐八年（1063）四月二十一日

時大宋癸卯嘉祐八年四月二十一日鐫，三班奉職監汝墳鎮宗舜臣同弟正臣。

[説明]

據《拓本匯編》，高35釐米，寬56釐米。刻於嘉祐八年（1063）四月二十一日。碑在河南葉縣臥羊山。

見《拓本匯編》38冊第184頁。

陳守柔嵩陽宮石柱題名

嘉祐八年（1063）六月二日

潁川陳守柔再游，嘉祐癸卯六月二日。成之失約。

［説明］

據《八瓊室金石補正》，二行，行七、八字。字徑寸許。另一行字較小。刻於嘉祐八年（1063）六月二日。碑在河南登封。

見《石刻史料新編》第 1 輯，第 8 冊，5581 頁。

仁宗飛白書帝字

嘉祐八年（1063）十一月十日

敕建大招福寺家佛堂住持宗敬提點法□。

帝寶。

賜進士翰林院學士陳，合山僧眾詣陵，祝白行禮，酌奠化財。

臣充友人陳□喪甚母，居于緩氏之野間，使人來告曰：“□不幸，少孤。今年春，老母以天年終京師，歸葬於此。未幾，而先皇帝棄群臣，遺制之來，斬焉在衰絰之中，無籍以通，不得與於朝晡之臨，招福寺昭陵復土，不得列於同軌之末。拊心自悼，閒則抱賜書以泣。賜書者，嘉祐八年正月先皇帝遣中使所賜御飛白字也，其下寶畫存焉。泣已，則又私自念寺祝白。君賜如是，雖巾箱之秘，神明所護，非鏤金石不足以久。貧無以家，唯先墓之廬有置錐焉。將刊諸琬琰，爲不朽之觀，俾千萬年子孫實寵嘉之，較之夸鄉人以組負遺弓而號者不猶愈哉。子狀吾意。”臣詞讓不得命，因應曰：“善。”

恭惟先皇帝之德在臣民、在草木、在鳥獸，其遺風餘烈在史官、在宗廟、在曼世之傳。其在筆墨文字者，特其土苴緒餘。雖然聽政之隙，不用之於田獵聲色而留意藻翰，如是之精，非天縱之聖，孰能與此哉？

陳□，河南人，少取進士弟，有名聲於朝而善爲文。其拜賜也，方爲秘書丞集賢校理，觀其意可知其人。

時嘉祐八年冬十一月十日。

京西諸州水陸計度轉運使兼制置本路營田勸農使朝奉郎尚書兵部員外郎充集賢校理輕車都尉賜緋魚袋借紫臣吳充謹記并書丹。

朝奉郎守殿中丞知河南府緱氏縣事騎都尉臣陳知和題額。

臣王易摸刻。

［説明］

據《金石萃編》，碑高七尺一寸，廣二尺七寸分。上下截：上截中書飛白“帝”字，左十七字，右二十二字；下截記，十九行行二十四字，正書。隸額。刻於嘉祐八年（1063）十一月十日。碑在河南偃師縣招福寺。

見《石刻史料新編》第 1 輯，第 4 册，2530 頁。

韓國華神道碑

嘉祐八年（1063）十一月十四日

　　大宋故太中大夫行右諫議大夫上柱國南陽縣開國男食邑三百户賜紫金魚袋贈開府儀同三司太師中書令兼尚書令魏國公韓公神道碑銘并序。

　　推忠協謀同德守正佐理功臣樞密使特進檢校太師行禮部尚書同中書門下平章事上柱國河南郡開國公食邑六千八百户食實封二千四百户富弼撰。

　　翰林學士兼侍讀學士朝散大夫尚書吏部郎中知制誥充史館修撰判館事輕車都尉太原郡開國侯食邑一千八百户食實封二百户賜紫金魚袋王珪書。

　　武寧章友直篆額。

　　丞相衛國公使以書來告曰："我先人没于大中祥符四年春三月之甲申，葬于慶曆五年春二月之己酉。雖論行有狀，誌壙有銘，載于史，有傳，施之幽顯，不爲無述。然墓在吾里相州安陽縣之新安村，有窆棺之碑存諸隧。公雅與我游[1]，又嘗陪議軍國於二府，知吾家爲詳，宜爲我列先人事實，刻于其上，以表于道，燦然使後世觀之者曰'此有宋賢臣之墓'，可信不惑，不待鈎考而後見，則吾志畢矣。"

予曰："諾。"

　　按《春秋》晋侯有子食韓原，其後遂以韓命氏。六卿裂晋，自王又有以韓國爲氏者。子孫散適諸郡國，其在昌黎者最爲著姓，公即昌黎之裔也，達者歷世不絕。遠祖徙居深州之博野，四代祖曰乂賓，事唐僖宗，爲鎮冀、深、趙等州節度判官檢校太子左庶子兼御史中丞。時巢寇亂中原，其帥王景崇檄諸鎮兵，大破之，謀皆出於庶子。庶子生二子，其季曰昌辭，於公爲曾王父，終于真定府鼓城令。鼓城生琇，爲王父，少自力學，工爲歌詩，與晋人李崧、徐台符深相善，名重一時，任廣晋府永濟令。避亂，又徙居趙郡之贊皇。台符爲作詩，哀其不達而終，其詩甚悲。崧乃以其弟之女妻其子構，即公之考妣也。考始居于相，以文章稱，尤妙書奏，諸侯府爭辟之，能致之者即一府遂治^[2]。嘗宰貝州之清河，始至，與民約曰："屈法擾人等事，吾斷腕不爲，惟思利者爲若力之。"民於是大説，然亦畏伏，絲毫不敢犯。歷事周、晋二代，以世亂亦不得進。入宋，藝祖平南海，遍選守臣，乃命知康州。未幾，以太子中允卒于官。公漸顯，纍贈工部尚書，有子四人，公於次爲第三，諱國華，字光弼，幼而警絕，鄉舉進士。太宗初一上^[3]，中興國二年甲科^[4]，授大理評事通判瀘州。代還，遷右贊善大夫。會詔與相帥擇賢佐，改彰德軍節度判官。凡從宦者率以鄉里爲難^[5]。至則斂鋒鍔，一煦以恩。公時年尚少，處之氣益勁，不爲少損。有民李氏者，怙富殺人，乃厚以賄州之上下，爲汩其情，將不置於死。公持之，盡抉其奸隱，李卒棄市。由是，諸豪憚之，叠足不敢動。公每出，按轡僩然，未嘗妄視，里人每置酒，賭曰'有見其左右顧者，飲之'，至罷去，竟不得飲。時國用方窘，半倚關賦，乃升秘書省著作郎監上蔡税，以監察御史召，彈擊有稜角，巖然望高于臺閣。屬天子議復燕薊，揣庭臣曰："安得勇而善辭令者，爲我諭高麗出兵，西攻契丹，以分其力，則吾事可不勞而集。"

既曰："非韓某不可。"即假以太常少卿爲使。公馳舸至其國，其王負固，不時奉詔。公坐館舍，遺王書，責以慢命。且稱："朝廷威德之盛，諸僭僞悉已擒滅，遂欲北取故疆，以雪晉恥，而委王以方面者，其意不已重乎？王惟我中國是賴，可以得志諸夷[6]，雖暫勤而衆，實王長世之利也。今若不勉，天子怒，一日大兵東出，先誅不用命者，如決海灌爛火，王其無悔。"王大恐，奔走率職。明日，遣太相韓光、元輔趙抗領兵數萬度浿江，以侵契丹，且令光等率諸將詣館門聽命。公待以陪臣禮，爲指畫方略，銜勒而慰遣之。師期未集，公又纍與王書，獎激礱礪，使不得少懈。復問曰："深入攻之邪？姑挑戰也？"王報曰："已深入矣。"公得其肝膽，遂復命。天子大喜，拜右拾遺直史館，面賜五品服章兼判登聞院，入三司爲開坼推官[7]。公論開坼司主出納[8]，三部文籍置推官，其名不正，宜更判事之號。尋詔改主判三司、開坼司，遷左司諫充鹽鐵判官。久之，契丹大將蕭寧遣使叩雄州，約和，州將劉福信之以聞。天子因思高麗功，立命公走雄州按其事，亦令代福作報書，索其情僞。寧之意欲我先發，公固願息兵以養民，然念國體不可屈，書十餘反，終不許。復意其譎而有謀，乃謝使者，急令備邊。還奏，天子又大喜，益愛其才。故事，凡曲燕五品以下官，非隸館閣者不預。時燕侍臣于苑中，公以在鹽鐵例罷史局，不得入侍，天子特命直昭文館，三司判官兼館職自公始。既又歷判鹽鐵、度支、戶部三勾院，改左計司判官。主計者嫌其守正不肯下[9]，密讒于帝。帝雅信公，即日，詔總判三勾，賜三品服章，仍令宰相召于政事堂諭旨。讒者大沮。公圖報益自奮，條三司不便事二十七上之。官民偕利，後無以易者，遂爲著法。俄出爲京東轉運副使，即拜峽路轉運使。峽爲險遠一路，官俸薄，不可責以廉。公奏益之，至今峽中官德公不已。

真宗即位，入判大理寺，自始登尚書秩。至是，凡五遷爲職方郎中。出知河陽，徙潞州。會契丹由梁門入寇，河朔分兵略太行，其鋒甚銳，潞人恐。公以精騎屯吳兒谷，扼其奔衝，賊遂不敢犯其境。又率本道糧以餉朔軍，王師大濟，帝嘉之，褒以璽書。景德初，契丹再寇澶淵，驟請脩好。朝廷以其多變詐，使絕域者難其人，人亦憚其往，故首命公假秘書監爲國信使。江南飢，又遣巡撫專一道之政。還朝，權開封府判官，出知曹州，拜太常少卿，徙泉州。天子封泰山，擢爲諫議大夫。召歸，道病卒于建陽驛。泉人聞之，傾一州來會哭久不忍去。朝廷舉恤典賜一子官，所以慰其旅魂也。

公儀相魁頎[10]，有偉量，與人接，坦然必盡其誠，不露形迹，亦不設機鍵，尤篤於孝友，常恨祿不逮親，居多感涕。凡俸賜悉分惠宗黨，不問疏密。姑姊數人孀且老，皆迎歸奉之，以終其身。又爲外姻之貧者畢嫁娶，復與營其生事，教子舍悉用經術而濟之以嚴法。得任子不與奏，蓋欲使其自致也，故諸子多能踐其世科。公沒後，布衣者尚三人焉。

噫！公年十九時已入官，壽雖止五十五，而其間從政者幾四十年，可謂久矣。事兩朝，不懈夙夜，國家每有急難處，必首被選委。又在計庭，更八任不得解迹，其所從來，不爲不遇，中外望歸，謂必大用[11]，天子亦屢欲用之。而公素方整守道，權幸者多不說，故每爲其所間而止。

公惟所任，莫不竭其力，不以抑壓自憊而遂浮沉于時。向若得所用如人之所望者，經綸設施，布宣光昭，其爲功德非古賢孰與校之哉[12]？

娶羅氏，諫議大夫延吉之女、鄴王紹威之孫，封宜城縣君。六男：球，湖州德清尉；瑄，將作監主簿；琚，司封員外郎兩浙轉運使；琬，河陽司法參軍；璩，秘書省著作佐郎。或自科舉，或由蔭授，方以才名并進，而不幸繼亡。琦，相仁宗皇帝，被遣制立今天子，爲門下侍郎兼兵部尚書同中書門下平章事昭文館大學士衛國公。望臨天下，勳冠列辟，以公積德儲慶，所宜身享厚報。然恨早世，不克待其發，而發于丞相，丞相以似以繼，其傳之者又可涯邪！二女歸于衛尉卿高志寧[13]。丞相貴纍贈公，與祖尚書、曾祖永濟三代并太師中書令兼尚書令。又啓魏、燕、冀三國，皆追封爲公。妣羅氏、祖妣李氏、曾妣史氏亦以魏、燕、齊三國追封爲太夫人。銘曰：

　　士孰不官，公官獨難。使臨東夷，跨海渺漫。指麾出師，勢分狄患。王始倔強，恃遠且艱。視詔抹刺，不奉以虔。公怒移書，以何以諭[14]。鬪以禍福[15]，日星之觀[16]。王雖島酋，聞義惕然。發兵饋糧，革頑易慳。對盧樆薩，伏命館門。能俾遠夷，舉國奔職。不憚己勞，不畏隣隙。又俾強虜，斂其毒螫。二邦由公[17]，一舉斯得。繼走朔陲，議收戈戣。坐策立判，虜奸不施。不爲其欺，國不挫威。兩使外禦，天子再怡。益之衆美，大用是宜。而卒不用，讒人之爲。復不永年，道卒遑裔。與考同之，勤官攸致。位不都躬，萃于幼嗣。曰將曰相，勳德名世。本支原流，公得何異。何以畀之，天相其類。天實使然，人亦靡然。詩諸寔然[18]，其昭昭然。

嘉祐八年十一月十四日建。
中書省玉册官王克明、蹇億刊。

[説明]
　　據《金石萃編》，碑高一丈四尺，廣六尺二寸三分。三十四行，行九十字。正書。篆額。《（萬曆）彰德府續志》："右碑建于新安村，今尚存。郡中稱爲'梅花碑'者，字畫完好可摹。"刻於嘉祐八年

（1063）十一月十四日。碑在河南省安陽縣。

　見《石刻史料新編》第 1 輯，第 4 冊，2531 頁；《（萬曆）彰德府續志》卷下。

[校勘記]

[1] "雅"，《金石萃編》脫，據《（萬曆）彰德府續志》補。

[2] "遂"，據《（萬曆）彰德府續志》補。

[3] "一上"，據《（萬曆）彰德府續志》補。

[4] "中"，《金石萃編》作"平"，此據《（萬曆）彰德府續志》補。

[5] "宦"，《（萬曆）彰德府續志》作"官"。

[6] "夷"，據《（萬曆）彰德府續志》補。

[7] "坼"，《（萬曆）彰德府續志》作"封"。

[8] "論"，據《（萬曆）彰德府續志》補。

[9] "正不肯"三字，據《（萬曆）彰德府續志》補。

[10] "顁"，《（萬曆）彰德府續志》作"碩"。

[11] "用"，《（萬曆）彰德府續志》作"所受"。

[12] "孰"，《金石萃編》作"執"，此從《（萬曆）彰德府續志》。

[13] "志"，《金石萃編》脫，據《（萬曆）彰德府續志》補。

[14] "讕"，《金石萃編》僅留言字邊，據《（萬曆）彰德府續志》補。

[15] "闋"，據《（萬曆）彰德府續志》補。

[16] "日星"，《（萬曆）彰德府續志》作"同異"。

[17] "由"，據《（萬曆）彰德府續志》補。

[18] "詩諸竄"，據《（萬曆）彰德府續志》補。

李昌言等三門峽題記

治平元年（1064）正月二十三日

李昌言、范百朋，治平元年正月貳十叁日同觀禹門。楊炳奉陪。山僧熙嶼刻石。

[説明]

據《三門峽漕運遺迹》，小篆五行，左行。字徑約 26 釐米。通高 220 釐米，通寬 160 釐米。摩崖在神門島。刻於治平元年（1064）正月二十三日。

見《三門峽漕運遺迹》文 53 頁、圖 120 頁。

宋故贈司封員外郎張公墓表

治平元年（1064）六月二十七日

宋故贈司封員外郎張公墓表（篆額）。

宋故朝奉郎尚書虞部員外郎上騎都尉賜□魚袋贈司封員外郎張公墓表。

外孫大理寺詳□管通直郎□□□士鄭方平篆額。

河南府鄉□□□王鄴書。

公諱正中，字元規。其先澶州衛南人，後徙家河□，□爲河南人。曾祖諱乾裕，任率府率。祖諱秉，任内酒坊使，贈右千牛衛將軍。父諱□□，任閤門使，贈□千牛衛上將軍。公即閤使之長子也，聰敏過人，奮志力學，善屬文，長□《詩》、《書》，爲鄉里所稱。□廕補校書郎。公志篤孝養，不忍遠去庭闈，日夕以承顏爲樂，凡二□年，二親壽終，□□□哀毁過禮。服除，公曰："禄仕者，養於親也，親既不逮，雖仕奚爲？"欲營雲水逍遥之趣，以自高潔。識者惜公之才，以爲有經濟之業。勉公以居家孝、於國忠，移孝爲忠之説激公，不得已，遂起而仕。始調亳州城父主簿，秩滿，以真廟車駕幸亳上供羡給，□廷優其勞，□轉奉禮郎，就知城父，改衛尉丞，知康州及壽、許二郡倅，改大理丞、河陽。侍中張公稽以公端直，才幹可任，辟授通倅。未幾，召爲開封府推官，改太子中舍，殿中丞，賜五品服。出爲夔州路轉運使。還闕，授知太平州，徙泰州、通州，改國子博士、虞部員外郎，知興元府。□親之請，遂徙峽州。告老，分司南京。朝廷優其宿德，以其子宗瑗守南京倅，便於侍□也。慶曆四年五月十七日，以疾終於南京官舍，享年七十二，從宗瑗贈典，加司封員外郎。五年七月二十五日，葬於洛陽縣金谷鄉尹村管，從昭德縣太君合祔焉，禮也。

公先娶胡氏，□昭德太君也，繼室以陸氏，封福昌縣太君，柔慈淑惠，自于天性，事夫以和順，治家以清肅。撫育諸幼，過于己出。後公十九年正月二日，亡於楊州私第，享年七十五。男六人：長宗瑗，國子博士，知南康軍；次宗瑾，同學究出身，皆亡。次宗瓘、宗琳，皆舉進士，次宗瑀、宗玘，并夭。女三人，長適屯田員外郎鄭脩，次適江淮都大提舉運鹽司度支郎中高訪，次適利州路轉運判官比部員外郎李鳳。孫十人：倚、令卿、俌、傅、絳、杲卿，皆舉進士；績，太廟齋郎；餘并幼。孫女九人：長適江淮都大制置發運使太常少卿楊佐，次適比部員外郎知忠州王景華；餘皆待年。曾孫男二人，尚幼。治平元年甲辰歲六月二十七日，子婿鳳、孫婿佐，同宗瓘、宗琳舉葬福昌太君陸氏，合祔于公。其公之事迹誌記存焉，茲不備錄。俣承舅氏之命□紀其實，以誌陵谷而已。

外孫李俣記。

外孫李倜書諱。

河南張士景刊。

子婿利州路轉運判官朝奉郎尚書比部員外郎上騎都尉賜緋魚袋李鳳立石。

[説明]

據《中國金石總録》，碑額三行，行四字；碑陽二十六行，行二十五字。刻於治平元年（1064）六月二十七日。據墓表文，碑在河南洛陽。

見《中國金石總録》第 17297 號拓片。

晝錦堂記

治平二年（1065）三月十三日

晝錦堂記（碑額）。

晝錦堂記。

仕宦而至將相，富貴而歸故鄉，此人情之所榮，而今昔之所同也。蓋士方窮時，困阨閭里，庸人孺子皆得易而侮之，若季子不禮於其嫂，買臣見棄於其妻。一旦高車駟馬，旗旄導前而騎卒擁後，夾道之人相與駢肩纍迹、瞻望咨嗟。而所謂庸夫愚婦者，奔走駭汗，羞愧俯伏，以自悔罪於車塵馬足之間，而莫敢仰視。此一介之士得志於當時而意氣之盛，昔人比之衣錦之榮者也。惟大丞相衛國公則不然。

公，相人也，世有令德，爲時名卿。自公少時，已擢高科、登顯仕，海內之士聞下風而望餘光者，蓋亦有年矣。所謂將相而富貴皆公所宜素有，非如窮阨之人，僥幸得志於一時，出於庸夫愚婦之不意，以驚駭而夸耀之也。然則高牙大纛，不足爲公榮；桓圭袞冕，不足爲公貴。惟德被生民而功施社稷，勒之金石，播之聲詩，以耀後世而垂無窮，此公之志而士亦以此望於公也，豈止夸一時而榮一鄉哉？

公在至和中，嘗以武康之節來治於相，乃作晝錦之堂于後圃，既又刻詩於石，以遺相人。其言以快恩讎、矜名譽爲可薄，蓋不以昔人之所夸者爲榮，而以爲戒，於此見公之視富貴爲如何，而其志豈易量哉？故能出入將相，勤勞王家而夷險一節。至於臨大事、決大議，垂紳正笏、不動聲氣而措天下於泰山之安，可謂社稷之臣矣。其豐功盛烈，所以銘彝鼎而被弦歌者，乃邦家之光，非閭里之榮也。余雖不獲登公之堂，幸嘗竊誦公之詩，樂公之志有成而喜爲天下道也，於是乎書。

尚書吏部侍郎參知政事歐陽脩記。

端明殿學士尚書禮部侍郎蔡襄書丹。

尚書刑部郎中知制誥邵必題額。

治平二年三月十三日。

太子賓客知相州趙良規立石。

潯陽蹇億刊字。

［説明］

碑在河南安陽市内韓王廟。據《拓本匯編》，高 244 釐米，寬 110 釐米。刻於治平二年（1065）三月十三日。

見《拓本匯編》39 册第 8 頁；《金石萃編》，《石刻史料新編》第 1 輯，第 4 册，2537 頁。

毛順重等三門峽題記

治平三年（1066）十月

治平三年十月，内山河都頭毛順重別開鑿□道記。

[説明]

據《三門峽漕運遺迹》，真書四行，左行。字徑約 4 釐米。通高 22 釐米，通寬 36 釐米。摩崖在杜家莊棧道。刻於治平三年（1066）十月。

見《三門峽漕運遺迹》文 55 頁，拓片録 125 頁。

題觀魚軒詩刻

治平年之後（1067~）

題觀魚軒。

淮南節度使司徒兼侍中判相州事魏國公韓琦。

雨後方池碧漲秋，觀魚亭檻俯臨流。時看隱荇駢頭戲，忽見開萍作隊游。喜擲舟前翻亂錦，静潜波下起圓漚。吾心大欲同斯樂，肯插筠竿餌釣鈎。

[説明]

碑在河南安陽韓王廟。據《拓本匯編》，高 83 釐米，寬 113 釐米。據《金石萃編》，刻於治平年之後。

見《拓本匯編》39 册第 25 頁；《金石萃編》，《石刻史料新編》第 1 輯，第 4 册，2550 頁。

李家場村修塔記

熙寧元年（1068）三月十八日

熙寧元年三月十八日，李家場村修塔弟一級，維那任庭遂，妻王氏，孫見任晋州冀氏縣長官王概，妻弟王卿才，妻吕氏，母趙氏。副維那蘇辛，妻王氏；賀用，妻張氏。同緣張海，妻王氏；蘇宣，妻劉氏；朱璉，妻褚氏；魏進，妻李氏；李信，妻王氏。西良村孫顯，妻張氏；張保，妻焦氏。東桃村酒務高秘，妻張氏；吕家，孫氏；吕慶，母孫氏；陳元，妻許氏；牛凝，妻栗氏。景色村索政，妻馬氏。北採宗村劉準，女王郎婦。

任庭遂年七十九歲，長官王概年三十四歲，妻馬氏。

書字蘇辛。鐫字人侯慶。

[説明]

據《安陽縣金石録》，碑在興陽寺塔上，正書。刻於熙寧元年（1068）三月十八日。

見《安陽縣金石録》卷5，《石刻史料新編》第1輯，第18冊，13869頁。

韓琦狎鷗亭詩刻

熙寧元年（1068）

亭壓東池復壞基，園林須喜主人歸。懇棠猶茂應存愛，植柳堪驚僅過圍。魚泳藻間諳物性，月沉波底發禪機。群鷗只在輕舟畔，知我無心自不飛。

[說明]

碑在安陽市韓琦祠堂。據《安陽縣金石録》考證，詩作於熙寧元年（1068）。

見《安陽縣金石録》卷5，《石刻史料新編》第1輯，第18册，13869頁。

邢恕嵩陽宮石柱題名

熙寧二年（1069）二月六日

熙寧己酉歲春二月六日來觀，邢恕和叔題。

[説明]

據《八瓊室金石補正》，三行，行五、六字。字徑二寸餘。左行。刻於熙寧二年（1069）二月六日。碑在河南登封。

見《石刻史料新編》第 1 輯，第 8 冊，5581 頁。

崔象之題名

熙寧二年（1069）二月七日

熙寧己酉二月七日，崔象之，元公亮，馬嗣宗，同邑令張公玉游嵩至此，觀主樊尊師看題。

[説明]

據《説嵩》，刻於熙寧二年（1069）二月七日。碑在河南登封。見《説嵩》卷15。

壽聖禪院敕牒

熙寧二年（1069）五月二日

大宋敕賜壽聖禪院額。

中書門下牒河南府。

河南府奏：

准敕應今日以前諸處無名額寺院宮觀□蓋及三十間已上見有功德佛像者，委州縣檢勘，保明聞奏，特與存留，係帳拘管，仍并以"壽聖"爲額。有下項一十三縣，各申有無名額寺院。見有蓋到舍屋，下有功德佛像，各有僧行者住持，遂委官躬親點檢到見在殿宇廊舍各及三十間已上，并依降敕，日前蓋到縣司官吏，各保明委是詣實，如後異同，甘俟朝典。本府尋委逐縣巡檢，依此點檢。今據逐縣巡檢申，點檢到見在間椽，結罪保明，開坐如後。本府官吏保明委是詣實，如後異同，甘俟朝典。伏候敕旨。

伊陽縣高都村洞子院一所，舍屋共五十間。永安縣橋西村義井院一所，舍屋共三十二間；韋席村明教院一所，舍屋共四十間。偃師縣

332

泗州院一所，舍屋共三十五間。壽安縣郭下文殊院一所，舍屋共五十二間。密縣邢谷村影堂院一所，舍屋共三十一間；邢谷村義井院一所，舍屋共三十一間；張固村院子一所舍屋，共三十三間；張固村院子一所，舍屋共三十一間；謝村院子一所，舍屋共三十二間；謝村院子一所，舍屋共三十三間。福昌縣鍾王村賈谷塔院一所，舍屋共七十一間。永寧縣蘇□村安寶龍泉院子一所，舍屋共四十三間。河清縣南王村院子一所，舍屋共三十三間。澠池縣千秋店東禪院一所，舍屋共三十五間；北班村塔院一所，舍屋共三十一間；姚村慶空禪院一所，舍屋共三十二間；萬受村金和尚院一所，舍屋共三十二間；存留天王院一所，舍屋共一百間。伊闕縣中費村寺一所，舍屋共三十二間。河南縣平華村寺一所，舍屋共三十三間；宮南村寺一所，舍屋共三十三間。緱氏縣蔣村寺一所，舍屋共三十間。永寧縣西土村鐵佛寺一所，舍屋共三十八間。河清縣長泉村廣化寺一所，舍屋共三十三間。宜并特賜"壽聖寺"爲額。

牒：奉敕如前，宜令河南府翻録敕黃，降付逐寺院。依今來敕命所定名額。

牒至准敕。故牒。

熙寧元年二月二十八日牒。

給事中參知政事唐，右諫議大夫參知政事趙，起復户部尚書參知政事張，左僕射兼門下平章事。

偃師縣帖壽聖院，准河南府帖，惟敕節文爲伊陽等一十三縣有無名額寺院，并賜"壽聖院"爲額。數内偃師縣院仰翻録敕黃，降付本院依今來敕命所定名額者。

右具如前，當縣今翻録到敕黃一道頭連在前事，須帖付本院准此照會。熙寧元年四月初三日帖。

將仕郎守縣尉兼主簿事張，尚書屯田員外郎知偃師縣事劉。

熙寧二年歲次己酉五月二日，院主尼遇仙立石。

供養主尼惠清，維那尼惠善，典座尼惠雲。

張士廉刊。

[説明]

據《金石萃編》，碑連額高四尺八寸，廣三尺四分。二十六行，行四十六字。正書。刻於熙寧二年（1069）五月二日。碑在河南偃師。

見《石刻史料新編》第 1 輯，第 4 册，2551 頁。

游天平山留題碣

熙寧二年（1069）五月九日

游天平山留題碣。

安陽退_{下缺}。

過桃林。

策馬過桃林，塵襟□□醒。木陰濃似蓋，山勢峭於屏。澗危泉流急，巖深草有靈。白雲凝坐處，應許扣禪扃。

題天平山寺。

路險崚嶒數屈盤，悃然蕭寺壓重巒。籐蘿掛壁蚪鬚合，樓閣排空雁齒寒。石蓋宛如居士現，□□□□_{壁隱峰如居士之狀}。洞深應有老龍蟠。行行寫取西山景，會憶朋游一使看。

別天平山。

勝景奇踪爛漫游，歸鞍欲上重回頭。山禽於我情何厚，逐馬聲聲似見留。

熙寧二年五月初九日。

將仕郎試秘書省校書郎守林慮縣令□□勾□□□□□□□□。泉

335

南林□書。侯慶、郝秀鎸。

[説明]

據《林縣志》，佚名。正書。刻於熙寧二年（1069）五月九日。碑在林縣。

見《（民國）林縣志》卷14。

石凝摩崖造像記

熙寧二年（1069）五月十八日

　　隆慮縣仙巖鄉申村管柳泉村石凝、妻王氏，孫□增、妻李氏。熙寧二年五月十八日記。弟子石凝合家供養。匠人張慶。

[説明]

　　據《林縣志》。造像記存。正書。刻於熙寧二年（1069）五月十八日。碑在林縣東岡區汾兒河頭北崖上，佛像三，《記》在像左。

　　見《（民國）林縣志》卷14。

唐韓文公故里

熙寧三年（1070）二月二十五日

唐韓文公故里。

修武縣知縣高世襲。宋熙寧三年二月二十五日立。

[説明]

據《修武碑刻輯考》。碑高 125 釐米，寬 52 釐米，厚 20 釐米。楷書。碑文三行，26 字。刻於熙寧三年（1070）二月二十五日。碑在修武縣，斷爲三截。

見《修武碑刻輯考》413 頁。

湯陰縣嵇公廟記

熙寧三年（1070）八月十五日

相州湯陰縣新修晉太尉嵇公廟記。

夫以忠事君，人臣之常分也。然遭大變、臨大節，或心無所主，爲禍福所動，以苟一時之生而貽萬世之戮者多矣。若其鼎鑊在前，鋒刃加己，能挺然知義之所在，分固當爾。輕其命若鴻毛，然卒死而不顧者，幾何人哉？惟晉侍中贈太尉忠穆嵇公則其人也。方惠帝昏弱，諸王肆亂，各萌僭奪，以相屠害，故帝之北征也，公馳赴行在，力當國難。而成都王穎以兵犯，乘輿衛從奔散，獨公端冕侍側，以身扞帝，至血濺御衣而殞。嗚呼！公之知義明分，可謂處得其死而不爲難也[1]。故其大忠偉節，赫然與日月爭光，崒然與山岳爭高，天地知不可窮而公之名亦不可窮矣！宜乎百世之下有國家者，欽遺風、想餘烈，置祠奉祀，永永而不絕也。相之湯陰，即公死難之地，其廟在焉。

前之爲邑者，不知追顯忠義爲政所先，因循不葺，底於大壞。今令張君枞至，則首拜祠下，睹其墮敝之甚，驚而嘆曰：“兹不職之大者也！”亟舉公事迹與夫朝廷崇祀之意，諭于邑民。民皆欣然，願共力以完之。令乃寬與之約，聽自營辦，不數月而祠宇一新。于是民益知夫大賢之忠於國者，雖死於不幸，後世必載祀典、嚴廟貌，奉事尊仰之如此，皆思勉而爲善。自一邑而推一郡，繇一郡而推諸四方，則其爲勸也豈小補哉！廟完，具書來告爲文請勒諸石[2]。以余嘗兩守鄉邦，願志本末。噫！忠義之心，人皆有之，但勉而不力，執之不固，遂不至于古人。余亦勉而執之者，跂忠穆之風，尤寤寐以自激。文雖甚陋，惡敢吝而不書。時熙寧三年八月十五日。

司徒兼侍中判大名府兼北京留守司事大名府路安撫使魏國公韓琦記并書。

尚書都官員外郎管句大名府路安撫都總管司機宜文字□□篆。

安陽任倫重録。

碑陰[3]

予行相州之野，嘗嘆曹氏當漢室瓜分之時，破滅袁紹，據有河北，以此抗孫劉之師，可謂雄哉。曹氏盜之漢，然猶血戰而屈群力也。司馬氏拱手而得之，不旋踵而大亂。二雄者巧於盜國，拙於貽謀，身没而事去，昏渝之嗣適爲狂悍者之資，播弄如嬰兒木偶，奚足怪也？嵇紹以御車被害，食焉而不避其難，臣節也。廟食湯陰，死所也。宋丞相韓魏公判相時所立，予守相之二年，撤其舊而新之。嗚呼！貪得者自豐，賊物者自利，得耶失耶，利耶害耶，擾擾然爲鬼域，爲豺虎者何相尋耶？忠良之士不幸而死於亂賊之手，孰與奉身而退乎？惠帝之不可與以立功，夫人知之也。孔子曰："危邦不入，亂邦不居。"《詩》曰："既明且哲，以保其身。"保身者，非明哲，孰能之？忠義廉耻，有國者之不可一日闕也。晋室三綱既絶，嵇紹擁衛人主，死無難色，百草俱萎，而松柏獨青烈哉。

［說明］

據《金石萃編》，碑連額高一丈一尺四寸五分，廣三尺六寸四分。十三行，行五十一字。正書。篆額。刻於熙寧三年（1070）八月十五日。碑在河南安陽湯陰縣。

見《石刻史料新編》第 1 輯，第 4 冊，2558 頁；《（崇禎）湯陰縣志》卷 12。

［校勘記］

［1］"得其死"，《（崇禎）湯陰縣志》作"得其宜"。

［2］"爲文請勒諸石"，據《（崇禎）湯陰縣志》補。此段文字多有異文，《（嘉靖）河南通志》《（康熙）河南通志》《（嘉靖）彰德府志》作"廟完，具書來告以余爲文，請勒諸石，願誌本末"。《金石萃編》作"廟完，具書來告，以余嘗兩守鄉邦，願志本末"。

［3］碑陰文字，《金石萃編》脫，據《（崇禎）湯陰縣志》補。文字無作者。《（嘉靖）河南通志》卷十八記載嵇侍中廟"宋治平中建，有司歲以十二月十五日致祭，皇明成化四年修，嘉靖三一年重修"，據此，碑陰文字或爲明人作。

張瑒題名

熙寧三年（1070）十月二十二日

張瑒、弟琬，熙寧庚戌十月二十二日，同釋顯泰游。

[說明]

據《說嵩》，刻於熙寧三年（1070）十月二十二日。碑在河南登封石淙南崖張易之序後。

見《說嵩》卷15。

千倉渠水利奏立科條碑記

熙寧三年（1070）

帖濟源縣司農寺牒：

　　准熙寧三年八月二十七日中書劄子：提舉京西路常平廣惠倉
兼管司農田水利差役事殿中丞陳知儉狀，准中書劄子，准三司使
公事吳充劄子奏，臣任京西轉運使日，竊見孟州濟源縣舊有渠
堰，傳沿爲唐河陽節度使溫造壅濟水以溉民田，謂之千倉渠，歲
久堙廢。本州引此水灌城壕池沼，植蒲蓮之外，大姓以水磑專其
利者久矣。臣遂肆濟源縣種畛募民，興復渠堰，堰成，民得種
稻。鄉時畮爲錢百餘者，今幾貳仟錢，則厚薄可見。然用水多少
未有限約，而害渠堰之利者，常在水磑之家及引水入州城。經數
拾里，水行地上，隄道小，不如法，則皆決洷散溢，以此民之所
用不得其半，亦可惜也。□□□指揮本務邢提舉官壹員，親詣地
頭，詢求利害，立爲科條，民上下均停浸灌，以息爭訟，務令經
久不爲豪有力者規銅其利□□□□□降敕命指揮，仍令本縣令
佐，銜位中書，管勾渠堰，所貴用心。取進止。

右奉聖旨，宜令京西路提舉官依三司上項奏請，事理具合，立科條聞奏。劄付提舉京西路常平廣惠倉司准此□□□□孟州濟源縣親詣地頭，詢訪利害，勾集稻田人戶，立定科條，謹具。畫一如後。知儉詢訪到上件利害立到科條，并在前項，開□□畫地圖壹本連在前，知儉契勘上件。濟瀆昨自嘉祐八年，興復古千倉渠堰水種稻，民甚獲利，後來止因豪民要濟水專□□，將入州城水盜決入溴河，致得州城水小。於治平二年，本州差官下縣點檢，而所差官不究盜水之弊，遂於濟水作堰□□其石堰分減水利，因此千倉渠稻田漸成廢壞。況民間興置水田，各別置牛具，增添農器，費用不少，昨來止得二年之利，各已□□。因此多下貲本，破壞家業，至今未得復舊。及後來分減水勢之後，用水不足，人戶爭訟多日，不能爲利之久而爲害已至矣。今□□立上項條約，已具狀申奏況朝廷，更賜詳酌。如可施行，乞降敕指揮降下孟州遵守，并下轉運提刑司常切覺察，及乞依吳充奏□令本□□□□中帶管勾渠堰，以爲永遠之利。奏聞去訖，今先具詢訪到利害共壹十件，逐件各別立條約于後右進呈，聖旨：宜令京西轉運司并依所奏施行劄付司農寺，准此牒請，一依中書劄子指揮施行，關牒各屬去處照會施行。

今將前項利害各立科條如後：

一、濟水更不分入濟河并入千倉渠澆灌稻田。

一、孟州城池只用濟河泉水，常於龍港溝點檢，不得令人盜決。如遇大旱水小，亦不得於千倉渠濟水內分減。

一、懷州更不分濟水入州城，如遇開閘，水還濟河，許依舊通流。

一、龍潭水自來合濟水入千倉渠，不得引入別河、興置水磨等分減水勢。如依舊却還千倉渠者，即許使用。

一、於濟水上源舊石閭處置閘一座。每年正月拾伍日已後開閘，水盡入千倉渠。至玖月一日已後閉閘，水盡入濟河，許水磨户使用。如遇閉閘時月非汛水長，亦許開閘減放。如遇閏月節氣，早晚不定，至九月稻田未熟，尚要水澆灌，須候不用水，亦許開閘。如遇閘有損壞，并係水磨户畫時脩整，不得有誤。稻田便用，每遇開閘，并須申縣，取稻田人户狀，實不用水，委官監視方得開閘[1]，仍候向去人户脩築堤塘，可以將無用水收蓄，增置稻田，亦更不開閘充動磨使用。

一、千倉渠兩岸地土，除自嘉祐八年後來至今年已前已曾經種，及現種稻田地土，先許耕種作水田外，其餘并未得興作水田。後來年舊田興作了日，尚有餘剩水勢，即許衆户申縣，相度所剩水勢更可以的實增添多少頃畝。自許里道已東，沿渠自上及下，從近及遠添展地土，亦不得廣有增添，却致水少，復成争訟。其今來合種水田地土，并委本縣據人户姓名地段頃畝四至，置簿拘管。如有添展，亦依此施行。

一、稻田人户，全閘定渠水後，每一時辰澆田一頃，以一閘内所管田地頃畝，通算時辰。如一閘内收水不盡，許以次閘同共收使，通計頃畝算用時辰。如田土閘一里已外，據頃畝以五時辰充四時辰，每遇開閘并須上下甲頭同共照管，時辰纔滿，立便開閘。上閘已西郭術地内，舊有水口一個，澆灌見種稻田約四十畝，原不用閘堰，已現定水口闊五寸、深四寸，并有泉四眼。或水餘，旋行閉塞，即不得透水入濟河。其管阡陌道兩邊各有引水渠，并許公共引水使用，地主不得占〇，亦不得深作壕塹。如田段在中間，不近阡陌道，許於并段上流人户畦隔内通水使用，不得攔占。

一、今來許里道上閘已西，不得更置閘堰，及舊各不得增高如上閘。已下添移閘堰，并甲官取上下隣閘人户定奪無妨礙，方得添移。

一、沿渠人户分作上流、中流、下流三等，每等各置甲頭一人，以逐等内地土物力最關百姓，充管地分内都丈頃畆用水時辰，開閇閘堰，供報文字。如敢作弊斂掠人户錢物，并行嚴斷。

一、已上所立條約，如州縣官吏故有違犯，爭奪水勢，乞科違制之罪。仍許人户經轉運提刑司陳訴。如稻田人户自相侵犯，不守條約，乞從違制失定斷。

［説明］

據《拓本匯編》，高142釐米，寬71釐米。刻於熙寧三年（1070）。碑在河南濟源。

見《拓本匯編》39册第42頁；《（乾隆）濟源縣志》卷6。

［校勘記］

[1]"委官監"以下，皆據《（乾隆）濟源縣志》録。

劉几題名

熙寧四年（1071）二月十五日

　　水部郎中知宗正丞公事趙宗誨師正惠然訪我，因語少年把臂，白
髮相逢，遂從兒孫輩游承天觀，雅飲劇談，之暮引退。熙寧辛亥仲春
望日，秘書監致仕劉几伯壽題。男大理評事唐憲，武陟令唐民，侄太
祠郎唐考、唐咨，孫試芸，閣吏高侍行，婿監登封酒稅杜寧諫壽臣
末至。

[說明]
　　據《說嵩》，刻於熙寧四年（1071）二月十五日。碑在河南登封
潘尊師碣陰。
　　見《說嵩》卷15；《嵩陽石刻集記》卷下。

錢待問題名

熙寧四年（1071）三月六日

錢待問，王仲元，任迎之，魏况祖、弟□祖，辛亥三月初六日謁承天李師到此。

[説明]

據《説嵩》，刻於熙寧四年（1071）三月六日。碑在河南登封潘尊師碣陰。

見《説嵩》卷15；《嵩陽石刻集記》卷下。

又劉几題名

熙寧四年（1071）三月二十二日

少室野夫劉几，東密田述古，熙寧辛亥季春二十二日同游。

[説明]

據《説嵩》，刻於熙寧四年（1071）三月二十二日。碑在河南登封潘尊師碣陰。

見《説嵩》卷15；《嵩陽石刻集記》卷下。

公度題名

熙寧四年（1071）三月十八日

公度晦之，壽臣損之尋春至此，熙寧四年三月十八日。公度弟淳翁、壽臣子昌弼同游。

[説明]

據《説嵩》，刻於熙寧四年（1071）三月十八日。碑在河南登封崇福宮潘尊師碣陰。

見《説嵩》卷15；《嵩陽石刻集記》卷下。

張璹題名

熙寧四年（1071）三月二十四日

殿中丞新通判汝州張璹君儀，弟大理評事知登封琬公玉，熙寧辛亥三月二十四日，率羽人張子隱雲夫，傅繼登嗣真，釋顯泰宗，約山人周谷深夫游。

[説明]

據《説嵩》，刻於熙寧四年（1071）三月二十四日。碑在河南登封潘尊師碣陰。

見《説嵩》卷15；《嵩陽石刻集記》卷下。

李禹卿題名

熙寧四年（1071）三月二十六日

李禹卿因游長官砦憩此真宮，時熙寧辛亥季春二十六日。子侄述、逈、瞳侍行。

[説明]

據《説嵩》，刻於熙寧四年（1071）三月二十六日。碑在河南登封崇福宮潘尊師碣陰。

見《説嵩》卷 15；《嵩陽石刻集記》卷下。

魯鄰右獻可潘尊師碑側題名

熙寧四年（1071）四月十日

熙寧辛亥孟夏初十日，魯鄰右、獻可同游。

[説明]

據《八瓊室金石補正》，三行，行六七字。字徑寸五分。左行。
刻於熙寧四年（1071）四月十日。碑在河南登封。

見《石刻史料新編》第 1 輯，第 8 册，5679 頁。

雙龍寺佛座石刻

熙寧四年（1071）九月

維大宋東京山東河北道相州彰德軍林慮縣柳泉村户主李元，於熙寧辛亥歲月建戊午九月中旬，合家清信重佛弟子以下具小大如後。

[説明]

據《（民國）林縣志》。存。正書，字頗峭勁有古意。刻於熙寧四年（1071）九月。碑在林縣東岡雙龍寺佛座上陽面。鐫十八行，行三字。

見《（民國）林縣志》卷14。

張琬等唐碑題記

熙寧四年（1071）十月十日

熙寧辛亥冬十月十日，琬以受代密邇，蒙致政秘監劉公几伯壽、侍禁陳天錫伯祥、藍山令董清臣直甫、登封縣尉魯君弼鄰右、進士王袞損之會飲天封觀和真庵劇談，雅歡步月，引退大理評事知登封縣事張琬公玉燭下題。

[説明]

題名在登封嵩陽書院唐碑。刻於熙寧四年（1071）十月十日。

見《嵩陽石刻集記》卷下，《石刻史料新編》第 2 輯，第 14 册，10224 頁。

脾山悼園監護等題記

熙寧五年（1072）五月二十三日

　　熙寧五年壬子歲春正月，詔舉秦王宮諸喪祔于臨汝脾山悼園之次，以入內供奉王脩己爲監護，又以入內供奉曹賠孫專治脾山之役。自三月辛卯始事，迄四月丁巳成功，至五月壬寅遂克襄事。時祇役與執事者凡九人：都巡檢供備使王懷誼，提轄從人管勾嬬居內侍供奉張繼緒、藍克寧，墳園供奉嚴雍，梁魯巡檢侍禁高德誠，按頓遞殿直石繼瑄、夏大，卞梁縣尉校書郎吳道，簽書汝州判官殿中丞孫純。

　　住持淨因院主賜紫沙門淨宣立。

　　中書省玉册官王仲宣刻。

　　[説明]

　　據《八瓊室金石補正》，方二尺一寸。十一行，行十六字。字徑一寸。正書。刻於熙寧五年（1072）五月二十三日。碑在河南汝州。

　　見《石刻史料新編》第 1 輯，第 8 册，5684 頁。

子由等嵩陽宮石柱題名

熙寧五年（1072）九月十日

余與子由考試西洛進士畢，同游二室諸寺。最後過天封精思觀道子畫，遂行。熙寧五年九月十日也。

[説明]

據《八瓊室金石補正》，四行，行字不一。字徑寸許。左行。刻於熙寧五年（1072）九月十日。碑在河南登封。

見《石刻史料新編》第1輯，第8冊，5581頁。

祖無擇等嵩陽宮石柱題名

熙寧六年（1073）正月二日

范陽祖無擇[1]、上谷寇仲武游，熙寧癸丑孟春二日。

［説明］

據《八瓊室金石補正》，二行，行字不一。字徑一寸。刻於熙寧
六年（1073）正月二日。碑在河南登封。

見《石刻史料新編》第 1 輯，第 8 册，5581 頁；《説嵩》卷 15。

［校勘記］

[1]“范”，據《嵩陽石刻集記》卷下補。

祖無擇題名

熙寧六年（1073）正月二日

予與寇仲武游山至此，抵暮而歸。熙寧六年正月二日，祖無擇題。

[説明]

據《説嵩》，刻於熙寧六年（1073）正月二日。碑在河南登封。見《説嵩》卷15。

張起題名

熙寧六年（1073）二月二十四日

熙寧癸丑仲春月二十四日，南梁張起同上谷寇公輔游此。

[説明]

據《説嵩》，刻於熙寧六年（1073）二月二十四日。碑在河南登封。

見《説嵩》卷15。

焦通寇嵩陽宮石柱題名

熙寧六年（1073）二月二十六日

焦通寇博雅，熙寧癸丑二月廿六日題。

［説明］

據《八瓊室金石補正》，二行，行七八字。字徑七分。左行。刻
於熙寧六年（1073）二月二十六日。碑在河南登封。

見《石刻史料新編》第1輯，第8冊，5581頁。

陳知儉等嵩陽宮石柱題名

熙寧六年（1073）清明後一日

癸丑歲清明後一日，陳知儉率馬申、王壽同游天封觀。蘇注題。

[説明]

據《八瓊室金石補正》，三行，行八字。字徑二寸。左行。刻於熙寧六年（1073）清明後一日。碑在河南登封。

查《寰宇訪碑録》有陳知儉《濟源廟牒》刻於熙寧三年（1070），則此題名當刻於熙寧癸丑歲。

見《石刻史料新編》第 1 輯，第 8 册，5581 頁；《寰宇訪碑録》卷 7。

祔葬陳國公監護等題記

熙寧六年（1073）六月十日

宋宗室陳國公以熙寧六年正月甲寅薨，有詔葬于汝州梁縣秦悼王墳之次。及舉諸喪祔焉，以龍圖閣直學士諫議大夫孫固、西作坊使入內副都知王昭明爲監護，以入內供奉梁佐、衛尉寺丞簽書汝州判官劉唐憲專董壃兆之役。自三月庚午經始，迄六月壬午遂克。葬時，與執事者凡十三人，提舉諸司入內供奉李憲、專管勾諸司入內殿頭蔣良臣、都巡內殿崇班劉允和、管轄墳圍供奉嚴雍、梁魯縣巡檢供奉王翊、按頓供奉曹軫、侍禁王士章、冬官正楊茂先、梁縣尉校書郎吳道。

翰林書藝馬士明書。

玉冊官陳永宣刻。

住持賜紫沙門净宣立石。

[説明]

據《八瓊室金石補正》，方二尺。十三行，行十七、十八字。字徑七分。正書。刻於熙寧六年（1073）六月十日。碑在河南汝州。

見《石刻史料新編》第 1 輯，第 8 册，5684 頁。

韓琦詩二首

熙寧六年（1073）

詩……

戊……

冰井……柱立……殼倒……落霞……瓊鈎……見西山涌……

癸丑登休逸臺……月喜生……柳天外……且無歸……時還欲……
恩三來幸錦……晝閑。

[説明]

碑在安陽市韓琦祠堂，字多漫漶。據《安陽縣金石録》考證，
詩作於不同年代，碑當刻於癸丑（熙寧六年，1073）。詩二首《安陽
集》有載。

見《安陽縣金石録》卷5，《石刻史料新編》第1輯，第18冊，
13870頁。

盧大同題名

熙寧九年（1076）元月上澣日

熙寧丙辰歲孟春上澣日，扶護長安太君靈櫬攢于此。潁川盧大同、大年，侄廷齡，婿劉庚來。

[説明]

據《偃師金石遺文補録》，正書。刻於熙寧九年（1076）元月上澣日。題名在偃師縣永定陵採石碑左側。

見《偃師金石遺文補録》卷10。

鄭仲賢緱山詩刻

熙寧九年（1076）七月十日

秋風寂寞秋雲輕，緱氏山頭月正明。帝子西飛儵馭遠，不知何處夜吹笙。

杜正獻公題：白傅謂劉賓客詩云“在在處處嘗有靈物擁護”，今見滎陽之詩筆，斯亦近之。熙寧九年七月十日，永慶院主僧文敏立石。

穎川張溫其模刻。

僧文遠　庫頭文新　典座文才。

[説明]

據《金石續編》，高五尺四寸，廣二尺八寸。篆書四行，行七字。額題鄭仲賢詩并篆六字。三行隸書。刻於熙寧九年（1076）七月十日。

見《石刻史料新編》第 1 輯，第 5 册，3349 頁；《（康熙）河南通志》卷 74。

孫升裝修菩薩題記

熙寧九年（1076）七月十四日

監滎陽鎮高郵孫升，伏爲男博捨錢裝修菩薩一尊，乞保博福壽延長，永無災郭。熙寧丙辰七月十四日謹題。

［説明］

據《鄭州滎陽大海寺石刻造像》。刻於熙寧九年（1076）七月十四日。刻在菩薩背部。

見《鄭州滎陽大海寺石刻造像》92頁。

張溫其題名

熙寧九年（1076）七月十八日

許□、張溫其同拜仙君。熙寧丙辰七月十八日。

[説明]

據《偃師金石遺文補録》，正書。刻於熙寧九年（1076）七月十
八日。題名在偃師縣謝絳《昇仙廟碑》左側。

見《偃師金石遺文補録》卷10。

中嶽廟題名

熙寧十年（1077）三月

余被詔禱雨於嶽祠，獲是石於圮墻之下，遂移置壁間，庶圖傳之永也。熙寧丁巳季春月，中侍大梁王紳衮藏。

[説明]

在中嶽廟壁間石上，刻於熙寧十年（1077）三月。

王紳題名

內侍王紳，道士王成之同游異景，徬徨久之。袞儀記。

[説明]

據《説嵩》，刻時從上。碑在河南登封。

見《説嵩》卷 15。

束端卿等嵩陽宮石柱題名

元豐元年（1078）五月二十六日

汶上束端卿、淮西郝闓之，元豐戊午五月廿六日同游。

[説明]

據《八瓊室金石補正》，二行，行五字，字徑一寸。又紀年二行，行六字，字徑五分。左行。刻於元豐元年（1078）五月二十六日。碑在河南登封。

見《石刻史料新編》第 1 輯，第 8 册，5582 頁。

常景造像記

元豐二年（1079）七月十二日

　　阿彌陀佛石像者，哀男清孫之所刻也。清孫始二歲，予游宦巴蜀，於馬上抱持之，凡過神宮佛廟，必叩其首以禮焉。知其夙習宗尚神理佛事遠矣。六歲，見官寺壁有書大字者，則以甲畫地而摹焉，因授以短卷，使習之。常至子夜寐熟，筆落迺肯就寢。十餘歲，已學綴文，通誦《書》《易》，而尤喜浮屠説。一旦書門屏，曰："花外月常滿，林間葉自凋。"予讀之，以爲不祥。其明年，改元元豐，七月補廣文生，將就試開寶佛寺。九月七日，以疾殁於東都，年二十二。

　　哀哉吾兒，孝於父母，友于叔仲，廛里之游未嘗與，貨貨之利未嘗顧，心不違道，手不釋卷，予之知子爲不誣矣。又其見當世賢人君子，決欲慕而爲之。有志不就，長號何已，實予不天，鍾釁斯子。昔嘗贊予休官，結廬闕塞，終吾老以奉養，今捨我□去乎？以其平日所游，最樂香山之勝，故礬□于佛室之前，鋟其容於旁，以追薦之。冀其□生，復尋兹境。汝之神識，其知之乎？汝之神識，其知之乎？

　　清孫字能世，河中人，後徙家河南。曾王父書贈屯田員外郎，王父吉贈光禄少卿，祖母陳氏，母田氏，妻王氏。二年七月，石像成，以其月十二日摹其題壁二，并書兹文于石。河中常景記。

石匠閻永真并男忠美刊[1]。

[説明]

據《拓本匯編》，高 43 釐米，寬 64 釐米。刻於元豐二年（1079）七月十二日。碑在河南洛陽龍門山。

見《拓本匯編》39 册第 122 頁；《八瓊室金石補正》，《石刻史料新編》第 1 輯，第 7 册，5431 頁。

[校勘記]

[1] "石匠閻永真并男忠美刊" 一句《拓本匯編》失拓，據《八瓊室金石補正》補。

元聖庾題名

元豐四年（1081）六月十五日

元豐辛酉季夏望日，河南元聖庾觀碑，勳從行。

[説明]

據《説嵩》，刻於元豐四年（1081）六月十五日。碑在河南登封。

見《説嵩》卷15。

郭崇造像記

元豐四年（1081）六月十五日

皇帝萬歲（真額）。

滎陽鎮郭下清信弟子郭崇，爲上資考妣，與妻魏氏、女十三娘、男福永、孫男英奴、孫女耐驚，共發誠願，遂命奇工求翠琰，恭造行化釋迦牟尼佛一尊，奉安于大海寺玉像院衆僧傳法堂。惟佛示菩提相，蘊慈悲願，作人天師，救衆生苦，俾二六時内觀者有歸依心，聽者有信重意然。願自身清吉，家道榮昌，灾禍消除，福壽延永。

時大宋元豐四年歲次辛酉六月丙辰朔十五日庚午記。

講經論賜紫普照大師慧芊，住持講經沙門慧昇。

書字□□□、周進賢。

石匠人弘農楊德成。

[説明]

據《鄭州滎陽大海寺石刻造像》，刻於元豐四年（1081）六月十五日。碑在滎陽大海寺。

見《鄭州滎陽大海寺石刻造像》118頁。

司馬光耆英會序

元豐五年（1082）正月十日

耆英會序。

昔白樂天在洛，與高年者八人游，時人慕之，圖傳於世。宋興，洛中諸公繼而爲之者再矣，皆圖形普明僧舍，樂天之故第也。元豐中，潞國文公留守西都，韓國富公致政在里第，皆自逸於洛者。潞公謂韓國公曰："凡所爲慕於樂天者，以其志趣高逸也，奚必文與地之襲焉。"一日，悉集士大夫、老而賢者於韓公之第，置酒相樂，賓主凡十有二人，圖於妙覺僧舍，時人謂之洛陽耆英會。孔子曰："好賢如《緇衣》。"取其敝，又改爲"樂善無厭"也。二公寅亮，三朝爲國元老，入贊萬機，出綏四方，上則固社稷、尊宗廟，下則熙百工、和萬民，爲天子腹心、股肱、耳目。天下所取安、所取平，其勳業閎大顯融，豈樂天所能庶幾？然猶慕効樂天所爲，汲汲如恐不及，豈非"樂善無厭"者與？

又洛中舊俗，燕私相聚，尚齒不尚官，自樂天之會已然。是日，復行之，斯乃風化之本，可頌也。宣徽王公方留守北都，聞之以書，請於潞公，曰："亦家洛，位與年不居數客之後，顧以官守，不得執卮酒在坐席，良以爲恨。願寓名其間，幸無我遺。"其爲諸公嘉羨如此。

光未七十，用狄監盧尹故事，亦預于會。潞公命光序其事，光不敢辭。

時元豐五年正月壬辰，端明殿學士兼翰林侍讀學士太中大夫提舉崇福宮司馬光序。

[説明]

據《拓本匯編》，高31釐米，寬77釐米。刻於元豐五年（1082）正月十日。碑在河南洛陽。山西夏縣有復刻碑。

見《拓本匯編》39冊第145頁；《山右石刻叢編》，《石刻史料新編》第1輯，第20冊，15261頁。

文彥博濟瀆廟詩刻

元豐五年（1082）二月十五日

文潞公詩（碑額）。

留題濟瀆廟。

河東節度使守司徒兼侍中判河陽軍州事潞國公文彥博。

導沇靈源祀典尊，湛然凝碧浸雲根。遠朝滄海殊無礙，橫貫洪河自不渾。一派平流滋稼穡，四時精享薦蘋蘩。未嘗輕作波濤險，惟有霑濡及物恩。

元豐壬戌仲春望日，婿主簿薛昌諤立石[1]。

[説明]

據《拓本匯編》，高 102 釐米，寬 51 釐米。刻於元豐五年（1082）二月十五日。碑在河南濟源。

見《拓本匯編》39 册第 146 頁；《（乾隆）重修懷慶府志》卷 26。

[校勘記]

[1]"婿主簿薛昌諤"六字，據《（乾隆）重修懷慶府志》補。拓本中"薛"字尚可辨。

付僧寶月大師惠深劄子

元豐七年（1084）四月八日

劄子付僧寶月大師惠深封。

西京十方净土寺山主僧寶月大師惠深爲年高，今後每遇赴京師同天節齋會，特許乘座兜轎往來，付惠深。準此。

元豐七年二月　日。

寺主僧海量準奏奉聖旨差官刻石。

四月八日張衍刻。

［説明］

據《拓本匯編》，高52釐米，寬51釐米。刻於元豐七年（1084）四月八日。碑在河南鞏縣。

見《拓本匯編》39册第155頁；《八瓊室金石補正》，《石刻史料新編》第1輯，第8册，6087頁。

碑前後有字。前行文字：大金興定辛巳七月初八日，持□遇出，斯石劄子二本，令執事僧明官照勘□□□。後行文字：石刻相同，世給執照重立施行，付本寺收執照使，長老祖昭。

少林寺王彦輔詩圖

元豐七年（1084）五月十四日

郎谿王彦輔過少林，輒書四韻，兼詒長老慶禾上。

天入千巖碧，林收曼古春。静中深有境，巇外絶無鄰。宦牒嬰行色[1]，禪關脱世塵。安心無覓處，斷臂爲何人。

承議郎巡舉牧馬，時元豐七年夏仲十有四日至此。

（圖：一馬一樹）

韓生筆，秦志刊。

[説明]

碑在登封少林寺。

據《八瓊室金石補正》，高三尺二寸，廣一尺。上方題字八行，行字不一。字徑八分。行書。刻於元豐七年（1084）五月十四日。

見《石刻史料新編》第1輯，第8冊，5706頁。

[校勘記]

[1]"行色"，《補正》作"汙色"，誤。

380

韓魏公祠堂記

元豐七年（1084）六月十八日

北京韓魏公祠堂記。

没而祠之，禮也。由漢以來，牧守有惠政於民者，民或爲之生祠，雖非先王之制，皆發於人心之去思，亦不可廢也。然年時浸遠，人浸忘之。惟唐狄梁公爲魏州刺史，屬契丹寇河北，梁公省徹戰守之備，撫綏凋弊之民，民安而虜自退，魏人祠之，至今血食。熙寧初，河北水溢，地大震，官寺民居蕩覆者太半，詔以淮南節度使司徒兼侍中韓魏公爲河北安撫使判大名府兼北京留守。公既至，愛民如愛子，治民如治家，去其疾忘己之疾，閔其勞忘己之勞。□□居者以安，流者以還，飢者以充，乏者以足，群心既和，歲則屢豐。在魏五年，徙判相州，魏人涕泣遮止，數日乃得去。魏人思公而不得見，相與立祠，於熙寧禪院塑公像而事之。後二年，公薨於相州，魏人聞之，爭奔走哭祠下，雲合而雷動，連日乃稍息。自是，每逢公生及違世之日，皆來致祠及作佛事，未嘗少懈。噫！公之德及一方、功施一時者，魏人固知之矣。至於德及海內、功施後世者，亦嘗知之乎？

公爲□相十年，當仁宗之末英宗之初，朝廷多故，公臨大節處危疑，苟利國家，知無不爲，若湍水之赴深壑，無所疑□。或諫曰：

381

"公所爲如是，誠善，萬一蹉跌，豈惟身不自保，恐家無處所，殆非明哲之所尚也！"公嘆曰："此何言也，凡爲人臣□，盡心力□□□死生以之顧事之是非何如耳，至於成敗，天也，豈可豫憂其不成，遂輒不爲哉？"聞者愧服，其忠勇如此。故□光□三后大濟艱難，使中外之人哺啜，嬉游自若，曾無驚視傾聽竊語之警，坐置天下於太平，公之力也。

嗚呼！公與狄梁公，皆有惠政於魏，故魏人祠之。然其爲遠近所尊慕，年時雖遠而不毀，非有大功於社稷、爲神祇所相佑，能如是乎？然梁公之功顯，天下皆知之，魏公之功隱，天下或未能盡知也。然則魏公不又賢乎？宜其與梁公之祠并立於魏，享祀無窮也。公薨後九年，魏人以狀抵西京，俾光爲記，將刻於石。竊惟梁公二碑，乃李邕、馮宿之文，光實何人，敢不自量。顧魏人之□□□□□又欲以其所未知者驗之，故不敢辭。

時元豐七年六月丙戌涑水司馬光記[1]。

安武軍節度冀州管内觀察處置等使持節冀州諸軍事冀州刺史充河東路經略安撫使兼馬步軍都總管兼知太原軍府事及管内勸農使上柱國廣陵郡開國公食邑二千三百户食實封貳阡伍伯户韓縝書[2]。

資政殿大學士右光禄大夫知揚州軍州事兼管内勸農使充淮南東路兵馬鈐轄上柱國馮翊郡開國公食邑三千三百户食實封捌伯户張璪篆[3]。

資政殿學士通議大夫知大名府兼北京留守司公事畿内勸農使充大名府路安撫使馬步軍都總管護軍河東郡開國公食邑二千一百户食實封壹伯户蒲宗孟[4]。

[説明]

據《拓本匯編》，高 243 釐米，寬 108 釐米。刻於元豐七年（1084）

六月十八日。碑在河南安陽。

　　見《拓本匯編》39 冊第 156 頁；《金石萃編》，《石刻史料新編》第 1 輯，第 4 冊，2583 頁；《安徽通志稿》，《石刻史料新編》第 3 輯，第 11 冊，102 頁。

　　[校勘記]

　　[1] 該碑的刊刻時間，《拓本匯編》《金石萃編》皆據此係在元豐七年（1084）六月十八日，但筆者考證應該刻於元祐七年（1092）九月到元祐八年（1093）六月之間，具體日期已不可考，此以司馬光撰文日期權附於此。該碑在安徽有重刻，安陽現存《北京韓魏公祠堂記》碑，據《河朔訪古記》所載推測，或爲元代重刻碑。

　　[2] "二千"，《安徽通志稿》作"七千"。"三百"，原拓作"□百"，據《安徽通志稿》補。"食實封貳阡伍伯户韓縝"，據《安徽通志稿》補。

　　[3] "食邑三千三百户食實封捌伯户張璪篆"原缺，據《安徽通志稿》補。

　　[4] "郡開國公食邑二千一百户食實封壹伯户蒲宗孟"原缺，據《安徽通志稿》補。

龍門石窟脩石道題記

元豐七年（1084）七月三十日

甲子歲元豐七年七月卅日，脩石道記。造人党。

[說明]

據《八瓊室金石補正》，五行，行四字、三字。刻於元豐七年（1084）七月三十日。摩崖在河南洛陽龍門石窟。

見《石刻史料新編》第 1 輯，第 7 冊，5432 頁。

龍門石窟元豐殘刻

元豐七年（1084）八月

甲子元豐七年八月。

[説明]

據《八瓊室金石補正》，四行，行二字。刻於元豐七年（1084）八月。摩崖在河南洛陽龍門石窟。

見《石刻史料新編》第1輯，第7冊，5432頁。

史能施石柱題名刻

元豐七年（1084）

南郭下史能、男史秀，施梁一條，石柱一條。元豐七年記。

[説明]

據《（民國）林縣志》。存。正書。刻於元豐七年（1084）。碑在林縣城隍廟石柱上。

見《（民國）林縣志》卷14。

楊世長等永慶寺題名

元豐八年（1085）七月十六日

楊世長、李希、呂昭□、邢綬、馮建、康宣、趙洗、侯威、劉亨、崔遘、藺育、徐京、馮規同修奉神宗皇帝山陵，轄兵粟子山，般運石段，常由是邑。

元豐八年七月既望，謹題記歲月。

霍希範刻。

［説明］

據《金石萃編》，石高、廣皆二尺六寸。八行，行八字。刻於元豐八年（1085）七月十六日。碑在河南偃師永慶寺。

見《石刻史料新編》第1輯，第4冊，2585頁。

魯元翰大伾山題名

元祐元年（1086）七月二十一日

魯元翰再觀龍穴。

元祐元年七月廿一日。

[説明]

摩崖在河南浚縣大伾山龍洞。據《拓本匯編》，高50釐米，寬36釐米。據《浚縣金石録》，按題名前石寬一尺許，又有字約五六行，皆不可辨，唯末行露熙寧三年十二月等字。前二行又有同游，元祐三年，寒唐叟仲容等，寸許，大字掩于其上。確係磨去前人舊刻而重鐫者。第剗削未盡，首行頂際猶顯一當字可識，餘僅露鋒鏤于旁，無可尋繹矣。刻於元祐元年（1086）七月二十一日。

見《拓本匯編》40册第9頁；《浚縣金石録》，《石刻史料新編》第2輯，第14册，10263頁。

泰山廟題名記

元祐二年（1087）七月十七日

　　夫三才者天地人也，陰陽者三□□□也。四海之内，中天之化，□□□□人窮今居一隅□地□□□各□□列□□□□也。□省西河南府緱山邑東，舊有泰山靈祠，廊殿攲側，神鬼從士，各皆壞□所□邑中人户王守福等，共發虔心，再動人工，董貴□蓋爲獨力難成，欲以□邑諸人共□□齊集□財□爲人工瓦木，裝金塑畫，□蓋是廟。遂有□邑人心，皆各一無大小老幼，高下仕宦女氏，無不懂意。今運土木之勞，□□人夫未及遂立，時人答□車駕，自牽□氏小□大暑□□□□運土木，般載赴廟。于是載木之車，涉人小童□□□其車側倒壓人之□□人心驚怖。及其扶起，□□□息□□鄉人盡悦。神之□□爲□民見而無不欽□因此□王守福等，兼施□□□□□□上石爲記。

　　元祐二年歲次庚午七月甲申朔十七日立石。

[説明]

　　據《偃師金石遺文補録》，正書。元祐二年（1087）七月十七日刻。碑在偃師縣。

　　見《偃師金石遺文補録》卷10。

少林住山僧廣慶建殿記

元祐二年（1087）十二月八日

原其石像曰：

　　釋迦文前經會昌之朝，例遭魔滅，迨藏地下，佛自放光而後復遇明時，逢人□出，信知世間有情無情，萬彙無不患乎有身，終難逃於生滅。所以，竺天大聖現相王宮，利樂群靈，出没自在却歸於無。即靡不遍周，孰能爲害？而何有巨難□□者哉！廣慶不忍尊相項手俱損，日炙風摧，雨雪交侵，翛然寂寞。於是乎，創構兹殿，儼列粹容，聞見詹依，罪除生福。上願當今少帝萬歲，物泰民安，然後一切覺悟信人省照知歸，同圓寂樂。

元祐丁卯興龍節日，少林住山廣慶筆誌。

[説明]

碑在登封少林寺碑廊。刻於元祐二年（1087）十二月八日。未見著録與整理。

緱氏重修泰山廟記

元祐三年（1088）閏十二月一日

緱氏泰山廟在□東百步當嵩洛大逵之衝[1]，有亭翼然枕逵之北
垠者，居人行商四時望祭之所也。亭北五步抵其廟，廟有三門
□□□□□□□□曲廊廉陛有階[2]，齋庖有次。其立屋以楹計
之，凡一百三十有五；其闢地以步計之，東西凡五十、南北凡七十有
奇[3]，□□□□□敗垣□之外[4]，内有老木，幾三百本，皆槐柏
梧桐，大者七圍、八圍，小者三圍、四圍，含蓄掩映，望之靄然。其
氣象□古緱氏于河南爲□□[5]，自熙寧五年以迄于今，爲議者所私
廢，而爲鎮農商之人咸病之，廬里蕭然，非復曩時矣。而獨是祠
□□□□□□于緱邑雖分州列城往往不能有也[6]。先是，周廣順中
李進者肇創其地，至國朝祥符中孫信者，天聖中孫□□□□□□乃克
有成[7]，歷年既久[8]，瓦木腐毀，皆圮頹缺，不足以媚神妥靈，民
之有力者，議欲重修久矣，而常患於吝且誣，故□□□□□□□
□□□□元□三年，里人王守福始倡而成之，稚耋協力，不驅而從，
由是腐毀者更新，頹缺者復完，塑繪之工□□□□□□□□□□□□
蓋經始於四月之癸卯[9]，而成於十一月之壬申。既又撰日，率其鄉
老，大具肴酒有事于祠下□□□□□□□□□□□□樂而落之。自天子

之命吏，與公卿大夫士庶人之子弟，戴白之叟、垂髫之童[10]，無貴賤□□□□□□□□□□□□□中郎臨莅其邑，乃顧余而言曰："守福之爲此宇不亦勤乎?"此土之人蒙神之休，而不忘其所□□□□□□□□□□□□□□□見吾人去舊即新[11]，變呻爲謠，相與燕休于兹也，不亦嘉乎? 子其爲記之，庶幾後之人有□□□□□□□□□□□□□□□□然古者天子諸侯，皆得通祀其境內之神祇。惟聰明正直功大而德鉅，有益于斯民□□□□□□□□□□□□□□□□社稷之祭偕而況□□□□□□□□□□□□□□□□□之右在□□□□□□□□□□□□□□□□□□□□□□則有司存。蓋其所尸特以興雲雨、致禍福，代天治人，無所不統。爲事大可謂□□□□□□□□□□□□□□□□□□□甚異於衆人也。唯其不吝且誣，篤於誠心，故能刻意經營，以起數十年之廢□□□□□□□□□□□□□□□□力□□不懈，豈非有志于爲善者，與夫人苟有志於爲善也。則凡此土之人，爲人之□父者[12]，不可不□于其子孫[13]，爲人之子者[14]，不可不孝於其父母，爲人之兄者不可不友於其弟，爲其弟不可不敬於其兄，爲人之□□□□□□□□□□□□□□□□□□□□□□□□以至於爲兵、爲農、爲工、爲商、爲老、爲佛者，皆不可不肅。以勤精以敏儉□□□□□□□□□□□□□□□□□□□□□□□而矣也哉。余曰："然。"則是可書也。於是乎書。元祐三年閏十二月一日，奉□郎通判□□軍州□□主簿□□□□□□□□南樂份書并篆額[15]。

修廟都糾首王守福，同修廟人鄭宜、王再榮，句當□□。

□□□□□□□□恭董立、王易、盧漸、李和、□□、王士安、趙遵、董貴。

［説明］

據《金石萃編》，碑連額高七尺五寸，廣三尺六分。二十四行，行四十八字。正書。篆額。刻於元祐三年（1088）閏十二月一日。碑在河南偃師。

見《石刻史料新編》第 1 輯，第 4 册，2590 頁；《（乾隆）偃師縣志》卷 28；《偃師金石遺文補録》卷 9。

［校勘記］

［1］"泰"，《（乾隆）偃師縣志》《偃師金石遺文補録》均作"太"；"東百"，《金石萃編》缺，據《偃師金石遺文補録》補。

［2］"曲廊"，《金石萃編》缺，據《偃師金石遺文補録》補。

［3］"有奇"，《金石萃編》缺，據《偃師金石遺文補録》補。

［4］"敗垣□之"，《金石萃編》缺，據《偃師金石遺文補録》補。

［5］"古緱氏于河南爲"，《金石萃編》缺，據《偃師金石遺文補録》補。

［6］"于緱邑雖分州列"，《金石萃編》缺，據《偃師金石遺文補録》補。

［7］"乃克有成"，《金石萃編》缺，據《偃師金石遺文補録》補。

［8］"歷年"，《金石萃編》缺，據《偃師金石遺文補録》補。

［9］"工"，《金石萃編》缺，據《偃師金石遺文補録》補。

［10］"垂"，《金石萃編》作"重"，據《偃師金石遺文補録》改。按文意當作"垂"，以《偃師金石遺文補録》爲是。

［11］"所"，《金石萃編》缺，據《偃師金石遺文補録》補。

［12］"之□父者"，《金石萃編》缺，據《偃師金石遺文補

録》補。

[13]"不可不□于其子孫",《金石萃編》缺,據《偃師金石遺文補録》補。

[14]"爲人之子者",《金石萃編》缺,據《偃師金石遺文補録》補。

[15]"奉□郎通判□□軍州□□主簿",《金石萃編》缺,據《偃師金石遺文補録》補。

唐仲容大伾山題記

元祐三年（1088）

唐叟仲容……同游，元祐三年。

[説明]

摩崖在河南浚縣大伾山。刻於元祐三年（1088）。

中峰寺殿宇記

元祐四年（1089）正月十五日

　　大宋元祐戊辰四年，歲次正月十五日。天寧寺下中峰寺僧福受號南山，因□古迹，方乃垂納，遇緣化道，努□焚修。三門、殿宇、法堂、僧舍、厨房、廟廡，創新而□。北至岳冢，南至路，東至中岳廟，西至邊嶺，方闊四至明白。門徒智惠、智□、智燈、智果、智珍、智定、智寶、智能、智□，法孫講生道行、道隆、道香、道方、了然、了真、行寬、行祥，功德施主胡允恭、程仲明、程吉、張順、陳晏、陳士元，諸方施主郭用、于繼安、李繼安、趙普明。

　　博士戴普原。

　　鐫字陳再榮。

[説明]

　　據《拓本匯編》，高37釐米，寬34釐米。刻於元祐四年（1089）正月十五日。碑在河南鄢陵。

　　見《拓本匯編》40册第36頁。

李昂題名

元祐五年（1090）三月

鄄城李昂，元祐庚午季春。

[說明]

據《說嵩》，刻於元祐五年（1090）三月。碑在河南登封。
見《說嵩》卷15。

李夷行題名

元祐五年（1090）八月三日

趙郡李夷行，甄城李昂，祥符楊彦章，元祐庚午中秋三日同游。

[説明]

據《説嵩》，刻於元祐五年（1090）八月三日。碑在河南登封。
見《説嵩》卷15。

蘇授之等《昇仙太子大殿碑》碑側題名

元祐五年（1090）八月七日

武功蘇授之、知永安縣弟世美，自潁川隨牒入洛，同游二室。
元祐庚午仲秋己亥，恭謁祠下。

［説明］

據《拓本匯編》，高 36 釐米，寬 32 釐米。刻於元祐五年（1090）
八月七日。碑在河南偃師，刻於明道二年六月一日《昇仙太子大殿
碑》左側。

見《拓本匯編》40 冊第 55 頁。

《弔比干文》碑陰記

元祐五年（1090）九月十五日

碑陰記。

會稽齊唐言爲兒時嘗登秦望山，見李斯所篆《紀功碑》，其字尚可辨。及壯，仕宦周游四方，歸已老矣，則碑不復見。又余嘗西征，道出函潼之間，丘冢纍纍，相望不絶，而斷碑尤多，類皆鑱去書撰者之姓名，使過客弗復視。則縣道免須索之勞，鄉民無供給之費，故或以摧洳爲辭，或以震霆爲解，以致奧文奇迹，多淪於瓦礫糞壤，亦可惜也。

汲郡比干墓，舊有元魏高祖弔文一篇，摸鏤在石，其體類騷，其字類隸，久已爲鄉人毀去，賴民間偶存其遺刻，首云："惟皇構遷，中之元載。歲御次乎閹茂，望舒會於星紀。十有四日，日惟甲申。"今以史譜考之，是歲實太和十八年，都洛之始年也，故云"元載"。而歲在甲戌，故云"閹茂"；月旅仲冬，故云"星紀"；朔次辛未，故"十有四日"。日惟甲申，距今元祐之庚午幾十周甲子，合五百九十七年。歷西魏、後周、隋唐、五代，喪亂多矣。幸遇聖辰，再獲刊勒，固知興廢自有數也。噫！已摧而復崇，已泯而復彰，使萬世忠精之魄，當與天地齊久，不亦美歟！

400

按高氏小史，亦載其文，以"嗚呼介士"爲"嗚呼分土"，字之誤也，今宜從此碑"介士"爲正。

元祐五年秋九月十五日，左朝請郎知衛州吳處厚記。

右承議郎通判宋適立。

承事郎致仕林舍書。

助教劉士亨摸刊。

[説明]

據《拓本匯編》，高 53 釐米，寬 98 釐米。刻於元祐五年（1090）九月十五日。碑在河南汲縣，在重刻北魏太和十八年十一月四日《弔比干文》碑陰。

見《拓本匯編》40 册第 58 頁；《金石萃編》，《石刻史料新編》第 1 輯，第 1 册，481 頁。

重葬父母銘

元祐五年（1090）十一月三十日

　　大宋元祐五年歲次庚午十一月戊子三十日庚寅，重葬亡父先君并母張氏及弟十郎并新婦於鄭州管城縣南羅村。其穴地南北長二十一步，東西闊一十七步。

　　孫男鄉貢進士操，次孫扑。男陳靖記。

　[說明]

　　據《拓本匯編》，高17釐米，寬11釐米。刻於元祐五年（1090）十一月三十日。碑在河南鄭州。

　　見《拓本匯編》40冊第60頁。

林慮山聖燈記

元祐五年（1090）十一月

林慮山聖燈記。

元祐庚午冬十一月，按民兵過相臺，提點監牧段仲容爲余言林慮
獄谷峰有聖燈，聞而未之見也。十八日，自共城陟浮唐嶺，下侯兆
川，繇原康、合澗以游。前期三日不食酒肉，其夕祈請於寺庭。初於
紫煙峰現燈五，才閃爍耳。已而於石城峰現寶燈一行里餘，又現金燈
一分而爲二。同祈者爲知縣錢景允、尉耿澈、共城陳鞏、僧行三十
人、兵幹二百許人，莫不叩頭悲淚，起發信心。

予比使河東，二年四游五臺山，凡所見靈光寶瑞聖像殊祥，不可
勝紀，自以於諸佛諸大菩薩有大因緣。既使河朔，惘然久之，未始一
日不北向五頂而投誠也。今至獄谷，復瞻異迹，迺知塵塵刹刹道場充
滿，無所不如無所不是。

提點刑獄公事張商英天覺筆述。黎明將出山，覽群峰不能捨，遂
步行徑過，跨玉橋，登朝雲亭，由升龍橋上望曦亭，望金門再拜，辭
歸。俄而祥雲紛郁如幢蓋，如人物，如龍象，非衆聖所宅龍天所護，
詎如是耶？

［説明］

據《（民國）林縣志》，張商英撰書，草書。刻於元祐五年（1090）十一月。碑在林縣鉷峪寶巖院，光緒間發現，移謝公祠。

見《（民國）林縣志》卷十四。

修武令張棐等魏夫人祠碑陰題名

元祐六年（1091）正月一日

修武令張棐同王耆老張厓，元祐辛未元日謁祠下，沐澗山僧普□
亦至。

[説明]

據《八瓊室金石補正》，三行，行九字。字徑寸許。左行。刻於
元祐六年（1091）正月一日。碑在河南沁陽。

見《石刻史料新編》第 1 輯，第 8 冊，5584 頁。

蘇軾書《醉翁亭記》

元祐六年（1091）十二月

醉翁亭記。

（記文不録）

廬陵先生以慶曆八年三月己未刻石亭上，字畫淺褊，不能傳遠。滁人欲改刻大字久矣，元祐六年，軾爲潁州，而開封□□□孫自高郵來過滁，滁守河南王君□請以滁人之意，求書於軾。軾於先生爲門下士，不可以辭。十二月己巳，眉山蘇軾書。[1]

[説明]

據《安徽通志稿·金石古物考三》，拓本凡四石，每石高七尺一寸八分，廣二尺八寸二分。六行，一□二尺二分。五行，行皆二十字，正書。碑在滁州琅琊山。河南新鄭有復刻碑。刻於元祐六年（1091）十二月。

見《石刻史料新編》第3輯，第11册，106頁。

[校勘記]

[1]《金石續編》卷十五記河南新鄭縣本與此小異，云："歐陽

永叔《醉翁亭記》'環滁皆山也'至'太守謂誰，廬陵歐陽公也'。
廬陵先生以慶曆八年三月己未刻石亭上，字畫褊淺，恐不能傳遠。滁
人欲改刻大字久矣。元祐六年，軾爲潁州，而開封劉君季孫請以滁人
之意求書於軾。軾於先生爲門下士，不可以辭。十一月乙未。眉山蘇
軾書。"此碑録自《安徽通志稿·金石古物考三》，據《金石續編》
有河南新鄭縣本之説，因録此以見蘇軾書《醉翁亭記》之影響。

宋建後唐雅上人舍利塔記

元祐七年（1092）正月一日

　　舍利塔舊在外門西偏溝之南壖，雜於民居。宋元祐六年，昭詮始來緱氏，遂移於大殿後。上人事迹已見比丘仁雨《記》，此不復叙。

　　十二月二十四日，寶嚴院主賜紫昭詮謹題。

　　元祐七年歲次壬申正月一日建。

[説明]

　　據《偃師金石遺文補録》，正書。刻於元祐七年（1092）正月一日。碑在偃師縣永慶寺。

　　見《偃師金石遺文補録》卷10。

范正思等題記

元祐七年（1092）八月四日

范正思同蔡□游。元祐壬申歲八月初四日題。

[説明]

幢八面，在登封嵩陽書院，與樓異題記在同一石幢。刻於元祐七年（1092）八月四日。尚未見著録與整理。

朱巽之等題記

元祐七年（1092）九月三日

朱□巽之自少林寺過此，遂由登封入許。

元祐壬申季秋三日書。□禮從。

[説明]

　幢八面，在登封嵩陽書院，與樓異題記在同一石幢。刻於元祐七年（1092）九月三日。未見著録。

宣仁后山陵採石記

元祐八年（1093）十一月九日

宣仁聖烈皇后山陵採石之記（碑額）。

採石[1]下泐數字。

河南緱氏鎮之西南二十餘里，有山嶺最高，形如委粟，俗號"粟子嶺"。嶺之東北，下有廟，榜曰"山神"，載在祀典，而不知是山何名。歷詢故老，莫知其實。按《東漢和帝記》稱："永元十六年十一月己丑，行幸緱氏，登百岯山。"注云："即柏岯山也，在洛州緱氏縣南。又今緱氏之南二十里，山名柏崖。"以此考之，則粟子嶺諸山即昔日所謂"百岯"者也。本朝列聖及母后登遐，例遣官採石于山下，崇奉陵寢。自乾興元年以來，始有碑刻可考。

宣仁聖烈皇后，以元祐癸酉九月三日戊寅上僊，太史奏請以來歲二月七日山陵復土，詔以丞相呂公爲之使。安持受命，與如京使林元、莊宅副使麥文昞同董役于緱山。即以其月癸卯開山，凡取巨細石一萬有畸，而訖于十一月之壬午，四十日而功畢，用石匠二千九百七十四人。

按故事，鳩工十六萬五千二十有六，當用四千人，期以兩月。而京師匠者十無二，餘悉取於諸路，議者患其回遠，不能以時至。蓋開

411

山之日始有來者三百六十四人而已，至十月四日纔得一千二百九十九人。逮逾月，然後及二千九百七十四人，止以是數。又十日而訖事，餘悉遣之，所省八萬九十九功。

前此工不集，上下憂之，乃募作者能倍功即賞之，優給其值。於是人情忻然，罔不悉心，不待有司董戒程督，竭日力而後止，故無逃者。晨起爲糜粥煮藥，時其食飲而嚴禁其攘竊。架竹引泉，使無渴飢，故少病者。爲密室，南向以就天陽，有病則遣官挾太醫胗視。相屬于途，不謹則嚴其罰，故尠死者。蓋自癸卯至壬午，吏民兵匠，毋慮五千餘人，而無一人逃者，以疾斃者三人而已，橫逆者無有也。噫！何其幸也，凡此數者，皆朝廷授以成法，故有司得以奉行。而又數下恩詔，加賜吏士，蓋無虛月。所以戒敕愛養，無所不至，是宜和氣浹洽，人不告勞。方盛冬之時，天氣晏温，雨雪不降，以迄大事，有以見天人相應，昭示聖心純孝傳諸無窮之意。下臣姑謹職事，以紀歲月云。其餘佐吏具列于別石。

十一月九日，左朝請郎試太僕卿兼權都水使者都大提舉採石吳安持謹記。

大將楊仲卿書。

前玉册官王永昌刻[2]。

[説明]

據《金石萃編》，碑連額高一丈五寸，廣四尺一寸。十九行，行四十二字。連額并正書。刻於元祐八年（1093）十一月九日。碑在河南偃師縣永慶寺。

見《石刻史料新編》第1輯，第4册，2615頁；《（乾隆）偃師縣志》卷28；《偃師碑志選粹》11頁拓本殘。

[校勘記]

[1]"採石"二字，據《偃師碑志選粹》補。

[2]"王永昌"之"王"字，據《（乾隆）偃師縣志》補。

王子淵等龍門石窟題名

元祐二年至元祐四年之間（1087～1089）

宣政殿□□光禄大夫□事……轉運使王子淵……郎轉運判官陳鵬，承□郎前判□院文居中，承議郎管句嵩山（崇福）宮……縣尉國子監

……月二十……

[説明]

摩崖在河南洛陽龍門石窟東山。原碑日期漫漶，以陳鵬元祐二年爲梓州路轉運判官，蘇頌曾元祐四年薦陳鵬時，陳鵬已爲郎官，題名當刻於元祐二年至元祐四年之間。

李格非題名

紹聖元年（1094）八月十一日

濟南李格非，同俚述謁祠下。紹聖元年八月十一日。

[説明]

據《偃師金石遺文補録》，正書。刻於紹聖元年（1094）八月十
一日。題名在偃師縣謝絳《昇仙廟碑》右側。

見《偃師金石遺文補録》卷10。

施換塔石額記

紹聖元年（1094）九月

　　夫佛之浩聖罔極，至威咸仰，宇宙之間，四維之中，六合之内，曷有莫不欽於聖者。佛宣法暨出，無邊無界，群氓持心演誦，靡不濟拔於彼岸。法教肇興，建自周朝，于是混沌之前，我佛儀像已立在清虛廓落之外，既產乾坤，必安杳冥，有形之内，當時未可以化像於人間，後來漸誘於寰海之中。微邇邐透攝於萬類之上，是以風化曠遠，曩劫罔收，人人志學，有果有報，家家常慕，獲福獲勝。緣流以顯，上達於刀利之聖宮；既除惡際，下徹於阿毗之苦處。是時，高明善因，無不敬崇者也。如顯我丈八尊佛，既從衡廬，而踴出之時，天有不奇之祥，地有無涯之瑞。想當時，視日而轉轉晶輝，睹月而別加清朗。海水澄波，山青秀麗，一切有情之物，無不瞻仰者。是以四方黎庶之家，見佛所出，便乃齊心助聖，遽立塔殿之基。欲以歸安之處，須建有福之地，乃可遷佛。如就平坦之中，千人而莫能分毫搖動。若陟山頭，一士而用力，軋軋速進。如迄山巔，修成寶塔，立在相州之境，疆居林縣。□後，年深日遠，風摧雨塌，乃塔門額縈縈有□。今欲別安門額，郤是相州西五十里安陽縣西龍山村人也。□王隴西，只於紹聖歲朱明之月，因憶我佛，詣於聖谷，□心就禮，如禮罷，所仰

416

聖因□塔依然未有所隳，乃□門額綻壞。當時便發願心，欲換此門額，日夜無寐。速命高人去選其石，且見西山岌峇及夬□□遠望烟蘿，遍詣嶔峇，如風□□，無有不到。似巖嵌嶔嶇樣豈有不歷？忽然門到□谷，睹昊無涯，瑞□万端。是時，只就此共匠人同謀一□□而作器，且爲塔額耳。願安石以後，家榮日長，福氣時增。養蚕而□厚重重，種稼而從纍顆顆。六畜雙孳，門清永吉。願子孫世世昌昌，轉願皇王常登寶殿，百僚卿相，郡邑官員，日添高品；更願九族榮顯，普天下人民咸受快樂矣。今以狂序其言，難可竭言前意，所謂無智論幽深奧義之理，不能搜源其趣。願風雨順時，不盡□宣者記矣。

大宋紹聖元年甲戌歲季秋乙亥朔二十六甲子日換額。

相州安陽縣西龍山村獨施換塔額石李用。

選石兼鐫字匠人許婆村衛弁婿史安。

丹青處士象村郭政同施工食交口村衆人。

相州安陽縣西叚村習進士郭漸撰并書。

[説明]

據《安陽縣志·金石録》，碑在丈八佛塔上，正書。刻於紹聖元年（1094）九月。

見《石刻史料新編》第 3 輯，第 28 冊，503 頁。

靈裕法師傳

紹聖元年（1094）十二月八日

有隋相州天禧鎮寶山靈泉寺傳法高僧靈裕法師傳并序（碑額）。

釋靈裕法師，姓趙氏，定州曲陽人也。在幼童時，每見沙門佛像必拜禮，聞屠宰聲必加悲愴。年七歲即欲捐俗，父母不許，遂博覽群書，及十五，丁父憂，苫塊哀瘠，杖而後起。事親篤孝，編之史冊。服畢，遂往趙郡應覺寺出家，後聞慧光律師在鄴都，即往從之。會光已歿，乃投道憑法師，授《十地論》及《華嚴》《涅槃》等經，皆晨夜研究，博尋舊解，闡發新異。眾翕然稱之。時齊方興釋典，有法上者，爲僧大統，學者望風嚮附，惟裕專精獨立，不偶倫類。後法上頗欽服之。裕常與諸僧共談儒教，旁設講席，聽者同集，兩得所聞，覆述句義，無一遺者。自是，擅名鄴下，遠近師附，俗呼爲裕菩薩，多從之受戒焉。

裕持性剛潔，器識堅明，志存遠大，不局偏授，每有傳講，必恭恪勤厚，延請乃赴。既臨講席，聽者莫不肅然自持。一夕布薩說戒，靜影惠遠法師造《涅槃經疏》，詳練撿覆，緣此傳欲，師勵聲曰："惠遠讀疏，言是法師因緣，眾僧說戒，豈是魔說？"遠聞而憚之。自爾罔不趨筵，稟於戒範，女人尼眾，莫敢面參。其嚴毅如此。嘗與

418

鄴下諸法師連坐開講，齊安東王婁叡拜諸僧，次禮至裕前，不覺怖畏流汗。退詢厥由，知其戒行精苦，遂奉爲戒師，造寶山寺以居之。

裕通達三乘，辯對乘機，前後所講科目無常，時同學者或譏之，裕曰："此乃大士之宏規也，豈拘拘於常情哉？"後周滅齊，廢毀釋教，裕乃衣斬縗、冠布絰，與同侶二十餘人潛遁村落，晝誦儒書，夜理佛經。時歲饑穀貴，裕乃造卜書一卷，占者取米二升而已，負米者相繼，裕嘆曰："先民有言'舐蜜刃傷'，驗於今矣。"乃取卜書，對衆焚之，更以所得供饋同厄。

及隋，興復釋教，始去縗絰，改襲舊儀，真緋正紫，五大色服，正背之衣，凡乖律則并不入室。常服祁支，纏過其肘，人或誚之："法師若此，將非邀譽耶？"師對曰："君子求名，小人求利，亦何爽乎？"誚者赧然心服。開皇三年，相州刺史樊叔略創立講會，延集名僧，有詔令立僧官，叔略乃舉裕爲都統。裕語叔略曰："都統之德，裕德非其德；都統之用，裕用非其用。既德用非器，事理難從。"叔略不聽。裕迺潛游燕趙。久之，還居相州大慈寺。開皇十一年，文帝詔裕入長安，令住興善寺，延入宮掖，與皇后獨孤氏歸敬之禮，求受菩薩戒。師曰："至尊是萬基之主靈，裕乃凡庸比丘，詎敢爲師也？"遜辭不已，方始從受。未幾詔爲國統。裕因辭請歸於鄴，文帝許之。乃命左僕射高熲、右僕射蘇威、納言虞慶則、總管賀若弼等詣寺宣旨，代帝復受戒懺罪，并送綾錦衣服，絹三百段，助營寶山寺，御自注額，改號"靈泉"，蓋取入山之泉、師之上字合以爲稱，聖意欲存師名之不朽耳。

既還相州，更住演空寺。今淨明寺是也。及仁壽中，分布舍利，諸州起塔多有變瑞，時人咸以爲吉祥。裕聞嘆曰："此相禍福兼表，夫白花、白樹、白塔、白雲，豈非凶兆耶？"未幾，果應獻后安養之徵。衆始傳裕言爲信。相州刺史薛冑所居堂礎變爲玉，冑喜，設齋慶之。

裕曰："此乃琉璃耳，誠之慎之，宜禳禍祈福。"胄不從，後楊諒作逆，胄竟坐纍，流之邊裔。裕之明識皆此類也。

裕以大業元年終于演空寺，道俗相與殯於寶山靈泉寺側，裕所有經律疏義及詩頌雜集百餘卷行於當世，嘗製寺十誥，以法御徒，終南釋氏宗而奉之，其他可知也。有弟子曰光寺法礪、慈潤寺惠休、定國寺道昂并曇榮等，皆以明律習禪，一時宗匠，各有別傳，以載德業云。

元祐八稔秋九月，天禧仕人牛彥景命余就弟敷演。旬有二日，乘暇領徒，游目寶山，攀蘿捫石，越壑登峰，矚巖隈靈龕，尋林泉勝概，考其名實，雅符史傳。至於玄林塔像，道憑石堂，魏齊隆替之基，周隋廢興之迹，遺緒備存，勒之琬琰。獨師盛德徽猷，穎拔衆表，牆仞法力，功莫大焉，而杳無支提，良用慨然。乃募信士郭文真，率衆於寺之東南隅岑麓之上建塔設像，俾好古觀風之士瞻仰有歸矣。

時紹聖元年十二月八日釋德殊叙并題額。

習唯識論小童師慶書。

相州衛弁洞天浩宗儀刊。

修塔匠人張宣。

[説明]

據《拓本匯編》，高136釐米，寬60釐米。刻於紹聖元年（1094）十二月八日。碑在河南安陽靈泉寺。

見《拓本匯編》40冊第111頁；《安陽縣金石録》，《石刻史料新編》第3輯，第28冊，503頁。

顯聖靈源公之廟記

紹聖二年（1095）六月十六日

顯聖靈源公之廟記（真額）。

修武縣七賢鄉馮營村重修顯聖靈源公廟記。

里人杜冕撰并書。

孟子曰：聖而不可知之之謂神。夫神者，靈之所聚，與天地同流而不可測者也。故能照知四方，養生萬物，有□□而無所屈，視之不能見，聽之莫得聞，略□而不可遺，使天下之人齊明盛服，以成祭祀，洋洋乎如在其上，如在其左右，著德立功，澤利生民。此其所以能守乎山川之利而宜載典禮者也。

大河北三監之□紀東有古祠，號曰“土牛神”，其建久矣。考之於舊碑記，云彼俗耆老相傳，昔因河水泛濫，郡民縱觀，咸見中流屹然□有神人乘黃牛逆流而上，盤旋波瀾中不出境界。鄉人相與□□岸涯逼以視之，迺泥神土牛而已。眾皆驚異。於是送其神，使順流而下。翌日復出於水面，若有所待。如是者數日，故閭里更相謂曰：“此豈非土牛之神得廟食於吾鄉，必特眷以降福於吾民者哉？胡不爲之立廟而祭耶！”於是，營辦構架，翕然而成，即迎立神像於其中。“土牛”之號自此始也。厥後，郡人凡有灾祥之兆，六畜有瘴疫之患，則虔誠以祭，無不應禱矣。

國朝景德中，契丹犯澶淵，嘗有突騎數千，且欲寇是郡，忽見飄風黑雲，出自廟隅，鼓蕩蔽野，須臾陰兵雲中下集，環而攻之，賊眾敗死，城社得以獲全，實神垂佑之力也。當時，郡邑皆以狀聞於上，朝庭嘉命錫上公禮以祭之。未幾，特賜爵位曰"顯聖靈源公"，以其神來自河上，故有是封。由是，涼朔州縣□□奔趨□祭虔祈焉。

皇祐中，懷州修武縣北距城二十里世賢鄉王賈村，有百姓董遂者，以歲時□本廟祈□□遠，恐妨農作，遂率民釀金，爲神別修廟於當村，以便於民。未成，而遂擅取其材以爲己舍。少頃，雷電暴作，火焚其莊。信乎神靈不疾而速，不行而至，可敬而不可欺也。

元祐初，本鄉馮營村稅户段應、程仲等，復率眾繼成其廟於今所。壯哉！殿宇一新，神像嚴肅，金碧輝煥於廊廡，雲煙蔚藹於脩槐。使百里之民得以就近致祭而蒙神景福者，段氏、程氏之功也。且神之於人，無所討亦無所覬。惟民恭而祀之，則獲無疆之福；慢而侮之，則罹有驗之灾。乃所以示人者，威明而已，故聖人是以嘗重於祭也。

於呼！惟神有德善可以推辭於後世者，不可以無紀焉。其所以警眾顯異，混俗示威，捍禦大菑，宜乎爲鄉人所依賴。護持之賜蓋不可勝載，故作碑聊養斯神之靈驗，將傳不朽矣。

大宋紹聖二年歲次乙亥夏六月十六日建。十一月二十五日立。

本村邑人王福□鐫。

[説明]

據《山陽石刻藝術》拓本録。刻於紹聖二年（1095）六月十六日。碑在河南焦作市博物館。

見《山陽石刻藝術》第110頁。

坦掌村脩堯廟碑

紹聖二年（1095）十二月二日

大宋國懷州河內縣利仁鄉坦掌村重脩堯聖廟記[1]。

鄉貢進士李勃吳愿撰。

太行山人張洞書。

竊夫聖德神於當時，仁道澤乎後世。恩霑民庶，利益邦家。名聞而四海無窮，迹存而萬代莫廢。不惟道而皇、德而帝、仁智聖、禮義賢，皆可以建廟興祠，民祈省賽而已。凡我帝堯遺茲迹者，德而帝之然也。按覃懷《圖經》云：“郡城乾隅三十餘里，古有堯聖廟境，迺國家省賽之祠及庶民鄉祈之廟也。”且夫昔在帝堯，稽古欽明[2]，親睦九族，翊善俊德，協雍萬邦。仁如天而望如雲，智如神而就如日。故仲尼删《書》定《禮》，首唐序虞，爲百王立法之師，作萬世常行之道。

昔廟于斯，雖群經不載，諸子無文，況詢諸耆艾，傳乎古老。昔帝因巡狩，帥師至此，《隋誌》云：三皇述職，五帝巡狩者是也。困息思漿，求無獲濟，忽睹斯境，猶掌潤澤。帝迺聖意陰符，龍指按坦，尋感醴泉，應手源湧無涯，滔滔而莫測淺深，混混而不舍晝夜。夏則冷而太清，冬則温而益暖。魚游而躍同靈沼，釣樂而坐狀磻溪。止渴療飢，聚朝

423

散暮。迄今竹木森聳，蒲稻蕃滋，水淥萍藻，池香菡萏。解亢希灌溉之濟，后稷田豐；去垢賴澣濯之能，蔡倫紙富。浩流十五餘里，濟民百萬餘家。故因而村名坦掌，鄉號利仁。莫不聖德之殊，仁道之大哉。

尋有賢明好事者，選方擇地，建廟興祠。放勳而御駕飛龍，帝堯當殿；重華而台階輔相，虞舜奉承。所以古往今來，民祈而匪闕；前朝後代，省賽以罔虧。鄉憂水旱，信祈者濟物無涯；人病灾危，誠禱者救民可驗。領財納馬，顯靈佑於碧潭；饗酒歆香，受恩福於紫殿。而後，歲時代謝，寒暑往來，直得神像傾隳，殿基壙壞。

今有清河公張允濟者，祖世山陽，家住廟側，識兆幾先，行脩人表。忽因暇日，游息是祠，喟然嘆曰："噫哉！堯聖生而富有四海，没而靈庇一方。仁厚民財，則前儲水利；義供民用，則後育山林。又，西廂下睹琬琰之書，蓋古殿并暖帳，實祖父張重寧之脩。念迺祖迺父之虔切，懇堂懇構之志然，而自謂曰："不繼祖宗，是不仁也；不新故舊[3]，是不智也。"是以深啓洪願，創造頭題，□發善言，衆皆響應。家家有罄財之懇，人人有盡力之誠。尋迺命匠邀工，選材埏埴，經營作矣，不日成之。廟殿既畢，廊屋皆完，聳疊堦墀，巍安獸吻。徘徊殿宇[4]，迺雁翼以宏空；塑繪聖儀，真仙姿而降世。顒若垂裳而治[5]，儼然傳聖之尊。然則竭衆之力，人不以爲勞；乏衆之財，人不以爲困[6]。蓋澤寬恩久，潤民濟物之感也。今者功畢告成，宜形文記。故以遠命良工，精選奇石。頗曾崇祖之德，非敢訴己之勞。因而告諭里人及我子孫百嗣：必有賢明好事者，紹我祖宗，緒我功力，經久勿令隳廢者，必獲聖佑。所以礪石刊文，依功序事。欲贊無爲之德，須形不朽之銘。況勃等雖末識管見，寡學陋聞。勉伸應命之辭，聊成斐然之序。庶幾髦彦規琢。幸焉，贊曰：

昔在帝堯，文思昭昭。神化治國，仁德臨朝。身繼天命，位禪舜韶。巡狩掌息，坦地泉潮。濟民澤普，利國功饒。溫冬清夏，散暮聚朝。紙贈倫濯，田助稷澆。林林竹木，森聳枝條。年年蒲稻，蕃庶根苗。池香菡萏，沼綠萍藻。建廟豈忝，立記寧懲[7]。門臨紫陌，殿插青霄。像塑真繪，梲藻墙雕。聖位堯帝，台陛舜僚。禱而請福，誤而降袄。鄉依肅肅，州鎮天天。清河公子，特作英□。重脩古迹，再紹宗緜。建兹碣謁[8]，告諭相招。里人我嗣，必有賢超。績世完葺，勿令隳凋。記久明遠，萬古謠謠。

時紹聖二年歲次乙亥十二月癸亥朔初二日甲子辰建，都維那張允濟，副維那王秘。

鐫字高昌。

[説明]

據《八瓊室金石補正》，高四尺，廣二尺四寸。廿六行，行四十七字。字徑七分。正書。刻於紹聖二年（1095）十二月二日。碑在河南沁陽。

見《石刻史料新編》第 1 輯，第 8 冊，5740 頁；《（道光）河內縣志》卷 20。

[校勘記]

[1]"坦掌"，《八瓊室金石補正》作"担掌"，此據《（道光）河內縣志》。以下地名"坦"字皆如此。

[2]"欽"，據《（道光）河內縣志》補。

[3]"新"，《（道光）河內縣志》作"修"。

［4］"宇"，據《（道光）河内縣志》補。

［5］"顒"，《（道光）河内縣志》作"容"，或爲諱改字。

［6］"爲"，據《（道光）河内縣志》補。

［7］"懒"，《（道光）河内縣志》作"傲"。

［8］"謁"，《（道光）河内縣志》作"誌"。

興國寺□寶臣尊勝幢記

紹聖三年（1096）四月十一日

《佛頂尊勝陁羅尼》經。

……十月己卯□初七日乙酉，□奉□妣□□□曾祖□□祖□父□□于汝……次丙子四月庚申朔十一日庚午，建《佛頂□勝陁羅尼》經幢一所，用資冥福，嗣子男□□寶臣立……男□□女十一娘，婿李通□，女十□娘、婿□□，女十五娘，婿□□，女十六娘，女十七娘，外甥□□□……十一娘，外生□□，妹十五娘，堂侄再興，表弟張秉仁。

[説明]

據《八瓊室金石補正》，高四尺一寸五分。八面，面廣四寸二分。七行，行字不一。字徑五分。正書。此刻缺年份，陸增祥據《訪碑録》作"紹聖三年"，故隸於紹聖三年（1096）四月十一日。碑在河南魯山。

見《石刻史料新編》第1輯，第7冊，5338頁；《寰宇訪碑録》卷7。

光禄卿龍圖張旨神道碑

紹聖三年（1096）八月二十七日

宋朝奉郎守光禄卿直□圖□□□□□留司□□□公事上□□□尉
南陽縣開國子食邑六百户賜紫金魚袋贈正議大夫清河張公神道碑。

朝散大夫充集賢殿□□知梓州軍州事兼管内勸農使兼提舉梓□渠
州懷安廣安軍兵甲巡檢賊盜公事上護國賜紫金魚袋吕陶纂文。

朝散郎致仕護□□□□魚袋□□書丹。

朝奉大夫知懷州□□□管内勸農事上護軍賜緋魚袋借紫賈□
篆□。

皇朝之□□□□□□□□□□□□□□□□□恩□□□□□其
□□行□□可以風勸四方，矜式後世，乃因而旌異之。上則朝廷忠厚
之治，周及□□□□□□；下則子孫□□之心，得以□□□□□□。
□□□□□□烈□□國家著見於時者安可不書？此清河張公之碑所以
傳信而不泯也。□□□□□□□□□□□□□□□□□□諱□□□□□隱
□□□□□宗□□□□。考諱延嘉，通經術[1]，履趣純潔，不願仕
州部以聞，賜"嵩山清逸處士"號。纍贈刑部□□□□□□□□□
□□□□□□□□□□□□州[2]今□□□□□□年□□八而孤，
慨然有大志，欲圖功名，即南渡江，游衡廬諸山，從有道講磨，其學

428

險巇 □□□□□□□ 一切 □□ 念九 □□□□□□□□ 舉
□□□□□□□第調保定軍□□慊無以施其能[3]，□建白公府，彤
（願）治劇。轉運使壯其請，上之，得深州安□尉縣有巨
□□□□□□□□□□□□□□□□二[4]百□□□□□□□□□流矢貫
臂，不少□，卒能勝逆[5]，斬十餘人。遷知廣信軍遂城。用薦格，
改著作佐郎，當任福建官。是時，東南□□□流□□□□□□□□□
不可禦□□□□事當[6]□□□捍寇之策□□身任事[7]，朝廷信其
言，許治淮南多盜縣，得壽州之安豐。至□□□□□□□□□□□□
□□□□□□□□□□□□□三十里□注無□□□□□□□
及一境，復沃[8]壤數萬頃，逋冗歸集，歲乃大稔。民歌之曰
□□□□□□□□□□□□□□□□□□□□□□□□□□□□□□
□□□□□氏縣。會[9]忻州地震出火，郛郭、屋廬[10]焚蕩幾盡，郡
人晝夜哭不已。朝廷□□□□□□□□□□□□□□□□□□□□
□□□□□□□□□詔嘉之。明年，西戎叛，又選公爲屯田員外郎
通判府州。州因山峻嵲，三面皆寇，境初無外郛，公□□□□□□
□□□□□□□□□斯[11]城之，徒耗民力。衆以爲然，獨公謂不
可，遂城之。逾年，功將就，惟西隅數堵未完，賊□□衆[12]號三[13]
十萬，圍□□□□其□□□□□□□□□□□□而呼，且言[14]
賊兵躡其後，願求以生。公具短兵，當其衝，啓扉而納，又植巨木窒
西隅。親率强 □□□ 賊果并力急攻，□□□□□ 不
□□□□□□□□□□飲，旦夕出南門汲於河。賊知之，以精銳斷其
路。公擐執率勁兵五百，夜半開關突擊。賊稍却，□□□□禦兩旁，
候州人□之而入，復扃□□□□□□□□□□掠水道。公遣
□□伏巖竇間，伺而擊殺，故兵民無喝死者。賊圍城既久，衆益至攻
□□□□□鬬志，有懼色。公知之，即□□□買馬，綵數千□。詔□
賜守城將卒，城上皆東向呼萬歲，以□□□□。又遣人抉溝中泥淖塗

草，積若將備，火□□□見□謂城中水^[15]有餘□外援將至，□解去。^[16]公以功加^[17]都官員外郎，賜^[18]五品服^[19]，擢知萊州，詔許歲滿□□□□□對便殿，極陳治邊禦敵之大略。□宗改□□□三遣内侍，諭以□□□録用□□，改知邢州，□□□□□□□□□□員^[20]外郎。時范文正公、歐陽文忠公皆使河東，議邊防，薦公可將帥□歸將□□□□□□□□□□□□□□□□□□□□□□□□□□□□□□□□□□□□□□賜三品服而遣。既而，遷工刑兵三曹郎中，歷太常少卿，光禄□，進直史□□□□□□□□□□□□□□□□□□請于^[21]□□□□□部□□□□□□年七十八，嘉^[22]祐六年閏八月己丑終于官，嘉祐八年七月辛□葬於懷州河内縣^[23]□鄉□□□□□□□□□□□□□□□□□□□□□□□□□□□郡^[24]太君，皆先卒。

子八人：席，早世；次平一，慶州軍事判官；次君卿，宣德郎知京兆府□□□□□□□□□□□□□□□□□□□□□□□□□□□□官；次平易，宣德郎監同州酒税務；次平叔，試將作監主簿。女六人：長適晋州同□□□□□；次適中□縣□□□□□山縣□□紳；次適坊州軍事推官掌文紀□□□□。孫寶^[25]等二十人，十人皆□□□□，餘幼。孫女十五人，九人并適士人，餘幼。公□□忠義^[26]□□□□□□□□□□事必爲臨^[27]難不苟免，真豪傑士也。寶元慶□間，天下承平，□邊□廢去□□□寇犯順，以數十萬衆長驅入吾境，守臣戰將相顧失色，漠然□□以禦。公解儒□□戎服提□敢□之^[28]□□□□而^[29]用，力挫賊鋒，遂完孤城。河外生齒因之脱萬死，二邊形勢復强。成功豈不難哉？爲德豈不博哉？及夫逆羌款塞，閫外□嚴，則公已老□徘徊□□遷史職，踐内閣，爲天子守土四方，終日恂恂然。舉條教導惠澤，至則稱最，去則見思，不失爲良二千^[30]石□□之際，可謂賢矣。

嗚[31]呼！士大夫立已致用於斯世[32]，安得盡如其志耶？逢有
□□享有豐，雖毫釐不可加損，疑有尸之者焉。方公壯時，以求□自
奮，常收奇功矣。隆爵貴位，宜爲我有。已而老從九卿後，士論爲朝
廷惜之。古之人或□一奇，挾半策而躐取公相者，蓋亦幸矣。銘曰：

志以發身，[33]才以濟時。滄海莫測，我□欲馳。太山將覆，
予力能支。[34]北野之寇，南方之飢。定襄之□，府谷之危。公皆
有爲，十不一□。顯顯厥功，莫安方□。何以書□，可常而旂。
何以刻之，宜鼎與彝。祀典不詔，雲臺未期。仰懷前烈，勒此
高碑。

紹聖三年歲在丙子八月丁酉朔二十七日甲申。
男平秩立。
韓緒、魏憲鐫字。

[説明]
據《八瓊室金石補正》，高七尺一寸，廣四尺。三十四行，行六
十三字。字徑七分。正書。額失拓。刻於紹聖三年（1096）八月二
十七日。碑在河南沁陽。
見《石刻史料新編》第1輯，第8冊，5743頁；《（道光）河內
縣志·金石志》。

[校勘記]
[1] 通，據《（道光）河內縣志》補。
[2] 州，據縣志補。
[3] 能，據縣志補。

［4］二，縣志作"一"。

［5］逆，據縣志補。

［6］當，據縣志補。

［7］"身任事"，據縣志補。

［8］沃，《八瓊室金石補正》作"洝"，據縣志改。

［9］會，縣志作"令"。

［10］廬，據縣志補。

［11］斯，據縣志補。

［12］衆，據縣志補。

［13］三，縣志作"二"。

［14］"而呼，且言"，據縣志補。

［15］水，縣志作"敗"。

［16］解去，據縣志補。

［17］加，《八瓊室金石補正》作"即"，據縣志改。

［18］賜，據縣志補。

［19］"品服"，據縣志補。

［20］員，據縣志補。

［21］"請于"，據縣志補。

［22］嘉，據縣志補。

［23］"河""縣"二字據縣志補。

［24］郡，據縣志補。

［25］實，據縣志補。

［26］義，據縣志補。

［27］臨，據縣志補。

［28］之，據縣志補。

［29］而，縣志作"爲"。

［30］千，縣志作“十”。

［31］鳴，縣志作“嗟”。

［32］世，據縣志補。

［33］發，縣志作“立”。

［34］予，《八瓊室金石補正》作“子”，據縣志改。

法師惠深碑銘

紹聖三年（1096）十二月二十二日

有宋法師深公碑銘（篆額）。

宋西京鞏縣大力山十方净土寺住持寶月大師碑銘并序。

丹川退叟贊皇李洵遠游纂并書。

雲寮居士高陽許翆德制篆額。

噫！佛滅浸久，法住浸微。有能輶翠妙德，勤恁大事，承雙林之善嘱，致萬乘之外護。畀此土含識，聆音睹相，發希有心，入不退地。自幼至老，利樂群品，□□順世，人仰遺化，吾見於寶月大師焉。

師法諱惠深，世姓楊氏，趙州柏鄉人，夙植德本，生不童戲。七歲禮邢州龍華院僧宗順出家。真宗天禧□□，詔度係藉童行，例蒙剃染，明年具戒，甫九齡爾。志尚超邈，誓斷諸漏，聞譚法師講百法論，往依止焉，專精問辨。未幾悟入，頓絕倫類，兼通《四分律》《上生》《盂蘭》、□□諸經。既敏且勤，殆忘寢食，而處衆謙抑，外貌如愚，同學歆慕，多就咨決。又從隱法師，探《惟識》之奧，隱許以入室，遂代居法席，時年十七。尤精《菩薩戒經》，異時□□《盂蘭》，悒然嘆曰："孝，至德也。一切如來，此其本行。菩

434

提薩埵依以爲戒，吾豈徒言耶?"於是，罄其衣資，於堯山縣遵善寺
羅漢院爲父祖而上設無礙齋，請律師□□施四衆大乘净戒七晝夜，建
《陁羅尼》石幢。會七世之喪於下，時龍興願和尚戒德稱首，師志深
般若，業在毗尼，乃具燈燭果饌，妙供三千，奉十方佛，飯道俗□□
禮願求戒。自是律範精潔，諸方宗仰，行住坐臥，無非佛事。造慈氏
聖像，施財者三百萬；課慈氏尊名，攝心者二億衆。善緣熏滋，勝驗
殊特。嘉祐初入洛，禮金□□爲僧雲寶等，與鞏之官屬邑衆，請住
净土。

　　兹寺之興，肇自元魏，規模甚壯，舊容千僧，經亂堕廢，基址石
洞存焉。厥後，有高行僧三人，分修以居。至皇祐四年，敕賜十方之
額，初有廣和尚者住持，未久遷謝，師繼之，慨然有志興葺。檀信之
士，聞風響臻，始營前後僧堂并厨共二十八間，續建法堂及步廊總二
百間，□□法藏中央，置金裝栴檀瑞像一軀，妙相月滿，慈視三界，
函袟周繞，緜黍相鮮。印經律論下迨傳記以充之。修羅漢洞四十二
間，五百應真分處巖岫，剞劂綵□□極精巧，費金無慮二千八百五十
餘萬。名德之盛，上動宸極，慈聖光獻皇后體佛深心，佑我上治，素
加崇禮，入内懺悔，廷賜紫方袍，又御封佛□寶匣，用嚴資戒道場，
仍錫寶月師號焉。熙寧二年同天節，師飯僧二萬人，人施袈裟一條，
以祝聖壽。每山門法會，香燭、茶果、錢帛等恩賜相屬。五年，大具
供施，往泗上禮普照塔，慈聖降香及金鉢以助緣，還自唐鄧，所過欣
仰迎迓延請緇素之衆，朝夕盈前，金繒之施，奔走恐後。六年，自京
師鑄鐘，重六千斤，慈聖臨幸興國寺廣嚴殿，畀師迎歸以薦福，昭厚
諸陵。八年，開寶寺創崇因閣，復召師赴闕下修佛事以慶其成，恩旨
特留，懇辭還山。乃就慶壽宮塑師真儀送閣上，以足羅漢之數。慈聖
皇后卒，哭，神宗皇帝遣二中使與内典賓樊夫人，齎御前劄子，許乘
兜轎及祠部度牒五道，錢五百貫，綵六十匹，召師赴内道場。先是，

慈聖嘗令本寺歲度僧一名，上倦乃止。上聞之，即令依舊，遂爲永式。眷禮之重，夐無前比。元豐七年冬，示疾，十二月二十二日晨鍾時，囑纍訖，右脅告寂，壽七十有五，僧臘六十六。

師氣貌溫厚，舉止祥順，遇人無高下，和容卑詞，發於至誠，雖甚剛梗，見輒調伏。寺初營繕，僧寮屢易，有粗行狂悖者忿其遷動，大詬以來，師方宴坐室中，遽搇其胸，負之以出，且曰：“吾與若俱沉於洛爾。”師神色不動，方止衆噪。及河，衆憤發奪取，將訴諸官，師怡然譬解曰：“吾與之戲爾。”聞者無不嗟服。山門無田業，日贍幾五百口，化導殆半天下，有以僞借名其間者，衆謂此不隱辯，恐敗信心。師遽遏其端，退而告之曰：“利養均所趨也，利我以害彼，如佛意何？且辨僞，則真亦疑矣。”頃之，歲荒，民流諸方，徒衆多亦散居，師延納有加於常。知事以爲言，師笑曰：“與子共此者，寧力致耶？不思議事，未易以一期歉足較也。”解裝者倍多，又日飴飢民於庭，然饋送之家，不遠千里，蓋未嘗闕供也。施雖奉己，一付諸庫，口不與會計，目不領券要，是以愈久益信，至今人以爲法焉。

師奉戒精苦，汔無纖缺，日諷菩薩戒經七返，俱胝真言五百過，月與其徒誦戒懺悔、講經論一百二十次，復延名師，并開法席，歲不下五六，學者歸之，戶屨嘗滿。瞻護病疾，必加勤渠，營救生命，不可算數。住持者三十年。弟子淨惠等五十三人，稟大戒宗裕等四十八人多爲名僧，受經論善詮等三十二人各專法會，爲四輩圓授菩薩洎五八戒三十餘萬人，皆有籍記。其法緣如此。

明年二月十五日，塔於寺西北隅，啓棺，異香彌覆，顏貌如生，衣衾間得舍利，光白無數，有祈請者，或掇諸土中，或落自空際。宣仁聖烈皇后賜香合椽燭、賻絹五十匹。將窆，道俗齋送，空邑落而遍原野，四遠奔赴，不啻萬人。風景淒變，烏鳥號集，悲戀贊嘆，聲動山谷，其感應又如此。

紹聖三年春，其徒淨良、持稟戒門人有誠等所錄事狀來謁文，顧余投迹甚邇，聆風且舊，即爲纂而次之，猶恨闕略。知師者謂師之頭陀行可及也，其方便智不可及也，豈菩薩應世示現說法者歟？抑證無生忍大善知識也已。銘曰：

忍無上業，萬德之筌。師踐履之，同符往僊。行寓諸戒，智通乃禪。於像法季，有大因緣。彼正律藏，率繫宣傳。所至歸德，其聚成塵。慈柔漸平，移攏□□。二后淑聖，恩禮後先。神皇欽明，眷接加虔。誠動幽顯，供浹人天。視若不足，乃終沛然。山門增輝，聿世其年。報盡理顯，示人有遷。散設利□，□□□□。□□半百，法施大千。良則是圖，不惟其賢。寺之乾維，松柏森焉。來者瞻慕，潤生敬田。

紹聖三年十二月二十二日小師淨良，寺主賜紫法輪住持傳戒廣惠。

永定陵都監供備庫使李宗立立石。

[説明]

據《拓本匯編》，高 160 釐米，寬 89 釐米。刻於紹聖三年（1096）十二月二十二日。碑在河南鞏縣。

見《拓本匯編》40 冊第 141 頁；《八瓊室金石補正》，《石刻史料新編》第 1 輯，第 8 冊，5746 頁。

羅適巢父亭題詩

紹聖四年（1097）二月六日

題巢父亭。

泊然巢一枝，常靜不待息。天地存遺井，聊以見清德。窺者見爾心，飲者養爾力。何爲病夏畦，俯仰無慚急。

紹聖四年二月初六日，赤城羅適。

［說明］

據《八瓊室金石補正》，高一尺七寸五分，廣一尺四寸。五行，行十字。字徑寸許，款二行，較小。行書。刻於紹聖四年（1097）二月六日。碑在河南汝州。

見《石刻史料新編》第1輯，第8冊，5749頁。

慕容伯才遺戒

紹聖四年（1097）二月六日

宋故朝請郎致仕慕容君遺戒。

朝散郎新差權知兗州軍州事王森書于石。

門人進士王棻同編次。

紹聖三年丙子冬十有二月二十有四日庚辰，朝請郎致仕慕容君寢疾，終于河南府河清縣之里第。前數日付其子彙以家事，且戒之曰："吾歿之後，不得以誌石求文於人，不得以朝衣冠置於棺，止以常所服道帽褐履殮，且速葬焉。"又召門人王棻留四句詩，以質其戒，俾其無違。既而啟手足。

其子謂門人曰："吾家世以武進，先君嗣其家而以文登科，歷官四十餘年，清節介行，有羔羊素絲之德而不大耀，復無名文以表顯之，大懼泯滅，使我先君之令善無以傳子孫，則為人之後者，罪莫為大。蓋聞《禮經》曰'有善而弗知，不明也；知而弗傳，不仁也'。則銘父之美，有自來矣。今若告諸先君平生相知之居上位者乞文以銘其墓，是禮也，則又懼違先君之治命，且令速葬，期已迫矣。進退惶惑，不知所出。"會余臨朝請君之喪而吊其子，門人王君具道其事，余乃言曰："近世賢士大夫，亦有戒其子孫勿求文以誌墓者，但書其

439

三代子孫之數，若歷官之年月，終葬之時日，以納諸壙；其醇德懿行，則具諸家牒云。茲可法而爲歟？庶乎兩無違者。"其子與門人即應之曰："諾。"且諉余以編次。遂與門人共爲之編次，曰：

　　惟慕容氏，世居河北，曾伯祖諱延釗，仕太祖武皇帝，爲山南東道節度使，追封河南郡王，葬于洛。子孫遂多居河南，至朝請君而家河清也。朝請君諱伯才，字之珍，皇祐五年登進士第，調河中府臨晉、河南府河清兩縣之主簿，相州之司理參軍，用薦者爲大理檢法官，尋改佐著作郎知北京司錄司事。遷秘書丞太常博士，官制行，換承議郎。凡用年勞，轉朝奉、朝散、朝請郎三官，勳纍加至柱國，通判嵐、廓二州。勞于從事，漸謀閒退，得同判西京國子監，遂以本官告老于朝。錄男彙一官，迺居河清，爲林下之計。時入洛宅，陪太師潞國文公游，至是而以壽考終，享年七十有八。

　　曾祖諱延忠，磁州刺史。祖諱德儼，東頭供奉官。祖母王氏。父諱惟緒，東頭供奉官，纍贈左驍衛將軍。母宋氏，永寧縣太君。娶陳氏，故刑部郎中直史館貫之女，封安福縣君，先十二年而亡。男一人，即彙也，任澠池縣尉。女四人：長適通直郎賈京；次適通直郎陳獻之，早亡；次九娘，幼亡；一在室。孫男五人：長曰嗣祖，次嗣弼，次嗣功，皆業進士；次頑老、耐老，皆幼稚。孫女四人，皆在室。

　　初朝請君卜葬其考妣于洛陽縣陶牙村，遂以陳夫人祔於塋兆之次。今彙遵遺命，卜以四年丁丑春二月初六日辛酉，開故陳夫人之穴而葬焉。其書于石者，蓋敘其所以而紀其始終，庶知於地下者，有以見不忘其遺戒，且書朝請君所留四句之詩云：

道冠琴尾檳榔褐，不要朝衣近此身。速葬便須開故穴，莫刊碑石罔他人。

霍卞刻。

[説明]

據《拓本匯編》，高 73 釐米，寬 72 釐米。刻於紹聖四年（1097）二月六日。碑在河南洛陽。

見《拓本匯編》40 册第 143 頁。

商王廟大殿記

紹聖四年（1097）六月九日

商王之記（碑額）。

重建商王廟大殿之記。

書字人牛宗慶。

鐫字人王士清。

夫得天下有道，得其民斯得天下矣；得其民有道，得其心斯得民矣。故非特愛戴于一時，而成千古之淳風；非特安保于一代，而爲萬世之欽崇也。道□廣而無外，德施久而無泯。歷代數多，繼世幽遠，真賢聖之君，安能至於是哉？有覃懷郡沁陽之東鄙，據大河有陵，陵上起於嚴祠，其□舊矣，故號曰"商王神"也。其王之始也，封宋之盛美，遂致隆平，故上則應于天心，下則應于民望，至于昆蟲草木，無不被澤。其陵之左有疃，名曰"南陵"；陵之右有疃，名曰"商村"；東有孟津之口，名曰"宋家渡"；西北連沁陽之地，號曰"萬歲鄉"。故知王者之迹，因以名鄉，其神之福也。應順于民心，四時序、五穀豐、風雨節、寒暑時。昔於慶曆八載，黃、沁大溢，洪波倒岸，摧至陵下，居民憂成懷山之虞，負爲魚腹之苦。四方□□不期來集，躬伸虔懇，禱于神者，因見危岸之際，流火交光，灼然拒敵，其水立□復故，則知神之所賜。可胃不輕而□□□民之心，可胃不憂而懼矣。自慶曆逮今凡五十餘歲，篁籩弗絕，內外安息，遠者近者，莫不賴焉。紹聖紀號四年，繼有居人都□□主王昱、王思等，綱領衆人，樂崇新制，信言既發，群心協從。胃前宇之隘，則益之以廣；胃材故之枵，則革之以新。復見殿宇岑巍，□□翼舒，煙飛碧瓦，欲敵秋光。江亙飛梁，如吞暮雨，神儀有赫，繪事無遺。所胃王君之圖始，衆人之樂成也。迄于我聖朝，光宅函夏，治崇堯舜，奄有八紘，威加四海，以禮齊民，脩仁來遠，廟貌致嚴，豈敢有遺？垂于禮經，載于祀典。考其□則無濫享之儀，窮其本則乏虛受之議。功既告成，居人紀辭爲請，反熟其事迹，不獲多讓，聊書琬琰，用謹歲月云爾。

大宋紹聖四年歲次丁丑六月癸未朔初九日辛卯誌。

懷州武陟縣萬歲鄉拓王管拓王村都維那主王昱，男王弇、王全、王謹、王順、王慶。南陵村副維那王立，男王思、王密，孫王真、王明。

施主：王貴，宋備，王永錫，張士安，張昌，王簡，王欽，牛宗慶，王通，王海，董斌，董文，鄭乂，金元，李坦，張達，周乂，牛和，張和，楊遂，王世□□，王清，王仙，劉翌，宋榮，郭顯，宋隱，李德，曹立，王宣，王永，張選，魯立，李平，李言，竹榮，高乂，吳德，杜榮，杜慶，杜欽，楊閏，馮瑄，王□，張長官，孫張重□，王錫，李河，賈德，李玉，董緒，牛琮，李宗，吳全，吳國，竹昇，賀玫，王貴，宋全，常祐，霍辛，霍簡，郭立，董錫，楊用成，王仲沂，王顯慶，崔化，李昌，張彥，王明，張慶，秦景，秦德，秦慶，秦選，秦緒，程能，張士明，張德，戚祐之，秦順，張政，武慶，張潛，魯宣，李祥，常文進，羅遂，王用，周立午，趙能，時中立。

　　大寧鎮施主：劉士明，魯氏，蔡漸，蔡從政，竹達，何濬，母思，孫用。

　　持牌人：牛宗慶，王昌，李晏，郭平，賈平，趙來，時貴，張閏，單德，劉安，金達，葉氏，周□，張琪。

　　蓋大殿木匠魯辛，瓦匠馬順清，廟人張道易。

　　[説明]

　　據《拓本匯編》，高 112 釐米，寬 63 釐米。刻於紹聖四年（1097）六月九日。碑在河南武陟。碑中有別字，如"謂"作"胃"。

　　見《拓本匯編》40 冊第 145 頁；《（道光）武陟縣志》，《石刻史料新編》第 3 輯，第 28 冊，442 頁。

真宗賜賀蘭栖真詩并記

紹聖四年（1097）十月一日

詩賜賀蘭栖真。

玄元留教五千言，有象難名恍惚間。數進篇章達至理，時吟時咏道清閑。

墻東贍墳地三十畝，墻後地三畝，墻西地二十八畝，墻內地六十畝七分，除道院一十二畝。無稅。

□□□□

章聖皇帝御製詩記。

章聖皇帝即位之七載，聞河陽濟源奉仙觀唐魯真人舊廬有道士賀蘭栖真者，道術甚高，發使者詔至京師，既而與語，灑然異之。栖真爲詩以獻，上復製詩以寵答之。一日，從容問曰："人言先生能點化黃金，信乎？"對曰："陛下聖德睿明，富有四海，可謂真天子矣，臣願以堯舜之道點化天下，顧方士僞術不足爲陛下道。"上大奇其言，益加敬禮。未幾，丐還，賜號"宗真大師"，加以命服，且蠲其觀之田賦。

栖真壽一百一十有三歲，乃尸解去，葬于觀之東。

又八十有八年，其徒郭仲琨再刻賜詩于石，而圖栖真像其下，且囑臣爲之記。臣闓再拜稽首而言曰："伏觀自昔世主，躬好道家之術者甚衆，而鮮得其真。故其始莫不謂神仙可致，長年可祈，至敝屣視天下，親屈帝尊以禮怪迂之士，而其後類不免爲詭誕之所欺惑，可爲太息。惟章聖皇帝，冲妙在躬，神明自得，以道莅天下者二十有四年，不待問途襄城之野，膝行崆峒之山，而異人奇士應時而來，樂告以善。故祥符、景德之間，天下垂拱無爲，海内蒙福，登封告成，號稱至治，其功德遠矣。觀栖真之所陳，上所以待遇之意，與昔之世主所甘心者顧不異哉！"棲真異事多，此不復具載，特書其爲上語者如此。

紹聖四年十月一日，新授滄州司法參軍臣張闓謹記。

太醫助教臣賈蒙，道士臣郭仲琨立石。

□黨蘇福刊。

[説明]

據《拓本匯編》，高115釐米，寬63釐米。刻於紹聖四年（1097）十月一日。碑在河南濟源。從拓本看，碑分上中下三截，上截刻真宗賜詩，中段刻一童子前導，栖真騎驢行旅圖文，下截刻記文。

見《拓本匯編》40册第153頁；《續語堂碑録》（板心刻"非見齋碑録"），《石刻史料新編》第2輯，第1册，343頁；《（乾隆）濟源縣志》卷15。

崇明寺詩刻

元符元年（1098）

心情稍覺難如舊，勝迹依然日月新。鶴怨猿驚嗟往事，再來山色似迎人。

元符戊寅題崇明寺，魯千之。

延昌寺僧賜紫道準立石。

[説明]

據《拓本匯編》，高49釐米，寬35釐米。刻於元符元年（1098）。碑在河南修武。

見《拓本匯編》41冊第6頁；《（民國）修武縣志》，《石刻史料新編》第3輯，第29冊，287頁。

真武經碑

元符二年（1099）正月二十八日

北方真武靈應真君[1]。

元始天尊說北方真武經。

啓請：

　　仰啓元天大聖者，北方壬癸至靈神。金闕真尊應化身，無上將軍號真武。威容赫然太陰君，列宿虛危分秀氣。雙睛掣電伏群魔，萬騎如雲成九地。紫袍金帶佩神鋒，蒼龜巨蛇捧聖足。六丁玉女左右隨，八殺將軍前後衛。消災降福不思議，歸命一心今奉請。

　　爾時元始天尊於龍漢元年七月十五日，於八景天宮上元之殿安祥五雲之座，與三十六天帝、十極真人、無量飛天大神、玉童玉女、侍衛左右一時同會。鼓動法音，天樂自響，大眾忻然，咸聽天尊說《無上至真妙法》。是時上元天宮東北方大震七聲，天門忽開，下觀世界，乃有黑毒血光穢雜之氣，幽幽冥冥，從人間東北方直上衝天，盤結不散。大眾咸驚□，然不敢議問。時會中有一真人名曰妙行，威

448

德充備，諸天遵仰，越班而出，執簡長跪，上白天尊曰："況此境清净，太陽道境，何得有此黑毒之氣，盤結衝上，是何異因？惟願天尊至聖爲衆宣說，絕其疑慮。"天尊告曰："汝等妙行，能爲衆心發問，是由汝當復坐静默安神，吾當爲說。"天尊曰："下元生人，皆稟清净氤氳，真一之形悉備，三萬六千神氣扶衛其身，今已陰陽數盡，劫運將終，魔鬼流行，信從邪道，不省本源，謟求餘福，昏迷沉亂，不忠不孝，不義不仁，好樂邪神，禱祭魔法，今爲六天魔鬼枉所傷害，或老或少，或男或女，未盡天年，橫被傷殺。本非死期，魂無可托，鬼毒流盛，死魂不散，怨怒上衝，盤結惡氣。汝當省知。"於是，妙行真人與諸大衆聞是說已，心大驚怖，欲請天尊威光暫降下，收除魔鬼，救度生人，拔濟幽魂，去離邪橫。大衆懷疑未敢，天尊告曰："不勞吾威神，此去北方，自有大神將，號曰真武，部衆勇猛，極能降伏邪道，收斬妖魔。"真人上白天尊曰："不審此位神將生居天界，修何道德爲於神將？"天尊告曰："昔有净樂國王與善勝皇后夢吞日光，覺而有娠，懷胎一十四月，於開皇元年甲辰之歲三月建辰初三日午時誕於王宮，生而神靈，長而勇猛，不統王位，惟務修行，輔助玉帝。誓斷天下妖魔，救護群品，日夜於王宮中發此誓願，父王不能禁制，遂捨家辭父母，入武當山中修道四十二年，功成果滿，白日登天。玉帝聞其勇猛，敕鎮北方，統攝真武之位，以斷天下妖邪。"真人上白天尊曰："如何得此神將入於下方收除魔鬼，救度群生，免遭橫死，日有所益，伏願大慈天尊遂其所請。"天尊乃敕右侍玉童馳招真符一道遥往北方，召其真武神將。其神蒙召，部領神衆徑到天尊前長跪："臣已奉玉帝敕命，位鎮北方，今日何緣得睹慈顔，特蒙符召？"天尊告曰："吾於上元宮中大會說法，忽下方黑毒怨氣衝上天界，大衆咸驚，汝宜往彼收斷妖魔，拔濟魂爽。"真武神將敬奉天尊教敕，乃披髮跣足，踏騰蛇八卦，神龜部領三十萬神將，六丁六甲、五雷神兵、巨虬師子、毒龍猛獸，前後導從，齊到下方。七日之中，天下妖魔一時收斷，人鬼分離，冤魂解散，生人安泰，國土清平。真武神將與諸部衆還歸上元宮中，朝見天尊曰："昨奉教命，往下方收斬妖魔，仗慈尊力，乃於七日之内，天下邪鬼并皆清蕩。"天尊曰："善哉！汝等諸神得無勞乎？"於是真武神將交乾布斗，魁剛激指上佐天關而作咒曰："太陰化生，水位之精。虚危上應，龜蛇合形。周行六合，威攝萬靈。無幽不察，無願不成。劫終劫始，翦伐魔精。救護群品，家國咸寧。敢有小鬼，欲來見形。吾目一視，五岳摧傾。急急如律令。"天尊告真武曰："自今後，凡遇甲子、庚申，每月三七日，宜下人間受人之醮祭，察人之善惡。修學功過，年命長短，可依吾教。供養轉經，衆真來降，魔精消伏，斷滅不祥。過去超生，九幽息對，見存獲慶，天下和平。"爾時妙行真人與諸天帝無量飛天神王真仙大衆聞説，莫不歡喜踴躍。一時作禮，贊嘆功德，我等今日蒙大法利益，請於人世救護衆生，令得免三灾患難，各各受持，稽首奉行真武神將，再奉天尊敕，永鎮北方，奉辭而退。

元始天尊説北方真武經。

三元都總管九天游奕使左天岡北極右員大將軍鎮天真武靈應真君下降之日：正月初七日、二月初八日、三月初三日、生辰初九日下降，四月初四日、五月初五日、六月初七日、七月初七日、八月十三日、九月初九日、十月二十一日、十一月初七日、十二月二十七日。

真君諱□字，忌食雁、牛、犬、鱉、鱔、蒜。

宋元符二年歲次己卯正月甲辰朔二十八日辛未。

河南宋溥書并立石。

武宗孟畫。

張士寧刊。

[説明]

碑今在嵩陽書院。據《拓本匯編》，通高 92 釐米，寬 46 釐米。據《金石萃編》，高三尺五分，廣二尺。作四層書，上層真君相，下三層每層三十一行，行各十七字。正書。刻於元符二年（1099）正月二十八日。

見《拓本匯編》41 册第 7 頁；《嵩陽石刻集記》卷下；《金石萃編》，《石刻史料新編》第 1 輯，第 4 册，2639 頁。

[校勘記]

[1] 此句《金石萃編》脱，《八瓊室金石補正》録，見《石刻史料新編》第 1 輯，第 8 册，5751 頁。

黃庭堅書謫居黔南七首

元符二年（1099）三月十五日

相望六千里，天地隔江山。十書九不到，何日一開顔。

霜降水迁壑，風落木歸山。冉冉歲華晚，昆蟲皆閉關。

冷淡病心情，暄和好時節。故園意情斷，遠郡親賓絕。

山郭燈火稀，峽天星漢少。年光東流水，生計南枝鳥。

嘖嘖雀引雛，稍稍笋成竹。時物感人情，憶我故鄉曲。

苦雨初入梅，瘴雲稍含毒。泥秧水畦稻，灰種畲田粟。

輕紗一幅巾，小簟六尺床。無客吟詩静，有風終夜凉。

元符二年三月望日。黄庭堅。

［説明］

　碑在嵩陽書院，黃庭堅書，行草。四石。刻於元符二年（1099）三月十五日。今在河南登封。《西北民族大學圖書館于右任藏金石拓片精選》題"謫居黔南詩七首"，云"碑在宜賓"，未知如何移至登封。疑偽。

　見《西北民族大學圖書館于右任舊藏金石拓片精選》154 頁。

李公弼題名

元符二年（1099）閏九月

李公弼仲修，元符已卯閏九月來游。

[説明]

據《説嵩》，刻於元符二年（1099）閏九月。碑在河南登封。
見《説嵩》卷 15。

454

程公孫題名

元符二年（1099）十一月

元符己卯仲冬，香山程公孫如祖。

[説明]

據《偃師金石遺文補録》，正書。刻於元符二年（1099）十一月。題名在偃師縣謝絳《昇仙廟碑》西側。

見《偃師金石遺文補録》卷10。

后土祠残碑

元符二年（1099）

□□。

迺奉遷道院齋居……

□復昂首引吭，飛唳于□……真仙之降，忽廷西數柏有最巨……佳氣葱欝，皆楊眉拭眥，以爲希……奉安之禮，方佛老子之徒，秉威□……跣足語若神降，自稱廷中有天下……如堵矣。而萬歲之名發祥於……知休德所□付托天瑞之意□……后土祠。越壬戌十月辛亥……真人乃降，始知天瑞之意，厥有……者三是也，而柏祥生齋廷之西……揖。臣恭聞仁宗皇帝以雲龍……以歷年多而施澤久，民氣洽……今上躬秉盛德，起自龍潛……之内，罔不承休，是知萬……賡歌於《小雅》，贊美於文王……休祥，若合符契，固□……□元符二年歲次……

[説明]

據《八瓊室金石補正》，存上截。十九行，字數不計。徑六分許。正書，雜以行筆。刻於元符二年（1099）。碑在河南登封。

見《石刻史料新編》第 1 輯，第 8 册，5752 頁。

永泰陵採石記

元符三年（1100）五月十二日

永泰陵採石記（碑額）。

永泰陵採石記。

大行哲宗皇帝以今年正月十二日己卯奄棄萬國，朝廷循故事，遣官採石修奉陵寢。孝廣被詔，同文思使羅允和、宮苑副使帶御器械麥文昞實董其事。凡辟文武官朝請郎孫熙以次，及部役等二十有六員。以二月十日丁未開山，至五月十一日丁丑畢功，取大小石二萬七千六百有餘，視元豐八年蓋增多五千二百七十有二焉，凡役兵匠九千七百四十有四。取石既夥，懼役兵疲困而功不時集，復請募近縣夫五百，俾悉挽巨石以訖其事。然屬運寒氣，癘自京都，逮於四方，人多疾疫，而況大山深谷之間，嵐霧蒸欝，朝暮被冒，病者宜甚。於是時，其藥食至覆藉之具，無一不備。仍分處太醫，各俾診治，日且躬行巡視。由是，病者千七百餘人，而不可治而死者蓋亦百釐之二，逃者纔五十人耳。聚者既衆，不患食不足，常患水不給。山之東南，舊有碾子一泉，方春，日用且乏。乃并西於桃花谷，天井泉至谷口凡四里，續大竹二百二十有四，引水日二千餘缶。於是，水給而無渴飲之患。前此，興作而死者皆留瘞山中，及功畢，往往不復完掩。今迺奉制，

457

悉給錢焚收，置斂具以歸其家。居山土人皆云，每至久積陰晦，常聞山中有若聲役事之歌者，意其不幸橫夭者沉魂未得解脫逍遙而然乎。於是大集浮屠衆，恭作佛事，即重五晝夜爲設冥陽水陸金錄寶符無礙道場，以薦拔其苦。於其生者既足飲食，具醫藥所以撫恤之，無不至於其死者。又置斂具、設佛事，所以度脫之，無不盡此，無它，蓋以謂興大役、舉大事，使人人忘勞而赴功，是亦臣子遵奉之志耳，故不敢不勉云。

元符三年五月十二日，朝奉大夫都水使者都大提舉採石曾孝廣謹記。

河南府福昌縣主簿提舉採石醫藥韓思永書并篆。

宮苑副使帶御器械同都大提舉採石麥文昞立石。

猴山霍希範、霍亮、霍奕刻。

[説明]

據《金石萃編》，碑連額高一丈四寸，廣五尺二寸。二十三行，行三十六字。正書。篆額。刻於元符三年（1100）五月十二日。碑在河南偃師縣永泰寺。

見《石刻史料新編》第 1 輯，第 4 册，2642 頁；《中原文化大典·文物典·碑刻墓志》98 頁。

王鞏題名

元符三年（1100）七月

邑簿王鞏、尉王直，元符庚辰歲七月，恭謁昇天祠下。

[説明]

據《偃師金石遺文補録》。正書。刻於元符三年（1100）七月。
題名在偃師縣謝絳《昇仙廟碑》右側。

見《偃師金石遺文補録》卷10。

樓試可等《潘尊師碑》碑側題名

元符三年（1100）九月十九日

樓試……范邦……宗仲……同游，元符庚辰九月十九日……[1]

[説明]

據《八瓊室金石補正》，四行，字徑一寸五分。又紀年一行。左行。刻於元符三年（1100）九月十九日。碑在河南登封。

見《石刻史料新編》第 1 輯，第 8 册，5679 頁。

[校勘記]

[1] 此則《嵩陽石刻集記》卷下作“樓試可、王通玉、范邦直、李仔肩、宗仲基、王叔敬同游，元符庚辰歲九月十九日”。

李仔肩等題名

無日期

李仔肩、宗仲基、王通玉、王叔敬。

[説明]

此則題名無日期，因樓試可題名中有李仔肩，所以附録在此。題名在河南登封邑戒壇碑側。

見《嵩陽石刻集記》卷下。

程公孫趙志國何子正等龍門石窟題名

建中靖國元年（1101）正月二十四日

程公孫辛未至丙子游香山。

程公孫如祖，趙士懂志國，陳崇智夫、弟中禮夫，元符庚辰屢至。

趙志國、盧必强，辛巳正月二十四日同游。

何子正、趙志國同來，程公孫題。

[說明]

據《八瓊室金石補正》，四段：一一行，十一字；一二行，字不計，左行；一一行，十六字；一一行，十二字。刻於建中靖國元年（1101）正月二十四日。摩崖在河南洛陽龍門石窟。

見《石刻史料新編》第1輯，第7冊，5432頁。

比干廟碑

建中靖國元年（1101）正月

　　太宗文皇帝，既一海内，明君臣之義，貞觀十九年，東征島夷，師次商墟，乃下詔追贈商少師比干爲太師，謚曰"忠烈公"，遣大臣持節吊贈，申命郡縣，封墓葺祠，置守冢五家，以少牢時享，著于甲令，刻于金石。故比干之忠益彰，臣子得以述其志也。

　　昔商王受毒痛于四海，德悖于三正，肆厥淫虐，下罔敢諫，於是微子去之，箕子囚之，而公獨死之。非捐生之難，處死之難；非處死之難，得死之難。故不可死而死之，是輕其生，非孝也；得其死而不死，是重其死，非忠也。王之叔父，親莫至焉；國之元臣，位莫崇焉。崇高不可以觀其危，親暱不可以忘其祖。則我成湯之業將墜于泉，商王之命將絶于天□□其□遂諫而死剖心，非痛商王，是痛公之忠烈也。其若是乎，故能獨立危邦，横抗興運，周家以三分之業，有諸侯之歸□□□之□一心之衆。當公之存也，則戢彼西土；及公之喪也，乃□于孟津。公存而商存，公喪而商喪。興亡所繫，豈不重與。且聖人立教，懲惡勸善而已矣；人倫大統，父子君臣而已矣。太師存則正其統，殁則垂其教。奮于千古之上，行乎百王之末。俾夫淫者懼，佞者慚，睿者思，忠者勸，其爲式也不亦大哉！而夫子稱商有三仁，豈無微旨？嘗敢賾之曰“存其身，存其祀，亦仁也；亡其身，存其國，亦仁也。若進死者，退生者，狂狷之士將奔走焉；褒生者，貶死者，宴安之人將置力焉。故同歸諸仁，各順其志，殊塗而一揆，異行而齊致。俾後之人，優柔而自得焉。蓋春秋微婉之義也，必將建皇極、叙彝倫，擴在三之規，垂不二之訓，以昭於世，則夫人臣□□移孝于親，而致之於君焉。有聞親失而不争，睹親危而不救，從容安地而稱得禮，甚不然矣。夫孝於其親者，人之親皆願其爲子；忠于其君者，人之君皆欲其爲臣。故歷代帝王，莫不旌顯周武，下車而封其墓，魏氏南遷而創其祠”。我太宗有天下，禋百神而盛其禮，追贈太師謚曰“忠烈”，申命郡縣，封墓葺祠，置守冢五家，以少牢時享，著于甲令，刻于金石。於戲！哀傷列辟，主食舊封，德爲神明，秩視群望。身滅而名益大，世絶而祀愈長。然後知忠烈之道，其感激天人深矣。天寶十祀，余尉于衛，拜于祠堂，魄感精動，而廟在隣邑，官非拭閭，刊石銘表，以志丕烈，詞曰：

靡軀非仁，蹈難非智。死于其死，然後爲義。忠無二體，烈有餘氣。正直聰明，至今猶視。□爾來□，爲臣不易。

右唐李翰文。

宋建中靖國元年春正月汲令聊城朱子才立石。

主簿東里張琪書丹。

監衛州酒税宛丘孫絢題額。

刊者柳士衍。

［説明］

據《拓本匯編》，高114釐米，寬64釐米。刻於建中靖國元年

（1101）正月。碑在河南汲縣。

見《拓本匯編》41 册第 33 頁；《金石萃編》,《石刻史料新編》第 1 輯，第 2 册，1498 頁。

二陵採石記

建中靖國元年（1101）三月二十六日

二陵採石記。

建中靖國歲在辛巳正月乙亥，欽聖憲肅皇太后上僊，遺誥追尊故皇太妃爲皇太后，是爲欽慈皇太后。於是山陵、園陵，二役并作，太史請以五月丙寅復土，而採山之役，自昔爲重，祇奉二陵，其用實倍，事嚴期迫，上下憂懼。朝廷始更用郎官往護其役，迺詔遣尚書都官郎中曾孝序都督之，而以如京使帶御器械麥文昞、西京左藏庫副使提點孳生馬監高偉爲之副，辟置其屬，分督庶務二十有九人。集七路匠師，與夫陪役之兵，以指計者九萬六千三百三十。石之拔類者，其脩至二十有二尺，其廣逾尋。其以枚計者二萬七千一百有奇。役實始於正月癸未，而終於三月壬午，蓋六十日而奏畢。若匠若兵或死或亡纔二十有九人。論者以爲敏而赴功，燕及其衆。仰惟憲肅皇太后，有大功於朝，主上誠孝，充塞天地。當此之時，百神莫不效職，事之所以獲濟，豈小臣之力哉？故例皆立碑以紀歲月，僚佐有請，顧安得以獨無？於是乎書。

建中靖國元年三月二十六日，朝散郎守尚書都官郎中都大提舉採石護軍賜緋魚袋曾孝序謹記。

前河中府河東縣尉都提舉採石所管句文字史恂仲題額。

朝奉郎監西京偃師縣㜏氏鎮管句城内煙火事兼税塲驍騎尉賜緋魚袋孫釐書。

西京左藏庫副使提點開封府界孳生馬監同都大提舉採石高偉。

如京使帶御器械句當翰林司提點萬壽觀公事同都大提舉採石麥文晒立石。

彭皋刻字。

[説明]

據《金石萃編》，碑連額高八尺一寸，廣四尺三寸。二十行，行三十二字。連額并正書。刻於建中靖國元年（1101）三月二十六日。碑在河南偃師縣。

見《石刻史料新編》第 1 輯，第 4 册，2643 頁。

三十六峰賦并叙

建中靖國元年（1101）九月二十三日

三十六峰賦并叙。

四明樓异試可。

余少聞洛邑之盛，在唐宋爲東西都，而山川形勝之富，視它州爲傑。觀昔韓退之、白樂天見於歌詩，形容勝概，有咏嘆不足之意。後歐陽文忠與梅、謝諸賢相繼爲僚友，數游嵩少間，至今以爲美談。余幸以不敏，得令嵩高，縱觀諸境，未有過少室者，而巉巖聳拔，乃在戶牖間，朝夕博望，歷歷可數，因作三十六峰賦以自廣，非敢竊比古詩之流云。

伊浮雲之公子兮，訪道於林丘而棲神於巖谷。超然有游方之志兮，乃東升于岱頂而西謁于華麓。雖衡陽之南兮與夫恒山之北，靡不窮探歷踐兮游心而騁目。獨怡然而忘歸兮，内欣然而自足。忽御風而行兮，排空濛而造中域。徐睥睨以四顧兮，意惚恍而有失。遭嵩高之丈人而問津兮，曰游四方而真有得。何高之不登兮何危之不陟，今乃西望兮炭然而聳特。雄柱天綱兮橫亘於地軸，連絡偃覆兮龍盤而虎伏。雖華以九而巫以十二兮，曾未睹奇峰之六六。丈人放杖而笑兮，秋水方至而河伯自溢。子烏睹海若之難匹兮，獨不聞中天之少室。其

468

高則嶢屼崷崪崟岑鬱岪兮，十有六里而疊有十八。其深則環紆縈繞盤糾紛錯兮，上方十里而周圍一百。包嵩陽以作鎮兮，截轘轅以爲郭。眷歌山之所聞兮，觀舞水之所樂。其上則有嘉禾甘果兮，神芝與仙藥。石柱若承露之盤兮，帝休若楊枝之葉。石脂所滴兮，飲之可以長上古。玉膏在巔兮，服之可以揖羽客。雲母之井兮寶所聚，光明之穴兮晝所鑠。一丈之鍾乳兮可飧，千歲之資粮兮不絶。其中可避兵水之灾兮，自有經書之博其神異則。玉女爛織錦之文兮，金人迷白露之落雲。洞警時聞之鍾兮，石井泣哀鳴之鶴。王子晋環之以爲壘兮，阿育王寶之以爲塔。潘岳記曰："少室山有十八疊，周圍一百里。"《西征記》曰："少室山上方十里。"《元和郡國圖志》曰："少室山其高十六里。"《山海經》曰："少室之山有木焉，名曰'帝休'，葉如楊，其枝五衢。"郭璞曰："少室山巔有白玉膏，服之得仙。"《郡國志》曰："少室有金像，人往視則有白霧起，迷人道。"《書》曰："少室之陽，可避兵水之灾。"《嵩山記》曰："少室山有雲母井，出雲母。"《神仙傳》曰："少室山有自然五穀甘果、神芝仙藥。周太子晋學道，上仙有千年資粮留於山中，下有石室，中有自然經書，自然飲食，與世無異。石室前有石柱，似承露盤，有石脂滴下，食之一合，與天地畢。"《郡國志》又曰："有王子晋壘，猶有九十年資粮在山中。"《河南志》曰："歌山舞水，在諸峰内。阿育王塔在山北。玉女織錦臺并堂在東北，堂内石色爛斑，焕如紋錦。鍾乳穴在山東南，穴中有鍾乳，徑頭大一丈。光明穴在山東南角，深三里餘，直上五百尺，晝夜長明。雲鍾洞，樵人往往聞鍾聲。□穴井，昔有二人得道，一人誤傷而死，一人化爲鶴求其死者，哀鳴泣血，滴石成穴。"此皆公子之所未知兮，而丈人之所安宅。丈人曰"名生於實兮義設於適"，子知其一兮未知其二，子識其外兮未識其内。是徒知六六之所有兮，而烏睹六六之名義。東朝岳祠儼百神兮，西望洛邑鬱千宫兮。下瞰洛陽，其形如拱揖岳祠。太陽少陽山之明兮，在山之南，明月峰之左，日月之象，故名太陽。居衆峰之南，故云少陽。石城石笋天所形兮。上有石，天然峭如城壁，狀似笋，秀拔萬尋，檀香丹砂寶所鍾兮，山多出檀，峰皆紅色光明，亦云出朱砂。鉢盂香爐狀所肖兮。形如鉢盂，覆其上，狀若香爐然。連天紫霄勢之穹兮，以最出群峰上，插於天漢，以差低於連天，亦接雲霄。羅漢七佛像設留兮。上有羅漢洞，隱現莫測，巖中有銅像七尊。靈隱來仙洞府深兮，皆是聖所隱之處，古老云此峰是神仙洞，時有見者。清凉寶勝梵刹標兮。昔有清凉寺居其下，又云

"尼寺"，名寶勝云。瑞應瓊璧祥光紛兮，峰多祥瑞，夜有神人，通體紅色。面東一壁，日出而色若銀彩。紫蓋翠華煙靄凝兮。色紫秀宛，若幢蓋，以其翠靄華茂故云。藥堂紫微花草靈兮，多生奇藥，若王屋藥匱峰，上生紫微花。白道天德名字偉兮。昔有道人白道獸隱此，上有天然"帝"字，一云帝字峰。卓劍白雲形實紀兮，狀君卓劍峰，上四時多起白雲。金牛明月色像起兮。色若黃金，其狀若牛，峰中時現圓像如月。凝碧迎霞天光聚兮，上多翠碧石，在衆峰之東而迎其朝霞。玉華寶柱金石瑩兮。□皆玉石，華茂於諸峰，而形如柱，皆五色，或云有金玉故。繫馬白鹿神仙衆兮，下有子晋□馬澗峰，如馬柱。或云仙人繫馬於上。峰上多白鹿。或云仙鹿，其色皆白。此則六六之名義兮，而未睹六六之景氣。丈人曰：方春陽之益益兮，燒痕蕪没而青青。紛紅紫之繡錯兮，引百囀之幽禽。雄樓傑觀兮，切星辰而上侵。玉仙神女兮，乘輻輧而下征。朱明草木之扶疏兮，蔽大明之午升。山椒雲氣之冉冉兮，若覆甑而鬱蒸。忽雨聲於天外兮，勢翻盆而倒傾。唯紫芝與黃鶴兮，舞長空而產英。金飆之驚葉兮，山空落石若仙人之鍛聲。夜月白而風泠泠兮，玉笙清澈而弭聽。暨玄陰林柯之脱盡兮，山形瘦而骨稜稜。冰雪橫積於千仞兮，玉龍飛而白虎亭亭。惟四時之出没變態兮，顯晦陰晴不可得而盡名。豈特仰觀俯聽自辰及酉應接之不暇兮，以盡朝昏。此雖丈人之所不能形容兮，而豈公子之所可預。聞丈人曰"突兀撐空兮千變萬狀，山經地志兮不可究量"。或背若相戾兮或面若相向，或竦若相鬭兮或揖若相昞，或散若相忘兮或聚若相訪，或後者若和兮而前者若唱，或卑者若下兮而尊者若上。或喜兮若相携，或怒兮若相抗。或若秦晋兮相匹，或若楚越兮相望。或聳瘦兮若峨冠，或臃腫兮若挾纊。或蹲伏兮若駝虎，或崇聚兮若甕盎。或威嚴兮若壯王，或勇猛兮若梟將。或決驟兮若風馬，或浮空兮若舡舫。或若游郊原兮，纍丘墳而包柩槨；或若入宗廟兮，紛豆登而鬱秬鬯。戢戢兮森劍戟，落落兮列屏障。勢領略兮斷而還連，狀容與兮宛而復壯。超然若三十六天兮神仙之洞宅，姹然若三十六宮兮妃嬪之游燕。昂霄聳壑冠珮悠兮，泉飛霞傾爵斝流兮，天闊星熒玉柄成兮，松篁瑟瑟鈞天迎兮，嬌雲曲月鬢眉新兮，煙斜霧蒸龍麝焚兮。霞舒霓卷舞袖張兮，雷霆轟轟宮車還兮。言未既，而公子頹然如醉兮洒然如醒，非丈人無以藥之使瘳兮刮之使明。僕未能窮茲山之勝踐兮究茲山之曜靈，請執杖履兮以從後塵。

建中靖國元年九月廿三日。

武林僧曇潛參寥書。

住持少林禪寺傳法沙門清江上石。

監寺僧宗證題額。

洛陽張士寧刊。

［説明］

據《拓本匯編》，共十五開。刻於建中靖國元年（1101）九月二十三日。碑今在河南登封少林寺碑廊。

見《拓本匯編》41 冊第 43 頁；《金石萃編》，《石刻史料新編》第 1 輯，第 4 冊，2645 頁。

慈聖皇后賜鐘贊

建中靖國元年（1101）九月

慈聖光獻皇后以熙寧六年十一月十一日，賜銅鍾大小二顆，付西京鞏縣十方净土寺僧惠深[1]、寶愚等管押，往本寺永充常住聲掛。建中靖國元年九月日，奉議郎知河南府鞏縣事賜緋魚袋臣宋直方謹拜手稽首敬書是鍾贊，云：

稽首圓通圓覺主，圓合一切救有情。圓修自性妙湛然，假以音聲而説法。衆生聞音得悟解，非色非空二非塵。方便無邊行法門，成就如來大圓智[2]。稽首巍巍觀世音，證入如是秘密門。於一塵中現多身，於多刹塵現一相。於不可説微塵劫，而救不可説衆生。發起耳根真實門，不與世間相流轉。世間聲論已宣明，聲無無滅有非生。生滅二諦悉圓離，六根由是皆解脫。奇哉慶喜最多聞，不知聞性常周普。因鍾而聞佛所呵，不應更立鍾之事。當知金鍾不可捨，能於末劫救沉淪。茫茫六道迷昏衢，得見鍾聲爲慧日。悲酸惡趣忍穽中，得憑鍾聲超彼岸。鍾聲有是大福力，能越苦海如智航。我願一切諸衆生，聞是鍾聲同證覺。

472

住持傳戒臣僧廣惠。

寺主臣僧法輪。

臣王擇書。

臣張昱刻。

[説明]

據《拓本匯編》，高 151 釐米，寬 85 釐米。刻於建中靖國元年
（1101）九月。碑在河南鞏縣石窟寺。刻於寶月大師碑陰。

見《拓本匯編》41 册第 51 頁。

見《（民國）鞏縣志》，《石刻史料新編》第 3 輯，第 30 册，5 頁。

[校勘記]

[1]“方净”，據《（民國）鞏縣志》補。

[2]“智”，據《（民國）鞏縣志》補。

馬中行等題名

建中靖國元年（1101）

……□馬中行、□江張剛、汴□張戟，建中□國元年十□月十四日□迓大尹清源王公觀此。

[説明]

據《八瓊室金石補正》，高不齊，廣三尺八寸四分。八行，行五字。字徑一寸七分。正書。左行。刻於建中靖國元年（1101）。碑在河南新鄭。

見《石刻史料新編》第1輯，第7冊，5425頁。

中天嵩岳寺常住院新修感應聖竹林寺
五百大阿羅漢洞記[1]

崇寧元年（1102）十月十日

……寺感應羅漢洞記（碑額）。

西京永寧縣熊耳山空相寺住持傳法吉祥大師賜紫釋有挺撰。

奉議郎知永安縣事王道書[2]。

原夫大法界中，支那東震旦大國聖宋壽山得其最高勝妙者[3]，惟中岳嵩山，卓然聳拔青雲之表。林巒□秀，四季嘉木。岑崟群山，趨揖長時。異花芬芳，玉鏡珍寶。輝然是處，光明巖洞。泉源清流，千古澄澈[4]。谷風松韻，時呼萬歲之聲；瑞氣祥雲，晝鎖千尋之境。是國家稟佛戒福神中天玉英崇聖帝領鎮之地、宮廟之所也。是山之中，有聖竹林寺，何知之乎？古傳記云[5]：

唐初，蜀僧名法藏[6]，來游是山，長安道稠桑店逢一梵僧，持盂肩錫，問曰："上人胡來？而欲何往？"曰："雲游嵩岳聖景。"曰："可附一書[7]，與竹林寺堂中上座。"曰："我久聞彼刹，是聖寺羅漢所居，嘗憾未聞其因，可願佇聽高論，開發前去。"曰："上人豈不聞吾佛當年靈山會上，以正法眼藏分付大迦葉傳芳流布[8]，授記付囑大國聖主賢臣，興崇外護，無令斷絕。敕諸大菩薩、天龍八部、一切神祇保衛國界。敕五百大阿羅漢，不得入滅，長在人間，天上赴供[9]，爲大福田。今諸尊者，將諸眷屬止住其中。是寺隨機緣，或隱或現，緣熟者嘗見。”曰：“今日得聞未聞。”接書分衛而行。法藏來至嵩前，問人曰：“竹林寺何所是？”[10]答曰：“但去到嵩岳寺，入石三門，登逍遙臺，望之山腹是也。”來至岳寺，入三門，常住院禮謁衆僧，安衣盂畢，問曰：“竹林寺門，從何處入？”曰：“我等嘗聞是聖寺，未曾得見[11]。但觀山腹三洞，深邃無窮，每有信士沿巖登險，至彼香花齋……寺下書。老人曰：“隨吾手看。”乃見祥雲遼繞，瑞氣蟠空，竹林聳翠，梵刹峥……童子來迎，入寺參禮堂中上座，投書問次。忽見雲墜階前，天使持書，帝釋……禪堂宴息。須臾，聞金鍾動、玉磬鳴，觀諸尊者，各運神通，攙錫擲盂，騎獐鹿虎……□□□□□齋嚘三銖絹每位一匹，手拈天香，洒面袖藏，光滑柔軟，法藏心生愛……□□□睹□寺尋□到寺禮參僧衆，問曰：“我曾寄衣鉢此院，可乞示還。日頃年有……□□□□□聖境，可得聞乎？”曰：“我幸而不幸雖得入聖寺瞻敬，又隨諸尊者赴帝釋齋，因得嚘三銖絹，心生愛著，不覺身墜巖前，聖境都失矣。”時耆年僧曰：“人間天上[12]，榮顯富貴[13]，真奇異物，積之山岳。若非是大權菩薩具正見[14]，曉達明了，應緣利生，授用自在。心常欲離，示現貪染愛著；心圓梵行，示現有諸□患；心常清净[15]，示現隨類生死[16]；心行佛行，示現逆順境界；心無取證，深悟禪理妙道。或□不如。然則爲少分夢幻境物，耽染愛著，恃之迷醉，漂蕩生死，三界流轉，更□少暇[17]，迴光自照[18]。宛乎真實妙道[19]，大患爲障，莫過此也。汝今爲出家上人，同聖寺諸尊者授天主供養，事非小緣，何故未除流俗愛物心。非唯竊服圓頂犯戒律章條重[20]，亦乃自昧真心妙道，玷吾門何多乎[21]？今此天絹，亦非汝用之物，當獻至尊頗爲佳矣。"法藏具表進，時明皇在位，聖恩撫問，倍加宣賜。

爾後，巖洞聖境[22]，光明至今，求者應現愈多[23]。院主崇政誘披檀信施財運土木等，欲依山上洞樣[24]建造一所。斤斧纔興，感五羅漢詣虢州盧氏縣暘氏家，托夢家長曰："嵩岳寺今造羅漢洞，汝家當鑄鐵像五百身。"[25]暘氏夢覺，令人至寺，果見興工造洞。還報[26]，暘氏[27]樂然鑄施五百餘尊。像成，隨喜信士之家，願各以香花幡蓋，依次經從迎接，送至洞[28]。完像到奉安之次，陳、蔡二善友挈袈裟五百餘條至[29]，披挂像身，應量齊等。於是，四方崇信，一至春首。香花供送，駕肩隘道。然燈燒燭，盤迎品饌。供養精誠，得其感應。[30]燈未點之，火光自然。齋食異香，聖像先現。是洞今有三經藏、花塔狀、三聖洞。香花供獻，施者齊陳。獲之感應，三處俱有。夫聖境無邊，順機各異。無欺，縱目可觀；[31]有昧，觸途莫見。名山太室，佛刹隱現。其中聖凡交參，晝夕往來無間。登臨香火，萬口一稱，獲斯聖境光明。蓋今日之盛時，一人聖德聖感之至化。伏願聖壽無疆，金枝玉葉永茂。[32]帝道佛道同興，金輪法輪并轉。親皇仙族，[33]同固盤維；文武賢臣，皆忠存烈。風調雨順，軍民康安；四海晏清，萬邦率服。群生遂性，三教長隆。[34]知洞悟言，[35]丏記傳於金石，永久無墜。有捷因普[36]，爲缺正見。佛行執有，生死輪轉，不了根本清净者，修進圓之。仍集佛教眼目，兼以禪宗中妙旨，錄作明證。[37]俾令一切悟明了達，根本清净，具足正見，佛行修進，證大菩提緣。斯曾住是聖寺前白蓮庵，將乎十年，時親瞻睹聖境，光明殊勝，不思議事，非筆舌可窮。今固敢簡略一二[38]，以塞其命。頌曰：

天下名山孰後先，嵩高神著混元前。聖凡共聚寧分別，廟刹相依亦混然。蓬島三山根不固，華胥一境夢非堅。[39] 寶光玉柱擎雲漢，春色峰巒戴曉天。幾柏倒生垂洞谷，千松偃蓋覆巖巔。登臨香火心同願，上祝今皇萬萬年。[40]

聖宋崇寧元年壬午歲十月初十日，中天嵩岳寺常住院前住持僧崇政、院主僧法應、知洞僧悟言、知庫僧悟達、同勾當修造僧□用。清信弟子焦泰施財刊字，劉友諒刻。[41]

[説明]

據《八瓊室金石補正》，下截闕。高存一尺八寸，廣二尺。三十三行，行存字不一。字徑五分。正書。刻於崇寧元年（1102）十月十日。碑在河南登封。

見《石刻史料新編》第 1 輯，第 8 册，5762 頁；《嵩陽石刻集記》卷下，《石刻史料新編》第 2 輯，第 14 册，10231 頁。

《嵩陽石刻集記》有金代重刻碑文，本篇以陸文爲底本，校以《集記》本。

[校勘記]

[1]“中天嵩岳寺常住院新修感應聖竹林寺”，據《嵩陽石刻集記》補。

[2]“西京永寧縣”“吉祥大師賜紫釋有挺撰。奉議”“縣事王道書”三處，據《集記》補。

[3]“原夫大法界中，支那東震旦大國聖宋壽”據《集記》補。

[4]“中岳”“山，卓然聳拔青雲之表。林巒□秀，四季嘉木。岑崟群山，趨揖長時。異花芬芳，玉鏡珍寶。輝然是處，光明巖洞。泉源清流，千古”兩處，據《集記》補。

[5]“祥雲，畫鎖千尋之境。是國家稟佛戒福神中天玉英崇聖帝領鎮之地、官廟之所也。是山之中，有聖竹林寺”，據《集記》補。

[6]“初”“名”二字據《集記》補。

[7]“游是山，長安道稠桑店逢一梵僧，持盂肩錫，問曰：‘上人胡來？而欲何往？’曰：‘雲游嵩岳聖景。’曰：可附一書”，據《集記》補。

[8]“嘗憾未聞其因，可願佇聽高論，開發前去。”曰：“上人豈不聞吾佛當年靈山會上，以正法眼藏分付大”，據《集記》補。

[9]“斷絕。敕諸大菩薩、天龍八部、一切神祇保衛國界。敕五百大阿羅漢，不得入滅，長在人間，天上”，據《集記》補。

[10]“隱或現，緣熟者嘗見。曰：‘今日得聞未聞，接書分衛而行。’法藏來至嵩前，問人曰：竹林寺何所”，據《集記》補。

[11]“岳寺，入三門，常住院禮謁眾僧，安衣盂畢，問曰：‘竹林寺門，從何處入？’曰：我等嘗聞是聖寺，未”，據《集記》補。

[12]“帝釋齋，因得嚫三銖絹，心生愛著，不覺身墜巖前，聖境都失矣。時耆年僧曰：人間天上”，據《集記》補。

[13]“榮顯”，據《集記》補。

[14]“權”，據《集記》補。

[15]“利生，授用自在。心常欲離，示現貪染愛著；心圓梵行，示現有諸□患；心常”，據《集記》補。

[16]“示現隨類”，據《集記》補。

[17]“則爲少分夢幻境物，耽染愛著，恃之迷醉，漂蕩生死，三界流轉，更□少暇”，據《集記》補。

[18]“照”，據《集記》補。

[19]宛，《集記》作“究”。

[20]“天主供養，事非小緣，何故未除流俗愛物心。非唯竊服

圓頂犯戒律章條”，據《集記》補。

[21]“多”，據《集記》補。

[22]“矣。法藏具表進，時明皇在位，聖恩撫問，倍加宣賜。爾後，巖洞聖境”，據《集記》補。

[23]“愈”，據《集記》補。

[24]“運土木等，欲依山上洞樣”，據《集記》補

[25]“所。斤斧纔才興，感五羅漢詣虢州盧氏縣暘氏家，托夢家長曰：嵩岳寺今造”，據《集記》補。

[26]“報”，據《集記》補。

[27]“氏”，據《集記》補。

[28]“鑄施五百餘尊。像成，隨喜信士之家，願各以香花幡蓋，依次經從迎接，送”“洞”兩處，據《集記》補。

[29]“條”，據《集記》補。

[30]“是，四方崇信，一至春首。香花供送，駕肩隘道。然燈燒燭，盤迎品饌。供養精誠，得其”，據《集記》補。

[31]“聖洞。香花供獻，施者齊陳。獲之感應，三處俱有。夫聖境無邊，順機各異。無欺，縱”，據《集記》補。

[32]“登臨香火，萬口一稱，獲斯聖境光明。蓋今日之盛時，一人聖德聖感之至化。伏願聖壽”，據《集記》補。

[33]皇，《集記》作“白”。

[34]“維；文武賢臣，皆忠存烈。風調雨順，軍民康安；四海晏清，萬邦率服。群生遂性，三教長”，據《集記》補。

[35]“悟言”，據《集記》補。

[36]捷，《集記》作“挺”。

[37]“生死輪轉，不了根本清净者，修進圓之。仍集佛教眼目，兼以禪宗中妙旨，錄作明證”，據《集記》補。

［38］"是聖寺前白蓮庵，將乎十年，時親瞻睹聖境，光明殊勝，不思議事，非筆舌可窮。今固"，據《集記》補。

［39］"聚寧分別，廟刹相依亦混然。蓬島三山根不固，華胥一境夢非堅"，據《集記》補。

［40］"柏倒生垂洞谷，千松偃蓋覆巖巔。登臨香火心同願，上祝今皇萬萬年"，據《集記》補。

［41］"住持僧崇政、院主僧法應、知洞僧悟言、知庫僧悟達、同勾當修造僧□用。清信弟子焦泰施財刊字，劉友諒刻"，據《集記》補。

張清建陁羅尼經幢記

崇寧元年（1102）十月二十一日

《佛頂尊勝靈驗加句陁羅尼》啓請：

稽首千葉蓮華座……河功德皆圓滿灌頂，聞持妙□句九千九億世尊宣……持秘法藏，發圓明廣大心，我今具足是凡夫，贊嘆總……生，十方□土諸如來。他方□界諸菩薩，八部龍□諸眷屬……惡簿官二童子，已上聖賢諸衆等，願聞啓請（經文不録）

西京河南府□□□封縣□□天中□□……孝男張清奉□□□考姚特發虔誠建造……悟三乘□□□□□□□□□親，今者……謹奉諸尊聖，予願□哀愍拯接。伏願……或有身形俱□，生於大道，或有四生聞此……上，悉證菩提。伏願三□□□沉輪……帝王萬歲，禄壽無窮。

□考張繼榮□□□馮氏。見存葬主張清、亡妻劉氏，同主妻蔣氏，長男張□、次男張□，女子二姑、次女子六姑、次女子三……

大宋崇寧元年十月二十一日甲時葬斯。

482

[説明]

　幢八面，在登封嵩陽書院，與樓異題記在同一石幢。刻於崇寧元年（1102）十月二十一日。未見著録與整理。

朱昇等題名

崇寧元年（1102）

宛丘朱昇……□李士宏……□詹、權眉陽張剛，壬午歲□冬廿四日……舒陳逸……

[説明]

據《八瓊室金石補正》，高下不齊，廣一尺八寸五分。六行，行五字。字徑二寸四五分。正書。刻於崇寧元年（1102）。碑在河南新鄭。

見《石刻史料新編》第1輯，第7冊，5425頁。

張薿恭三門峽禹祠題記

崇寧二年（1103）二月

張薿恭謁禹祠，大宋崇寧癸未仲春，男公涣題。

[説明]

據《三門峽漕運遺迹》，小篆四行，左行。字徑約 20 釐米。通高 100 釐米，通寬 60 釐米。摩崖在開元新河東岸。刻於崇寧二年（1103）二月。

見《三門峽漕運遺迹》文 49 頁，拓片録 108 頁。

崇福院施主記

崇寧二年（1103）三月二十五日

　　相州安陽縣大同鄉新安管水冶村孝親崇福院住持賜紫沙門□□，手下正班鍾源□□□□爲有師叔僧景普□□□□□□□化不□安，合社化緣人建立，具施主如後。

　　石澗村鄭懷男、鄭存施石硤一隻，倪村任亮施龍頭一個，南平村□人趙□□油蠟錢伍貫，黃口村□□哥施錢壹貫，水冶村李彦□化緣立年人□。崇寧癸未歲庚辰朔甲辰日，安立記。

　　諸多施主同共結緣。

　　石匠衛弁安。

[説明]

　　據《拓本匯編》，高 67 釐米，寬 24 釐米。刻於崇寧二年（1103）三月二十五日。碑在河南安陽。

　　見《拓本匯編》41 冊第 90 頁；《安陽縣金石録》，《石刻史料新編》第 1 輯，第 18 冊，13887 頁。

李孝稱嵩陽宮石柱題名

崇寧二年（1103）五月

濮陽李孝稱來游，崇寧癸未五月記。

[説明]

據《八瓊室金石補正》，二行，行七字。字徑一寸。左行。刻於崇寧二年（1103）五月。碑在河南登封。

見《石刻史料新編》第 1 輯，第 8 册，5582 頁。

大宋敕洛陽西京白馬寺摩騰封號帖

崇寧二年（1103）九月三日

西京留府。

准尚書禮部符准，崇寧貳年捌月叁日。

敕中書省檢會，崇寧貳年肆月貳拾壹日。

敕書：應先聖賢祠宇舊來有名德僧道，爲衆師法，未有封賜爵秩、謚号、師名、廟額，仰所屬勘會聞奏，特加封賜，今勘會下項，捌月貳日三省同奉聖旨：摩騰賜號“啟道圓通大法師”，法蘭賜號“開教總持大法師”，傅大士賜號“等空紹覺大士”，李長者賜號“顯教妙嚴長者”，定應大師賜號“定光圓應大師”。其婺州雙林寺并太原府壽陽縣方山昭化禪院、西京白馬寺、汀州武平縣南安巌均慶禪院，今後每遇聖節，各許進奉功德疏。內雙林寺回賜度牒貳道，餘叁處各壹道，奉敕如右，牒到奉行，前批合入祠部。格捌月肆日午時付禮部施行，仍關合屬去處數內一項。須至符下西京白馬寺後漢梵僧摩騰法蘭，河南主者一依敕命指揮施行，仍關應千合屬去處者。

右帖白馬寺主首，仰一依前項敕命指揮施行。

崇寧貳年捌月貳拾伍日帖。

權西京留守推官竇。

通直郎簽書西京留守判官廳事黄。

承議郎通判河南府西京留守司事孟。

中大夫充寶文閣待制知河南府兼西京留守司事孫。

當寺住持賜紫僧德玉立石。

西京書表司孔目官成嗣宗書。

[説明]

碑在河南洛陽白馬寺。刻於崇寧二年（1103）九月三日。

陝州大都督府新建府學記

崇寧二年（1103）十月十二日

陝州大都督府□□詔新建府學記。

朝散郎權發遣陝州軍府兼管内勸農事兼提舉商虢州兵馬巡檢公事驍騎尉借紫臣張勸撰并書。

崇寧元年秋七月，天子大修熙寧、元豐政事，考慎其相，以翰林學士承旨臣京爲尚書右僕射兼中書侍郎。諭所以繼志述事之意者，後數日，復下手詔，諏求天下之務，命即尚書省置司講議，辟除佐屬，無問從官大吏，咸使得自選擇。條具凡目非一，而法度之所施，繇學校始。臣竊伏觀之，自昔聖帝明王，所以治登太平，號稱最隆極盛者，曷嘗不本諸此。《易》曰：“觀乎人文以化成天下。”帝莫盛於堯，王莫隆於周，蓋孔子之稱堯曰“巍巍乎其有成功，焕乎其有文章”，其稱周曰“周監於二代，郁郁乎文哉，吾從周”。然則文者治功之成，禮樂法度莫不完具，要其初，所以美教化成風俗，舍學校則無以爲矣。

夫道揆明於上，然後法守嚴於下，此所以道德一而風俗同。于斯時也，天下爲一家，中國爲一人，非獨爲士者之得，而人莫不有士君子之器，理勢然也。自鄉舉里選之法廢，爲士者大抵失其本守矣。遭秦滅書，經籍文喪，天地之全，性命之蘊，學者無自而稽見。漢雖購求亡逸，表章六經，然專門傳授，統類不一，而傳注更爲之蔽。至唐取士，以蟲篆之技，違道愈遠，經籍之傳不亡而泯，士雖有聰明智識之質，孰從而成之？伐精神於蹇淺無用之習，聖人之指歸，漫莫之知。非夫不待文王而興者，惡能自拔於流俗哉。斯弊也，非一日之積也。

神宗皇帝天縱聖神，文武超觀前古，慨然深悼其弊，一剗而革之。時則有若丞相臣安石，實始厥謀，乃命以經術造士，大興學館，置官師，分三舍，以明教養之法。士得釋無用而致有功，去蹇淺而抗高明。聰明智識有以啓發，真賢實能，由道術德業，爲世顯人，先後接武而奮，亹亹乎鄉三代之風矣！猶有未者以俟後聖而賡續焉。

主上躬睿聖之姿，克紹其德，追念先烈，緝而熙之，且欲士者漸復鄉舉里選而賓興之也。上自朝廷，外逮郡縣，增筑館舍，廣教導之員，厚廩餼之給。凡郡縣長佐、諸路刺舉之吏，咸有職事于學，勸禁之方，纖悉備飭，有司承奉詔旨，罔或不虔。

陝舊有學，本唐開元中夫子廟，記識具存。而《圖經》稱或後魏所建，莫可考驗，地褊巷窮，制度卑陋，介於民居之間，不容展斥，大懼非所以稱明詔。乃相而遷之，得州子城之東稍北，故鑄錢監地，基步脩廣，面勢軒豁，遠去闤闠而井邑塗陌皆直其下，屹然獨據一隅，陰陽允臧，不考而合度。前爲臺門三重，内挾以東西大序，亘以南北之廡，講書議道皆有堂，祭器、經籍、錢糧皆有庫，爲庖湢於東序之外，爲小學於西序之外，爲先聖廟於外門之内。東偏爲教授位，於外門之内，西偏皆南向，而便門東西向。繚以土垣再周，耽耽翼翼，咸應程度。入其門者，廓如也；升其堂者，肅如也；處其室者，申如也。蓋經始以二年五月庚辰，而落成以七月壬辰。先是，工人伻圖計材，所須甚博，患不可辦，距城之東十里，得入官民地，有林木喬挺，皆纍數十年雨露之所養，一伐□巨材所須，無不充足，前此未有睨之者，豈固有所待耶。

嗚呼，幸哉！士之生斯時也，其居有廬，其承有師，其食有儲，月選歲考，勤勤眷眷，□父兄之詔子弟。然道藝之成也，又以爵祿從之，出使長、入使治，達而論道於王，以下膏澤於斯民，以顯榮其親，以垂名於後世，皆繇此塗出也。嗚呼！顧非幸歟。

臣之始至，學未有定議，越三日，謁先聖、見諸生，祇修厥職。仰惟聖上德意深遠，加惠天下亡窮，惕不敢後退，帥僚吏相與協力區營之。維不費於公、不擾于民，不日而功成，有司職也，夫何足道？然作始之歲月，使來者有考，不可以無述，謹推原本末而書于石，臣勘謹記。

十月十二日立石。

[説明]

據《拓本匯編》，高 220 釐米，寬 113 釐米。刻於崇寧二年（1103）十月十二日。碑在河南陝縣。

見《拓本匯編》41 册第 96 頁。

張克蒙等嵩陽宮石柱題名

崇寧三年（1104）三月十一日

　　新監臨安茶税張克蒙□妻父樊少偓□游，崇寧三年季春十有一日[1]。

[説明]

　　據《八瓊室金石補正》，二行，行字不一。字徑七分。左行。刻於崇寧三年（1104）三月十一日。碑在河南登封。

　　見《石刻史料新編》第 1 輯，第 8 册，5582 頁；《説嵩》卷十五。

[校勘記]

　　[1]《説嵩》該題名作"新監臨安茶税張克蒙，從妻父樊少偓游此，崇寧二年季春十有一日"，有"二年"與"三年"之别。《嵩陽石刻集記》卷下同《説嵩》。

文及甫嵩陽宮石柱題名

崇寧三年（1104）三月十□日

文及甫挈家游，崇寧三年三月十□日觀退之題吳畫。

[說明]

據《八瓊室金石補正》，三行，行六七字。字徑二寸許。左行。刻於崇寧三年（1104）三月十□日。碑在河南登封。

見《石刻史料新編》第 1 輯，第 8 冊，5582 頁。

黃庭堅書少林寺初祖達摩頌

無刊刻年月

祖源諦本（碑額）。

少林九年，垂一則語。直至如今，諸方賺舉。

文思副使提點左厢諸監段綽題額。

實録檢討官著作佐郎黃庭堅書頌。

朝奉郎知河南府陵臺令兼知永安軍同簽書兵馬司公事輕車都尉賜緋魚袋張宗著立石。

［説明］

碑在河南登封少林寺。據《拓本匯編》，高 91 釐米，寬 61 釐米，刻於宋。

見《拓本匯編》41 册第 108 頁；《八瓊室金石補正》，《石刻史料新編》第 1 輯，第 8 册，5787 頁。

黄庭堅書歸雲堂

無刊刻年月

歸雲堂。

黃庭堅書。

[説明]

碑藏鄭州博物館，刊石時日闕。

見《鄭州博物館文物集粹》245 頁。

漏澤園記

崇寧三年（1104）十二月一日

漏澤園記（篆額）。

虢州盧氏縣漏澤園記。

竊聞射聲垂仁，廣漢流□，見稱于史筆。而病養死葬，掩骼埋胔以□先主之仁政及泉壤，德遂九幽。於是皇澤豐沛，湛恩洋溢，四海謳歌，中和感□。周制："墓大夫掌凡幫墓之地域，爲之圖。令國氏族葬而掌其禁令，正其位，掌其度數。"與夫後世人自求地，家自置□，富則僭而不忌，貧則無所於葬者異矣。

元豐中，神宗皇帝嘗詔府界以官地爲字號，改葬□骨，未及推行天下。今天子紹述先烈，求熙寧、元豐以來聖志遺紹，興復恢崇，無有漏失，紀綱法度，粲然完具矣。恭承崇寧三年二月五日敕書，實廣熙寧之詔也。謂四方人物繁庶，州縣城外貧無以葬者不可勝數，或寄留寺舍，棄擲道旁，歲月滋久，無人識認，孤骨無歸，甚可傷惻。州俾擇官私高原，無限頃畝，周立墻柵，中設奠廬，名漏澤園，鑴記以識其姓名，封植以標其兆域，凡材木殯殮之具，奠享齋祭之物，供給使令之人，悉從官給，放牧者勿入，樵采者有禁。委令佐以總其圖籍，擇行業僧以專其藏瘞，州郡得以糾其違，監司得以按其怠，無差

497

失□如法者加賞以勸，爲□具，慢令者用罰以懲。嗚呼！愛生及死以
至於是，州惠孚仁洽淪人之骨髓者至矣，盡矣！不可以有加矣！較之
墓大夫掌國氏族葬之任，抑又詳焉。觀國喬兹邑，恪奉朝□夙夜不□
懈，於是卜壤白石村城北保之原，選僧曰法瓆、宗瑩。瓆、瑩持律守
戒，邑人歸信，可任兹事。上以廣朝廷仁惠之澤，下以掩遺骼暴露之
苦，將以建佛宮於其□，日聞法音，演無量義，俾沉魂幽魄咸證善
因，鬱氣滯冤往生樂土，以子以孫戴天履地，靡有終極，則豐功厚德
及于幽明者，不可量數，實利益之無窮，罄河沙而未比。謹叙其事，
書其年月建立之因，以爲《漏澤園記》。

崇寧三年十二月初一日，奉議郎知虢州盧氏縣事兼兵馬都監采造
務管勾樂川沉冶王觀國記。縣學長劉庭書丹。

通仕郎虢州盧氏縣尉史德志。

通仕郎虢州盧氏縣主簿石居正

同管勾漏澤講經論沙門宗瑩。

管勾漏澤園講經論賜紫沙門法瓆。

[説明]

據《北宋陝州漏澤園》，碑高 1.03 米，寬 0.55 米，厚 0.10 米。
楷書。刻於崇寧三年（1104）十二月一日。碑爲 1990 年盧氏縣文物
管理委員會採集到文管會院内。

見《北宋陝州漏澤園》389 頁。

開封府題名記碑

崇寧四年（1105）閏二月八日

開封府題名記（篆額）。

開封府題名記。

昝居潤建隆元年二月宣徽南院使判。呂餘慶建隆元年五月端明殿學士知。吳廷祚建隆元年十月樞密使判。晋王。程羽開寶九年十月給事中權知。廷美……沈倫太平興國四年正月東京留守兼判。李符……邊珝太平興國七年□□右諫議大夫知。李穆太平興國八年六月翰林學士知。劉保勳太平興國八年十一月右諫議大夫權知。辛仲甫雍熙二年二月左諫議大夫知。王祐雍熙二年十一月中書舍人知。元（僖）雍熙三年十月封許王□尹。魏（庠）淳化三□□□左諫議大夫知。張□……月……郎知。襄王……（畢）士安至道三年□□給事中□□。宋白咸平元年十月翰林學士承旨權知。魏羽咸平二年四月工部侍郎權知。子瓘。錢若水咸平三年正月工部□□權知。溫仲舒咸平三年七月禮部尚書權知。寇準咸平□年五月刑部侍郎權知。陳恕咸平六年六月尚書左丞權知。梁（顥）景德元年正月……陳省華景德元年六月鴻臚少卿權知。張雍景德元年十月戶部侍郎權知。李濬景德三年三月樞密直學士權知。周起祥符二年九月樞密直學士權知。孫僅祥符三年□月右諫議大夫權知。劉綜祥符五年五月樞密直學士權知。王□祥符六年十一月右諫議大夫權知。慎從吉祥符八年十月給事中權知。任中正祥符九年二月……學士權知。樂黃目祥符九年八月右諫議大夫權知。馬元方天禧二年八月給事中權知。王隨天禧四年三月右諫議大夫權知。呂夷簡天禧四年九月龍圖閣直學士權知。子公綽、公弼、公著、公孺。

□□□□。李諮乾興元年□月翰林學士權知。薛田乾興元年十一月龍圖閣待制權知。薛奎天聖元年四月龍圖閣待制權知。王臻天聖二年七月龍圖閣待制權知。陳堯咨天聖四年三月龍圖閣直學士權知。陳堯佐天聖五年八月樞密直學士權知。王博文天聖□年□月龍圖閣待制權知。鍾離瑾天聖八年三月龍圖閣待制權知。徐奭天聖八年四月翰林學士權知。寇瑊天聖八年九月樞密直學士權知。程琳天聖九年七月樞密直學士權知。張若谷明道二年九月樞密直學士權知。張□明道二年十月知制誥權知。王博文景祐元年五月龍圖閣學士權知。（丁）度景祐□年五月中書舍人權發遣。范仲淹景祐二年十一月天章閣待制權知。張逸景祐三年五月龍圖閣待制權知。丁度景祐三年六月翰林學士權發遣。李若谷景祐四年十二月龍圖閣學士權知。胥偃景祐五年三月翰林學士權知。鄭戩寶元二年八月龍圖閣直學士權知。杜衍康定元年□月龍圖閣學士權知。晁宗慤康定元年三月翰林學士權發遣。吳遵路康定□年……□□□康定二年五月龍圖閣直學士……王拱辰慶曆元年十二月翰林學士權發遣。郭積慶曆二年正月龍圖閣直學士權知。王拱辰慶曆□年十二月翰林學士權知。梁適慶曆三年三月知制誥權發遣。李淑慶曆三年四月端明殿學士權知。吳育慶曆三年九月翰林學士權知。楊日嚴慶曆□年□月龍圖閣學士權知。張方平……□□慶曆六年正月知制誥權發遣。楊察慶曆六年三月翰林學士權知。張存慶曆六年九月龍圖閣直學士權知。明鎬慶曆七年正月樞密直學士權知。楊偉慶曆七年三月知制誥權發遣。楊察慶曆八年閏正月翰林學士權……張堯佐慶曆八年四月天章閣待制權知。錢明逸皇祐元年□月翰林學士權知。趙概皇祐元年□月翰林學士權發遣。□□皇祐二年□月龍圖閣……魏瓘皇祐三年三月給事中權知。李絢皇祐三年六月龍圖閣直學士權知。何中立皇祐四年三月知制誥權發遣。呂公綽皇祐四年五月龍圖閣學士權知。……公孺□嘉問。楊察皇祐五年□月端明殿學士權知。呂公弼皇祐六年二月龍圖閣直學士權知。……公孺□嘉問。蔡襄皇祐□年□月龍圖閣直學士權知。弟京。王素至和二年三月樞密直學士權知。曾公亮至和□年□月翰林學士權知。王珪嘉祐元年十二月翰林學士權發遣。錢明逸嘉祐二年正月翰林侍讀學士權發遣。□□嘉祐二年三月龍圖閣直學士權知。歐陽脩嘉祐三年□月翰林學士權知。陳升之嘉祐四年二月樞密直學士權知。吳奎嘉祐五年□月翰林學士權……唐介嘉祐五年十□月天章閣待制權發遣。傅求嘉祐六年二月龍圖閣直學士權發遣。□□嘉祐六年八月翰林……吳奎嘉祐七年正月翰林學士權知。賈黯嘉祐七年三月翰林學士權知。李參嘉祐七年十月尚書工部侍郎權……馮京嘉祐八年……陵頓遞使……府。韓贄嘉祐八年十月龍圖閣直學士權發遣。

500

傅求……龍圖閣學士權發遣。沈遘治平二年五月知制誥權發遣。韓絳治平二年七月端明殿學士權知。弟維縝……沈遘治平二年……楊佐治平三年九月天章閣待制權發遣。傅求治平三年十二月龍圖閣直學士權知。邵元治平□年……樞密直學士……滕甫治平四年八月知制誥權發遣。呂溱治平四年十月龍圖閣直學士權知。陳薦熙寧……知……呂公□熙寧元年四月翰林學士權知。弟公孺、侄嘉問。滕甫熙寧元年十二月翰林學士權知。鄭獬……呂公著熙寧二年五月翰林學士權發遣。李肅之熙寧二年六月天章閣待制權知。侄孝壽。韓維熙寧二年九月翰林學士權知。……弟……陳薦熙寧四年四月龍圖閣直學士權發遣。劉庠熙寧四年□月天章閣待制權知。元絳……孫永熙寧六年五月樞密直學士權知。韓縝熙寧七年十一月天章閣待制權知。侄宗道。楊繪……。李中師熙寧八年四月龍圖閣直學士權發遣。陳繹熙寧八年閏四月翰林侍讀學士權發遣，至九年正月權知。許將熙寧九年十月知制誥權……孫固熙寧九年十二月龍圖閣直學士權知。蘇頌元豐元年閏正月□諫議大夫權知。許將……翰林學士權知。錢藻元豐二年□月……直學士……錢藻元豐二年□月樞密直學士權發遣。……學士權……蔡延慶元豐二年五月龍圖閣直學士權知。錢藻元豐□年八月樞密直學士權知。三年二月充太皇太后山陵橋道頓遞使。三月回。李清臣元豐□年□月翰林學士權發遣。王安禮元豐四年十一月二十六日以翰林學士知制誥權知。王存元豐……閣直學士權知。蹇周輔元豐七年五月二十二日以寶文閣待制權知。蔡京元豐……神宗山陵橋道頓遞使。□月回。呂大防元豐……初一日翰林學士知制誥權發遣。……舍人權發遣。謝景溫元祐元年四月二十七日寶文閣直學士權知。錢勰元祐二年正月初二日龍圖閣待制權知。呂公孺元祐三年九月龍圖閣直學士權知。侄孫嘉問。顧臨元祐四年八月十二日天章閣待制權知。王巖叟元祐五年九月十八日龍圖閣待制權知。李之純元祐六年二月七日寶文閣直學士權發遣。范百祿元祐六年三月七日龍圖閣學士權知。李之純元祐六年八月十□日寶文閣直學士權知。韓宗道元祐六年十二月十八日□部侍郎權發遣。韓宗道元祐七年正月四日寶文閣待制權知。錢勰元祐八年六月四日龍圖閣直學士權知。王欽臣元祐九年正月十四日試吏部侍郎權發遣。王震紹聖元年十月二日龍圖閣直學士權知。范純禮紹聖二年六月十六日試□部侍郎權發遣。林希紹聖二年十月□日權禮部尚書權發遣。蔣之奇紹聖二年十月十九日寶文閣待制權知。蔣之奇紹聖四年五月□七日翰林學士權發遣。路昌衡紹聖……寶文閣待制……呂嘉問元符元年八月二十七日寶文閣直學士權知。吳居厚元符二年十一月二十三日龍圖閣學士權知。三年七月充哲宗山陵橋道頓遞使。八月回。范純禮元符三年七月二十二日天章閣待制權發遣。**范純禮**元符三年八月十四日龍圖閣直學士權知。**宇文昌齡**元符三年十一月十九日□部侍郎權發遣。**温益**元符三年十二月一日試給事中兼侍讀權發遣。**温益**建中靖國元年正月二十八日充龍圖閣待制兼侍讀權知。四月充皇太后山園陵橋道頓遞使。五月回。**王覿**建中靖國元年四月十七日翰林學士權發遣。**温益**建中靖國元年……龍圖閣……**温益**建中靖國元年七月廿九日除試吏部尚書兼侍讀權兼發遣。**郭知章**建中靖國元年八月十五日寶文閣直學士權知。**宇文昌齡**建中靖國元年十一月十一日試尚書戶部侍郎權發遣。**宇文昌齡**建中靖國元年十二月十七日寶文閣待制權知。**謝文瓘**建中靖國元年十二月廿七日試給事中權發遣。**吳居厚**崇寧元年三月初六日龍圖閣待制權知。**徐彦孚**崇寧元年閏六月二十七日試尚書戶部侍郎權發遣。**路昌衡**崇寧元年八月十四日寶文閣學士權知。**吕嘉問**崇寧……寶文閣直學士……正月七日……**吳拭**崇寧二年十月四日以龍圖閣直學士權知。三年二月十七日除兼侍讀。**王寧**崇寧四年□月一日顯謨閣待制權知。二月二十九日改龍圖閣直學士。**李孝壽**崇寧四年閏二月八日顯謨閣待制權知。

[説明]

碑在河南省開封市博物館。高 214 釐米，寬 96 釐米。碑無刊刻年月，以李孝壽題名刻於崇寧四年（1105）閏二月八日，姑附於此。

德應侯百靈翁之廟記碑

崇寧四年（1105）閏二月十五日

德應侯百靈翁之廟記（篆額）。

懷州修武縣當陽村土山德應侯百靈廟記。

鳳州團練推官、知威勝軍、綿上縣田願撰。

解牛之技，以神而遇，庖丁得其妙理；削鐻之能，以神而凝，梓慶全在性覺。然則士有獨見之智，固足以創立萬世法，大哉百靈之智也！造範磁器乃其始，耀郡立祠則其先也。性天內觀，神心反照。因土山之所宜，假陶甄之作器。大樸既革於紅鑪，造化巧成於天地。器範一□，利用周世。雖有智者，無以過也，述之而已；雖有能者，無以逾也，繼之而已。茲天下後世之賴也。雖天生其材，有時而廢，吾之器無時不用；百工之械，有時而緩，吾之器無時不急。是宜有功於民，故以祠之。百靈之功，為利於世，豈小補哉？時惟當陽工巧，世利茲器，埏埴者百餘家，資養者萬餘戶。或作一日□□都戶溫良昆仲聚眾而議曰：嘗聞水之有流，必因其源；木有枝，必根其本。吾徒世事此業，豈可忘其□乎？於是，允協眾意，欣然僉從，遂蠲日發徒，遠邁耀地，觀其位貌，繪其神儀。迺立廟像於茲焉，春秋祀之，自此始也。江南提舉程公作歌并序。公諱筠，号葆光子。斲輪至於輪扁，

503

飛鳶至於墨子，天下之絕工也。予嘗觀當陽陳立、子基之徒，造範磁器，皆得百靈之妙意，亦天下之絕工也，因作歌以贈焉。

當陽銅藥真奇器，巧匠陶鈞尤精至。

成器曾將卞王呈，當時見者增羞愧。

春風曉入青山谷，目運心勞機徑速。

陶鈞一轉侔造化，俟忽眼前模範是。

既成胚器在紅爐，三日不余方可熟。

開時光彩驚奇異，銅色如朱白如玉。

竹林診叟真奇士，待之遠方葆光子。

光子開緘盡數陳，光輝滿座慶雲紫。

異時林下宴親賓，千里天涯知遠意。

觀後安置圖書側，余意忽然生愊憶。

河朔江南事一同，故鄉遠在鄱君國。

鄱君之民喜陶冶，運以千里遍天下。

其間精絕固難求，逡巡往往誤真價。

君今所寄皆奇品，收拾艱難已詳審。

古人投贈報有禮，我獨忙然甚爲貴。

君誠河朔君子儒，我亦江南真丈夫。

締交風義老不變，持此爲序豈可乎？

大宋崇寧四年歲次乙酉閏二月十五日建。

扈慶雷順、楊貴立石。□□□□□許振篆。苗進、秦俊刊。

施廟地陳應，男陳朔。蓋廟都維那溫坦、男溫玉，同維那任守和，同維那張謹，仼張□、張潤，呂簡，王準，崔秀，李斌，陳仲，眭萬，宋應，魏賛，陳榮，李京，王應，趙賛，閻善，王素，王仲，卓真，姚潤，姚通，雍受，劉清，王權，郝謹，秦潤，魏立，李吉，崔應，崔景，郭乂，王萬，郭仲，劉泉，男劉寶，崔萬，眭周，眭應，扈慶，男扈安。

元符三年七月十五日蓋廟畢。

廟令陳浩，保正胡萬，大保老人趙進清，劉乂，□□□，居户賈彥，王安即，居户賈潤、男賈彥，都務孟瓊，本居山陽北，居户王宣，趙寅，郭宗，李憲，張永言，陳遇，王安，田清元立。

[説明]

據《修武碑刻輯考》，碑高1.87米，寬0.67米，厚0.20米。楷書。刻於崇寧四年（1105）閏二月十五日。碑在修武當陽峪。

見《修武碑刻輯考》103頁。

王氏雙松堂記

崇寧四年（1105）四月十六日

……氏……松……記（篆額）。

王氏雙松堂記。

昔夏后初都陽城，南逾洛陽百里而遠，成湯遷亳殷，東逾洛陽五十里而近，皆舍洛陽而不都。周興，武王□定鼎郟鄏。厥後，召公宅洛邑、周公營成周，其意盛矣，而成王卒不果遷。逮夫宣王中興，自鎬之洛，狩于圃田及于敖山，因以朝諸侯，《車攻》之詩作焉。豈不欲成周召之志歟！且宣王嘗狩于岐，而石鼓之詩亦偉矣。夫子乃舍而不録，得非岐之狩爲常，而東都之狩非常乎？惜夫宣王卒亦不果遷也。至平王是遷，而周衰矣，尚復何言□？是三代之盛所遺而不□者，氣象轇轕，輪囷鬱然，發而不施。山含輝而餘秀，川澄淵而軼潤。草木得之，異態日新，其在風俗，逸豫安舒，特宜夫搢紳先生潛養之適也。蓋自李耳爲周柱下史而來，風流高矣，而遠不勝道，姑以近世三人者識之：

　　唐盧仝之隱，不資嵩高少室之雄，而近在城闕之中，草屋數間，閉門不出者，以歲紀論微，韓愈殆莫知其賢。哀帝時，宰相

506

楊涉之子凝式於學無不通，嘗諫其父立唐，而復以相梁。不得志，因陽狂一時，終五代賢者誅戮□□□之際逸樂白首，其中蓋有大過人者，視其丹青遺像，知其為偉丈夫，而筆墨之妙、凜然生氣猶在也。自慶曆來，康節先生邵堯夫貧居天津之南，獨明先聖之道，不老不釋，卓然振千古之絕□，頗苦志著書而精深難窺矣。天子嘗命之官不得辭而身不出，公卿大夫樂從之游，而莫能名其器。既死，而名益高。夫此三人者，唯洛陽之宜也，所謂逸豫安舒之風，蓋可觀已。嗚呼！名有帝王山川之勝，而□□□高人處士之奉，坐通四海九州之湊，何其盛哉！以故公卿大夫功成得謝，危樓傑觀、水竹花卉之麗甲天下，而不以為侈，繩樞甕牖之生，終日欣然，亦自以為得，孰非所宜者？

王君聖徒庭鯉，世為洛人，躬築別墅建春門裏，植雙松以自見其志，因以"雙松"名其堂，日與平生故人徜徉圖畫，壺觴之樂，四方之賓客如歸焉，靡不適可，且自嘆曰："吾老矣，恐不得如吾松之壽也，而吾之志則不可不著之。"異日，於是懇予文以記于石，予因道古今之所以然者書之，使後之游者得以賞焉。

崇寧四年四月十六日，嵩山晁說之記、咏之書，雲□許舉篆額。□□刊□。

[説明]

據《八瓊室金石補正》，高三尺二寸五分，廣二尺八分。二十行，行三十八字。字徑五分。行書。刻於崇寧四年（1105）四月十六日。碑在河南洛陽存古閣。

見《石刻史料新編》第1輯，第8冊，5781頁。

石佛村尊勝幢殘題記

崇寧四年（1105）

佛頂尊勝陁羅……

賀□□先歿故□……仁鄉毨村人氏自……於西京資忠□□……父母□□至□□……日身亡□□□□……助緣□□□□……助緣醫人李□……

大宋崇寧四□……寺文殊院□百……

[説明]

據《八瓊室金石補正》，斷缺，高存一尺二寸餘。八面，面廣四寸。四行，行字不一，字徑七分。題字九行，字徑五分。俱正書。刻於崇寧四年（1105）。碑在河南魯山。

見《石刻史料新編》第1輯，第7冊，5339頁。

符六翁符六婆修露臺記

崇寧五年（1106）五月十五日

本縣市東關肉飣店，符六翁、符六婆，崇寧五年五月十五日獨施
修成露臺記。

[説明]

據《拓本匯編》，高 36 釐米，寬 28 釐米。刻於崇寧五年（1106）
五月十五日。碑在河南濟源。

見《拓本匯編》41 册第 127 頁。

白馬寺殘石

崇寧年間 （1102～1106）

西都留……致厚□親……明日前趨……益從行崇寧……

[説明]

據《拓本匯編》，高、寬均 36 釐米。刻於崇寧年間。碑在河南洛陽。

見《拓本匯編》41 册第 135 頁。

夏聖求等嵩陽宮石柱題名

大觀元年（1107）四月六日

夏聖求、李季明、袁儞夫游，大觀丁亥四月六日。

[説明]

據《八瓊室金石補正》，二行，行五字，字徑八分。又紀年一行，字徑四分。左行。刻於大觀元年（1107）四月六日。碑在河南登封。

見《石刻史料新編》第 1 輯，第 8 冊，5582 頁。

李智平建碑亭記

大觀元年（1107）四月十五日

安陽縣南平村信士李智平游寺，睹禪師碑建立已來，歷年綿遠，風日曝裂，鰲座湮没。謹拾净財，命工出拔，復新構亭蓋護，以永其久。伏冀存亡父母得悟無生，眷屬安康，同登覺道，見聞隨喜，發菩提心，法界眾生，獲安樂果。

宋大觀元年四月望日，住持寶山靈泉寺僧福澄記。

南平村王氏男李智平、弟惇冲齊悦從。

洞天郜宗儀刊。

[説明]

據《安陽縣金石録》，碑在元林禪師碑側，行書。刻於大觀元年（1107）四月十五日。

見《石刻史料新編》第 1 輯，第 18 冊，13888 頁。

三賢堂記

大觀元年（1107）七月二十二日

鄭州新鄭縣旌賢崇梵院三賢堂記。

資政殿大學士兼翰林□侍讀學士尚書户部侍郎吳育撰。

夫高賢令躅，實當世而名後葉，使千載之下想見其人，瞻言存奉，如聞其謦欬，如在其左右，所感被深者，其光靈遠也。著於風謠，思慕則召伯，憩甘棠而勿翦；形於山川，氣象則羊公，與峴首而俱傳。豈止廟于家、圖于台、祭于鄉社，苟可以明風迹而寄所慕，亦何常哉！

宋故丞相沂國文正王公曾，逮事章聖皇帝，朝登列輔。今上即位，一執魁柄，再提相筆，又冠機廷。明肅太后受遺輔政，天下事參斷簾幄，公議兩宮間。當乾興、天聖中，據正持重，不爲物搖，勢若山岳。凡所以殿邦梔動，躬密勿定危疑，斥權邪正基本者，非一言一事。用是，訖母儀之世，朝廷中外，維固謐然，則公有力於國，而陰賜在人多矣。

公薨，葬新鄭，臨洧鄉之原。原側且有梵宇，詔特改鄉名，院榜皆曰“旌賢”，爲公設也。其地則鄭子產之東里，其西北距公塋逾千步，又唐相晋公裴中立之墓在焉。院僧惠璉以三賢之迹適會兹地[1]，

513

乃建祠堂，募工并繪其像于屋壁，眉宇森映，儼乎其生，凛然清風隱若晤語。遠近人士，歲時有以瞻享，噫！人無今昔，異代相望，道咈趣暌，則比肩萬里；德符心照，則窮古一期。若時三賢神交于此，亦雅俗之嘉尚，而方來之不泯者已。

公之仲氏今刑部侍郎致仕子融，厚陟岡之義，於公遺美多所追載，見命爲記，姑筆其大略云。

大宋至和三年丙申歲壬辰月丙寅日建。

翰林待詔承事郎守太子洗馬司正賜紫李九思書并題額。

御書院玉册官孫文吉鐫。

大觀元年七月二十二日，藝謹命摹勒上石。

[說明]

據《（乾隆）新鄭縣志》，書法娟好，内缺一字。刻於大觀元年（1107）七月二十二日。碑在成皋寺。

見《（乾隆）新鄭縣志》卷29。

[校勘記]

[1] 僧惠璉，《（乾隆）新鄭縣志》卷四作“僧惠璀”。

宋旌賢院牒

大觀元年（1107）七月二十二日

中書門下牒旌賢崇梵院：

　　右諫議大夫天章閣待制勾當三班院王子融奏："臣亡兄曾於鄭州新鄭縣安葬，墳側脩到僧院，已奉敕賜號'崇梵院'，欲乞依呂夷簡等墳所僧院例，每年撥放剃度行者，并臣亡兄曾神道碑昨蒙御篆賜名'旌賢'，其崇梵院欲乞賜號'旌賢崇梵院'。候敕旨。"

牒：奉敕宜特賜"旌賢崇梵院"爲額，每年乾元節與剃度行者壹名。牒至准敕。故牒。

皇祐三年九月十（印文）三日牒。

工部侍郎平章事文（押）。

大觀元年七月二十二日，藝謹命工模勒上石。

［説明］

據《金石萃編補正》，牒文行書，餘正書。大小共十八行，行字

515

不等。高四尺四寸强。在新鄭。刻於大觀元年（1107）七月二十二日。

見《石刻史料新編》第 1 輯，第 5 册，3514 頁。

大宋表彰狄仁傑墓立石

大觀元年（1107）

有唐忠臣狄梁公墓。

大觀元年，龍圖閣學士留守范致虚刻石表墓。

[說明]

碑在河南洛陽白馬寺。刻於大觀元年（1107）。

臨潁縣御製學校八行八刑之碑

大觀元年（1107）

御製學校八行八刑之碑（碑額）。

御製學校八行八刑條。

學以善風俗、明人倫，而人材所自出也。今有教養之法，而未有善俗明倫之制，殆未足以兼明天下。孔子曰："其爲人也孝悌，而好犯上者鮮矣。不好犯上而好作亂者，未之有也。"蓋設學校、置師儒，所以敦孝悌，孝悌興則人倫明，人倫明則風俗厚，而人材成、刑罰措。朕考成周之隆，教萬民而賓興以六德六行，否則威之以不孝不悌之刑。比已立法，保任孝悌姻睦任恤忠和之士。去古綿邈，士非里選，習尚科舉，不孝不悌，有時而容。故任官臨政，趨利犯義、詆訕貪污，無不爲者，此官非其人士不素養故也。近因餘暇，稽《周官》之書，制爲法度，頒之校學，明倫善俗，庶幾於古。

諸士有善父母爲孝、善兄弟爲悌、善内親爲睦、善外親爲姻、信於朋友爲任、仁於州里爲恤、知君臣之義爲忠、達義利之分爲和。

諸士有孝、悌、睦、姻、任、恤、忠、和八行見於事狀，著於鄉里，耆鄰保伍以行實申縣。縣令佐審察，延入縣學，考驗不虛，保明申州如令。

518

　　諸八行，孝、悌、忠、和爲上，睦、姻爲中，任、恤爲下。士有全備八行，保明如令不以時，隨奏貢入太學，免試爲太學上舍。司成以下，引問考驗，較定不誣，申尚書省，取百釋褐命官優加拔用。

　　諸士有全備上四行，或不全一行而兼中等二行，爲州學上舍上等之選；不全上二行而兼中等一行，或不全上三行而兼中二行者，爲上舍中等之選；不全上三行而兼中一行，或兼下行者爲上舍下等之選；全有中二行，或有中等一行而兼下一行者，爲内舍之選，餘爲外舍之選。

　　諸士以八行中三舍之選者，上舍貢入；内舍在州學半年不犯弟二等罰，升爲上舍；外舍一年不犯弟三等罰，升爲内舍，仍准上法。

　　諸士以八行中上舍之選而被貢入太學者，上等在學半年不犯弟三等罰，司成以下考驗行實聞奏，依太學貢士釋褐法；中等依太學中等法，待殿試；下等依太學下等法。

　　諸士以八行中選在州縣，若太學皆免試，補爲諸生之首，選充職事，及諸齋長諭諸以八行考士，爲上舍上等，其家依官户法；中下等，免户下支移，折變借借身丁；内舍免支移身丁。

　　諸謀反、謀叛、謀大逆子孫同。及大不恭、詆訕宗廟、指斥乘輿，爲不忠之刑。

　　惡逆詛罵，告言祖父母、父母，別籍異財，供養有闕，居喪作樂自娶，釋服匿哀爲不孝之刑。

　　不恭其兄、不友其弟，姊妹叔嫂相犯罪杖，爲不悌之刑。

　　殺人、略人、放火、强奸、强盗，若竊盗杖及不道，爲不和之刑。

　　謀殺及賣略緦麻以上，親毆告大功以上，尊長小功尊屬若内亂，爲不睦之刑。

　　詛罵告言外祖父母與外姻有服親、同母異父親若妻之尊屬，相犯至徒，違律爲婚，停妻娶妻，若無罪出妻，爲不姻之刑。

毆受業師、犯同學友至徒，應相隐而輒告言，爲不任之刑。

詐欺取財，罪杖告屬，耆鄰保伍有所規求避免，或告事不干己，爲不恤之刑。

諸犯八刑，縣令佐州知通，以其事目書於籍，報學，應有入學，按籍檢會施行。諸士有犯不忠、不孝、不悌、不和，終身不齒，不得入學。不睦十年，不姻八年，不任五年，不恤三年。能改過自新，不犯罪而有二行之實，耆鄰保伍申縣，縣令佐審察，聽入學，在學一年又不犯弟三等罰，聽齒於諸生之列。

准大觀元年三月十九日奉敕中書省據學制局狀申准本局承受送到内降奉御筆批，學以善風俗、明人倫，至"仍關合屬去處"。

登仕郎行潁昌府臨潁縣尉管勾學事臣邵世卿。

登仕郎行潁昌府臨潁縣主簿管勾學事臣劉文仲。

從事郎行潁昌府臨潁縣丞管勾學事杜欽益。

通仕郎潁昌府縣令管勾學事臣蟲份建。

[説明]

據《八瓊室金石補正》，連額高五尺，廣二尺四寸。二十七行，行六十一字，又銜名二行。字徑七分。正書。無刻石年月，按陸增祥注文，碑内容即蔡京書《大觀聖作之碑》，以其中有大觀元年敕書，姑附于大觀元年（1107）。碑在河南臨潁。

見《八瓊室金石補正》，《石刻史料新編》第 1 輯，第 8 册，5787 頁；《金石萃編》，《石刻史料新編》第 1 輯，第 4 册，2699 頁。

偃師縣大觀聖作之碑[1]

大觀二年（1108）八月二十九日

　　學以善風俗、明人倫，而人材所自出也。今有教養之法，而未有善俗明倫之制，殆未足以兼明天下。孔子曰："其爲人也孝弟，而好犯上者鮮矣。不好犯上而好作亂者，未之有也。"蓋設學校、置師儒，所以敦孝悌，孝悌興則人倫明，人倫明則風俗厚，而人材成、刑罰措。朕考成周之隆，教萬民而賓興以六德六行，否則威之以不孝不悌之刑。比已立法，保任孝悌姻睦任恤忠和之士。去古綿邈，士非里選，習尚科舉，不孝不悌，有時而容。故任官臨政，趨利犯義、詆訕貪污，無不爲者，此官非其人士不素養故也。近因餘暇，稽《周官》之書，制爲法度，頒之校學，明倫善俗，庶幾於古。

　　諸士有善父母爲孝、善兄弟爲悌、善内親爲睦、善外親爲姻、信於朋友爲任、仁於州里爲恤、知君臣之義爲忠、達義利之分爲和。

　　諸士有孝、悌、睦、姻、任、恤、忠、和八行見於事狀，著於鄉里，耆鄰保伍以行實申縣。縣令佐審察，延入縣學，考驗不虛，保明申州如令。

　　諸八行，孝、悌、忠、和爲上，睦、姻爲中，任、恤爲下。士有全備八行，保明如令不以時，隨奏貢入太學，免試爲太學上舍。司成

521

以下，引問考驗，較定不誣，申尚書省，取百釋褐命官優加拔用。

諸士有全備上四行，或不全一行而兼中等二行，爲州學上舍上等之選；不全上二行而兼中等一行，或不全上三行而兼中二行者，爲上舍中等之選；不全上三行而兼中一行，或兼下行者爲上舍下等之選；全有中二行，或有中等一行而兼下一行者，爲内舍之選，餘爲外舍之選。

諸士以八行中三舍之選者，上舍貢入；内舍在州學半年不犯第二等罰，升爲上舍；外舍一年不犯第三等罰，升爲内舍，仍准上法。

諸士以八行中上舍之選而被貢入太學者，上等在學半年不犯第三等罰，司成以下考驗行實聞奏，依太學貢士釋褐法；中等依太學中等法，待殿試；下等依太學下等法。

諸士以八行中選在州縣，若太學皆免試，補爲諸生之首，選充職事，及諸齋長諭諸以八行考士，爲上舍上等，其家依官户法；中下等，免户下支移，折變借借身丁；内舍免支移身丁。

諸謀反、謀叛、謀大逆子孫同。及大不恭、詆訕宗廟、指斥乘輿，爲不忠之刑。

惡逆詛罵，告言祖父母、父母，別籍異財，供養有闕，居喪作樂自娶，釋服匿哀爲不孝之刑。

不恭其兄、不友其弟，姊妹叔嫂相犯罪杖，爲不悌之刑。

殺人、略人、放火、强奸、强盗，若竊盗杖及不道，爲不和之刑。

謀殺及賣略緦麻以上，親毆告大功以上，尊長小功尊屬若内亂，爲不睦之刑。

詛罵告言外祖父母與外姻有服親、同母異父親若妻之尊屬，相犯至徒，違律爲婚，停妻娶妻，若無罪出妻，爲不姻之刑。

毆受業師、犯同學友至徒，應相隐而輙告言，爲不任之刑。

詐欺取財，罪杖告屬，耆鄰保伍有所規求避免，或告事不干己，爲不恤之刑。

諸犯八刑，縣令佐州知通，以其事目書於籍，報學，應有入學，按籍檢會施行。諸士有犯不忠、不孝、不悌、不和，終身不齒，不得入學。不睦十年，不姻八年，不任五年，不恤三年。能改過自新，不犯罪而有二行之實，耆鄰保伍申縣，縣令佐審察，聽入學，在學一年又不犯第三等罰，聽齒於諸生之列。

大觀元年九月十八日，資政殿學士兼侍讀臣鄭居中奏乞以御筆八行詔旨摹刻於石，立之學宮，次及大學、辟雍、天下郡邑。二年八月二十九日，奉御筆賜臣禮部尚書兼侍講久中令以所賜刻石。

通直郎書□□博士臣李時雍奉敕摹寫。

承議郎尚書禮部員外郎武騎尉臣葛勝仲。

朝散郎尚書禮部員外郎雲騎尉臣韋壽隆。

承議郎試尚書禮部侍郎學制局同編修官武騎尉隴西縣開國男食邑三百户賜紫金魚袋臣李圖南。

朝請郎試禮部尚書兼侍講實録修撰飛騎尉南陽縣開國男食邑三百户賜紫金魚袋臣鄭久中。

太師尚書左僕射兼門下侍郎上柱國魏國公食邑一萬又一千二百户食實封三千八百户臣蔡京奉敕題。

……恩殿上祇應臣張士……臣……奉聖旨鐫。

[説明]

據《偃師金石遺文記》，碑存，行書。碑在偃師縣治東街宋學宮舊址。刻於大觀二年（1108）八月二十九日。《偃師金石遺文記》録文多有錯，如碑刻時間大觀二年八月作"六月"，葛勝仲作"葛勝"，朝散郎作"廟散郎"。

見《偃師金石遺文記》,《石刻史料新編》第 2 輯, 第 14 册,
10157 頁。

[校勘記]

[1] 該碑在河南多地有刻, 如襄城縣、舞陽縣、鄧州。今開封
博物館尚有藏碑。

張竦等三門峽摩崖題記

大觀三年（1109）正月十九日

大觀三年正月十九日，建安曹樞慎中，祥符張竦公度，彭城鄭望
□守道，右三人同游。

[説明]

據《三門峽漕運遺迹》，真書五行，右行。字徑約 12 釐米，通
高 100 釐米，寬 62 釐米。摩崖在開元新河東岸，刻於大觀三年
（1109）正月十九日。

見《三門峽漕運遺迹》文 48 頁，拓片録 106 頁。

韓跂一僵六殤子墓記

大觀三年（1109）十一月二十日

余弟朝散大夫紹之第三子曰俊冑，字籀夫，少穎悟力學，有自立之志。不幸染疾，年十七卒於潁州官舍。紹聖三年十一月二十四日也。

余之第四子謝和尚、第五子賀老、第六子金老、第七子頑叟，及余弟僖房二子皆在襁褓不育，今以儀公大葬，舉一僵六殤於新安祖塋之東同瘞焉。大觀三年十一月二十日。

朝散大夫知通利軍事管勾學事兼管內勸農事上騎都尉韓跂記。

[說明]

據《安陽縣金石錄》，碑在治西水冶孝親寺，行書。刻於大觀三年（1109）十一月二十日。

見《安陽縣金石錄》卷7，《石刻史料新編》第1輯，第18冊，13888頁。

張果崇福宮題刻

大觀四年（1110）十二月一日

權發遣京西轉運使張果被旨詣嵩山崇福宮，安挂御賜二門牌，大觀庚寅十一月二十九日至此。

大觀四年十二月一日，崇福宮權宮主道士王□名立石。

將仕郎縣尉兼主簿丁晏。

宣德郎知登封縣事唐愨。

[説明]

碑在河南登封嵩陽書院。據《八瓊室金石補正》，高一尺三寸七分，廣二尺。七行，行六字，字徑一寸五分，行書。後三行字徑四分，正書。刻於大觀四年（1110）十二月一日。

見《八瓊室金石補正》，《石刻史料新編》第 1 輯，第 8 冊，5791 頁；《金石續編》，《石刻史料新編》第 1 輯，第 5 冊，3378 頁。

資政殿學士等潘尊師碑側題名

政和元年（1111）二月二十七日

資政殿學士□□府□□……薛憒、徐□、唐□□□□□□李
□、丁昂□馮□□政和元年二月廿七日□□，男雍侍行。

[説明]

據《八瓊室金石補正》，五行，行字不一。字徑一寸二分。刻於
政和元年（1111）二月二十七日。碑在河南登封。

見《石刻史料新編》第 1 輯，第 8 册，5679 頁。

□洵武題記

政和元年（1111）二月二十九日

□洵武來，雍侍行，政和元年二月廿九。

［説明］

幢八面，在登封嵩陽書院，與樓异題記在同一石幢。刻於政和元年（1111）二月二十九日。尚未見著録與整理。

鄧洵武昇仙碑題名

政和元年（1111）二月二十九日

政和元年二月二十九日，西京留守鄧洵武，率僚屬恭謁王子喬祠。男雍侍行。

[説明]

據《偃師金石遺文記》，碑存，行書。題名在偃師縣昇仙碑陰。刻於政和元年（1111）二月二十九日。

見《偃師金石遺文記》，《石刻史料新編》第 2 輯，第 14 冊，10158 頁。

唐通叟等嵩陽宮石柱題名

政和元年（1111）二月

政和改元仲春，唐通叟拉李勉之自中頂過精思天封，唐□鎬侍[1]。

[説明]

據《八瓊室金石補正》，三行，行十字。字徑一寸三分。左行。刻於政和元年（1111）二月。碑在河南登封。

見《石刻史料新編》第 1 輯，第 8 册，5582 頁。

[校勘記]

[1]"唐□鎬侍"，《説嵩》作"唐鎬侍行"。

嘉甫南嶽觀音贊

政和元年（1111）五月五日

南嶽觀世音菩薩贊。

覺印禪師子英，少爲比丘，事善知識，於諸佛法未得悟入。嘗居南嶽寺，一夕，夢觀世音菩薩坐其室中，英稽首求哀，觀世音不答，徐舉淨瓶，稍稍振之，瓶中有聲，如百千妙樂，合奏成文。曲終，召英灌以香水滿掬，英頓覺心耳娛悅，神情開達。後數日，豁然契悟。遂圖觀世音菩薩像如夢中所見者，凡六坐道場，必以自隨。大觀四年春，罷普照禪席，將游嵩少，忽謂法照童子曰："汝法器也，宜奉此像。"乃以授之。童子歡憙，歸示其父雪川張大亨，父即頂禮觀世音菩薩，足已爲叙其事，且欲重宣此義，而説頌言：

廣大智慧無與比，普觀一切皆圓音。根塵旋復自聞聞，是故得斯清净耳。衆生垢重不自覺，隨聲轉故迷本聞。大士慈力爲冥資，示以普門如幻法。我觀瓶相如虛空，以大悲故流香水。恒出種種解脱音，聞者悉成無上果。願此童子及我等，一切皆得從中證。還於莊嚴衆具中，演説如是普門法。

532

政和元年五月初五日，覽廣信軍通判朝奉嘉甫《觀音菩薩贊》，深契妙理，寄普照覺印老師智通等。特刊石於少林祖師道場，傳布四方，使見聞者悉證普門三昧。前住持嗣法智通、住持嗣法孫惠初同立。

陳忠顯刊。

[説明]

據《八瓊室金石補正》，高二尺八寸，廣一尺六寸。十七行，行二十八字。字徑七分。正書。刻於政和元年（1111）五月五日。碑在河南登封。

見《石刻史料新編》第 1 輯，第 8 冊，5791 頁。

白佛村大悲咒石塔銘并序

政和元年（1111）五月十五日

大宋相州林慮縣仙巖鄉皇化里張村管白佛村大悲咒塔銘并序。

詳夫百年光景，逐四序以推遷；一世浮生，隨二輪而電謝。未抛有漏，難免無常。寄陰界之杳冥，猶人心之不悟。此者靖原自韶齔，以致成人，苦業何深，罪根實重，依栖白社教養爲生，因驚石火之光，忽念逝波之近。敬爲亡男朱哥，遽自盛年，橫沈幽壑，深追喪目之人，偶失成家之器，既如珠碎，得不心傷！空側嘆於孤遺，但悲嗟於舊迹。秀而不實，今也云亡；追念無由，良深痛切。因窮藏教，獲此真經，諸佛護持，人天仰重。童子誦而光落窗間，伽梵譯而花飛樓上。神通莫喻，秘密難思，能資七八種善生，可免十五種惡死，荐拔夭枉，莫大於斯經者也。

靖是以百爾心弘誓願，仰諦真宮，難興巨力之功，唯務從微至著，以時計日，荏苒年餘，收萬礦之圓銅，聚百繩之鑷物，命之良工，稱以魂倚，建高聖之寶幢，刊大悲之神咒，長隆兹地，永鎮西峰。使浮福以長新，固殊因之弗墜。渡兹聖善，可滿丹誠。山無枉橫之虞，水免湮沉之苦，然後福霑萬類，利及多方，盡法界以常興，希邊方之寧净。聊述序引，用紀年華，愧荒蕪以難銘，故直書而爲記。

534

銘曰：

　　名假法假，心空色空。一相無相，勿異勿同。刹刹塵塵，處
處觀音。心心志志，念念垂臨。千眼遍照，天耳普聆。千手接
引，天真護形。諸惡自離，諸善自成。表銘斯地，永福含生。

政和元年辛卯夏五月壬戌朔十五日丙子，建塔功德主張靖記。

[説明]

　　據《（民國）林縣志》，塔四面刻，前刻大悲咒，次塔銘，題
"大宋相州林慮縣仙巖鄉皇化里張村管白佛村大悲咒塔銘并序"，末
爲陶村定覺、姚村牛良各助緣人題名。石完好，正書，書法韶秀。刻
於政和元年（1111）五月十五日。碑在林縣姚村區李家岡村廟內。
　　見《（民國）林縣志》卷14。

重刻朗然子劉希岳詩

政和元年（1111）

朗然子詩并序。

羽衣劉希岳字秀峰述。

余乃生居漳水，業本豪家，幼習儒風，曾叨鄉貢。嗟浮世速如激箭，傷時光急若瀑流。未免退迹玄門，棲心冠褐，外丹達恍惚杳冥之旨，内氣明溯流胎息之源。功勤未及於旬年，人驚不老；壽算已逾於五紀，自覺如新。有此靈通，故難緘默，謹吟三十首，號曰朗然子詩，呈同道，望迴心，聖意非遥，人自疑惑。

時大宋端拱戊子歲季冬，住京通玄觀内偶□述之。

<small>以上第一截</small>

□魂洪盃數十年，朝朝恣性日高眠。尾閭適得泥丸穴，丹竈能分造化權。只此雲霄應有路，算來人命豈由天。莫言大道人難會，自是頑夫不學仙。

南北經游□廿春，潛行玄理暗修真。不求世上無窮物，只向寰中覓個人。外藥已知消息火，内丹常運溯流津。假饒千載重相見，也□

536

如今貌轉新。

京洛幽閑寂寞中，住居古觀古壕東。俗情亦染心無染，塵事雖同道不同。煉藥豈辭千日苦，運精常遣四肢通。世間□貴真堪重，除却人身總是空。

求仙之士亂紛紛，涉歷山川走似雲。總學長生尋外物，算來至道未嘗聞。身中自有昇天路，□上誰無出世紋。堪嘆凡夫全不悟，盡甘荒野作丘墳。

豈貴榮華豈重財，堪怜身向此中□。丹田自種留年藥，紫府常燃不死灰。髓實已無寒暑近，道成豈怕曉昏催。傷哉世俗孜孜□，逐利爭名性轉饉。

兀兀陶陶是事休，花開花謝任春秋。金章紫綬由他貴，布素冠裳幸自由。壽命須同天地永，身心閑共水雲儔。堪疑太上玄元祖，何故人間早白頭。

一居京洛十餘春，未肯閑趨富貴門。攝養不教元氣散，修行常遣谷神存。飢餐舌下津還飽，寒發丹田火便溫。取性自怡兼自樂，且無慚色感人恩。

今生不悟望來生，據算來生甚□明。爭似便修天上路，何須更入地中坑。陽魂若壯非千壽，陰魄如强必致薨。百草經霜皆盡死，□□□□□長榮。

以上第二截

　　□親儒墨擬求官，忽悟幽玄道不難。陰氣若消終未死，陽精如在自然安。身中每運無窮藥，鼎内常燒續命丹。堪嘆慕財貪色輩，煎熬終日有多般。

　　世間萬事不堪論，唯有身形與氣存。金鼎會燒延命藥，丹田解種駐顏根。每承大道乘麻蔭，肯受常人取次恩。已絕榮枯無玷纍，却愁白日出乾坤。

　　小隱居巖大隱□，立身偏愛鬧中閑。心澄瑩若天邊月，意穩安如海上山。常遣眼前無欲色，自然臉上有童顏。更能通得泥丸穴，何必驅驅煉九還。

　　自説玄元旨趣深，何曾解問自家心。三田氣若相通貫，二竅循流□不禁。泛海經年搜命藥，求仙觸處走山林。爭如向己身中覓，便見希夷道易尋。

　　僻居古觀勝山居，門掩荒苔馬迹疏。静室忙吞千口液，幽窗閑却一床書。是非少爲交知少，貪愛無時榮辱無。兀兀逐時随分過，任他人喚作愚夫。

　　鑄煉元精却返淳，万般爲了始歸真。若教愚者皆成道，□□神仙是異人。報効全由功滿日，希夷不離自家身。但能勤運冲和氣，便覺容顏轉轉新。

　　少年苦節近文儒，荏苒光陰六十餘。得遇志人教學道，便將性命托虛無。髮因運氣蒼還黑，臉爲存精皺復舒。大要欲陪卿相位，分中無了謾驅驅。

溯流直上至泥丸，關節纔通便駐顏。悟處如同觀返掌，迷時似隔數重山。□明神識千般擾，達了心田萬事閑。□要長生兼出世，□□□□□□間。

以上第三截

學道何須學執迷，無爲之理總須爲。氣吞根柢非呼氣，肌却心腸不忍飢。存得元精無老耄，去除情欲似嬰兒。更能曉得衝天穴，定有逍遙出世期。

求仙皆學採陰丹，甚處交精去復還。未及年餘多臥疾，正當少壯改容顏。陽魂漸減終無悟，性命將來似等閑。若要延齡身住世，存精保氣寂寥間。

紫衣師號苦貪求，養氣燒丹總不修。未及中年身已老，正當强壯鬢先秋。惺惺知有長生路，兀兀甘随逝水流。本挂冠裳緣□事，爭名競利等閑休。

自住凡塵數十秋，縱然觀色恰如讎。常行元氣滋容質，每論丹砂問道流。一種利名心不羨，萬般榮辱眼前休。有錢多買盃中酒，無慮無憂有底愁。

螢窗十載望求名，兩上春闈事不成。有志無緣千寸禄，到頭有分學長生。選官豈及選仙士，慕色爭如慕道情。但得容顏常悅澤，昇騰必定在前程。

聲名何在振寰瀛，爭似潛修出世程。强强燒丹終九轉，勤勤運氣徹三清。藥成自有飛騰路，功滿須歸物外行。莫愛榮華兼富貴，自身堅固最爲精。

世人慕色及貪財，亡命亡軀自此來。蟻虱咂身還怕痛，陽魂去體不疑猜。一朝染疾醫無效，萬種求神道自灾。若會運精兼保氣，長生豈更掩泉臺。

浮榮休羨學三茅，周易通來盡易抄。因悟道情親至理，便疏人事絕知交。陽精每運無窮數，玉液常餐不暫抛。只候一朝功滿足，會同玄鶴離凡巢。

以上第四截

盡求點化要肥家，忘却形枯改歲華。慕色將身爲棄物，貪財輕命比泥沙。口中解説修仙道，意内元來似夜叉。此輩頑愚終不悟，達人休要爲傷嗟。

禮拜焚香求塑畫，爭如努力自修行。勤吞津液過千口，長記存神聽五更。莫失常規頻道引，更須子細運元精。雖然未得昇天去，應有神仙録姓名。

休讀九經三史書，與身到了不相於。爭如保息元和炁，未似躬親大藥炉。存得陽精終濟老，燒成金質定冲虚。分明有個長生路，其奈凡夫性轉愚。

求貴貪財無盡期，高官富極又何爲。爭如心静忘機慮，未勝身閑

540

絕□疑。歆枕任從春日永，運精不遣鬢毛衰。他年物外相逢處，元是
神仙別有期。

真鉛真汞不難尋，自是凡夫錯用心。月魄日魂明甚易，木精火候
理還深。苦辛運藥須三載，變化通靈點五金。出世只消餐一粒，蓬瀛
昆島盡知音。

夾脊雙關至頂門，修行徑路此爲根。華池玉液頻須咽，紫府元君
遣上奔。常使氣衝關節透，自然精滿谷神存。一朝得到長生地，須感
當初指教人。

　　朗然子者，昔唐通玄觀主也，事迹靈異，修煉非凡，隱世百
載，至宋端拱年於桃花坊白日昇天矣。敕改名集真觀，有遺詩三
十首於世，至政和元年，觀主道士張道言，小師周抱真立石。後
改名萬靈胡元宮，值兵火，損壞碑迹。於天德二年正月初五日，
本宮道士趙隱微尋獲元紙碑一本，道士張道冲重刻石。
　　葆光道人王燦書。

以上第五截

[説明]

　　據《金石續編》，高三尺三寸，寬二尺一寸。分五截：上截刻
序，廿二行，行七字。下四截刻詩，每截四十行，行十二字，并正
書。在河南洛陽縣。初刻於政和元年（1111）。再刻於金海陵王天德
二年（1150）正月初五日。
　　見《石刻史料新編》第1輯，第5冊，3440頁。

周瓘《昇仙太子大殿碑》右側題名

政和二年（1112）三月二十三日

陳留周瓘，政和壬辰三月二十三日來游。

[説明]

據《拓本匯編》，高 23 釐米，寬 8 釐米。右行。刻於政和二年
（1112）三月二十三日。碑在河南偃師，刻於明道二年六月一日《昇
仙太子大殿碑》之右側。

見《拓本匯編》42 册第 18 頁。

宋孝先張洙等三門峽題記

政和二年（1112）八月二十五日

夷門宋孝先子中，甘棠宋澪澤民，平原王石吉老，箕山張保源澄之，政和壬辰中秋後十日同視。

御前椷木澄之題。

張堯恭。

張洙師聖來。

[説明]

據《三門峽漕運遺迹》，“張堯恭”與“張洙師聖來”二行爲小篆，顯然與此題記非一件作品，兩行小篆亦非同一件。《三門峽漕運遺迹》將三件録作一件作品，大錯。字徑約 30 釐米，餘爲真書。字徑約 16 釐米，共八行。通高 190 釐米，通寬 158 釐米。摩崖在開元新河東岸。刻於政和二年（1112）八月二十五日。又“政和壬辰中秋後十日同視”一句左下角有“大金興定二年”六字。

見《三門峽漕運遺迹》文 49 頁，拓片録 107 頁。

唐慤題名

政和二年（1112）十二月九日

登封令江陵唐慤通叟，政和壬辰季冬九日游王子喬祠。

[説明]

據《偃師金石遺文補録》。正書。刻於政和二年（1112）十二月九日。在偃師縣謝絳《昇仙廟碑》陰中截。

見《偃師金石遺文補録》卷11。

張保源三門峽題詩

政和二年（1112）

鑿開山骨過長河，水土方平叙九歌。舉世但傳神禹力，誰人知是帝功多。

政和壬辰歲，張保源重題。

[説明]

據《三門峽漕運遺迹》，真書六行，右行。字徑約 16 釐米。通高 130，通寬 110 釐米。摩崖在開元新河東岸。刻於政和二年（1112）。

見《三門峽漕運遺迹》文 49 頁，拓片録 109 頁。

唐愨等石淙題記

政和三年（1113）正月晦日

唐愨通叟，拉趙□之子俊，劉游彥游，劉卜元静，張□誠□，陸彥雍希仲，乘興爲石淙之游。鎬侍行。

政和三年正月晦。

[説明]

摩崖在河南登封。刻於政和三年（1113）正月晦日。是刻尚無整理。

王希仝等三門峽題記

政和三年（1113）二月二十二日

王□希仝、王□□元之、杜帥之□□辰宿三門。時政和癸巳仲夏念二日游此，□水勢甚□□目王定國□題，鄧元之捧硯。

[説明]

據《三門峽漕運遺迹》，行書七行，左行。字徑約 8 釐米。通高 65 釐米，通寬 65 釐米。摩崖在開元新河東岸。刻於政和三年（1113）二月二十二日。

見《三門峽漕運遺迹》文 50 頁，拓片録 113 頁。

崇恩園陵採石記

政和三年（1113）三月二十二日

崇恩園陵採石[1]（篆額）。

崇恩□□寢疾，崩于宮。政和三年三月丙申[2]，朝散郎權發遣京畿計度轉運副使公事趙霆、入内内侍省武功大夫計置賈□山、採石兼提舉鄭州窑務張懷寶，奉詔旨提舉園陵採石。太史涓辰丁未初吉[3]，祭山興役于緱氏鎮碾子泉之東西谷假石□工視。大觀二年，地宮數□會日力之役九旬以時朝廷促工期以□□□□□氏逾旬稍□霖雨零霰，迭日間作，官吏惴慄，惟稽遲之□□，而巨石艱致之材，越七日而數以登。又十有五日，而夫役告畢。蓋官屬奮職，夙夜暴露，協力盡瘁，用濟厥事也。

官屬爲誰？管勾文字兼理斷公事朝散郎□誼[4]，都□寨中亮郎任緯，通直郎韓瑜□□□武經郎孫傑，武翼郎賈之才，□武郎繭中立，修武郎李從古，秉義郎趙士策[5]、宋良□，成忠郎周延慶、許紳、承節郎張延慶、張世昌、周儀，從事郎宋罊、李選，將仕郎李處仁、張遠、王充、李周福[6]，進武校尉張憨，進義校尉王思永，假承務郎陳充，管勾鐵爐東井匠人□郎傅□[7]，管勾公使進義副尉張守忠[8]。

季春癸酉，趙□記并書。

朝奉郎京西轉運路□□□□□□□□長吉立石^[9]。

霍亮、彭皋、馬良刻字。

[説明]

據《金石萃編》，碑連額高五尺六寸五分，廣三尺一寸。十六行，行二十五字。行書。篆額。刻於政和三年（1113）三月二十二日。碑在河南偃師縣永慶寺。

見《石刻史料新編》第 1 輯，第 4 册，2708 頁；《八瓊室金石補正》卷 51。

[校勘記]

[1]《八瓊室金石補正》云"篆額'崇恩園陵採石'六字"。

[2]"三月丙申"，《八瓊室金石補正》考云當作"二月丙申"。

[3]"涓辰丁未初"五字，據《八瓊室金石補正》補。

[4]"字"，據《八瓊室金石補正》補。

[5]"策"，據《八瓊室金石補正》補。

[6]"李周福"，據《八瓊室金石補正》當作"李周孺"。

[7]"鐵爐東"，據《八瓊室金石補正》當作"鐵爐車"。

[8]"張守忠"，據《八瓊室金石補正》當作"張守中"。

[9]"路"，據《八瓊室金石補正》補。

贈魏王告詞敕

政和三年（1113）五月十日

贈太師中書令兼尚書令魏王告詞敕：

　　昔我宣祖，逮事有周。元德陰功，升聞上帝。篤生聖子，肇啓宋邦。藝祖太宗，撥亂反正。章聖仁廟，持盈守成。英皇嗣之以宏遠規摹，神考成之以高明法度。商后之六七作，中間闕如；周家之十八王，纍世若此。朕以眇末，未堪多難。上蒙列聖之休，猥托兆民之上。代天制命，其敢自私？稽玉牒之相承，念皇枝之靡逮，推原慶本，敷錫褒章。宣祖皇帝子贈太師中書令兼尚書令秦王諡悼廷美，托體安陵，分茅秦地。生知忠孝，躬服詩書。嗟景躅之莫追，想徽猷之未泯。進疏王土，大啓魏邦。尚其幽宅，服此休命。可特追封魏王。餘如故。

告贈太師中書令兼尚書令追封魏王諡悼廷美。
奉敕如右，符到奉行。
元符三年三月十四日下。
魏王告今本宮奉國公掌之。政和三年五月初十日，管轄添修墳園吳位趙令□立石。

開封李昌邦書。

刊者党文寶。

[説明]

據《八瓊室金石補正》，高一尺九寸，廣二尺八寸。二十行，行十八字，字徑六分，行書。又小字三行，正書。刻於政和三年（1113）五月十日。碑在河南汝州。

見《石刻史料新編》第 1 輯，第 8 册，5797 頁。

大伾山曹坦題記

政和三年（1113）五月二十九日

大梁曹坦夷中行部懷、衛，自内黄渡大河經此。政和癸巳歳五月二十九日題。

宣德郎知通利軍黎陽縣事劉□摸勒上石。

[説明]

摩崖今在河南浚縣大伾山。正書，左行。刻於政和三年（1113）五月二十九日。"劉□"似爲"劉寔"。

見《大伾山名勝區石刻選》9頁。

張□周等潘尊師碑側題名

政和三年（1113）六月十三日

榮陽張□周羽人趙守素游[1]。政和癸巳六月十三日[2]，子棟侍行。

[説明]

據《八瓊室金石補正》，二行，行字不一。字徑一寸二分。左行。刻於政和三年（1113）六月十三日。碑在河南登封。

見《石刻史料新編》第 1 輯，第 8 冊，5679 頁；《嵩陽石刻集記》卷下。

[校勘記]

[1] 周，《嵩陽石刻集記》卷下作"同"。

[2] 十三日，《嵩陽石刻集記》卷下作"廿三日"。

大伾山馮宗師等題記

政和三年（1113）六月

　　政和三年夏六月辛酉，馮宗師、劉大年、趙庞、劉拯，會於大伾之巔，俯大河、懷禹功，慨然。

［説明］

摩崖今在河南濬縣大伾山。正書。刻於政和三年（1113）六月。見《大伾山名勝區石刻選》10頁。

554

濬縣陳知存大伾山題名

政和四年（1114）二月十二日

　　河北路轉運使潁川陳知存性父，按步黎陽，登大伾，謁彌勒像，
縱觀河山之勝。政和四年二月十二日，句當公事呂昭禮，監大名倉門
王安中同行。

[説明]

摩崖今在河南濬縣大伾山。刻於政和四年（1114）二月十二日。
見《濬縣金石録》卷上；《大伾山名勝區石刻選》11頁。

浚縣陳知存龍穴題名

政和四年（1114）二月十二日

潁川陳知存性父，政和甲午二月十二日自上方過西陽明洞，觀龍穴，裴回久之。吕昭禮、王安中預游。

[説明]

摩崖今在河南浚縣大伾山。刻於政和四年（1114）二月十二日。見《浚縣金石録》卷上。

王宣造石香鑪記

政和四年（1114）三月三日

大宋相州安陽縣感化鄉靈泉管光巖村天禧鎮王宣，今發誠心，率衆造石香鑪一座施永慶禪院。伏願皇帝萬歲，重臣千秋。

同施人李氏男吕明，王真，王喜，王仲，馬乂，馬密，陳用，馬信，耿賽，馬萬，李儀，李善，侯進，吕氏男王儀朝秀，張文，張□景善侯存吕德□□□書。施佛維□頭李氏，始建永慶禪院住持講經沙門惠安。

政和四年甲午歲季春上旬三日建。

匠人吕昌郎善造并刻。

[説明]

據《安陽縣金石録》，碑在天禧鎮永慶寺，正書。刻於政和四年（1114）三月三日。

見《安陽縣金石録》卷7。

557

丁書才三門峽謁大禹廟題記

政和四年（1114）三月五日

高□丁書才朝謁大禹廟，游開化院。聖宋政和四年三月初五日，天成題。

［說明］

據《三門峽漕運遺迹》，真書四行，右行。字徑約 10 釐米，通高 74 釐米，通寬 50 釐米。摩崖崩落在河灘，刻於政和四年（1114）三月五日。

見《三門峽漕運遺迹》文 42 頁，拓片録 84 頁。

558

丁天成等三門峽摩崖題記

政和四年（1114）四月

丁天成、宋子忠、宋澤民、許師是。政和四年孟夏月避暑開化寺。

[説明]

據《三門峽漕運遺迹》，真書四行，左行。字徑約 12 釐米，通高 95 釐米，通寬 85 釐米。摩崖在開元新河西岸，刻於政和四年（1114）四月。

見《三門峽漕運遺迹》文 47 頁，拓片録 97 頁。

丁天成題三門峽摩崖

無刊刻年月，同名隨上

飛棧蒼崖勢欲摧，洪河直下吼驚雷。千金尚有垂堂戒，嗟我胡爲向此來。

丁天成題。

[説明]

據《三門峽漕運遺迹》，真書六行，右行。字徑約 10 釐米，通高 80 釐米，通寬 80 釐米。摩崖在梳妝臺東約 100 米路旁，無刻石時間。

見《三門峽漕運遺迹》文 52 頁，拓片録 117 頁。

丁天成三門峽摩崖題名

無刊刻年月，同名隨上

丁天成。

[説明]

據《三門峽漕運遺迹》，真書一行。字徑約 20 釐米，通高 80 釐米。摩崖在開元新河東岸，無刊石時間。

見《三門峽漕運遺迹》文 50 頁，拓片録 112 頁。

浮丘公廟靈泉記

政和四年（1114）五月二十五日

浮丘公廟靈泉記。

文林郎行永安縣尉管句學事張梴撰。

崧高之下曰“緱氏山”，昔周靈王子子晋吹笙之地也。子晋授道於浮丘公，公接□儇去，距山不遠，遺冢具存，民俗傳爲浮丘藏劍之所，即其巔構祠以祀焉。俯瞰□□更爲別廟，里民歲時祈報遝至。政和二年夏六月，泉出庭下，澄澈□□□□□飴，映帶清流，人初易之，俄鷗鳧泳者輒死，衆迺驚悟，始識景睨病者，請禱□□□愈。於是相與謀甃以文塼，疏□方□，藻飾丹臒，祈禬雲來。洪惟永安授□□宋聖祖神宗弓□所閟，而崧高之岳作鎮中土，□邑之□真儇所宅，靈顯□出□□□□惠施於民，稽考傳記，實□之祥。比年而來，朝廷清明，百度修舉，總名覈實，禮制樂成，河海宴清，□禾并秀，泉石□□，□□□功，珍符嘉瑞，史不絕書。蓋以皇天眷佑，上德昭明，格致休美，以懋大業，顧不偉歟？則儒學之士，競爲詞章，揄揚□□□□盛事，備諸聲詩，以薦郊廟，實維特也。今靈泉出於福地，神異焯然，莫之殫載。梴雖不才，□乏□□□咏聖德。矧臣子之職，敢以斐陋而辭，謹著大略以告來者。其辭曰：

嵩□之陽，複岫重岡。山維緱氏，作鎮其旁。蒸爲卿雲，□成景光。僊聖之宅，其神無方。在昔帝子，系自周王。浮丘挹袖，絳闕扶將。夜月吹笙，乘雲帝鄉。鶴馭莫返，鳳吟松篁。遺宮廟食，寶劍珍藏。後千餘年，醴流其唐。蹣痾療疾，起痼愈尩。惟神之惠，表國之祥。帝德廣運，修明馨香。地不愛寶，天錫會昌。年穀順成，降福穰穰。本支百世，聖壽無疆。如山之崇，如泉之長。小臣作詩，德音不忘。

政和四年五月二十五日，張當世書，董頵立石。
劉士□刊。

[說明]

據《金石萃編》，碑連額高四尺四寸，廣三尺。二十四行，行三十一字。正書。篆額。刻於政和四年（1114）五月二十五日。碑在河南偃師縣。

見《石刻史料新編》第 1 輯，第 4 冊，2710 頁。

康厚題名

政和四年（1114）十二月十一日

政和甲午十二月十一日，幸緣職事經從，恭謁祠下。康厚書。男寔侍，潘瑋、宋繼稱從行。

[説明]

碑在登封嵩陽書院。原石下部殘。刻於政和四年（1114）十二月十一日。

見《嵩陽石刻集記》卷下，《石刻史料新編》第 2 輯，第 14 册，10226 頁。

宋刻唐李元禮戒殺生文

政和五年（1115）二月十五日

唐李元禮戒殺生文。

鱗甲羽毛諸□類，秉性與我元無二。只爲前生作用愚，致使今生頭角異。或水中游，或林裏戲，争忍傷殘供品味。磨刀着火欲烹時，口不能言眼還視。我聞天地之大德曰生，莫把群生當容易。殘雙賊命傷太和，□子勸妻誇便利。只知合眼恣無明，不悟幽冥毫髮記。命將終，冤對至，面睹陰官争許諱。人□爲獸獸爲人，物裏輪迴深可畏。不殺名爲大放生，免落阿毗無間地。

政和五年歲次乙未二月十五日，東都史牧出已緝置石記者，中岳嵩山崇福宮知宮崇教大師賜紫張若柔摹工刻石。

嵩陽聶古模刻。

[說明]

據《八瓊室金石補正》，高二尺一寸，廣一尺五寸。九行，行十九字，字徑六分，行書。後上石年月二行，行二十五字，字徑五分，正書。刻於政和五年（1115）二月十五日。碑在河南登封。

見《石刻史料新編》第1輯，第8冊，5802頁。

565

郝問題名

政和五年（1115）五月十九日

　　西河郝問裕夫，弟□純□夫，□同郡都功裴□空明元賓天，李可
□守道，游緱山，謁帝子祠，徘徊久之。政和乙未五月十九日。

[説明]

　　據《偃師金石遺文補録》。正書。刻於政和五年（1115）五月十
九日。題名在偃師縣謝絳《昇仙廟碑》陰上截。

　　見《偃師金石遺文補録》卷11。

王道醇等游百巖題記

政和五年（1115）七月二十五日

政和乙未秋七月二十五日，典御太原王道醇奉使懷孟，因往赭土口點檢陶器，聞百巖峰巒秀麗，特來觀覽，遍閱勝概，更夕而還。

郡佐開封趙士寔，邑宰曹南刑固，巡尉張彥、張温參陪。

[説明]

據《修武碑刻輯考》，正書。刻於政和五年（1115）七月二十五日。碑在修武縣百家巖。

見《修武碑刻輯考》453頁。

少林寺政和殘題

政和五年（1115）

河南……趨登封府，政和乙未……[1]

[説明]

正書。刻於政和五年（1115）。刻於少林寺《大唐天后御製願文》碑陰。

[校勘記]

[1]“乙”字以下缺，考政和年間有乙未，爲政和五年。據補。

王綖王綯題名

政和六年（1116）正月一日

王綖、弟綯同瞻禮。政龢丙申歲旦日書。

崔世長刊。

[説明]

據《安陽修定寺塔》。刻於政和六年（1116）正月一日。碑在安陽市修定寺塔。

見《安陽修定寺塔》79頁。

范之純等題記

政和六年（1116）三月二日

范之純宗文、周無忌敬叔、李安民安節同至，李昌孺游。文敦藍安道。

政和六年三月初二日。

[説明]

幢八面，在登封嵩陽書院，與樓异題記在同一石幢。刻於政和六年（1116）三月二日。尚未見著録與整理。

示初公頌

政和六年（1116）四月一日

拙頌示少林長老初公。

河南李昌孺德初。

昔日曾聞師子音，清風匝地滿叢林。不須更問西來意，曉月亭亭正露金。

又

一見師來契此心，更於何處問知音。要尋達磨當年事，只是如今舊少林。

政和六年孟夏旦日，通仕郎新鄭州司兵曹事劉卞上石。

[說明]

據《拓本匯編》，高93釐米，寬41釐米。刻於政和六年（1116）四月一日。碑在河南登封。

見《拓本匯編》42冊第54頁；《八瓊室金石補正》，《石刻史料新編》第1輯，第8冊，5804頁。

董賓卿仙迹跋二段

政和六年（1116）四月十八日

□州□□□□□□事□□□□□□□□□□□□□□謁於□□禮
竟□□□爲求化□揖之坐竟□□□□□□□□□□□□與未及房，
已聞弄筆聲，慮其污□使□他□回視，壁間已有題字。□重□方駭
□□□□□□已失道人所在，其□士人季兊以謂頗類仙人謝小娥
筆，□云□邢臺仙書碑題證之，乃秦人劉海蟾來過也。字體如煙雲徘
徊，勢欲飛動，似非凡筆所能爲。然神仙之事，杳默難知，因紀梗
概，以俟識者辯之。□□□睹道人，時即政和五年乙未十一月十有四
日也。鄱陽董賓卿□，汲郡呂無逸書。

政和六年四月十八日，賓卿因行縣再到此，詳視前日所跋壁間題
字，益信其不凡。使或人得鵝轉頸法，恐不能騫騰飛翠，離絕筆墨□
徑若此也。今天子明日人青□□□□□□神與天爲一，且嘗面奉帝訓
尊崇道教，故異人奇士繼踵而出，不識此將□□□□□而方且自天
子之居來耶？賓卿謹題。

郡倅董公朝請留字。

文林郎□□刊。

［説明］

據《八瓊室金石補正》，高五尺，廣二尺。中列仙筆。右方題字五行，行四十一字。左方題字四行，行三十四字。字徑五分。正書。刻於政和六年（1116）四月十八日。碑在河南新郷。

見《石刻史料新編》第 1 輯，第 8 册，5803 頁。

少林寺詩刻

政和六年（1116）四月

留題少林寺。

河南李昌孺德初運使。

少林來處豈無因，知有當年面壁人。五葉一花元會得，莫將消息問殘春。

又

五乳峰前達磨居，徘徊山崦竹疏疏。自從隻履西歸後，卓錫泉今問已無。

又

曾已香山作隱居，雙泉風月自蕭疏。不知小鄧庵相近，餘地還能待我無。

政和六年孟夏……

[説明]

據《拓本匯編》，高93釐米，寬41釐米。刻於政和六年（1116）

574

四月。碑在河南登封少林寺鐘樓。

見《拓本匯編》42 冊第 55 頁；《八瓊室金石補正》,《石刻史料新編》第 1 輯, 第 8 冊, 5804 頁。

沈望之等自共城至修武游記

政和六年（1116）七月二十九日

　　虞溪沈望之、鄆城杜唐公將之覃懷，迓王公留後，蚤發共城，登白茅寺，酌金沙泉，晚至百家巖，遍閱勝概。飯已，投宿修武。

　　政和六年七月二十九日唐公題。男欽濤侍。

　　[説明]

　　據《修武碑刻輯考》，正書。七行，行十一字。刻於政和六年（1116）七月二十九日。碑在修武。

　　見《修武碑刻輯考》454頁。

濟瀆廟祖天符告

政和六年（1116）九月九日

祖天祀子治水静穢丹命之告：

　　虛元妙理，諶法度誠，蘭公覺慧，孝道悟平。七元魁宰，九炁昊清。化合萬象，變涉五行。阿縈隱彰，旋幹出入。律令無爲，經營可立。丁壬媾交，昇降呼噏。觀全曠盈，聆備冲蒸。保合庶彙，役使衆靈。高明日月，徹耀緯經。祥雲紫秀，瑞氣黃寧。感動寥極，静鎮杳冥。滌盡垢穢，潔皦空色。尊靈益恭，乾天愈敕。仁慈以勳，戎録乃職。久視不忘，道德崇力。帝御寶歷，丞績金縢，澤滋圓足。日暉方昇，昌辰德隆。景中興三，五法益千。萬紀稱□。急急如律令。

有宋政和六年九月辛卯朔九日己亥謹建。

［説明］

　　據《金石續編》，高五尺，廣二尺五寸。上刻"祖天祀子治水静穢丹命之告"篆文六行，行二字。中刻御書符籙，下刻祖天丹命之告十八行，行十二字，正書。在河南濟源縣。刻於政和六年（1116）九月九日。

見《石刻史料新編》第 1 輯，第 5 册，3382 頁。

羅漢造像記

政和七年（1117）二月八日

馮封村王隨自造羅漢一尊。政和丁酉歲二月初八日記。

[説明]

據《山陽石刻藝術》拓本録。刻於政和七年（1117）二月八日。碑在焦作市博物館。

見《山陽石刻藝術》第32頁。

張彦龍門石窟題名

政和七年（1117）三月三十日

張彦，政和七年三月卅。

［説明］

據《八瓊室金石補正》，九行，行一字。刻於政和七年（1117）三月三十日。摩崖在河南洛陽龍門石窟。

見《石刻史料新編》第 1 輯，第 7 册，5432 頁。

蔡居厚龍門石窟東山題名

政和七年（1117）

前河南尹蔡居厚罷尹宿寶應，宗正趙士□轉□□□韓……酉……月……[1]

[説明]

2018 年訪碑，摩崖在洛陽龍門石窟東山。刻於政和七年（1117）。未有整理。

[校勘記]

[1] 按蔡居厚政和年間在河南爲官，以年號干支殘存“酉”字，故當爲政和丁酉年，即政和七年。

王邘等啓母殿題記

政和八年（1118）五月五日

　　左武大夫忠州團練使知東上閤門事提舉中太一宮兼祐神觀公事王邘子堅，右武郎提點醴泉觀陳彪炳文，忠訓郎王淵深甫，因隨侍□□節使太尉詣崇福，得獲恭參啓母殿下，遂觀聖迹，不勝大抃。時政和戊戌孟夏十有八日，彪謹題，捧硯人劉天錫。

　　政和八年端午日，静正法師視朝散大夫知西京嵩山崇福宮事張若□。

　　太上都功法錄弟子知廟事曹仲恭模。

　　嵩陽聶□□□。

[説明]

　　碑在河南登封縣嵩陽書院。據《金石萃編》，石高、廣俱二尺六寸。十一行，行十一字、十二字不等。行書。刻於政和八年（1118）五月五日。

　　見《石刻史料新編》第 1 輯，第 4 册，2723 頁。

范棟百家巖題名

政和八年（1118）六月九日

郡督郵范棟沿職事約邑令高世襲至此同游，政和戊戌六月九日。

[説明]

據《修武碑刻輯考》，四行，行七字。刻於政和八年（1118）六月九日。碑在修武。

見《修武碑刻輯考》455頁。

蔡卞面壁庵題字

政和末

達磨面壁之庵。

莆陽蔡卞書。

傳法主持法海大師智通石。

[説明]

據石存少林寺碑廊；據《八瓊室金石補正》，高四尺一寸，廣二尺三寸。二行，六字。字徑尺許。署款小字，一行。刻於政和末，因石刻上無日期，權附於此。碑在河南登封少林寺。

見《石刻史料新編》第1輯，第8冊，5807頁。

洛陽龍門石窟東山殘題摩崖

政和年間（1111~1118）

……張徽……政和……十一月……

[説明]

刻於政和年間（1111~1118）。摩崖在洛陽龍門石窟東山黨曄洞上方。

朋甫少林寺題名

重和二年（1119）正月二十六日

隴西朋甫按兵長安，□由慶壽，得覩聖像。時重和己亥孟春念六日題。

[説明]

據《八瓊室金石補正》，高一尺二寸，廣七寸。四行，行字不一。字徑寸許。行書。左行。刻於重和二年（1119）正月二十六日。碑在河南登封少林寺。

見《石刻史料新編》第 1 輯，第 8 册，5807 頁。

張宗吳等《昇仙太子大殿碑》碑陰題名

重和二年（1119）二月一日

張宗吳、盧功裔、蔣堅，同拜謁仙君祠下。

鉅宋重和己亥貳月壹日。

[説明]

據《拓本匯編》，高 45 釐米，寬 27 釐米。右行。刻於重和二年 (1119) 二月一日。碑在河南偃師，刻於明道二年六月一日《昇仙太子大殿碑》之陰。

見《拓本匯編》42 冊第 91 頁。

康顯侯牒記

宣和元年（1119）三月

康顯侯告（篆額）。

第一層

敕：濬州豐澤廟：朝廷咸秩無文，神罔悃怨，有功則祀，國有典常，矧禳檜之有憑，豈褒嘉之可後。惟神宅山川之奧，粹天地之靈。間因雨暘之求，陰致豐穰之助。會需章之奏御，爰申命以用休。爵以通侯，賁之顯號；并爲異數，用答神

第二層

釐。夫陰陽不能，常升水旱，疑或有數。然《禮》有禜門之祭，《詩》存《雲漢》之章。則人之歸德於神，無所不用其至矣。然則神之歸德於人者，可獨忘哉？神其歆承，益侈美報，可特封康顯侯。

政和八年閏九月八日。

第三層[1]

右弼。闕。少保少宰兼中書侍郎臣□宣。中書侍郎臣王□□中書

舍人□□□。奉敕如右，牒到奉行。

政和八年閏九月九日，太師魯國公京。免書。左輔。闕。門下侍郎時中給事中野。

第四層

閏九月十日申時，都事李絓冲受右司員外郎權李倫付吏部，太師魯國公京免書。太宰。闕。少宰尚書左丞熙載尚書、右丞致虛吏部尚書猷吏部侍郎米□告康顯

第五層

侯。奉敕如右，符到奉行。□□典事李孝敏、□郎倚史張□應、□書令史白宗禮。

政和八年閏九月十三日下。

第六層

豐澤之廟食舊矣，而封爵尚闕。政和八年春，徐公由尚書郎莅二千石，下車之始，詢民利病。咸云歲久不雨，來年將槁，若涉旬時，恐害西成。公曰：“有是哉，勸課農事，迺予之職。維莫之春，余敢不勉！”越翌日，遂率僚屬奔走，躬禱于祠下，若響若答。一夕，陰雲四合，不崇朝而雨千里。仆者勃興，槁者膏潤，耕男餉婦，忻忻衎衎，是神之大庇于斯民也。公遂具述明神靈應，抗章于朝，詔從之。由是，爵通侯、賁顯號，用答神鰲。是歲，麥秀兩岐，一禾四穗，則和氣致祥，明効大驗如此。

明年其時陽復亢，公又再祈不懈，益虔，歲仍大和。然後闔境之內，始知康顯之威烈炳耀，盪人耳目，而荷公之德，至誠感神每如斯，含哺鼓腹，曰：“用而不知帝力，何有於我哉？”僕告之曰：“今

天子興唐虞之極治，而百揆四岳弼諧於内，州牧侯伯承流於外。庶政惟和，五穀時熟，則神罔恫怨，兩不相傷，故德交歸焉。今澶瀕河而居，則允猶翕河者，尤在於懷柔百神。願土人毋怠。"公遂刻石以紀其綸言，因書本末之義，以詔後來云。

宣和元年三月日。

奉議郎充澶州州學教授黄翰記并書。

奉議郎知澶州黎陽縣事王兆立石。

朝請大夫通判澶州軍州同管勾神霄玉清萬壽宫管勾學事謝中□。

朝請大夫權知澶州軍州管勾神霄玉清萬壽宫管勾學事徐□□。

中奉大夫提舉三山天成橋河等事賜紫金魚袋孟□□。

拱衛大夫永州防禦使直睿思殿提舉三山天成橋河等事王□□。

[説明]

據《拓本匯編》，高 180 釐米，寬 78 釐米，額高 60 釐米，寬 90 釐米。刻於宣和元年（1119）三月。碑在河南濬縣。

見《拓本匯編》42 冊第 95 頁；《濬縣金石録》，《石刻史料新編》第 2 輯，第 14 冊，10267 頁。

[校勘記]

[1] 第三層、第四層、第五層文字，據《濬縣金石録》補。

周洵少林寺题名

宣和元年（1119）四月九日

　　洛陽周洵奉親拜岳，早飯精舍，因謁初公禪師。宣和己亥四月
九日。

　　[說明]

　　碑在河南登封少林寺。正書。左行。刻於宣和元年（1119）四
月九日。

王昭等三門峽題記

宣和二年（1120）三月六日

王昭晋錫、吳行中勉道、方暘晋明。宣和庚子季春六日同游。

[説明]

據《三門峽漕運遺迹》，真書六行，左行。字徑約 12 釐米。通高 70 釐米，通寬 98 釐米。摩崖在開元新河東岸。刻於宣和二年（1120）三月六日。

見《三門峽漕運遺迹》文 50 頁，拓片録 109 頁。

向春卿等游三門峽題記

宣和二年（1120）三月二十九日

　　□錫、向春卿、霍惠民、吳□、方晋明，自集津謁護公祠歸，少憩是院……庚子三月己巳日。

[説明]

　　據《三門峽漕運遺迹》，真書四行，左行。字徑約 8 釐米，通高 66 釐米，通寬 34 釐米。摩崖在開元新河西岸，據《三門峽漕運遺迹》考察爲宣和二年（1120）三月二十九日刻。

　　見《三門峽漕運遺迹》文 47 頁，拓片録 102 頁。

盧功裔重新緱山僊祠題記

宣和二年（1120）九月九日

永定陵都監盧功裔重新緱山僊祠，鉅宋宣和庚子歲重陽記。成敏刊。

[説明]

據《金石萃編》，石高三尺六寸，廣二尺三寸。四行，行六字。正書。刻於宣和二年（1120）九月九日。碑在河南偃師僊君廟。

見《石刻史料新編》第 1 輯，第 4 冊，2725 頁。

盧團練崇福宮題名

宣和二年（1120）冬至後三日

……盧團陳留題。

□川僊裔值雪，留兩日。宣和庚子歲冬至後三日題。

元素大夫静正法師知西京嵩山崇福宮事張若柔模勒上石。

聶□刊。

[說明]

據《拓本匯編》，高63釐米，寬60釐米。刻於宣和二年（1120）冬至後三日。碑在河南登封嵩山崇福宮。

見《拓本匯編》42冊第109頁。

王昭游三門峽題記

宣和三年（1121）正月二十一日

提舉三門輦運王昭侍板輿來游。宣和辛丑上元後六日。

[說明]

據《三門峽漕運遺迹》，真書三行，右行。字徑約 5 釐米，通高 43 釐米，通寬 20 釐米。摩崖在開元新河西岸，刻於宣和三年（1121）正月二十一日。

見《三門峽漕運遺迹》文 46 頁，拓片録 95 頁。

李子從游百巖題名

宣和三年（1121）正月二十四日

盤谷李子從以職事按諸屬邑。及詣百巖，恭點御書，拉兄達全同來謁七賢祠堂。登嘯臺、酌明月泉、觀鍛竈，窮覽勝概，緬懷昔人，徘徊忘歸。宣和辛丑孟春二十有四日書。

忠翊郎特就差權懷州修武縣尉孫藉謹摹於石。

管勾僧靜立。

[說明]

據《拓本匯編》，高53釐米，寬62釐米。刻於宣和三年（1121）正月二十四日。碑在河南修武。

見《拓本匯編》42冊第110頁；《（民國）修武縣志》，《石刻史料新編》第3輯，第29冊，290頁。

劉師忠游百巖詩刻

宣和三年（1121）初春

　　當年匹馬度荒村，青眼相逢是此君。重到故鄉歸興動，一竿風月對何人。

　　宣和辛丑初春，京畿提刑劉師忠題。

　　珍重東平入鳳城，錦箋雙羽蹩南征。馬蹄不懼攔關雪，一駕須騎萬里逞。

　　狀元李士美題。

[説明]

　　據《拓本匯編》，高49釐米，寬18釐米。刻於宣和三年（1121）初春。碑在河南修武。

　　見《拓本匯編》42冊第111頁；《（民國）修武縣志》，《石刻史料新編》第3輯，第29冊，287頁。

大伾山孟揚等題名

宣和三年（1121）八月二日

宣和三年八月二日，孟揚、賈讜、周因、閭立、程弟璋瞻禮大像，同登高屋。

[説明]

摩崖今在河南浚縣大伾山。刻於宣和三年（1121）八月二日。

見《浚縣金石録》卷上，《石刻史料新編》第 2 輯，第 14 册，10269 頁。

盧功裔《太子昇仙碑》碑側題名

宣和四年（1122）正月十五日

盧功裔還朝恭拜祠下，宣和壬寅上元日。

[説明]

據《拓本匯編》，高63釐米，寬43釐米。刻於宣和四年（1122）正月十五日。碑在河南偃師，刻於唐聖曆二年六月十九日《太子昇仙碑》之側。

見《拓本匯編》42冊第122頁。

榮事堂記

宣和四年（1122）五月二十日

榮事堂記（篆額）。

榮事堂記。

宣和元年秋七月，相州守臣韓治以疾求去。詔以其子衛尉少卿肖胄爲直秘閣，往代其任。入□，上曰："韓氏世官于相，先帝詔也。若父子今繼爲守，信□事矣。"肖胄□□聖訓之□又以鼎臣，使記其所以□，惟三朝安社稷，功成身退，再爲相守。熙寧八年薨于……神宗皇帝命其□子正彥□之，又詔有司聽其官子若孫一人。世世爲相，吏□□丘……今上皇帝□祖□父繼志念功，所以褒表忠獻之……守相純彥去郡，命王之長孫治繼之，令肖胄……侯以世而不以賢，故論者譏焉……止區區王謝轉側一隅，僅有遺後……國家於韓氏不封建而貴，不割土而……業之餘。前者濟其美，後者受其……宋無極可也。龜□奄有殆不足……者前有《畫錦》之記，後有《醉白》之文，□□臣……少監賜紫金魚袋趙鼎臣記。

通直郎提點河北□□運公事李……

中大夫提點河北東路刑獄公事……

宣和四年五月二十日立石。

［説明］

據《拓本匯編》，高 124 釐米，寬 89 釐米。刻於宣和四年（1122）五月二十日。碑在河南安陽。

見《拓本匯編》42 册第 128 頁；《安陽縣金石録》，《石刻史料新編》第 1 輯，第 18 册，13889 頁。

蔡京面壁之塔榜書

宣和四年（1122）八月

面壁之塔（榜書）。

太師魯國公京書。

宣和壬寅八月，資政殿學士河南尹范致虛立石。

住持嗣祖賜紫佛燈大師惠初勾當。

河南雷章模刊。

[說明]

據《拓本匯編》，高 94 釐米，寬 105 釐米。今存少林寺碑廊。刻於宣和四年（1122）八月。碑在河南登封少林寺。

見《拓本匯編》42 冊第 129 頁；《八瓊室金石補正》，《石刻史料新編》第 1 輯，第 8 冊，5809 頁。

蒲□□光裔題名

宣和四年（1122）十月一日

閬中蒲□□光裔緣職事經此，瞻禮石像。宣和壬寅初冬旦日題。

[説明]

據《八瓊室金石補正》，高九寸，廣六寸。四行，行八字。字徑寸許。正書。左行。刻於宣和四年（1122）十月一日。碑在河南登封。

見《石刻史料新編》第 1 輯，第 8 冊，5809 頁。

天慶院顯達塔銘

宣和五年（1123）二月十五日

宋故西京左街天慶禪院住持達大師塔記銘。

師諱顯達，字彥濟，姓劉氏，其先洛陽人也。母始保妊時，每兆熊羆。誕毓六歲，一日，遽語母曰：“兒願求出世，要寄浮生於夢幻矣。”母愕然異其語，遂與父亟議，從之。出家，禮住持妙慧大師道聰爲親教師。師雖幼稚，一入梵刹，不繩而自循規範。凡誦諸妙典，殊無凝滯，豈非夙習近胞，安能通慧如是耶？天聖五祀五月內，遇乾元節，特恩披剃。明年，授具足戒。師十七歲，遠趨天庭，簾前賜紫方袍。熙寧元年，掌院帑。至元祐元年，知院莊，以師幹辦風力，絕人遠甚，德行高潔，眾所推重，逮元祐四年，陞領住持院事，崇奉益勤。自是，日加營葺，內外增修，雅飾一新。惟以口誦《法華》《梵綱》，雖祁寒畏暑，時無輟焉。以智慧導有眾、方便誘檀那。一切世間，無取無捨、無憎無愛、無彼無此、無可無不可，周旋委曲，深得真空般若之趣。統領院務二十餘載，晨昏精進，略無少懈。於大觀三年十二月始三日，儼然示化正寢，享年九十二。

夫貴賤壽夭，天也。賢者必貴，仁者必壽，師兼得之。嗚呼！其生兮若浮萍，其死兮若流水，臨終不昧，獲悟真如，逝化昭明，定超覺地。

粵大觀四年閏八月十五日，奉師柩葬于河南府洛陽縣杜澤村原先塋之次，禮也。是時建塔，紀、銘不具，誠爲闕典。今宰院知庫、遵昇二大師率諸小師妙端等協龜筮，以宣和五年二月十五日起塔，紀、銘刻諸翠珉，以永其傳。度小師一十一人曰：妙端、妙遇、妙方、妙威、妙開、妙倫、妙太、賜紫妙褒、賜紫妙亨、賜紫妙章、妙演。

一日，遽蒙遵、昇二大師惠然見臨，囑予爲銘，不得辭者，義也。勉爲之銘曰：

　　師先洛汭，童稚通慧。夢幻知非，樂歸釋第。梵綱法華，殊無凝滯。智慧導衆，方便誘屬。院帑豐資，莊糧盈計。宰院承流，無敢違戻。寬猛得中，群胥伏制。年高益勤，五福俱契。鬱茂松楸，窀穸永閟。卜兆斯年，慶傳後裔。

小師妙端等，知庫賜紫妙昇，知事賜紫妙賢，住持賜紫妙遵立石。

王淵刊。

[説明]

據《拓本匯編》，高65釐米，寬69釐米。刻於宣和五年（1123）二月十五日。碑在河南洛陽存古閣。

見《拓本匯編》42册第136頁；《八瓊室金石補正》，《石刻史料新編》第1輯，第8册，5809頁。

邢儔嵩陽宮石柱題名

宣和五年（1123）八月一日

  原武邢儔朝謁神霄像罷，過天封，得先公題字壁間，不勝孺慕。
三川王堯文同游。

  宣和癸卯八月朔。

[説明]

  據《拓本匯編》，高 33 釐米，寬 18 釐米。右行。刻於宣和五年
（1123）八月一日。碑在河南登封，爲《嵩陽宮石柱題名》之一。

  見《拓本匯編》42 册第 140 頁；《八瓊室金石補正》，《石刻史
料新編》第 1 輯，第 8 册，5582 頁。

王仍施穀題名

宣和五年（1123）九月二十五日

太原王仍子因施穀卅碩，充超化常住齋僧。所集鴻因，祝延壽算，安樂吉祥。

宣穌癸卯九月廿五日白。

管句傅大乘戒真戒大師行告立石。

[説明]

據《拓本匯編》，高33釐米，寬44釐米。刻於宣和五年（1123）九月二十五日。碑在河南密縣超化寺。

見《拓本匯編》42冊第142頁。

王績題名

宣和六年（1124）正月十六日

　　詩曰：磴道山巖下，茅楹竹樹中。深潭魚可見，攢石路纔通。坐聽潺湲碧，懸思爛熳紅。平生丘壑志，覽此興何窮。

　　宣和甲辰元宵後一日，自許昌之華，清晨冒寒乘興獨游，王績公紀題。

［説明］

　　據《説嵩》，刻於宣和六年（1124）正月十六日。碑在河南登封。

　　見《説嵩》卷15。

宋全等施石獻床記

宣和六年（1124）六月三日

　　維大宋國懷州河内縣清期鄉弟二管西金城村稅户宋全、衛晸、宋進共三人，同發願心，自被施石獻床壹座，與本村□□□殿裏面前所獻。合村永爲供養，伏願人人家眷平安、户户老幼康寧，子孫昌盛，永無灾鄣。

　　時宣和六年歲甲辰六月朔丙午初三日戊申日，安置石獻床，萬古不朽。

　　石匠人董崇刻。

　　進士張先儒筆。

[説明]

　　據《八瓊室金石補正》，高七寸七分，廣一尺八寸。十七行，行八、九字。字徑六分。正書。刻於宣和六年（1124）六月三日。碑在河南沁陽。

　　見《石刻史料新編》第1輯，第8册，5811頁。

盧漢傑等嵩陽唐碑題名

宣和七年（1125）正月二日

涌上盧漢傑率金臺李百和、潁川李剛中游。紫虛谷設道友茶，酌七星泉，登三醉石，回觀《聖德碑》。時宣和七年歲次乙巳改元二日題。

[説明]

題名在登封嵩陽書院唐碑陰。刻於宣和七年（1125）正月二日。見《嵩陽石刻集記》卷下。

何桌嵩陽宮石柱題名

宣和七年（1125）三月二十三日

蜀郡何桌，宣和七年三月二十三日。

［説明］

據《八瓊室金石補正》，三行，行字不齊。字徑寸餘。左行。刻於宣和七年（1125）三月二十三日。碑在河南登封。

見《石刻史料新編》第 1 輯，第 8 册，5582 頁。

邵溥等題名

宣和七年（1125）四月八日

邵溥、王觀送客，迴過黎陽，禮大佛，覽河山之勝。王秉、王安中同行。宣龢七年四月八日。

[説明]

摩崖今在河南浚縣大伾山。按《浚縣金石録》有“門生宣政郎知濬州黎陽縣事□□立右”，今摩崖不可見，或漶滅，未知何出。刻於宣和七年（1125）四月八日。

見《浚縣金石録》卷上。

向子諲等石淙題記

宣和七年（1125）七月

王仲蒇，鄭脩年、弟億年，李伯達，向子諲，宣和乙巳七月來。

[説明]

摩崖刻在登封，刻於宣和七年（1125）七月。

清源忠護王誥封碑

宣和七年（1125）九月四日

濟瀆清源忠護王誥（篆額）。

敕：朕惟百川莫大四瀆，禹導沇水，是爲濟源。漢祠滎陽，具載祀典。國家登秩，益嚴歲事，循用王儀，所以致崇極之意也。河陽濟瀆廟清源王，利澤溥博，陰福吾民。屬者寇發鄰郡，將犯縣境，邑人奔走，禱于爾大神。雷雨迅興，沁河有湯池之險；旌旗剡列，南岸象羽林之嚴。賊徒褫魄以咸奔，閭里按堵而相慶。奏函來上，休應昭然，嘉嘆不忘，宜崇美號。庶答靈貺，式慰民心，來格來歆，一方永賴。可特封清源忠護王。

宣和七年八月二十八日。

右弼。闕。

起復少宰兼中書侍郎臣邦彥宣。

中書侍郎臣張邦昌奉。

中書舍人臣莫儔行。

奉敕如右，牒到奉行。

宣和七年八月二十……

左口。闕。

太宰兼門下侍中□時中。

給事中寓。

九月一日申時，都事張純受。

左司員外郎高衛付吏部。

尚書令。闕。

太宰侍中。

起復少宰邦彥。

尚書左丞野。

尚書右丞□中。

吏部尚書。

吏部侍中。

告清源忠護王：奉敕如右，符到奉行。

主事崔孝兼，員外郎令史李士常，書令史魯宗彥。

宣和七年九月四日下（三枚印，字難辨）。

［説明］

據《拓本匯編》，高 133 釐米，寬 63 釐米。刻於宣和七年
（1125）九月四日。碑在河南濟源。

見《拓本匯編》42 册第 158 頁；《（乾隆）濟源縣志》卷 13。

超化寺詩刻

靖康元年（1126）二月十八日

一溪春水緑灣環，竹外山櫻花欲燃。深徑爐煙凝鼻觀，幾番魚躍出清泉。

靖康改元二月十八日。

朝奉大夫新差知高郵軍事邢侑題。

住持傳戒真戒大師行告立石。

[説明]

據《拓本匯編》，高34釐米，寬40釐米。刻於靖康元年（1126）二月十八日。碑在河南密縣。

見《拓本匯編》42冊第162頁。

項城丞馬雲夫嵩陽宮石柱題名

靖康元年（1126）

後五十三年，獲觀先人朝奉題柱，項城縣丞馬雲夫謹書。

［説明］

據《八瓊室金石補正》，三行，行七八字。字徑寸許。刻於靖康元年（1126）。[1] 碑在河南登封。

見《石刻史料新編》第 1 輯，第 8 册，5582 頁。

［校勘記］

[1] 題名日期據《筠清館金石記》推定，"首題云後五十三年，疑是熙寧癸丑《陳知儉題名》内馬申之子，是年爲靖康元年"。

李昭亮神道碑

大宋故贈中書令良僖李公神道碑（篆額）。

宋故推誠保德崇仁守正佐運翊戴功臣景靈宮使昭德軍節度潞州□□□處置等使開府儀同三司檢校太傅同中書門下平章事行潞州大都督府長史上柱國隴西郡開國公食邑一萬四千三百户食實封四千八百户中書令謚良僖李公神道碑。

翰林學士中散大夫行起居舍人知制誥權知開封府兼畿內勸農使上騎都尉□□郡開國侯食邑一千户賜紫金魚袋臣馮□奉敕撰。

群牧判官文德郎守尚書門下員外郎充集賢校理上騎都尉賜緋魚袋臣王瓘奉敕書。

利州□諸州水陸討旗轉運□□奉路勸農使朝奉郎□□□□輕車都尉賜紫金魚袋臣史□奉敕□。

宋興餘百年，而外戚功臣之盛大蕃衍□□□李氏三世，位將相□□□□□□□□□子孫蟬□嗣訊纘功績□□□□休纍慶克堪前□□□□盛□□古名將世出隴西□□□□□□□□□屯□□□□□□上□□□□□□□□顯□□之□□□上黨遷於開封。遭世艱虞，涵德不曜。曾王父諱肇□傳後唐□檢校司徒，天成□□討王都，契丹援之，與虜確戰而死。天厚忠烈□□元□□□公之王□□□□□□□□

619

□□□□□□□□□□□□□□□□□□□□□□□□□□□□□□□□□□□□太祖以征伐定天下，爲建隆元功之首。平湖湘，下荆楚，一舉而保二僭國。歷宣徽南院樞密副使□封□□□發□長實□□□□□□□□□□□□□□□爲宋文母□□明德□□配太宗皇帝，母儀眞宗皇帝。公之考諱繼隆，即明德太后同産兄也。爲國虎臣，以功名佐將帥不以恩澤進。纍從征討，□有大功。南驅江左，東拔晉陽，北逐□□□□□□□蜀□□□□□□□□□□爲侍衛馬軍都指揮，歷四□□□□□儀同三司□中書門下平章事，則□□□□□□□□□忠武生三子，其二早卒。公其季也，卒以功德追良僖。自忠武而上，三世皆以公貴，贈太師尚書令兼中書令。忠武別封開國公。□□□□□陳□□夫人□□吳□□國太夫人楊氏□國太夫人。公所生母陳氏，特封楚荆太夫人。

公諱昭亮，字昭慶，□以警門□□□入禁中爲供奉官，以兄子得入侍太后萬安宮。古制可觀，上與太后愛之，留□宣傳，每十日□□□還□□□□□□□□□□□□□應□□成□立喜賜以金器。時忠武録陳州□□屬□慮老天雄他與□人持□□□詔問忠武禦戎□勣，還奏合旨，上奇之曰："此兒異日屬重任。"忠武薨，公時□□哀□如禮□供奉□遷□□□使。

祥符中，天子□□□纍□□□□□□□□□□□□□驥院，議事明辨天□以功□□事殿省通習□品家，擢西上閤門使 兼都大提舉内弓箭軍器庫，視近□職，小心恭慎，未嘗有過。上器異□□使館勞□使。章聖晏駕，被選按□□□□頓□□□

仁宗即位，以公先帝外親，尤加禮遇，除□□□使滋欲從以兵事，乃□□潞州臣曰兵鈐轄遷□□麟府路軍馬事。還□□□□□

□□□□□□州兼鋒斡河東公□安撫又知四方館使，復領麟府路軍馬事。公明練邊事，禦軍嚴整，益以武烈著稱。明道初，恩遷引進使□定國太夫人□血還□□懇請絕不報聽除句□三州院□□□□□□□□□□□□□□□□□□□兼高州刺史路餘瀛定二州成州團練使敬□寧州防禦使高陽關路都總管。州居，北虜空戎使歲過，數假設疑問以試公。公直以辭挫其奸意，虜客意折，□能復□□□□州特遷延州觀察使。公常患邊食不足，欲□□□代□□□□□□高□□□□□□□□□□□□□□□□□□□□□□□詔□□□留遂爲感德軍節度觀察使。後時李元昊叛邊，逋留天誅，詔授公殿前都虞侯，爲秦鳳路副都總管經略招討副使，□京師□□略賜與尉□□□厚。公既□□□□前□□□□□□□□□□□□□侯□□□□□□酒以餉軍士□大陳甲兵□□軍旗鼓揚，威武於境上。虜月去不敢犯，復鎮定州，行半道，遷侍衛親近騎軍副都指揮使□□□□□□未數月，□□□并□□副都總管兼荆，代石瀛麟兗□□八州觀察副使□□□□從□就□□□□□□定路都總管□□□□□□問吏士□□□□音樂爲盡□□□□□州盜庫兵殺官吏，閉城堅守，朝廷憂□以□鎮兵圍城□□□帥招□降納□□□□□□尉來，則束手歸命。天子□□招□□□□□數騎□□城下□□□□□或□爲□□□□□以彼懷□□□□□□叛卒皆縋而下向□□□□罪公□□□□□降明日[1]，推亂卒首事者斬數百人，餘縱不問。城□□□□天子以其功，欲□□旗鉞□□□衛□師以官爲先□□得蹈遷時曹琮□□留□□□□指揮□□□進公□□□□□□□□節度觀察□復定州□□□□□上使昭德軍節度使□□給之□□□□刁□□引兩公頓首言曰：臣亦何功而輒冒秩禄，壞□□□□□□上不□也。明年□□□□又觀□幾何而琮軍遂超使公故而□□□□□□軍節度使時□□□□□□□□旋故盡衛兵□師□□□□□上臨仙

□□□□□游平□□□□□□□□而舊儀廢失。上以□公，公□建□
蒐□□衛□□□□□□□大整□□□□□□□使近位宣旨□□□上
□□□□□□□□□□□□□□□□□□□□□□□□□□□□□□
□□會邪！遂爲罷獵。蒼勝龍猛卒争博追夜□□書拔□□□□□
□□□□□（損一行）典兵□屢辭重任遂加宣徽南院使，判高陽關
路都總管□歲易天□□□□□□□判延州□□羌部基侯清謚□改節
□彰□□□□□□□□□□□□□□□□□□□□□□□□□□□□
□□歲□□防輸□□□□狀用一科□□□□□□□隱脱，公實計所當
徭役，今裁□歲减丁夫之半。□省河工數千百萬計。隄□□□□
□□□周，遷河東經略安撫使□總管□并州□□□□□□□□□□
□□□□□□□□□□□□□□□□□□□□□□以使□□□盡□
□□公得書□□□□□府政有威惠，歲豐人樂，屬縣民得合穗千者
□□獻之□□□□書褒焉□□□莫□□□上令過鎮□宣□□□詔急撫
□□幾遂拜同中書門下平章事□□□□□□□□□□□年以□□四
年□□太□怕□□□□□太子不復北憂河朔□日□□□□□上以暈金
蜀羅方幅書李昭亮親賢勳舊太子令，其子特賜之不優寵□□□久居
□□鎮□□□言求改偏上數□重臣□問無賜□□□□□□□□□
□□□□□□□□□□□□□□□□□又親□□□□□□□□未賞
有也。歲餘，謂官屬曰："吾□□□矣，不可以處方任，盍求朝乎?"
乃上章曰：臣罷□得以先後□□縈第□惠環□□□當天下無事時，不
能□膏原野以□□□大焉□□□□□□□□□□□□□□□□□
□□□□□□節度使□德□□□□召□□□□官吏將至門郊勞，燕賜
間遺，皆逾舊典。入對便殿，上□改□見禮□具□目□□□□□□
公偶躇陳讓朝遷以爲榮數□□□寵□□□□□□□□□□□□□
□□□□□□□□□□其時□□□□□□□不及臨喪奸相朝二日乎? 加
贈賻，遣使者吊祭相望。二府并會贈中書令，謚曰良僖。三月庚

□□□□□□□□□□□□□□□□□□發日給鹵鋪鼓吹□常侍持節護
□公□號□□□□□□□□□□勳上柱國爵□□公報□□□□□
壽考□□外戚莫與□□公氣質端厚沉勇，有武略，少顯。朝廷精密，
謹信出入禁門□無□□□□□□□□□□□以是特親愛之。克己奉
公□發吏事帶□□皆有條數□申□□□□□□□□□□□始終
□□□之□□□□臨薨，手寫唐李勛□□□□□繼□曰女 以是誠後
世子孫循守之。故公家父子兄弟常內相敕，屬閣門自守，不敢幹
□□□恂恂還□□□□□□□□□不忌功神不□盈而世□之□日
以昌太□□或哉。初娶王氏，卒□□□□□□□□□□□夫人生子
六人□□□□□使榮州團練使，練達朝儀，連出典射，皆有聲績。惟
寶南作方使，惟賓內殿承制閣門祗候，惟賞知京副使，咸□□□□□
承□家其□□早□□□□惟質，皆□□□崇□閣門□侯，惟責推
□□□□□□終供奉官。女五□□□□□□□□□平□□□□
□□庫副□□□□□□□皇兄監門衛將軍克練。次□□僕庫副使楊
忠□□□侍禁劉□。懸孫二十一人□□京□□公□□□□
□□□□□□□□□觀□□□□□德大業而得□□公之
□□□□□□孫□翼四世□□名□□□□□將□流子孫，可謂親賢勳
舊□□無□□銘曰：（以下字損）

[説明]

　　據《洛陽名碑集釋》，碑通高 625 釐米，碑身高 407 釐米，寬
156 釐米，厚 50 釐米。碑趺座高 70 釐米。39 行，滿行 108 字。楷
書。篆額。李昭亮于真宗、仁宗時爲官，碑或刻於仁宗年間。碑在偃
師縣李村鄉袁溝村。

　　見《洛陽名碑集釋》253 頁；蘇健《宋中書令李昭亮神道碑調
查》，《中原文物》1995 年第 2 期。

623

［校勘記］

［1］　“□□□□□數騎□□城下□□□□□□或□爲□□□□□”，據《宋中書令李昭亮神道碑調查》補。

金城村功德院記

建炎四年（1130）六月二十日

懷州河内縣西金□村□修功德院記。

本村六班奉職張漸，西班小底尚友直，税户□晟、張盛，各發虔懇，爲維那首於庚戌歲三月念二日建此功德院一所。越有本村税户張□慈，見社婆神左是碑聖像，日陽暴露，風雨摧剥。因睹此院西南隅隙地一方，特舉願心，自備瓦木，修斯碑亭。功畢，遂遷于兹。以爲功德未圓，更與衛晟、弟彦各捨净財，同募石工，補完舊像。工曰："尊容殘缺，難施工巧。"於是，回裏作表，别刊是像，一切聖賢，燦然俱新，相好端嚴，慈容若動，可謂良工者哉！伏願脩此功德之後，遐邇老幼，永保康寧，一切時中，諸佛協贊，龍華□□，□願相逢。是年六月辛□□□□庚寅日了畢。

[説明]

據《八瓊室金石補正》，高一尺，廣一尺二寸。二十一行，行十二字。字徑五分。正書。刻於建炎四年（1130）六月二十日。碑在河南沁陽。

見《石刻史料新編》第1輯，第8册，5814頁。

岳飛送紫巖張先生北伐

紹興五年（1135）秋日

送紫巖張先生北伐。

號令風霆迅，天聲動北陬。長驅渡河洛，直擣向燕幽。馬蹀閼氏血，旗梟克汗頭。歸來報明主，恢復舊神州。

紹興五年秋日，岳飛拜。

[説明]

據《拓本匯編》，高 210 釐米，寬 110 釐米。刻於紹興五年（1135）秋日。碑在河南湯陰。

見《拓本匯編》43 冊第 27 頁；《金石萃編》，《石刻史料新編》第 1 輯，第 4 冊，2738 頁。

毖泉題名

宗毖泉曾來。

河陽三城監軍判官毛繼宗故記之。

[説明]

據《拓本匯編》，高 90 釐米，寬 17 釐米。刻於宋。碑在河南濟源，刻於唐貞元十三年《濟瀆廟北海壇祭器碑》之右側。

見《拓本匯編》44 冊第 161 頁。

寶安寺尊勝幢

佛頂尊勝經幢（碑額）。

西天寶安寺主藏法師佛頂阿闍梨……《佛頂尊勝陁羅尼》，普請受持，所有身邊……

[説明]

據《八瓊室金石補正》，斷缺，高存一尺七寸，廣一尺二分。十行，行字不一字。徑五分。刻於宋。碑在河南鞏縣。

見《石刻史料新編》第 1 輯，第 7 册，5339 頁。

内西頭供奉余祺龍門石窟鑴像記

入内内侍省内西頭供奉官余祺，今捨己俸，鑴觀音菩薩壹尊。

[説明]

據《八瓊室金石補正》，高七寸五分，廣四寸。四行，行七字、
六字。字徑七分。正書。刻於宋。摩崖在河南洛陽龍門石窟。

見《石刻史料新編》第 1 輯，第 7 册，5432 頁。

宗傑宗韓嵩陽宫石柱題名

……宗傑、宗韓，甲辰……初四日過此。

[説明]

據《八瓊室金石補正》，二行，行存六字。字徑二寸餘。左行。
刻於宋。碑在河南登封。

見《石刻史料新編》第1輯，第8册，5582頁。

潘尊師碑側殘題名

……□□□□□□□□繼□□夫游。

[説明]

據《八瓊室金石補正》，四行，行四字。字徑一寸五分。左行。刻於宋。碑在河南登封。

見《石刻史料新編》第 1 輯，第 8 册，5680 頁。

開府儀同三司殘碑

　　□□悌根……□非鬼責□……□□朝家備……開府儀同三司太
□……之配何氏號莒□夫……□實生望郎宜公之室□國太夫……婦聽
與郵典俱茂恭……□虔飭□……□固已兼旦奭閎散……□□昭宣使恩
州□……□武以沉謀懿勳制……□煩干城之秀裕父……
□□□□□□□……

[說明]

　　據《八瓊室金石補正》，存高一尺二寸二分，廣一尺八寸八分。
十三行，行存字不一。字徑寸許。行書。左行。刻於宋。碑在河南洛
陽存古閣。

　　見《石刻史料新編》第1輯，第8冊，5977頁。

毗陵殘碑

……□地□……吴謝理岳均……外祖宰毗陵……□天女□之
□……得斯净域□……□其從宅務善於……□可依故選勝於……

[説明]

據《八瓊室金石補正》，存三塊，高、廣不計，七行，字徑寸
許，正書。刻於宋。碑在河南洛陽。

見《石刻史料新編》第 1 輯，第 8 册，5978 頁。

十九年殘碑

……□狎也如此，其性靈也如彼……月十四日生，以十九年十月四日卒于兹。日居月諸，力微疾漸，臨命□目而顧恩，旋殞心而終矣，尊……□朝遠思弊蓋。

[説明]

據《八瓊室金石補正》，高、廣不計。存五行，行字不一，字徑七、八分許，正書。刻於宋。碑在河南洛陽。

見《石刻史料新編》第 1 輯，第 8 册，5978 頁。

附　録　河南宋碑匯目

一、本目僅録河南宋代地表石刻。

二、本目綜合前人多種金石目編纂而成，包括《中州金石考》《中州金石記》《寰宇訪碑録》《安陽金石録》《偃師金石遺文補録》《攈古録》《補寰宇訪碑録》《再續寰宇訪碑録》《中州金石目録》以及方志著録等。《金石萃編》《八瓊室金石補正》及自訪碑以碑文形式入本書編年集成部分。

三、本目屬簡目，取原目結論，略其論證。

四、原諸目所録碑刻或闕時日，或少作者，信息不全。本録綜合各著，各取所長，匯作一目，在條目後著録所參文獻。

辯業寺周氏立幢記

建隆元年三月二十九日。正書。在河南温縣。（《攈古録》卷十一）

劉氏爲夫造尊勝幢記

建隆元年四月四日。在洛陽存古閣。（《八瓊室金石補正》八十二）

重修令武廟碑

建隆元年十月二十六日。毛元撰并正書。有額。在襄城。（《中州金石考》卷二；《攈古録》卷十一）

尊勝陁羅尼幢

建隆元年□月庚午朔。劉氏爲夫建。正書。在洛陽。(《攈古録》卷十一)

温室洗浴衆僧經

建隆二年二月十一日。正書。在洛陽。(《攈古録》卷十一；《補寰宇訪碑録》卷四)《攈古録》作"温寶洗浴衆僧經"，"寶"字誤。

金山寺尊勝經幢并記

建隆二年六月二日。正書。在孟縣。(《攈古録》卷十一)

大宋修慈寺殿碑

建隆三年正月。在寶豐香山寺。(《寶豐縣志》卷十五)

洪濟寺經幢

建隆三年四月十八日。正書。在許州。(《攈古録》卷十一)

創立天峰寺石碑記

建隆三年五月初二日。正書。在鄢陵。(《攈古録》卷十一)

東京國子監碑

建隆三年。陶穀撰，權令詢書。在開封祥符縣。(《中州金石考》卷一)

尊勝陁羅尼幢

乾德元年正月十四日。正書。在洛陽。韓進建。(《攈古録》卷十一)

尊胜經幢記

乾德二年三月二十五日。在滎陽南寺唐人經幢上。(《中州金石記》卷三)

重修中岳廟記

乾德二年八月十五日。駱文蔚撰并書。在登封。(《中州金石考》卷七；《中州金石記》卷四；《寰宇訪碑録》卷六)

朱生璘經幢記

乾德三年三月一日。存。正書。在偃師縣南緱氏鎮南門外。
（《偃師金石遺文補録》卷八）"三月"，《寰宇訪碑録》卷六、《攗古録》卷十一皆作"二月"。

福先寺真言幢

乾德三年四月十日。正書。在洛陽。賈氏爲亡夫建。（《攗古録》卷十一）

尊勝陀羅尼經幢

乾德三年九月一日。沙門紹英正書。在武安。（《攗古録》卷十一）

騎立山龍堂記

乾德四年。石雄撰。在鎮平縣。（《中州金石考》卷八）

尊勝陀羅尼經幢

乾德五年二月。在孟縣。（《河朔新碑目》卷上）

西陽明洞記

乾德五年七月五日。霍籛撰，行書。在濬縣大伾山。（《中州金石記》卷四；《寰宇訪碑録》卷六）"五日"，據《攗古録》卷十一補。

修岱岳廟碑

開寶二年。李大雅撰。在新鄉。（《中州金石考》卷四）

内常侍監孟公石卯銘

開寶三年九月九日。釋惠鑒撰。正書。在登封。（《攗古録》卷十一）

重書龍池石塊記

開寶四年。正書。在濟源。《寰宇訪碑録》作"六年四月"。（《中州金石記》卷四；《寰宇訪碑録》卷六）

佛説尊勝陀羅尼經

開寶五年正月十五日。劉氏建幢，沙門歸静書。正書。2006 年 6

月出土於濮陽縣城三義廟街，宋時爲花藏禪院所在地。（《濮陽碑刻墓志》3頁）

會善寺重修佛殿碑

開寶五年閏二月二十八日。王著撰。王正己書。莫仁美刻字。《嵩陽石刻集記》節録題名："大宋嵩山會善寺重修佛殿碑。翰林學士朝請大夫尚書兵部郎中知制誥柱國賜紫金魚袋王著撰。前攝大理評事王正己書。開寶五年歲次壬申閏二月二十八日建。莫仁美刻字。"在登封。"王正己"，《寰宇訪碑録》作"袁正己"。（《嵩陽石刻集記》卷下；《中州金石考》卷七；《寰宇訪碑録》卷六）

會善寺尹輔贈大德詩

開寶六年二月十六日。正書。在登封。（《攈古録》卷十一）

白沙關畫象

開寶六年三月十二日。在光山縣。《寰宇訪碑録》碑名作"白沙關畫象題字"（《中州金石記》卷四；《寰宇訪碑録》卷六；《光山縣志約稿》）

華藏寺尊勝大悲咒幢并記

開寶六年三月。萬宛五撰記。正書。在河內。（《攈古録》卷十一）

重書龍池石塊記

開寶六年四月二十一日。正書。在濟源。（《攈古録》卷十一）《中州金石考》卷五著録"龍池石塊記"。

百家巖寺畫净土功德記

開寶六年十月十五日。任夢達撰并正書。在修武。（《攈古録》卷十一）

龍潭寺尊聖經幢

開寶六年十月。正書，字多磨滅。在濟源。（《中州金石記》卷四）

佛頂尊勝陀羅尼經幢

開寶六年十一月二十六日。在滑縣。（《滑縣金石録》卷五）

嵩岳中天王廟碑

開寶六年十二月。盧多遜撰。孫崇望奉敕書。長丈餘。在登封。（《中州金石考》卷七；《中州金石記》卷四）

修帝嚳廟碑

開寶六年。在商丘。（《中州金石考》卷三）

重修濟瀆廟碑

開寶六年。盧多遜撰。在濟源縣。（《中州金石考》卷五）

漢光武帝廟碑

開寶六年。蘇得祥撰。孫崇望書。在孟津縣。（《中州金石考》卷六）

修商王成湯廟碑

開寶六年。李瑩撰。張仁愿正書。在滎陽。（《寰宇訪碑録》卷六）

修商中宗廟碑

開寶七年四月。梁周翰撰。司徒儼書。在内黄縣。（《中州金石考》卷四；《寰宇訪碑録》卷六）

尊勝陁羅尼經幢

開寶七年閏十月二十八日。張汝弼撰記。正書。在洛陽。杜永訓建。（《攗古録》卷十一）

尊勝陁羅尼幢

開寶八年四月八日。劉敬宣。正書。篆額。在滎陽。（《攗古録》卷十一；《寰宇訪碑録》卷六）

存古閣陁羅尼經幢

開寶八年十二月。正書。在洛陽。爲女弟子靳氏造。（《攗古録》卷十一）

佛頂尊勝陁羅尼經幢

開寶九年二月十七日。僧慧貞正書。在汜水縣。焦居信撰。（《中州金石考》卷一；《攈古録》卷十一）

陀羅尼經幢

太平興國二年閏□月十九日。正書。在新安。（《攈古録》卷十一）閏八月。

竹林禪院尊勝經幢

太平興國二年九月八日。正書。在滎陽。（《攈古録》卷十一；《寰宇訪碑録》卷六）

金剛波若波羅蜜經并心經

太平興國二年十月。趙安仁正書。沈繼宗建碑。在祥符國相寺婆塔。（《中州金石記》卷四）

十善業道經要略

唐襄休撰，太平興國二年。趙安仁正書。在繁臺塔內。（《中州金石考》卷一；《中州金石記》卷四）

□院廊下僧守節卵塔記

太平興國二年十一月，存。正書。在壽聖寺。《訪碑録》《攈古録》均作"三年十一月"。（《偃師金石遺文補録》卷八；《寰宇訪碑録》卷六）

太平崗石碑

太平興國二年。呂蒙正書。隸書。在鞏縣洛口。（《鞏縣志》卷十八）

史及王明賀義等題名

太平興國三年三月。□書。在安陽，刻唐王進思去思祠碑側。（《攈古録》卷十一）《補寰宇訪碑録》卷四著録"王進思祠碑八分書"與此當爲一碑。

繁塔平海軍節度使陳洪進等捨銀題名

太平興國三年三月。正書。在祥符。(《攈古録》卷十一)

太平興國禪院牒

太平興國三年三月。正書。在輝縣。(《河朔新碑目》卷上)

壽聖禪院卵石塔記

太平興國三年十一月。正書。在偃師。見前録"□院廊下僧守節卵塔記"。(《攈古録》卷十一)

陁羅尼幢殘字

太平興國三年。正書。在滑縣。(《攈古録》卷十一)

智度寺經幢

太平興國三年。在中牟縣。(《中州金石考》卷一)

重修禹王廟記

太平興國五年十月十五日。姚賓王撰并正書。篆額。在澠池。(《攈古録》卷十一)

尊勝陁羅尼經幢

太平興國五年十月十五日。正書。在滑縣。(《攈古録》卷十一)

永安山太平興國禪院記

太平興國六年四月八日。僧智圓撰。麴蘭行書。在輝縣。(《攈古録》卷十一)

社邑降魔大隨求經幢

太平興國六年八月廿日。樂澤靈撰記。正書。在武陟。(《攈古録》卷十一)

繁塔内品監宣化蔣保榮題名

太平興國七年正月五日。正書。在祥符。(《攈古録》卷十一)

繁塔劉彦題名

太平興國七年二月五日。正書。在祥符。(《攈古録》卷十一)

繁塔施□題名一百三十八種

正書。在祥符。無年月。(《攗古録》卷十一)

利修釋迦牟尼佛像記

太平興國七年四月。正書。在濟源。(《河朔新碑目》卷上)

繁塔圓覺修多羅了義經

太平興國七年五月八日。正書。在祥符。(《攗古録》卷十一)

武德鎮梵王宮佛光題字

太平興國七年。正書。在河内。(《攗古録》卷十一)

武德都尉韓靈珍造像

太平興國七年。(左右側題名)正書。在沁陽。(《河朔新碑目》卷上)

西邢村造盂教盤記

太平興國九年正月廿八日。正書。滎陽。(《攗古録》卷十一)

尊勝經幢

太平興國九年十一月廿一日。正書。在密縣。(《攗古録》卷十一)

龍潭寺尊勝經幢

太平興國九年。正書。在濟源。與開寶六年經幢同在一寺。(《中州金石記》卷四)

彼岸寺篆碑

太平興國年間。在郾城縣。(《中州金石考》卷二)

遷等覺禪院記

雍熙元年。王嗣宗撰。在開封祥符縣。(《中州金石考》卷一)

重興惠果寺碑銘

雍熙二年三月。崔鼎撰。沙門志玄書。在武安縣。(《河朔新碑目》上卷)

龍井村重修衞靈公廟碑

雍熙二年四月廿七日。湯晦撰。行書。篆額。在許州。(《攗古

録》卷十一）

張遠造象

雍熙二年七月。刻在佛像兩旁。在淇縣。（《河朔新碑目》上卷）

衛靈公廟碑陰題名

行書。（《攈古録》卷十一）

白馬寺牒

端拱二年四月。僧處□正書。篆額。在洛陽。又見天禧五年。
（《攈古録》卷十一）

楊韜造石香爐記

淳化元年三月。正書。在湯陰。（《河朔新碑目》上卷）

善才寺觀音院記

淳化元年五月。揚□撰，梁文素行書并篆額。在禹州城内天寧
寺。（《中州金石考》卷二；《中州金石記》卷四）《寰宇訪碑録》卷
六作“楊晙”撰。

善才寺碑陰題名

正書。額題“諸方檀信”四字。（《攈古録》卷十一）

繁塔趙文志施佛菩薩題記

淳化元年。正書。在祥符。（《攈古録》卷十一）

彼岸寺修行廊建經幢并記

淳化二年十月十八日。草書。在郾城。（《攈古録》卷十一）

西京白馬寺碑

淳化二年。蘇易簡撰。□文□正書。篆額。在洛陽。（《攈古録》
卷十一）

啓母廟石門限刻字

淳化四年。在偃師。（《偃師金石遺文補録》卷八）

方莊崇興寺佛頂尊勝陀羅尼真言葬經

淳化四年。義方書。在修武。(《河朔新碑目》上卷)

彌勒下生經幢

淳化五年九月八日正書。在密縣。(《攈古録》卷十一)

七泉村石刻觀音像

淳化七年五月八日。石高一尺五六寸,闊半之。前面鐫觀音像,筆極精緻。背刻"七泉村重佛弟子施主王保妻李氏居家供養",在林縣。(《(民國)林縣志》卷十四)

胡贊同室人汪氏造石臺記

淳化十二年二月。正書。在湯陰。(《河朔新碑目》上卷)淳化無十二年,《新目》所記有誤。

彌勒上生兜率天經幢

至道元年五月廿八日。正書。在密縣。仇知訓造。(《攈古録》卷十一)

存古閣陁羅尼經幢

至道元年十月一日。正書。在洛陽。(《攈古録》卷十一)

夏家堂經幢

至道二年四月,正書隸額。額云"佛頂尊勝陁羅尼真言"。在汝州。(《中州金石記》卷四)

大相國寺碑

至道二年。宋白撰,吴郢書并篆刻。在開封。(《中州金石考》卷一)

佛頂尊勝陁羅尼經序幢

至道二年五月十八日。在鞏縣。(《鞏縣志》卷十八)

經幢殘石

至道三年。在鞏縣益家窩。(《鞏縣志》卷十八)

佛説二經二真言同幢

咸平元年二月十八日。在鞏縣西南五十里堤東觀音堂。（《鞏縣志》卷十八）

左監門衛大將軍趙玭神道碑

咸平二年七月二十一日。子維永撰。佺嚴正書。句中正題額。在汝州。（《攈古錄》卷十一）《中州金石記》卷四著錄"趙玭改葬碑"。"趙玭"，《寰宇訪碑錄》卷六作"趙毗"。

萬佛溝高勳造象記

咸平四年二月十五日。正書。在安陽。（《攈古錄》卷十一）

萬佛溝李密等造象記

咸平四年二月十五日。正書。在安陽。（《攈古錄》卷十一）

萬佛溝光巖村佛弟子李□造象記

咸平四年二月十五日。正書。在安陽。（《攈古錄》卷十一）

法海院修法華經舍利石塔記

咸平四年七月十五日。張哲撰。閻羽行書。篆額。在密縣。（《攈古錄》卷十一；《中州金石考》卷二）

法海院石塔碑陰題名

正書。（《攈古錄》卷十一）

法海院塔法華經

正書。無年月。經刻塔上，凡十一層。（《攈古錄》卷十一）

萬佛溝都維許氏等造像記

咸平四年。正書。在安陽。（《中州金石目錄》卷五；《攈古錄》卷十一）

河神廟佛頂尊勝陁羅尼經幢

咸平五年十一月。正書，在修武縣。（《河朔新碑目》上卷）

吕文穆公神道碑

咸平六年。富弼撰。在洛陽。（《中州金石考》卷六）

光嚴村造像記

咸平年十一月十五日。正書，在安陽萬佛溝。（《安陽金石録》卷五）

尊勝陀羅尼經幢

咸平□年。正書，在武陟縣。（《河朔新碑目》上卷）

酸棗縣崇望鄉宜村張□等題名殘石二方

景德元年二月。行書，在汲縣。（《河朔新碑目》上卷）

端璧寺羅漢堂記

景德元年三月十五日。劉偆撰。正書。篆額。在長葛。（《攈古録》卷十一）

佛説般若多心經

景德元年四月。張守志撰。在滑縣。（《滑縣金石録》卷五）

曹寺丞幢子記并陁羅尼咒

景德元年六月二十四日。張孝隆撰。張師錫正書。在鞏縣。（《攈古録》卷十一）

尊勝陀羅尼斷幢

景德元年。正書。在偃師。魏可觀建。（《攈古録》卷十一）

佛説般若多心經

景德元年。正書。李忠、王大昌立碑。在滑縣。（《滑縣金石録》卷五）

佛頂尊勝陁罗尼經幢

景德二年九月一日。李道書并賛。在鞏縣西南四十二里柏坡汾陽王廟。（《鞏縣志》卷十八）

尊勝陁羅尼幢

景德二年十一月四日。正書。在洛陽。郭重顯建。（《攈古録》卷十一）

檢校開國公程德玄神道碑

景德二年。王坦書并篆額。石丈餘。剝泐殆盡。在滎澤縣。（《中州金石考》卷一）

佛頂尊勝陁罗尼經幢

景德三年十二月十六日。王玄德書。在鞏縣西南七十里嵩峰寺。（《鞏縣志》卷十八）

彼岸寺石幢銘（又名香水海石幢，俗稱龍塔古篆）

景德年間。碑文篆書，首題“重修許州郾城彼岸寺碑銘”。在郾城縣西街彼岸寺舊址（縣二中院内），碑四面，高 306 釐米。述尉氏僧人契嵩修彼岸寺事。（《河南碑志叙録》257 頁）

白鹿山白茅寺五百羅漢碑

大中祥符元年九月十九日。僧慶珍撰。清智行書。曹珝篆額。在輝縣。（《攟古録》卷十一）

韶山雲門禪院府帖

大中祥符二年六月八日。正書。在澠池。（《攟古録》卷十一）

佛頂尊勝陁罗尼經幢

大中祥符二年十月十五日。澄净述并書。張義刊字。在鞏縣西南七十里嵩峰寺。（《鞏縣志》卷十八）

建河南廣武原宣聖家廟碑

大中祥符二年十月。王羽騰撰。正書。篆額。在滎陽。（《中州金石記》卷四）《寰宇訪碑録》卷六作“在河南河陰”。

至聖家廟碑

大中祥符二年。留守王羽騰立。在滎澤縣。文不傳。今止存設立祭田及奉祀題名，似碑陰。（《中州金石考》卷一）

南京書院題名記

大中祥符二年。范仲淹撰。在商丘。（《中州金石考》卷三）

靈顯王廟贊

大中祥符四年三月。真宗御製并正書。在鄭州。(《攗古録》卷十一)

龍門銘

大中祥符四年三月。真宗撰并額。在洛陽。(《中州金石記》卷四)

石保吉神道碑

大中祥符四年十一月十四日。李宗諤撰，白憲行書并篆額。在洛陽。(《中州金石記》卷四)《攗古録》卷十一作"鎮安軍節度使贈中書令石保吉碑"；《中州金石目録》卷五作《贈中書令石保吉神道碑》。

石保興神道碑

大中祥符四年十二月十一日。楊億撰，尹熙古行書并篆額。在洛陽石碑窰。(《中州金石記》卷四)《攗古録》卷十一作"棣州防禦使檢校太保石保興碑"。《中州金石目録》卷五作《棣州防禦使檢校太保石保興神道碑》。

靈顯王贊

大中祥符四年。真宗御製并書。殘損太甚。在鄭州。(《中州金石考》卷一)《中州金石目録》卷五作"靈顯王廟贊"。

衛州汲縣親仁鄉長樂村合村人等造幢子記

大中祥符四年。正書，在延津縣。(《河朔新碑目》上卷)

欽奉堂記

大中祥符四年，祖無擇撰。在鄭州。(《中州金石考》卷一)

空桑廟御製贊碑

大中祥符四年。真宗御製。在洛陽。(《中州金石考》卷六)

汾陰二聖配享碑

大中祥符四年。真宗御製。正書。在滎陽。(《寰宇訪碑録》卷六)

空桑廟御製贊碑

大中祥符四年。真宗御製。篆書。在杞縣。(《寰宇訪碑録》卷六)

羅漢堂記碑陰

大中祥符五年正月二十七日。正書。(《攗古録》卷十一)

佛説解百生冤結經幢殘石

大中祥符五年二月二日。正書。在鞏縣羽林莊。(《鞏縣志》卷十八)

卧羊山希聖等題名

大中祥符五年二月三日。正書。在葉縣。(《攗古録》卷十一)

玄聖文宣王贊并加號詔

大中祥符五年八月。真宗御製。正書。在孟縣。(《攗古録》卷十一)

新修碑樓記

大中祥符五年。在滎陽。(《金石萃編補目》卷二)

彌勒閣記

大中祥符五年。在河内。(《金石萃編補目》卷二)

修漢中牟令魯太師廟碑

大中祥符五年。魯宗道立。在中牟縣。(《中州金石考》卷一)

開化寺李福等造石象題字

大中祥符六年三月三十日。正書。在河内紫陵鎮。(《攗古録》卷十一)

高□裕神道碑

大中祥符六年。正書。在洛陽。(《補寰宇訪碑録》卷四)

先天太后贊

大中祥符七年正月二十二日。真宗御製。正書。在鹿邑。(《寰宇訪碑録》卷六;《攗古録》卷十一)

空桑廟碑贊

大中祥符七年正月。真宗御製。篆書。在杞縣。(《攗古録》卷十一)《中州金石目録》卷五作"空桑廟御製贊碑",真宗御製篆書。

伊尹頌

正書。篆額。在杞縣。年月泐。（《攈古録》卷十一）

中天崇聖帝廟碑銘

大中祥符七年九月。王曾撰。白憲奉敕書并篆額。在登封。（《中州金石考》卷七；《中州金石記》卷四）

重修淮瀆長源公廟記

大中祥符七年十一月十日。路振撰。楊昭度行書并篆額。在桐柏淮源廟中。（《中州金石記》卷四）

淮瀆廟碑

大中祥符七年。路振撰。楊昭度書并篆額。在桐柏縣。此碑與上件《中州金石記》所載應是一碑。（《中州金石考》卷八；《攈古録》卷十一）

楊凝式長壽甘露兩壁題字

大中祥符七年。真宗御製□□奉敕篆書。在杞縣。（《中州金石考》卷一）

重刻白居易詩

大中祥符八年閏六月三日。段群玉行書。在濟源濟瀆廟中。（《中州金石記》卷四；《攈古録》卷十一）

紫陵鎮李福等造象

大中祥符八年。正書。在河内。（《攈古録》卷十一）

大宋國洛京河南府緱氏縣太尉鄉□賈邨修湯王廟碑記

大中祥符九年七月。張宗立撰書并篆額。正書。存。在偃師縣。（《偃師金石遺文補録》卷八）

孟州重修文宣王廟記

大中祥符年間。正書。篆額。在孟縣文宣王贊加號詔碑陰。（《孟縣志》卷七）

賢孝村佛廟香爐石幢

　　大中祥符。正書。在安陽。(《河朔新碑目》上卷)

天池石刻

　　天禧元年正月二十日。徐憲撰。在安陽。(《安陽金石録》卷五)

彭城仲渥等題名

　　天禧元年二月二日。正書。在洛陽。(《攈古録》卷十一)

天禧二年滑州公府大廳記

　　年月泐。趙世長撰。行書。在滑縣。(《滑縣金石録》卷五)

佛頂尊勝陁羅尼真言幢

　　天禧三年八月一日。在鞏縣益家窩。(《鞏縣志》卷十八)

中岳醮告文

　　天禧三年九月。真宗御製。劉太初行書并篆額。在登封。(《中州金石考》卷七;《攈古録》卷十一;《中州金石目録》卷五)

摩騰入漢靈異記

　　天禧五年正月七日。僧景遵行書。在洛陽白馬寺。《金石記》又云:"天禧五年二月七日重建。"(《中州金石記》卷四;《攈古録》卷十一)

永福院新修彌勒閣記

　　天禧五年二月。正書。額。在河内。(《河内金石志》卷上)

永福院彌勒閣記

　　天禧五年三月。在河内。(《河内金石志》卷上)

觀音堂經幢

　　天禧五年七月十五日。正書。在長葛。蒙睿等建。(《攈古録》卷十一)

盧正道敕碑側王鑑新修碑樓記

　　天禧五年七月。正書。在滎陽。(《攈古録》卷十一)

永福院彌勒閣碑

天禧五年十二月。正書有額。在懷寧府河内縣（今屬沁陽）。（《中州金石考》卷五；《寰宇訪碑録》卷六；《攈古録》卷十一）

白馬寺牒

天禧五年十月。正書。在洛陽。（《攈古録》卷十一）

新修碑樓記

天禧五年。正書。在滎陽。（《補寰宇訪碑録》卷四）

重修岳廟碑

乾興元年六月十六日。陳知微撰。邢守元奉敕書并篆額。在登封。《中州金石記》著録爲"增修中岳中天崇聖帝廟碑銘"。（《中州金石考》卷七；《中州金石記》卷四）

永定陵修奉採石記

乾興元年八月十日。樂輔國撰。李丕遠行書。□□瑾篆額。在偃師。（《攈古録》卷十一；《中州金石目録》卷五）

孫憲爲父母叔嬸造象石幢

乾興元年十一月。正書。四面刻。在安陽。（《河朔新碑目》上卷）

彼岸寺碑

真宗年間刻，在上蔡縣。（《中州金石考》卷八）

龍門山王裕題名

天聖二年。正書。在洛陽。（《寰宇訪碑録》卷六）

濟瀆詩

天聖三年十月七日。張旻撰，男得一行書。在濟源。（《攈古録》卷十一；《中州金石記》卷四）

僧惠深碑

天聖三年。正書。在鞏縣。（《補寰宇訪碑録》卷四）

敕賜聖壽禪寺六字

天聖三年。正書。在密縣。（《攈古録》卷十一）

龍門山丁裕修石道題名

天聖四年三月三日。正書。在洛陽。（《攈古録》卷十一）

龍門大象龕丁裕題名

天聖四年三月廿一日。正書。在洛陽。（《攈古録》卷十一）

龍門佛龕題名

天聖四年三月二十六日。正書。在洛陽。（《中州金石記》卷四）

重修郭進屏盜碑記

天聖四年。正書。在汲縣。（《補寰宇訪碑録》卷四）

王曙留題龍門山詩

天聖五年三月廿日。行書。在洛陽。（《攈古録》卷十一；《補寰宇訪碑録》卷四）《補寰宇訪碑録》作“王曙香山詩”。

慈雲寺石香幢記

天聖五年九月二十五日。存。正書。在林縣曲山。（《（民國）林縣志》卷十四）

重修泗州大聖殿碑

天聖六年三月。行書。在偃師。（《寰宇訪碑録》卷六；《攈古録》卷十一）

魏威信碑

天聖六年。正書。在洛陽。（《補寰宇訪碑録》卷四）“魏威信”當作“魏咸信”。

大宋新修净惠羅漢院碑

天聖八年四月二十一日。張觀奉敕撰。李九思書并篆額。後叙裴德滋撰。在鞏縣。《攈古録》録作“新修净惠羅漢院碑”（《中州金石考》卷六；《攈古録》卷十一）

陁羅尼經幢

天聖八年七月十六日。沙門得辨行書。省常篆額。在河内。（《攈古録》卷十一）

濟源縣令陳省華善政録

天聖九年四月十九日。張庚撰。楊虚己正書。在濟源。（《中州金石記》卷四；《攈古録》卷十一）

賀蘭棲真敕書并詩序碑

天聖九年十月。汪仲詢撰，楊虚己行書。在濟源。（《中州金石記》卷四）

重修昇仙太子殿記

明道二年六月一日。謝絳撰。僧智晟正書。王顧篆額。在偃師。《中州金石記》著録"永安縣緱山通天冠重修昇仙太子大殿記"。（《中州金石考》卷六；《中州金石記》卷四；《攈古録》卷十一）

昇仙太子廟碑陰

正書。（《攈古録》卷十一）

昇仙太子廟碑兩側

正書。（《攈古録》卷十一）

燕堂記碑

明道二年。富弼撰。陸經書并篆。嘉祐七年知縣廖子孟重立。在宜陽縣。（《中州金石考》卷六）

興化寺廊記

明道二年。歐陽修撰。淅川縣。（《中州金石考》卷八）

蒼峪寺劉政施香爐記

景祐元年四月八日。正書。在郟縣。（《攈古録》卷十一）

修第三級塔記

景祐元年五月。張益愚撰。正書。在濟源。（《河朔新碑目》上卷；《攈古録》卷十一）

陁羅尼經幢

景祐元年七月廿二日。正書。閻息篆額。在密縣。（《攈古録》卷十一）

新修永安縣會聖宮碑

景祐元年九月十三日。石中立撰。李孝章正書并篆額。在偃師。（《寰宇訪碑録》卷六；《攈古録》卷十一）

會聖宮碑銘

景祐元年九月。吕仲元撰。李孝章正書并篆額。在偃師。（《中州金石考》卷六；《中州金石記》卷四）

崇福宮殘碑

景祐元年。鄭如撰。正書。在河南登封。（《寰宇訪碑録》卷六）

索長官畫象并廟創塑部從記

景祐二年三月。梁佐撰。正書篆額。在密縣。（《中州金石記》卷四）

都巡檢使唐公墳記

景祐二年五月一日。唐忠和撰。在滑縣。（《滑縣金石録》卷五）

修四級塔記

景祐二年九月。僧法言記。正書。在濟源。（《河朔新碑目》上卷；《攈古録》卷十一）

嵩陽書院賜額

景祐二年。在登封。（《中州金石考》卷七）

李顯造石香鑪記

景祐三年四月一日。香鑪八面，高四尺。前刻"大宋相州彰德軍林慮縣仙巖鄉申村管柳泉疃李顯，自辦香鑪一所，施與土地廟内"。下列村衆石凝等題名。存。正書。在林縣巖峰山中岳廟。（《（民國）林縣志》卷十四）

延慶禪院舍利塔記

景祐三年六月七日。馬元穎撰。楊虛己行書（《攟古録》云"集王右軍行書"）。郝黯篆額。在濟源縣。（《中州金石考》卷五；《中州金石記》卷四；《寰宇訪碑録》卷六；《攟古録》卷十一）

修奉園陵之記

景祐四年元月二十三日。孫昂撰。馬維德書。在鞏縣。（《鞏縣志》卷十八）

倉峪寺劉政妻趙氏造像記

景祐四年閏四月初五日。正書。在郟縣。（《攟古録》卷十一）

濟源延慶寺范坦陳堯佐詩刻

景祐四年十一月。陳學古正書。在濟源縣。（《中州金石記》卷四）

諫議大夫追封秦國公陳省華碑

寶元二年八月中秋日。王舉正撰。周越正書并篆額。在新鄭。（《新鄭縣志》二十九；《攟古録》卷十一）

陳述古題名

寶元二年九月四日。正書。在濟源。《攟古録》云"治平三年重午日立"。（《寰宇訪碑録》卷六；《攟古録》卷十一）

左千牛衛將軍衛廷諤碑

寶元二年。正書。在孟縣。（《寰宇訪碑録》卷六）

伊闕銘

寶元二年。僧繼明擇字模刻。在洛陽。（《中州金石考》卷六）

石曼卿墓表

康定元年。歐陽修撰。在商丘。（《中州金石考》卷三）

飛白寶章記

康定二年。李仁叔撰。在許州。（《中州金石目録》卷五）

淮源廟左鐵柱識

慶曆二年十月。正書。在桐柏。（《攈古録》卷十一）

滑州畫舫齋記

慶曆二年十二月十二日。歐陽修撰。行書。（《滑縣金石録》卷五）

淮源廟右鐵柱識

慶曆三年二月。正書。在桐柏。（《攈古録》卷十一）

龍潭寺題壁絶句詩

慶曆三年五月。任布撰。黃孝先行書。在濟源。（《中州金石記》卷四）

尚書令魯國武康公王超神道碑

慶曆四年二月。□□□撰。盛化民正書、篆額。在鄭州。（《攈古録》卷十一）

陳文惠公堯佐自撰墓碑

慶曆四年九月二十七日。冀上之正書。在新鄭。（《攈古録》卷十一）

登上人造象記

慶曆四年十二月。正書。在濟源。（《河朔新碑目》上卷）

泗水大聖殿記

慶曆四年。湯維撰。正書。在偃師。（《寰宇訪碑録》卷六）

太子太師陳文惠公神道碑

慶曆四年。歐陽修撰。在禹州。（《中州金石考》卷二）

蘇騏驥神道碑

慶曆四年。□琳撰。在修武縣。（《中州金石考》卷五）

蘇騏驥墓碣銘

司馬光撰。在修武縣。（《中州金石考》卷五）

法王寺李淑詩

慶曆五年五月五日。張景豫正書。在登封。（《攈古録》卷十一）

法王寺李若谷詩

慶曆五年六月六日。張景豫正書。在登封。(《攗古録》卷十一)

韓諫議神道碑

慶曆五年。富弼撰。在安陽縣。(《中州金石考》卷四)

同和寺石幢

慶曆五年。在延津縣。(《中州金石考》卷四)

共縣重門鄉修石香鑪記并刻心經

慶曆五年。正書。在輝縣。(《攗古録》卷十一)

懷州武德縣朱德誠修聖王殿記

慶曆六年二月二十七日。宋明正書。在河内。(《攗古録》卷十一)或與《補寰宇訪碑録》卷四所録《聖王殿記》同。《河内金石志》作《湯帝廟修殿記》。

重修仙鶴觀實録

慶曆六年。安道卿正書。在偃師。(《寰宇訪碑録》卷六)

新息重修孔子廟碑

慶曆七年。梅堯臣撰。在息縣。(《中州金石考》卷八)

集賢校理河南張叔文題名

慶曆八年。正書。在偃師謝絳碑側。(《寰宇訪碑録》卷六;《攗古録》卷十一)

沐澗王起鄅等題名

皇祐元年十月十日。正書。在河内。(《河内金石志》上;《攗古録》卷十一)

嵩陽宮石柱上官士衡等題名

皇祐二年三月二十六日。正書。在登封。今僅存"二十六日"等字。(《攗古録》卷十一)

張吉甫題名

皇祐二年九月一日。正書。刻沐澗魏夫人碑陰。在河内。(《寰

宇訪碑録》卷六;《河内金石志》卷上)

重修仙鶴觀記

皇祐二年九月。王夷仲撰。孟延亨正書并篆額。在偃師。(《寰宇訪碑録》卷六;《攈古録》卷十一)孟延亨,《寰宇訪碑録》作"孟咸亨"。

重修仙鶴觀實録

皇祐二年九月。安道卿。正書。河南偃師。(《寰宇訪碑録》卷六)

陁羅尼經殘幢

皇祐二年。正書。在濬縣。(《攈古録》卷十一)

白雀寺重海上人靈塔記

皇祐三年四月一日。正書。在寶豐白雀寺。(《寶豐縣志》卷十五;《攈古録》卷十一)

閻忠曾題名

皇祐三年五月。正書。在濟源唐張尊師碑側。(《攈古録》卷十一)

王珣琇等祀土題名

皇祐三年六月四日。李中祐正書。在河南登封。(《寰宇訪碑録》卷六)

嵩陽宮石柱陳知損等題名

皇祐三年七月十八日。正書。在登封。(《攈古録》卷十一)

陀羅尼經石幢二種

皇祐三年八月。正書。在濬縣。(《攈古録》卷十一)

旌賢崇梵縣牒

皇祐三年九月。行書。大觀元年七月刻。在河南新鄭。(《寰宇訪碑録》卷六)《攈古録》卷十一稱此碑刻于皇祐二年九月。

旌賢崇梵院碣

皇祐三年。大觀元年刻石。在成皋寺。在新鄭。此與前"旌賢

崇梵縣牒"當爲一碑。(《中州金石考》卷二)

沐澗李百川等題名

皇祐四年四月六日。正書。在河内。(《河内金石志》卷上;《攈古録》卷十一)

晁仲參等雅集石題名

皇祐四年八月十八日。在寶豐應河驛。(《寶豐縣志》卷十五)

嵩陽宮石柱蘇舜元題名

皇祐五年孟春。正書。在登封。(《攈古録》卷十一)

蘇舜元題名

皇祐五年正月。正書。河南偃師武氏拓本。(《寰宇訪碑録》卷六)

石淙趙士宏等題名

皇祐五年十二月二十二日。正書。在登封。(《攈古録》卷十一)

題龍潭詩

皇祐五年十二月三十日。富弼撰。正書。在濟源。(《中州金石記》卷四;《攈古録》卷十一)

張掞三陽故宮石淙懷古詩

皇祐五年十二月。張仲武八分書。在登封。(《攈古録》卷十一)

石淙題名殘字

皇祐五年。正書。在登封。(《攈古録》卷十一)

嵩陽宮石柱趙士宏等題名

皇祐六年二月晦日。正書。在登封。(《攈古録》卷十一)

沐澗良器殘題名

皇祐□□九月。正書。在河内。(《攈古録》卷十一)

張子諒等題名

至和元年五月廿四日。正書。在沐澗魏夫人碑陰。河内。(《河内金石志》卷上;《寰宇訪碑録》卷六)

護國顯應公廟碑

至和元年五月。郭長民撰并正書，篆額。在新鄉西大家店崔府君廟。(《攈古録》卷十一；《新鄉縣續志》卷四)

霖落山李越張端題名

至和元年□秋月。正書。在汲縣。(《攈古録》卷十一)

梅摯歐陽修唱和詩

至和元年十一月七日。隸書。畢沅以爲梅摯知滑州時自書。在滑縣。(《中州金石考》卷一；《攈古録》卷十一)

御賜詩記

至和元年。曾公亮撰。在鄭州。(《中州金石考》卷一)

崇信軍節度副使尹公墓表

至和元年。韓琦撰。在偃師。(《中州金石考》卷六)

小龍門碑記

至和元年。徐無黨撰。在澠池縣。(《中州金石考》卷七)

二禮石經易畫殘碑

至和元年。篆書，□□□書。在開封。(《中州金石考》卷一)

鞏縣尹張公神道碑

至和元年。曹元用撰。張珪正書。(《中州金石目補遺》二)

通利軍建浮圖記

至和二年四月三日。張元規正書。在濬縣。(《攈古録》卷十一)

石碑溝玉牒□□和叔題名

至和二年。正書。在滎陽。(《攈古録》卷十一)

迎福寺塔殘字

至和二年。正書。在濬縣。(《攈古録》卷十一)

太尉王文正公神道碑

至和二年。歐陽修撰。在開封。(《中州金石考》卷一)

宜春令贈太師冀國公神道碑

至和二年。歐陽修撰。在鄭州管城縣馬亭鄉之北田村。（《中州金石考》卷一）

觀文殿大學士晏公神道碑

至和二年。歐陽修撰。在禹州。（《中州金石考》卷二）

尚書屯田員外郎張君墓表

至和二年。歐陽修撰。在原武縣。（《中州金石考》卷五）

石淙南崖范純仁題名

至和二年。正書。在河南登封。（《寰宇訪碑錄》卷六）

重修净垢院記

歐陽修撰。李宗卿刻石。在洛陽。（《中州金石考》卷六）

資政殿學士文正范公神道碑

至和三年二月。仁宗篆額"褒賢之碑"。歐陽修撰。王洙八分書。在洛陽。（《中州金石考》卷六；《中州金石記》卷四）

三賢堂記

至和三年三月，又見大觀元年七月。吳育撰。李九思正書并題額。在新鄭。（《攈古錄》卷十一）

龍潭留題詩

至和三年三月（《攈古錄》云閏三月十一日）。何嶠陳君章撰。正書。在濟源。（《中州金石考》卷六；《中州金石記》卷四；《攈古錄》卷十一）

相州新修園池記

至和三年三月十五日。在安陽。（《安陽金石錄》卷五）

霖落山宋述題名

至和三年閏三月十六日。行書。在汲縣。（《攈古錄》卷十一）

雙磵詩石刻

至和三年。在安陽。(《安陽金石録》卷六;《中州金石目録》卷五)

大閲堂記

嘉祐元年十一月望日。梅摯撰。楊稷行書。在滑縣。(《中州金石記》卷四;《攟古録》卷十一)

文潞公先塋碑

嘉祐元年。在洛陽。(《中州金石考》卷六)

石淙題名殘字

嘉祐二年二月。正書。在登封。(《攟古録》卷十一)

潘旦等題名

嘉祐二年八月。正書。刻沐澗魏夫人碑陰。在河内。(《寰宇訪碑録》卷六)

重修西門大夫廟記

嘉祐二年九月。司理參軍馬需撰。在安陽縣。(《安陽金石録》卷五;《攟古録》卷十一)

僧懷邏懷彬二塔記

嘉祐二年九月。正書。在河内。(《河内金石志補遺》;《攟古録》卷十一)

臨清驛長孫氏石像碑陰宋人題字

嘉祐二年。正書。在新鄉。(《河朔新碑目》上卷)

都維那劉在等造香鑪記

嘉祐三年歲次戊戌二月辛丑朔初八日。存。正書。在林縣三井村。(《(民國)林縣志》卷十四)

重修千佛并羅漢記

嘉祐三年三月。僧義至正書。在濟源。(《河朔新碑目》上卷)

賜教忠積慶禪院額牒

嘉祐三年十月。正書。河南偃師武氏拓本。(《寰宇訪碑録》卷六)

忠武軍節度使武恭王公神道碑

嘉祐三年。歐陽修撰。在鄭州。(《中州金石考》卷一)

石淙李昱題名

嘉祐三年。正書。在登封。(《攈古録》卷十一)

石淙田彧等題名

嘉祐三年。正書。在登封。(《攈古録》卷十一)

嵩陽宮石柱錢袞張淮題名

嘉祐四年七月十九日。黃通正書。在登封。(《攈古録》卷十一)

旌賢崇梵院三賢堂贊

嘉祐四年。劉敞撰。明成化十三年僧可鑑重鐫。在禹州。(《中州金石考》卷二)

醒酒臺三大字碣

嘉祐四年。河北提刑曹涇書。石長九尺,闊三尺二寸。在修武縣。(《中州金石考》卷五)

太師中書令程文簡公神道碑

嘉祐四年。歐陽修撰。在洛陽。(《中州金石考》卷六)

淬劍池碣

嘉祐四年。曹涇正書。在修武。(《攈古録》卷十一;《中州金石考》卷五;《攈古録》卷十一)

文潞公題名

嘉祐庚子(五年)三月十八日。石在嵩陽書院講堂壁,不知是潞公手筆否?(《中州金石考》卷七)

文彥博宿少林寺詩

嘉祐五年四月一日。正書。燕若□立石。在登封。(《中州金石考》卷七;《攈古録》卷十一)。

靈山寺鮮于千之等題名

嘉祐五年四月十七日。正書。濟源。（《攈古録》卷十一）

重修枋口五龍廟記

嘉祐五年七月十四日。張解撰。王育正書。在濟源。（《攈古録》卷十一）

翊聖真君秘誥

嘉祐五年七月。正書。石在登封文昌宫。（《中州金石記》卷四；《攈古録》卷十一）《中州金石考》卷七著録"真君秘誥石碣"。

宋宗室左屯衛大將軍江州團練使之女墓記

嘉祐五年十月。王珪奉旨撰。虞温奉旨正書。司馬□刊。在鞏縣清易鎮。（《鞏縣志》卷十八）

少林寺智浩塔碑

嘉祐五年十一月二十三日。行書。在登封。（《攈古録》卷十一）

二體石經周禮殘碑

嘉祐六年五月。章友直、楊南仲篆書。釋文正書。在陳留縣城東二里許。（《中州金石考》卷一；《中州金石記》卷四）

周易石經殘碑

篆正二體。在河南祥符。（《寰宇訪碑録》卷六）

尚書石經殘碑

篆正二體。在河南祥符。（《寰宇訪碑録》卷六）

張氏尊勝陀羅尼幢

嘉祐六年八月十五日。經梵書。後刻記文，正書。篆額。在孟津。男職方員外員外郎景伯立石。（《攈古録》卷十一）

重修啓母少姨廟記

嘉祐六年九月。喬燾撰。劉瑀正書并篆額。范信鎸。在鞏縣。（《鞏縣志》卷十八）

燕堂記

嘉祐七年二月十三日。富弼撰。陸經行書。浙江仁和趙氏搨本。又見前明道二年，云在陝西宜陽。案宜陽在河南府屬。（《攈古録》卷十一）

鍾信等龍門題名

嘉祐七年十月。孫世文題。正書。在洛陽。（《再續寰宇訪碑録》卷下）

嵩陽宮石柱陳知雄趙抗題名

嘉祐七年十一月初六日。正書。在登封。（《攈古録》卷十一）

浮丘山鍾信等題名

嘉祐七年十一月廿二日。正書。在濬縣。（《攈古録》卷十一）

臥羊山宗舜臣宗正臣題名

嘉祐八年四月二十一日。正書。在葉縣。（《攈古録》卷十一）

嵩陽宮石柱陳守柔題名

嘉祐八年六月二日。正書。在登封。（《攈古録》卷十一）

許田鎮慈壽院牒并記

嘉祐八年七月十三日牒，治平二年四月一日記。正書。有額。在許州。（《攈古録》卷十一）

宋仁宗飛白碑記

嘉祐八年十一月十日。御書飛白字，吳充撰記并正書。陳知和隸書題額。在偃師。碑上層爲飛白書"帝"字，旁題"賜建大招福寺家佛堂賜進士翰林院學士陳"。"帝"字下有寶書。下層爲吳充記文。《攈古録》録"宋仁宗賜陳繹飛白書碑記"（《中州金石記》卷四；《攈古録》卷十一）

韓國華神道碑

嘉祐八年十一月。富弼撰。王珪正書。在水冶鎮。（《中州金石記》卷四）

大理寺丞龐之道墓銘

嘉祐八年。司馬光撰。在杞縣。（《中州金石考》卷一）

少府監致仕李虞卿殘碑

□□正書。楚建中篆額。在偃師。年月缺。文中有"嘉祐八年"字。（《攈古録》卷十三）

中岳廟鐵人題字

治平元年三月二十八日。正書。在登封。（《攈古録》卷十二）

晝錦堂記

治平二年三月。歐陽修撰。蔡襄正書。邵必題額。在安陽。（《中州金石考》卷四；《中州金石記》卷四）

修釋迦真身舍石塔記

治平二年十月二十五日。滏水□□撰并行書。在滑縣。三面刻佛像。（《攈古録》卷十二）

石碑溝修斗門題字

治平三年四月十□日。正書。在滎陽。（《攈古録》卷十二）

陳述古題名碑

治平三年五月。正書。在濟源。（《中州金石記》卷四）

大理評事劉廓經幢

新鄭治平三年十月。王庠撰記。正書。（《攈古録》卷十二）

陀羅尼經幢

治平四年二月五日。正書。在滎陽。（《攈古録》卷十二）

真谷山淳于瑛等四人題名

治平四年九月重陽後二日。正書。在河內。（《攈古録》卷十二）

白茅寺五百羅漢碑陰李惟賓等題名

治平四年九月。正書。在輝縣。（《河朔新碑目》上卷）

敕賜相州林慮縣净居禪院額記

治平四年十月十九日。鄉貢進士張著記。院主賜紫智選立石。僧夏書。正書。在林縣澤陽。(《(民國)林縣志》卷十四)

敕賜壽聖寺牒

治平四年十一月。行書。在武安。(《河朔新碑目》上卷)

廣豐陂遺愛碑

治平四年。都官員外郎張公開青陂,築亭立碑。在息縣。(《中州金石考》卷八)

燕國公主追封記

治平□年。王珣正書。篆額。在鞏縣。(《攗古錄》卷十二)

石碑溝錢參題名

熙寧元年二月十八日。正書。在滎陽。(《攗古錄》卷十二)

石碑溝霍圭題名

熙寧元年二月清明前一日。正書。在滎陽。(《攗古錄》卷十二)

石碑溝辛有儀題名

熙寧元年二月晦日。正書。在滎陽。(《攗古錄》卷十二)

白茅寺五百羅漢碑陰劉航等題名

熙寧二年閏十一月。正書。在輝縣。(《河朔新碑目》上卷)

李家場村修塔記

熙寧元年三月。蘇辛正書。在安陽。(《安陽金石錄》卷五;《攗古錄》卷十二)

壽聖院牒

熙寧元年四月十一日。正書。在澠池。(《攗古錄》卷十二)

沐澗王嘉壽題名

熙寧元年五月十二日。正書。在河內。(《河內金石志》卷上)

狎鷗亭詩

熙寧元年。韓琦撰。正書。在安陽。(《安陽金石錄》卷五)

嵩陽宮石柱邢恕題名

熙寧二年二月六日。正書。在登封縣。(《攈古録》卷十二)

崔象之等題名

熙寧二年二月七日。正書。在登封。刻唐潘尊師碑陰。(《攈古録》卷十二)

敕賜壽聖禪院額碑

熙寧二年。正書。在偃師。(《寰宇訪碑録》卷七)

游天平山留題

熙寧二年。王琉撰。正書。在林縣。(《寰宇訪碑録》卷七)

卧羊山黄庭堅等題名

熙寧三年正月。正書。在葉縣。在祥符五年題名後。(《中州金石考》卷八;《攈古録》卷十二)

晋侍中秙公廟記

熙寧三年八月十五日。韓琦撰并正書。□□篆額。石已剥泐。在湯陰城西南。《中州金石記》作"新修晋太尉秙公廟記"。(《中州金石考》卷四;《中州金石記》卷四;《攈古録》卷十二)

淳如堂勇撒皋比題字

熙寧三年八月。司馬光篆書。在洧川。(《攈古録》卷十二)

大伾山題名殘字

熙寧三年十二月。正書。在濬縣。(《攈古録》卷十二)

濟源廟牒

熙寧三年。陳知儉狀。正書。在濟源。(《寰宇訪碑録》卷七)

石淙南崖張璿等題名

熙寧三年。正書。在登封。(《寰宇訪碑録》卷七)

李康等卧羊山題名

熙寧三年。在葉縣。(《金石萃編補目》卷二)

趙宗誨等題名

熙寧四年二月望日。正書。在登封。刻唐潘尊師碑陰。(《攈古録》卷十二)

公庋晦之等題名

熙寧四年二月十八日。正書。在登封。刻唐潘尊師碑陰。(《攈古録》卷十二)

錢待問等題名

熙寧四年三月初六日。正書。在登封。刻唐潘尊師碑陰。(《攈古録》卷十二)

劉几田述古題名

熙寧四年三月廿二日。正書。在登封。刻唐潘尊師碑陰。(《攈古録》卷十二)

張璹等題名

熙寧四年三月廿四日。正書。在登封。刻唐潘師碑側。(《攈古録》卷十二)

李禹卿題名

熙寧四年三月廿六日。正書。在登封。刻唐潘尊師碑陰。(《攈古録》卷十二)

魯鄰右獻可題名

熙寧四年四月初十日。正書。在登封。刻唐潘尊師碑側。(《攈古録》卷十二)

客商并船戶等施石香爐題名

熙寧四年四月十九日。黃寶正書。在扶溝。(《攈古録》卷十二)

沐澗寇元明題名

熙寧四年四月四日。正書。在河內。(《河內金石志》卷上)

王評題名

熙寧四年六月。正書。在汜水。刻唐明皇次成皋詩後。（《攟古録》卷十二）

獨修第五級大悲塔記

熙寧四年九月二十五日。正書。在寶豐香山寺。（《寶豐縣志》卷十五；《攟古録》卷十二）

知登封縣事張琬題名

熙寧四年十月十日。正書。在登封。刻唐嵩陽觀碑陰。（《攟古録》卷十二）

净因寺孫純題名

熙寧五年正月。正書。在汝州。（《寰宇訪碑録》卷七）

郭崇妻造象記

熙寧五年五月。正書。在滎陽。（《中州金石記》卷四）

秦王宮諸喪祔悼園記

熙寧五年五月。吳道簽正書。在汝州。（《中州金石記》卷四）

嵩陽宮石柱觀道子畫題名

熙寧五年九月十日。正書。在登封。（《攟古録》卷十二）

尊勝陀羅尼經幢

熙寧五年十月。劉旦正書。八面刻。在淇縣。（《河朔新碑目》上卷）

張明府廟碑

熙寧五年。夏侯沖撰。在汝寧縣。（《中州金石考》卷八）

郭卞等造佛及十六羅漢銘

熙寧五年。正書。在滎陽。（《寰宇訪碑録》卷七）

嵩陽吕石柱祖無擇等題名

熙寧六年正月二日。正書。在登封。（《寰宇訪碑録》卷七；《攟古録》卷十二）

净因寺孫固題名

熙寧六年正月。正書。在汝州。（《寰宇訪碑録》卷七）

嵩陽宮石柱張起等題名

熙寧六年二月二十四日。正書。在登封。（《攈古録》卷十二）

嵩陽宮石柱焦通等題名

熙寧六年二月二十六日。正書。在登封。（《攈古録》卷十二）

文潞公題枋口詩

熙寧六年二月。文及甫正書。在濟源。（《攈古録》卷十二）

嵩陽宮石柱陳知儉等題名

熙寧六年清明後一日。蘇注正書。在登封。（《攈古録》卷十二）

宗室陳國公祔葬記

熙寧六年六月。馬士明正書。在汝州。（《中州金石記》卷四）

法梅寺石塔陳知儉等題名

熙寧六年九月九日。正書。在密縣。（《攈古録》卷十二）

文潞公枋口題名

熙寧六年十二月。正書。在濟源。（《攈古録》卷十二）

題休逸臺詩二首

熙寧六年。韓琦撰。韓跂正書。在安陽韓魏公廟。（《安陽金石録》卷五）

祖無擇謁光武陵廟題名

熙寧七年三月。正書。在孟津。（《攈古録》卷十二；《鞏縣志》卷十八）

存古閣陀羅尼幢

熙寧七年。正書。在洛陽。（《攈古録》卷十二）

興隆寺尊勝陀羅尼經幢并建本村佛堂記

熙寧七年五月。朱越建。正書。在新鄉。（《河朔新碑目》上卷）

密縣超化寺帖

熙寧八年九月。行書。在密縣。(《攗古録》卷十二)

神宗御製韓忠獻碑文

熙寧八年。額曰"兩朝顧命定策元勳之碑"。宋敏求書。在安陽。(《中州金石考》卷四)

韓魏公題觀魚軒詩

正書。在安陽。無年月。韓魏公卒於熙寧八年，故附録于此。(《攗古録》卷十二)

韓魏公詩殘字

正書。在安陽。僅存銜名及"面北軒正"四字。(《攗古録》卷十二)

超化寺郝闉之等題名

熙寧九年三月。正書。在密縣。(《攗古録》卷十二;《中州金石目録》卷五)

許州張昌□題名

熙寧九年七月十四日。行書。在偃師。刻緱山謝絳碑陰。(《攗古録》卷十二)

緱山謝絳碑側許州張昌□題名

熙寧九年。行書。在偃師。(《寰宇訪碑録》卷七)

嵩陽觀王紳題名

熙寧十年三月。正書。在登封。(《寰宇訪碑録》卷六)

王紳等題名

正書。在登封。無年月。刻唐潘尊師□陰。(《攗古録》卷十二)

石碑溝張崇題名

熙寧十年七月十一日。正書。在滎陽。(《攗古録》卷十二)

武康節度使劉毅肅公殘碑

熙寧十年十一月二十三日。正書。在修武伏珠山。(《修武縣志》卷十)

劉毅肅公墓第二殘碑

刻碑時間從上。在修武伏珠山。(《修武縣志》卷十)

咸平縣丞廳酴醿記

熙寧中。張耒撰。在通許縣。(《中州金石考》卷一)

□□和尚碑

熙寧□年。崔白撰,蘇軾題。在輝縣。(《中州金石考》卷四)

太尉杜贊碑

熙寧□年。在輝縣。(《中州金石考》卷四)

西明寺殘經幢

熙寧□年。正書。在湯陰。(《河朔新碑目》上卷)

白茅寺五百羅漢碑陰魯元翰等題名

元豐元年正月。正書。在輝縣。(《河朔新碑目》上卷)

嵩陽宮石柱束端卿等題名

元豐元年五月二十六日。正書。在登封。(《攈古録》卷十二)

石碑溝李宗愨等題名

元豐元年中元日。正書。在滎陽。(《攈古録》卷十二)

大廟條約

元豐元年八月十九日。正書。篆額。在桐柏淮源廟。(《中州金石記》卷四;《攈古録》卷十二)《攈古録》作"淮源廟條約",其他著録同,應是同一碑。

爲哀男清孫造佛象記

元豐元年九月。常景撰并正書。在洛陽。(《中州金石記》卷四)

佛説加句靈驗尊勝陁羅尼經幢

元豐二年正月三日。程化誠并刻字。王奉天篆。在鞏縣。(《鞏

縣志》卷十七）

龍門山常景造彌陀象記

元豐二年七月十二日。正書。在洛陽。（《攈古録》卷十二）

鄭轅等孔山摩崖題詩

元豐二年。聖□書。正書。在濟源。（《河朔新碑目》上卷）

黄州定惠院海棠詩

元豐二年。蘇軾撰書。行書。在封丘。（《河朔新碑目》上卷）

石碑溝劉有卜題名

元豐三年三月念四日。正書。在滎陽。（《攈古録》卷十二）

石碑溝于文傑題名

元豐三年三月念七日。正書。在滎陽。（《攈古録》卷十二）

後赤壁賦

元豐三年七月。蘇軾書。行書。在湯陰。（《河朔新碑目》上卷）

文潞公先廟碑

元豐三年。司馬光撰。在洛陽。（《中州金石考》卷六）

佛頂尊勝陀羅尼真言

元豐四年正月二日。郭集撰并正書。在滑縣臺村聚寶寺。（《滑縣金石録》卷六）

石碑溝吕忿題名

元豐四年三月十四日。正書。在滎陽。（《攈古録》卷十二）

元聖庾題名

元豐四年六月望日。正書。在登封。刻唐潘尊師碑陰。（《攈古録》卷十二）

温致遷葬記

元豐四年七月十二日。正書。在新鄭。（《攈古録》卷十二）

百泉王子淵題名

元豐四年九月二十日。正書。在輝縣。（《寰宇訪碑録》卷七；《攓古録》卷十二）

宋宗室士濡墓記

元豐四年九月。王安禮撰。吳鼎臣書。在鞏縣清易鎮。（《鞏縣志》卷十七）

耆英會圖并詩

元豐五年正月。富弼等十二人作，司馬光撰序并正書。在洛陽。明天啓中刻。（《攓古録》卷十二）

文潞公題濟瀆詩

元豐五年二月望日。文彦博撰。薛昌諤正書。在濟源縣。（《中州金石考》卷五；《中州金石記》卷四）

蔡文忠公神道碑

元豐五年。張方平撰。孫永書。劉庠篆額。在禹州。碑下截剥落，末書治平二年撰文，元豐五年五月書篆。（《中州金石考》卷二）

龍門山留守府牒殘字

元豐六年五月八日。正書。在洛陽。（《攓古録》卷十二）

某氏三代重葬汲村記幢

元豐六年七月。正書。八面刻。在汲縣。（《河朔新碑目》上卷）

富鄭公神道碑

元豐六年。蘇軾撰。在洛陽。（《中州金石考》卷六）

龍門山留守府牒

元豐六年。正書。在洛陽。（《寰宇訪碑録》卷七）

付寶月大師劄子

元豐七年二月。張衍刊。在鞏縣。（《鞏縣志》卷十八）

付僧惠深劄子

元豐七年二月。正書。在鞏縣。（《攓古録》卷十二）

少林寺鍾樓王彦輔詩圖

元豐七年五月十四日。行書。在登封。（《寰宇訪碑録》卷七；《攟古録》卷十二）

韓魏公祠堂記

元豐七年六月。司馬光撰。蔡襄正書。在安陽《晝錦堂記》碑陰。（《中州金石考》卷四；《中州金石記》卷四）

史能施石柱題名

元豐七年。正書。在林縣。（《河朔新碑目》上卷）

楊世長等粟子山運石題名碑

元豐八年七月既□。正書。在偃師。（《攟古録》卷十二；《寰宇訪碑録》卷七）

程明道先生墓表

元豐八年。正叔先生撰。在洛陽。（《中州金石考》卷六）

進學齋記

元豐八年。張耒撰。在杞縣。（《中州金石考》卷一）

遺愛廟碑

元豐八年。字迹損壞。在固始縣。（《中州金石考》卷八）

等慈寺碑側題名

元豐八年。正書。在河南汜水。（《補寰宇訪碑録》卷四）

故鄧國長公主追封記

元豐九年二月。范祖禹奉旨撰。王宗僅奉旨正書并篆額。曹惠良奉旨刻。在鞏縣和義溝北嶺。（《鞏縣志》卷十七）

郝公墓碑

邑志：在白亭里，文剥落，惟元豐年號可識。（《中州金石考》卷八）

葬幢殘刻

元祐元年正月十七日。張同書行書。在温縣。（《河朔新碑目》上卷）

羅漢院主持守暹塔銘

元祐元年三月二十八日。程化誠刊字。在鞏縣。（《鞏縣志》卷十七）

宋經幢石

元祐元年三月十五日。在鞏縣斜里莊。（《鞏縣志》卷十七）

司馬旦等題名

元祐元年四月六日。田沃正書。在洛陽。（《攈古録》卷十二）

大伾山魯元翰觀龍洞題名

元祐元年七月廿一日。正書。在濬縣。（《攈古録》卷十二）

莊丘寺石香爐記

元祐元年七月二十八日。張處士撰。在滑縣。（《滑縣金石録》卷六）

百家巖劉□明題名

元祐元年八月。正書。在修武。（《河朔新碑目》上卷）

永寧寺石香爐記

元祐元年十月二日。□□□撰。在滑縣。（《滑縣金石録》卷六）

沐澗張東題名

元祐元年。正書。在河内。（《攈古録》卷十二）

楊彦章游真谷山題名

元祐元年。□書。在河内。（《攈古録》卷十二）

中峰寺中岳行宫碣記

元祐二年二月十五日。正書。在鄢陵。（《攈古録》卷十二）

白茅寺五百羅漢碑陰龔景通題名

元祐二年三月。正書。在輝縣。（《河朔新碑目》上卷）

百巖寺山林地土官給公據碑

元祐二年三月。正書。在修武。(《修武縣志·金石》)

超化寺張子山等題名

元祐二年七月十九日。正書。在密縣。(《寰宇訪碑録》卷七;《攈古録》卷十二)

石碑溝唐概題名

元祐二年八月二日。正書。在滎陽。(《攈古録》卷十二)

廣慶建塔記

元祐二年八月。行書。在登封。(《攈古録》卷十二)

修應公廟露臺題名記

元祐二年九月初五日。正書。在濬縣。(《攈古録》卷十二)

湯帝廟修廊房記

元祐二年。正書。在河內。(《攈古録》卷十二)

鄧國長公主追封記

元祐二年。范祖禹撰。王宗僅正書并篆額。在鞏縣。(《攈古録》卷十二)

泰山廟題名記

元祐二年。正書。在偃師。(《寰宇訪碑録》卷七)

大伾山唐叟仲容等題名

元祐三年寒食。正書。在濬縣。(《攈古録》卷十二)

布袋真儀

元祐三年七月一日。崔白畫。蘇軾題正書。河南輝縣。(《攈古録》卷十二;《寰宇訪碑録》卷七)《寰宇訪碑録》録作“布袋羅漢象”。

百家巖孫杭等題名

元祐三年八月。正書。在修武。(《河朔新碑目》上卷)

百巖寺李景仁等題名

元祐三年八月二十三日。正書。在修武百巖寺客堂。（《修武縣志·金石》）

緱氏重修太山廟碑記

元祐三年閏十二月一日。樂份撰。正書。在偃師，上半殘。（《寰宇訪碑録》卷七）《攈古録》卷十二著録"□□撰，樂份正書并篆額"。

司馬旦等題名

田沃正書。在洛陽。丙寅四月六日，丙寅當是元祐三年。（《攈古録》卷十二）

揚清亭記

元祐三年。黄庭堅撰。在孟縣。（《中州金石考》卷五）

米芾乾明寺題名

元祐三年。□書。在輝縣。（《攈古録》卷十二）

中峰寺僧受福創修殿宇記

元祐四年正月十五日。正書。在鄢陵。（《攈古録》卷十二）

王子應等六人題名

元祐四年二月二十九日。□書。在鞏縣石窟寺。（《鞏縣志》卷十八；《攈古録》卷十二）

紫陵鎮開化寺石幢

元祐四年閏二月。□書。在河内。（《攈古録》卷十二）

寧神禪院結界録

元祐四年三月十五日。僧清表撰。僧智潡書。在鞏縣寧神寺。（《鞏縣志》卷十七）

龍泉寺造象幢

元祐四年九月。正書。在湯陰。（《河朔新碑目》上卷）

孫福元造石香爐記

元祐四年九月。正書。在湯陰。（《河朔新碑目》上卷）

艤公塔銘

元祐四年十二月十九日。正書。在温縣。（《河朔新碑目》上卷）

楊彦則任永夫題名

元祐四年十二月。任永夫行書。在淮源廟。（《中州金石記》卷四）《寰宇訪碑録》卷七作"淮源縣杜彦則等題名""任承夫行書"，在桐柏。"杜彦則"或誤。《攈古録》與《寰宇訪碑録》同。

蔣之奇等題名

元祐四年。在修武縣漢獻帝避暑臺碑。（《修武縣志》卷十）

澤民修宫題名

元祐四年。八分書。在登封。（《攈古録》卷十三）

相國寺尊勝經幢

元祐五年二月二十六日。正書。在祥符。（《中州金石記》卷四）《寰宇訪碑録》卷七録作"尊勝加句陁羅尼真言"。《攈古録》卷十二作"相國寺尊勝加句陁羅尼真言"。

李昂題名

元祐五年三月。正書。在登封。刻唐潘尊師碑陰。（《攈古録》卷十二）

石碑溝李百堅等題名

元祐五年四月。正書。在滎陽。（《攈古録》卷十二）

衛州新鄉縣學記

元祐五年四月。詹文撰。杜常正書。宋匪躬篆額。在新鄉。（《中州金石考》卷四；《攈古録》卷十二）

南伊掌籍張君□等題名

元祐五年五月廿六日。正書。在偃師。刻謝絳碑側。（《寰宇訪碑録》卷七；《攈古録》卷十二）

濟瀆廟曾布等題名

元祐五年五月。正書。在濟源。刻唐北海壇碑側。（《寰宇訪碑錄》卷七；《攗古錄》卷十二）

泰山廟題名記

元祐五年七月十七日。行書。在偃師。當即三年泰山廟碑陰。（《攗古錄》卷十二）《寰宇訪碑錄》卷七及《偃師金石遺文補錄》皆作"元祐二年"。

修圍橋記邢澤民題

元祐五年七月二十八日。正書。刻新鄉縣學記碑陰。在新鄉。（《續補寰宇訪碑錄》卷十八）

李夷行等題名

元祐五年八月三日。正書。在登封。刻唐尊師碑陰。（《攗古錄》卷十二）

武功蘇授之等題名

元祐五年八月。正書。在偃師。在謝絳碑側。（《寰宇訪碑錄》卷七；《攗古錄》卷十二）

後魏孝文帝弔比干墓文碑陰記

元祐五年九月十五日。吳處厚記。林合正書。在汲縣。（《續補寰宇訪碑錄》卷十八）

林慮山聖燈石刻

元祐五年十月。張商英撰并草書。在林縣。《金石記》著錄名"碁谷峰神燈記"。（《中州金石考》卷四；《中州金石記》卷四）《寰宇訪碑錄》等作"十一月"。

張商英摩崖題字

元祐五年十月。存。正書。右題字摩刻千佛祠造像壁上，曰"張商英結緣來此"七字，字徑二寸，無年月。應與《聖燈記》同

時。(《(民國)林縣志》卷十四)

司馬温公祠記

元祐五年。張耒撰。在温縣。(《中州金石考》卷五)

寂默居士晁君墓表

元祐五年。晁補之撰。在鄭州新鄭縣旌賢鄉。(《中州金石考》卷二)

真谷山張耋等題名

元祐六年正月元日。□書。在河内。(《攈古録》卷十二)

修武令張耋等題名

元祐六年正月。正書。在河内。在沐澗魏夫人碑陰。(《攈古録》卷十二)

君錫進道題名

元祐六年念五日。正書。在偃師。當是元祐六年。(《攈古録》卷十二)

香泉寺晏安行等題名

元祐六年三月初六日。正書。在汲縣。(《河朔新碑目》上卷;《續補寰宇訪碑録》卷十八)

幸學詩并序

元祐六年七月。李格非等撰。在開封。(《隸竹堂目》上卷)

張令峰造香爐記

元祐六年八月。正書。八面刻。在湯陰。(《河朔新碑目》上卷)

昭孝禪院辨證大師塔銘

元祐六年八月。王銑撰并正書。在鞏縣。(《寰宇訪碑録》卷七)《攈古録》卷十二作"王詵撰并正書。顧臨篆額。河南鞏縣元祐八年六月"。

辨證大師塔銘碑陰

正書。在鞏縣。(《寰宇訪碑録》卷七)

超化寺王景美王詵等題名

八分書。無年月。在密縣。(《寰宇訪碑録》卷七)《攈古録》卷十二"王詵"作"王銑"。

修武令張斐題名

元祐六年九月。正書。刻沐澗魏夫人碑陰。(《寰宇訪碑録》卷七)

傅堯俞疏

元祐六年九月。李格非撰。黃本行書。在濟源。(《中州金石記》卷四)《寰宇訪碑録》卷七録作"王本行書"。

傅堯俞資忠崇慶院疏

元祐六年九月。李格非撰。秦觀行書。劉頤題額。在濟源。(《攈古録》卷十二)此與上件應是同一碑,但著録大不一樣。特雙存。

石碑溝衛之邵題名

元祐六年十一月晦日。正書。在滎陽。(《攈古録》卷十二)

修商高宗廟碑

元祐六年。王汾撰。在西華。(《中州金石目録》卷五)

建後唐雅上人舍利塔記

元祐七年正月初一。僧昭詮撰。正書。在偃師。(《偃師金石遺文補録》卷九;《攈古録》卷十二)《寰宇訪碑録》卷七作"僧□雅撰"。

劉氏族屬記幢

元祐七年二月禁煙日。正書。首行篆書。在滎陽。前刻陀羅尼經(《攈古録》卷十二)

資感衍慶禪院牒

元祐七年四月刻。正書。在鄭州。(《攈古録》卷十二)

超化寺韓巛等題名

元祐七年八月初九日。正書。在密縣。（《寰宇訪碑録》卷七；《攈古録》卷十二）

昭孝禪院辨證大師塔銘

元祐八年六月十五日。王誅撰并正書。顧臨篆額。在鞏縣康店洛岸。（《鞏縣志》卷十七；《攈古録》卷十二）又見前《寰宇訪碑録》著録"元祐六年八月"。

辨證大師塔銘碑陰

正書。（《攈古録》卷十二）

白馬縣文字石峽

元祐八年八月二十一日。楊通正書。在滑縣北呼村南原。（《滑縣金石録》卷六）

濟瀆廟張微題名

元祐八年八月廿九日。正書。在濟源北海壇側。（《攈古録》卷十二）

江洙許日宣題名

元祐八年十二月初三日。行書。在偃師。（《攈古録》卷十二）

宣仙聖烈皇后山陵採石記

元祐八年。正書。在偃師。（《寰宇訪碑録》卷七）

祖氏先塋芝記

元祐八年。秦觀撰。在上蔡縣。（《中州金石考》卷八）

中尉令碑

元祐八年。在光山縣。（《中州金石考》卷八）

西門大夫廟記

元祐八年。楊蒙撰。在安陽。（《安陽金石録》卷六）

送廖參謀詩

元祐八年秋。《隸竹堂碑目》：唐劉禹錫詩，文大方記。在汝州。

（《中州金石考》卷八；《中州金石目録》卷五）

濟瀆廟葉俊題名

元祐九年四月廿六日。正書。在濟源北海壇側。（《攈古録》卷十二；《寰宇訪碑録》卷七）

主簿孔唐等題名

元祐九年九月。正書。左行。在汲縣。（《河朔新碑目》上卷）

宣仁聖烈皇后山陵採石記

元祐九年十一月九日。吳安持撰。楊仲卿正書。在偃師。（《寰宇訪碑録》卷七；《攈古録》卷十二）

净土寺劉正甫題名

元祐九年。正書。在鞏縣。（《寰宇訪碑録》卷七）

菊潭石刻

元祐年間。在鄧州。（《中州金石考》卷八）

雷迹碑

元祐辛卯（元祐無辛卯）夏。張君朋撰。在息縣。（《中州金石考》卷八）《中州金石目録》卷五著録"劉遇奇記。元祐□年"。

霖落山李師賢謝雨題名

紹聖元年四月二十七日。正書。在汲縣。（《攈古録》卷十二）《續補寰宇訪碑録》卷十八録"香泉寺李師賢等題名"云紹聖元年孟夏二十七日。石在香泉寺内。當是一碑。

祈雨淮瀆記

紹聖元年四月。頓起撰。篆書。在桐柏。（《寰宇訪碑録》卷七）《攈古録》卷十二録頓起祈雨淮瀆記篆書在"紹聖元年閏四月"，差一個月。

崔可□李卓王評題名

紹聖元年五月。正書。在濟源。刻在司馬承禎碑陰後。（《攈古

録》卷十二）

謝絳碑側濟南李格非等題名

紹聖元年八月十二日。行書。在偃師。（《寰宇訪碑録》卷七；
《攈古録》卷十二）

公儀等還共山過六度寺爲棋酒會題名

紹聖元年重陽後三日。正書左行。石在香泉寺内。在汲縣。
（《續補寰宇訪碑録》卷十八）《攈古録》卷十二著録"霖落山公儀
等題名"。

施換塔石額記

紹聖元年九月。郭漸撰并正書。在安陽。（《攈古録》卷十二；
《中州金石目録》卷五）

有隋相州天禧鎮寶山靈泉寺傳法高僧靈裕法師傅并序

紹聖元年十二月八日。釋德殊撰并題額。小童師慶書。在安陽天
禧鎮。（《安陽金石録》卷七）

高僧靈裕瀍師塔銘

師慶正書。無年月。惠安立石。在天禧鎮。（《安陽金石録》卷七）

蘇文忠二賦碑

紹聖元年。蘇軾書。在睢縣。州《志》：東坡適嶺表，信宿於乾
明寺，書《洞庭春色》《中山松醪》二賦。後人刻於石，建寶墨亭以
覆之。（《中州金石考》卷三）

重修太公廟記

紹聖元年。邢澤民撰。在新鄉。（《中州金石考》卷四）

巖臺真一先生廟碣

紹聖元年。在濟源縣。（《中州金石考》卷五）

清德頌

紹聖元年。頓起刻石。在鎮平。（《中州金石考》卷八）

岩臺真一先生廟碣

紹聖元年。在濟源。(《中州金石目錄》卷五)

會景閣記

紹聖初。濮溫其撰。在固始縣。(《中州金石考》卷八)

卧羊山寧鳳范致君題名

紹聖二年三月寒食。正書。在葉縣。(《攈古錄》卷十二)

白茅寺五百羅漢碑陰百巖散人等題名

紹聖二年三月。正書。在輝縣。(《河朔新碑目》上卷)

劉子禮寧神院題名

紹聖二年六月二十一日。左行。在鞏縣西南八陵寧神寺。(《鞏縣志》卷十七)

顯聖靈源公廟記

紹聖二年六月。正書。在修武。(《河朔新碑目》上卷)

王商叟等題名

紹聖二年六月。篆書。在濟源。(《河朔新碑目》上卷;《攈古錄》卷十二)

下邑縣福建漢慎令碑記

紹聖二年八月。正書。在夏邑。(《攈古錄》卷十二)

坦掌邨重修堯廟碑

紹聖二年十二月二日。李勃、吳願撰。張洞正書、有額。在河內。(《中州金石記》卷四;《攈古錄》卷十二)

修堯廟碑陰題名

正書。(《攈古錄》卷十二)

興國寺陀羅尼經幢

紹聖三年四月十一日。正書。在魯山。今紹聖二字已摩□。(《寰宇訪碑錄》卷七;《攈古錄》卷十二)

天慶宮羅適正題名

紹聖三年四月。正書。在濟源。(《河朔新碑目》上卷)

張公神道碑

紹聖三年八月。吕陶撰。□□正書。賈□篆額。在河内。(《攈古録》卷十二)

濟瀆廟羅適題名

紹聖三年九月八日。正書。在濟源。(《攈古録》卷十二)

净土寺寶月大師碑

紹聖三年十二月二十二日。李洵撰并正書。許嚞篆額。在鞏縣。(《中州金石考》卷六;《寰宇訪碑録》卷七;《攈古録》卷十二)

韓翼胄墓記

紹聖三年十二月。韓忠彦記。正書。在安陽。(《河朔新碑目》上卷)

張旨碑

紹聖三年。正書。在河内。(《補寰宇訪碑録》卷四)

開化寺二石幢

紹聖四祀閏二月。正書。河内。案是年閏四月,此"二"字疑有誤。(《攈古録》卷十二)

題巢父亭詩歌

紹聖四年三月初六。羅適撰。正書。在汝州。(《中州金石記》卷四;《攈古録》卷十二)

奉僊觀四至田賦無税題字

紹聖四年四月一日。正書。道士郭仲琨刊石。在濟源。(《續補寰宇訪碑録》卷十八)

懷州修武縣勝果寺記

紹聖四年五月十五日。李洵撰。佺群正書。許嚞篆額。在修武。

（《修武縣志》卷十；《攈古録》卷十二）

勝果寺碑陰題字

正書。（《攈古録》卷十二）

重修商王廟大殿記

紹聖四年六月初九日。牛宗慶正書。在武陟。（《攈古録》卷十二）

真宗賜賀蘭栖真詩記

紹聖四年十月一日。真宗撰詩。張闓撰記。正書。（《中州金石考》卷五；《中州金石記》卷四；《攈古録》卷十二）

淬劍池三大字碣

同上。長五尺餘。闊二尺餘。二石，多縱裂，凸凹不平，難以摹搨。在修武縣。（《中州金石考》卷五）

宋建關公祠記

紹聖四年。張諤等立石。在靈寶縣。（《中州金石考》卷七）

錦屏山周庭堅等摩崖題名

紹聖五年十一月十五日。在宜陽錦屏山。（《宜陽金石志》）

陀羅尼殘幢

紹聖五年。正書。在洛陽。有武騎尉趙思行字。（《攈古録》卷十二）

去思堂記

紹聖□年。章炳文撰。在虞城縣。（《中州金石考》卷三）《中州金石目録》卷五作“韋炳文”。

魯千之題崇明寺詩

元符元年。行書。在修武。（《修武縣志》卷十；《攈古録》卷十二）

元始天尊説北方真武經

元符二年正月二十八日。宋溥正書。武宗孟畫像。在登封。（《攈古録》卷十二；《中州金石考》卷七）

鄂城寺石獸題字

元符二年四月。正書。(《南陽縣志》卷十)

□□□造象

元符二年四月五日。正書。字迹漫漶。碑文末有"斯福"二字。其爲造象無疑。石在龍門啟洞。繆《目》失載。在洛陽。(《續補寰宇訪碑録》卷十八)

迪公和尚塔幢記

元符二年七月二十四日。存。正書。在林縣天平山。(《(民國)林縣志》卷十四)

比干墓碑側石采等題名

元符二年九月十日。正書。左行。在汲縣。(《續補寰宇訪碑録》卷十八)

縣令朱子才題名

元符二年九月十日。行書。在汲縣。魏吊比干文碑側。(《寰宇訪碑録》卷七;《攈古録》卷十二)

李公弼題名

元符己卯閏九月。正書。在登封。唐潘尊師碑陰,今李公弼名缺。(《攈古録》卷十二)

程公孫題名

元符二年十一月七日。正書。在偃師。《偃師金石遺文補録》著録"正書。在謝絳昇仙碑西側"。(《偃師金石遺文補録》卷九;《攈古録》卷十二)

會善寺殘碑

元符二年。行書。在登封。(《攈古録》卷十二)

永泰陵採石記

元符三年五月。曾孝廣撰。韓思永書并篆。麥文炳立石。在偃師

永太寺。(《偃師金石遺文補録》卷九)

王鞏王直題名

元符三年七月。正書。在偃師謝絳碑側。(《攈古録》卷十二)

宗室右班殿直士諞墓記

元符三年八月八日。蔡京撰。李安中書。在鞏縣。(《鞏縣志》卷十七)

汝州香山大悲菩薩傳

元符三年九月初一。在寶豐香山寺内。(《寶豐縣志》卷十五)

樓試可等題名

元符三年九月十九日。□書。登封。刻潘尊師碑陰。(《攈古録》卷十二)

靳福妻賈氏獻石供床題字

元符三年九月。正書。在沁陽。(《河朔新碑目》上卷)

塔子山造像記

元符三年十一月八日。正書。在南陽縣西北塔子山。(《南陽縣志》卷十)

百家巖沈南等題名

元符年間。正書。在修武。(《河朔新碑目》上卷)

重刻唐李翰拜比干廟文

建中靖國元年正月。張琪正書。□□題額。在汲縣。(《中州金石記》卷四)《中州金石考》著録"殷太師廟碑"云建中靖國元年李翰撰,汲令朱子才立石在汲縣。當是同一碑。(《中州金石考》卷四)

靈符碑

建中靖國元年三月既望。題字正書。在獲嘉。(《攈古録》卷十二)

李夷行題名

建中靖國元年八月。□書。在鞏縣。（《攗古録》卷十二）

三十六峰賦

建中靖國元年九月二十三日。樓异撰。僧曇潛行書。僧宗證題額。在登封。（《攗古録》卷十二；《中州金石目録》卷六）與"金壺峰碑"未知是否同一碑。碑今尚存少林寺。

石窟寺慈聖光獻皇后賜鐘贊

建中靖國元年九月　日。宋直方撰。王擇行書。張昱刊。在鞏縣寶月大師碑陰。（《鞏縣志》卷十八；《中州金石考》卷六；《寰宇訪碑録》卷八）

題期思遺愛廟詩碣

建中靖國元年九月。張孜撰。戴元正書。在固始縣。（《中州金石記》卷四）

金壺峰碑

建中靖國元年。樓异撰。在登封少林寺。（《中州金石考》卷七）

佛説多心經净土咒陁羅尼大悲心啓請同幢

崇寧元年三月清明日。正書。在鞏縣西康店洛岸。（《鞏縣志》卷十七）

宗室右監門衛大將軍女墓記

崇寧元年五月二十四日。郭知章撰。劉舜明書。在鞏縣清易鎮。（《鞏縣志》卷十七）

中岳寺修五百大阿羅漢洞記

崇寧元年十月十日。僧有挺撰。王通行書。（《寰宇訪碑録》卷八；《攗古録》卷十三）此與《寰宇訪碑録》卷八著録"嵩山竹林寺羅漢洞記"可能爲一碑。《攗古録》又云"金大定廿九年重立。案今所見搨本上下已缺，并無大定重立字，或重立别一石耳"。

長明寺陀羅尼經幢

崇寧元年十一月。正書。八面刻。在濟源。(《河朔新碑目》上卷)

佑德觀碑

崇寧元年。有混元圖。在陝州。(《中州金石考》卷七)

嵩陽宮石柱張克蒙等題名

崇寧二年三月十一日。正書。在登封。(《攈古録》卷十三)

霖落山王摭題名

崇寧二年三月廿六日。正書。左行。在汲縣香泉寺内。(《攈古録》卷十三;《續補寰宇訪碑録》卷十八)《續補寰宇訪碑録》著録爲"全魏□摭粹公宿六度游香泉題名"。

陳崇禱雨感應記

崇寧二年五月。篆書。在河内唐魏夫人碑側。(《攈古録》卷十三;《補寰宇訪碑録》卷四)《補寰宇訪碑録》著録爲"陳崇禱雨記""正書"。

陳珏等題名

崇寧二年五月。篆書。在河内唐魏夫人碑側。(《攈古録》卷十三)

嵩陽宮石柱李孝稱題名

崇寧二年五月。正書。在登封。(《攈古録》卷十三)

白馬寺西京留府帖

崇寧二年八月二十五日。正書。在洛陽。(《攈古録》卷十三)

中山寺徐澤等題名

崇寧二年九月廿四日。正書。在唐縣。在治平二年題名之右。(《攈古録》卷十三;《補寰宇訪碑録》卷四)《中州金石目録》"徐澤"題作"徐漳"。

陝州新建府學記

崇寧二年十月十二日。張勘撰并正書。在陝州。(《攈古録》卷十三)

寇元宗游霖落頑石題名

崇寧二年歲晏。正書。左行。石在香泉寺内。在汲縣。(《續補寰宇訪碑録》卷十八)

施石峽龍頭物件記

崇寧二年。正書。在安陽水冶鎮孝親寺。(《安陽金石録》卷七)

靈覺寺趙贊造象

□寧三年正月。正書。在輝縣。(《河朔新碑目》上卷)

修東岳廟行廊記

崇寧三年二月二十八日。王志道撰。正書。在魯山。(《攈古録》卷十三;《寰宇訪碑録》卷八)

嵩陽宮石柱文及甫題名

崇寧三年三月十□日。正書。在登封。(《攈古録》卷十三)

敕賜静應廟牒碑

崇寧三年五月十五日。因知縣事陳崇祈雨而作。在河内。(《中州金石記》卷四;《攈古録》卷十三)《寰宇訪碑録》卷八著録無撰人。

懷州静應廟敕牒

崇寧三年五月十五日。行書。在河内。(《攈古録》卷十三)

濟瀆清源王授道之圖

崇寧三年十月。正書。在濟源。(《河朔新碑目》上卷)

仙翁觀記

崇寧三年。范致虚撰。在裕州。(《中州金石考》卷八)

蔡京題□道士墓碑

崇寧三年。行書。在汝陽。(《寰宇訪碑録》卷八)

白馬寺范致君等題名

崇寧三年。正書。在洛陽。(《攈古録》卷十三)

香泉寺吳紹之等聞鐘聲題名

崇寧四年初春廿四日。正書。左行。石在香泉寺內。在汲縣。（《續補寰宇訪碑錄》卷十八）《攈古錄》卷十三錄作"霖落山吳紹之題名""行書"。

眼明寺陀羅尼經幢

崇寧四年三月初十日。正書。在禹州。（《攈古錄》卷十三）

大伾山向宗懿等題名

崇寧四年四月望日。正書。濬縣。（《攈古錄》卷十三）

王氏雙松堂記

崇寧四年四月十七日。晁説之記。晁咏之正書。許翼篆額。在洛陽。（《攈古錄》卷十三；《續補寰宇訪碑錄》卷十八）

王評題名

崇寧四年六月二十日。正書。在氾水高宗紀功頌碑陰。（《攈古錄》卷十三）

百家巖寺僧智深經幢銘并序

崇寧四年七月十五日。繆潛撰。正書。在修武。（《修武縣志》卷十）

西京永安縣付少林寺公據

崇寧四年八月。正書。在登封。（《攈古錄》卷十三）

向洪張泰孺題名二段

崇寧乙酉（四年）八月。正書。在濟源。（《攈古錄》卷十三）

王公茂李希叚題名

崇寧四年九月二十日。正書。洛陽春秋閣石坊上。（《攈古錄》卷十三）

石佛村陀羅尼經幢

崇寧四年。正書。在魯山。（《寰宇訪碑錄》卷八）

少林寺殘碑

崇寧四年。□書。在登封。（《攈古録》卷十三）

西京永安縣金星觀道院記

崇寧五年正月五日。吉觀國撰。在鞏縣芝田鎮。（《鞏縣志》卷十七）

靈顯王廟碑

崇寧五年正月二十四日。黄沔撰。正書。在滑縣。（《攈古録》卷十三）

重修孚濟王廟記

崇寧五年。黄沔撰。正書。在滑縣小韓村。（《滑縣金石録》卷六）《滑縣縣志》以爲此即"靈顯王廟碑"。

沐澗劉子安李子才題名

崇寧五年三月上旬。行書。在河内。（《攈古録》卷十三）

符六翁符六婆修露臺記

崇寧五年五月十五日。正書。在濟源。（《攈古録》卷十三）

綠綺亭記

崇寧五年十月既望。李暉撰。許斝篆并行書。在温縣。（《攈古録》卷十三）

大乘山普巖寺碑

崇寧五年冬至日。范致明撰。范致君正書。曾繹題額。在裕州。（《中州金石考》卷八；《攈古録》卷十三）

歐陽文忠公神道碑

崇寧五年。蘇轍撰。在鄭州新鄭縣旌賢鄉。（《中州金石考》卷二）

存古閣陁羅尼幢

大觀元年三月十日。華梵二體書。在洛陽。（《攈古録》卷十三）

故鄧國公主追封記

大觀元年三月。鄧洵仁撰。子佺正書篆額。曹惠良刻。在鞏縣八陵。(《鞏縣志》卷十七)

嵩陽宮石柱夏聖求等題名

大觀元年四月六日。正書。在登封。(《攈古録》卷十三)

李智平建碑亭記

大觀元年四月。行書。刻在元林禪師碑側。在安陽。(《安陽金石録》卷七)

初祖庵如如居士詩

大觀元年七月(十月)二十日。高 35 釐米,寬 48 釐米,詩文楷書 13 行,滿行 10 字。如如居士題詩,盧文正摹刊,法海大師智通立石。在登封少林寺初祖庵。(《攈古録》卷十三;《河南碑志叙録(2)》278 頁)

旌賢崇梵院三賢堂記

大觀元年七月二十二日。吳育撰。李九思正書并題額。在新鄭。(《攈古録》卷十三)

方城縣黄石山仙公觀大殿記

大觀元年九月。范致虛撰。范致君正書。在裕州。(《攈古録》卷十三)

大觀聖作碑

大觀元年九月。徽宗御書。正書。在湯陰。(《河朔新碑目》上卷)

吳道子畫先聖像記

大觀元年閏十月。尚佐均撰。正書。在魯山。興定壬午朱萗立石。(《攈古録》卷十三)

狄梁公墓碑

大觀元年范致虛正書。在偃師。(《攈古録》卷十三)

修孔廟記

大觀元年。在襄城縣。《金石續録》在學宮東廡下。(《中州金石考》卷二)

普惠和尚塔誌

大觀二年正月二十日。沙門惪晢撰并行書。在河内。(《攈古録》卷十三)

净因寺僧因達預修卵塔記

大觀二年三月十六日。普智撰并正書。在汝州。(《攈古録》卷十三)

御製八行八刑碑

大觀二年四月。鄭仲先正書。有額。在臨潁。(《攈古録》卷十三)

大觀聖作碑

大觀二年八月二十九日。徽宗御製并正書。在新鄉。(《續補寰宇訪碑録》卷十九)

大觀聖作碑

大觀二年八月二十九日。徽宗御製正書。蔡京題額。在襄城。(《攈古録》卷十三)

大觀聖作碑

大觀二年八月。行書。在偃師縣治東街宋學宮舊址。(《偃師金石遺文補録》卷十一;《寰宇訪碑録》卷八)。

大觀聖作碑

大觀二年九月徽宗御製。正書。在泌陽。(《攈古録》卷十三)

大觀聖作碑

大觀二年。博士李時雍書。蔡京題額。石多剥落。在舞陽縣。(《中州金石考》卷八)

宋徽宗八行書碑

大觀年間刻,在鄧州。(《中州金石考》卷八)

大觀聖作碑

在澠池。（《中州金石考》卷八）

大觀聖作碑

在内鄉。（《中州金石目録》卷六）

大觀聖作碑

在靈寶。（《中州金石目録》卷六）

大觀聖作碑

在寶豐。（《寶豐縣志》卷十五）

菊花潭石刻碑

在鄧州。（《中州金石目録》卷六）

僧普惠塔銘

大觀二年。正書。在河内。（《補寰宇訪碑録》卷四）

靳大翁護葬經幢

大觀三年正月初一日。正書。在河内。（《攈古録》卷十三）

王桐趙令裡題名

大觀三年三月二十六日。正書。在洛陽春秋閣石坊上。（《攈古録》卷十三）

梁嘉叟黃翼題名

大觀三年四月既望。正書。在洛陽春秋閣石坊上。（《攈古録》卷十三）

游奉仙觀詩

大觀三年六月一日。魯日損撰七言絶句。正書，篆額"魯先生詩"。詩曰："昆季升真去不還，高名千古在人間。芝房尚想仙謠語，羽駕應趨玉詔班。鸞鶴未來松桂老，洞天空闊水雲閑。吾家幸繼宗風久，今日追游豈愧顏。"碑高 109 釐米，寬 46 釐米。碑文楷書 10 行，行 18 字。在濟源。（《中州金石記》卷四；《攈古録》卷十三）

八行八刑碑

大觀三年八月二十一日。正書。在滎陽。（《攈古録》卷十三；《中州金石目録》卷六）

八行八刑碑

大觀三年八月。正書。在盧氏縣。（《攈古録》卷十三）

汝帖

大觀三年八月。汝州守王寀刻。（《中州金石考》卷八；《中州金石記》卷四）

時氏遷葬記

大觀三年十一月。韓僖記。正書。在安陽。（《河朔新碑目》上卷）

韓跂一侄六殤子墓記

大觀三年十一月。韓跂撰。行書。在安陽水冶孝親寺。（《安陽金石録》卷七）

漢太尉紀公廟木帳記

大觀四年八月二十七日。周穎撰。蔡靖正書。李延賓篆額。在滎澤。（《中州金石記》卷四；《攈古録》卷十三）

程穎士游超化寺詩

大觀四年閏八月。行書。在密縣。（《攈古録》卷十三）

嵩山崇福宫張杲題名

大觀四年十一月二十五日。行書。在登封。（《寰宇訪碑録》卷八；《攈古録》卷十三）

嵩山崇福宫知登封縣事唐愨等題名

大觀四年十二月一日。正書。左行。在登封。（《續補寰宇訪碑録》卷十九）

緱山謝絳碑側李年□題名

大觀四年。正書。在偃師。（《寰宇訪碑録》卷八）

程穎士游超化寺詩

大觀四年閏八月。程穎士撰。行書。在密縣。(《攈古録》卷十三)

箍那頭齊望造象

大觀四年。正書。在湯陰。(《河朔新碑目》上卷)

都維那齊望造象

大觀四年。正書。在湯陰。(《河朔新碑目》上卷)

陳澮等題名

大觀四年。正書。在修武。(《河朔新碑目》上卷)

馬昭毅等殘碑附題名

大觀壬午重陽後一日(大觀沒有壬午)。正書。在修武。(《河朔新碑目》上卷)

王言等重修大殿記

大觀五年七月。正書。在湯陰。(《河朔新碑目》上卷)大觀無五年。

王英等題名

大觀十五年八月。正書。在湯陰。(《河朔新碑目》上卷)大觀無十五年。

超化寺乘彝聖途等題名

政和元年二月十八日。正書。在密縣。(《攈古録》卷十三)

謁王子喬祠鄧洵武題名

政和元年二月。正書。刻昇仙碑陰。在偃師。(《寰宇訪碑録》卷八;《攈古録》卷十三)

嵩陽宮石柱唐通叟等題名

政和元年二月。正書。在登封。(《攈古録》卷十三)

南岳觀世音菩薩像贊

政和元年三月初五日。嘉甫撰。正書。在登封。(《寰宇訪碑録》

卷八；《攈古録》卷十三）

老君實録碑

政和元年三月二十一日。正書。有額。榮陽。（《攈古録》卷十三）

留題少林寺詩呈少林長老詩

政和元年孟夏。李昌儒撰。行書。在登封。（《攈古録》卷十三）

龍門鎮□安國等題名

政和元年五月二十四日。正書。在洛陽。（《攈古録》卷十三）

唐□道叟題名

政和元年□冬。正書。偃師。刻謝絳碑陰。（《攈古録》卷十三）

邵公橋碑記

政和元年。鄭滂撰。在新鄉。（《中州金石考》卷四）

朗然子劉希岳悟真詩

政和元年立石。後毀於兵。金天德二年道士張道冲重刻，葆光道人王璨書。（《中州金石考》卷六）

張德淵等題名

政和二年二月八日。正書。在偃師。刻謝絳碑側。（《攈古録》卷十三）

緱山謝絳碑側陳留周瓘題名

政和二年三月二十三日。正書。在偃師。（《寰宇訪碑録》卷八；《攈古録》卷十三）

浮丘公廟靈泉記

政和二年六月。張挺撰。在偃師。（《中州金石考》卷六；《寰宇訪碑録》卷八）《偃師縣志》《金石萃編》皆作“政和四年五月二十五日”。作者張挺，《金石萃編》作張梃。

唐通叟題名

政和二年。正書。在偃師。（《攈古録》卷十三）

張保源題三門詩

政和二年。正書。在陝州。(《攈古録》卷十三)

鄭國等題名

政和二年。正書。在偃師。(《寰宇訪碑録》卷八)

程元恭題名

政和二年。行書。在偃師。(《寰宇訪碑録》卷八)

萬歲蟾蜍記

政和二年。在新安縣。(《中州金石考》卷七)

淮瀆祠頓逢原題名

政和三年正月。正書。在桐柏。(《寰宇訪碑録》卷八)

石淙唐愨等題名

政和三年正月晦。正書。(《攈古録》卷十三)

昭孝禪院普慧大師經幢并記

政和三年三月清明日。常立中撰。正書。在鞏縣康店。(《攈古録》卷十三)

崇恩園陵採石記

政和三年季春癸西。趙□撰并行書。篆額。在偃師。(《寰宇訪碑録》卷八;《攈古録》卷十三)

元豐大觀詔書後序

政和三年四月。程振撰。正書。在河南□□。(《寰宇訪碑録》卷八;《攈古録》卷十三)

龍門山趙士部等題名

政和三年閏四月初七日。正書。在洛陽。(《寰宇訪碑録》卷八;《攈古録》卷十三)

□士邦等同游題名

政和三年閏四月初七日。正書。在洛陽龍門賓暘洞。(《續補寰宇訪碑録》卷十九）與"龍門山趙士部等題名"可能爲同一碑。

超化寺張戡等題名

政和三年閏四月初九日。正書。在密縣。（《攈古録》卷十三）
《寰宇訪碑録》卷八作"政和三年四月"。

贈魏王廷美告詞

政和三年五月初十日。元符三年三月下，李邦昌行書。在汝州。
（《中州金石記》卷四；《攈古録》卷十三）

榮陽□璬同羽人趙守素題名

政和三年六月廿三日。正書。在登封潘尊師碑側。（《攈古録》
卷十三）

大伾山馮宗師等題名

政和三年六月。行書。在濬縣。（《攈古録》卷十三）

程亢題名

政和三年八月十八日。行書。在偃師。癸巳中秋後五日。刻謝絳
碑側。（《攈古録》卷十三）

徽廟御書

政和三年。《隸竹堂碑目》徽廟御書。入在開封府學。（《中州金
石考》卷一）

□和子春題名

政和三年。正書。在洛陽。（《寰宇訪碑録》卷八）

大伾山陳知存謁彌勒象題名

政和四年二月十二日。正書。在濬縣。（《攈古録》卷十三）

陳知存等龍穴題名

政和四年二月十二日。正書。在濬縣。（《攈古録》卷十三）

永慶禪院住持講經沙門惠安

政和四年三月三日。僧惠安。在安陽。（《安陽金石録》卷七）

百家巖寺道凝大師經幢銘

政和四年三月十八日。繆潛撰。正書。在修武。（《修武縣志》卷十）

王德久李昌孺題名

政和四年三月二十日。正書。在洛陽春秋閣石坊上。（《攈古録》卷十三）

李昌孺殘題名

正書。在洛陽。無年月。同上處。（《攈古録》卷十三）

王宣造石香鑪記

政和四年季春。正書。在安陽天禧鎮永慶寺。（《安陽金石録》卷七）

慈覺頤禪師酇中佛事碑

政和四年四月二十四日。沙門惠初撰并正書。有額。在登封初祖達摩頌陰。（《攈古録》卷十三）

浮丘公靈泉記

政和四年五月二十五日。張挺撰。張當世正書。篆額。在偃師。（《中州金石記》卷四；《攈古録》卷十三）《攈古録》作"浮丘公廟靈泉記"。

賜商湯王廟額及封山神牒

政和四年六月。正書。在偃師。武氏拓本。（《寰宇訪碑録》卷八）

□□□座塔土銘

政和四年八月。宗國撰。程丕正書。在濬縣。（《攈古録》卷十三）

神應王扁鵲廟記

政和甲午季秋。董作撰。康修立正書。在湯陰。（《中州金石考》卷一；《攈古録》卷十三）

康厚等題名

政和甲午十二月十一日。正書。在登封。(《攈古録》卷十三)

神應扁鵲廟記

政和四年。董作撰。康修立書。在氾水縣。(《中州金石考》卷一)

重摹唐李元禮戒殺生文

政和五年二月十五日。張苦柔正書。在登封。(《寰宇訪碑録》卷八;《攈古録》卷十三)

王鼎題名

政和五年二月二十二日。正書。在偃師刻謝絳碑陰。(《攈古録》卷十三)

韓秉則等游西山宿霖落寺題名

政和五年三月二十日。正書。左行。石在香泉寺内。在汲縣。(《續補寰宇訪碑録》卷十九)《攈古録》卷十三作"霖落山韓秉則等題名"。

大伾山趙子長題名

政和五年四月晦日。正書。在濬縣。(《攈古録》卷十三)

郝思問等題名

政和五年五月十九日。正書。在偃師刻謝絳碑陰。(《攈古録》卷十三)

大悲心陀羅尼經幢

政和五年七月十五日。孫朝彰正書。篆額。在寶豐香山白雀寺。上下二層。(《寶豐縣志》卷十五;《攈古録》卷十三)

大觀聖作碑陰立石題名

政和五年九月。正書。在襄城。(《攈古録》卷十三)

少林寺免諸般科役記

政和五年十月。正書。在登封。(《寰宇訪碑録》卷八)

劉海蟾留仙碑

政和五年十一月十四日。符篆似草書。董賓卿記。呂無逸正書。在新鄉。(《中州金石考》卷四;《攈古録》卷十三)

龍門張徽□等題名

政和五年十一月。行書。在洛陽。(《寰宇訪碑録》卷八;《攈古録》卷十三)

香山白雀寺石柱

政和五年。王貴等建。在寶豐縣。(《中州金石考》卷八)

□□□題名

政和六年四月一日。正書。在洛陽。(《續補寰宇訪碑録》卷十九)

寺先寺大盧舍那象龕記沈隱道到此題名

政和六年四月一日。正書。在洛陽。(《續補寰宇訪碑録》卷十九)

李昌孺題少林寺及示初公詩

政和六年四月五日。李昌孺撰。行書。在登封。(《攈古録》卷十三;《寰宇訪碑録》卷八)

析城山商湯廟賜名廣淵廟敕

政和六年四月。正書。在濟源。(《攈古録》卷十三)

潁昌舞水沈隱道題名

政和六年四月。正書。在洛陽唐奉先寺記下方。(《攈古録》卷十三)

杜唐公等百巖寺題名

政和六年七月二十九日。在修武。(《修武縣志》卷十)

濟瀆廟靈符碑

政和六年九月九日。徽宗御製。行書。篆額。在濟源。(《寰宇訪碑録》卷八;《攈古録》卷十三)

超化寺少蒙載等題名

政和六年九月晦日。正書。在密縣元祐七年韓巛題名下。(《攈

古録》卷十三）

華藏寺任昇施石柱題名

政和六年。正書。在新鄉。（《河朔新碑目》上卷）

華藏寺馬進施石柱題名

政和六年。正書。在新鄉。（《河朔新碑目》上卷）

劉海蟾仙迹碑

政和六年。董賓鄉記。吕無逸正書。在新鄉。（《寰宇訪碑録》卷八）

風穴寺陀羅尼經幢

政和七年二月二日。正書。有額。在汝州。張納言等建。（《攗古録》卷十三）

濟瀆廟奉安神像記

政和七年三月九日。李中立撰。李伸先行書。在濟源。（《攗古録》卷十三）

龍門山張彦題名

政和七年三月三十日。正書。在洛陽。（《攗古録》卷十三）

重修濟瀆廟記

政和七年三月。正書。在濟源。（《攗古録》卷十三）

金剛座尊勝經并頌

政和七年三月。正書。在濟源。（《攗古録》卷十三）

王大尉奉使静應廟頌降御香記

政和八年四月三日。康國材正書。在河内。（《攗古録》卷十三）

啓母廟王郅等題名

政和八年四月十八日。端午日刻。陳彪。行書。在登封。（《攗古録》卷十三；《寰宇訪碑録》卷八）

嵩岳廟陳彪題名

政和八年四月。正書。刻嵩岳觀碑陰。在登封。(《寰宇訪碑録》卷八;《攈古録》卷十三)

王安國等沐澗題名

政和八年四月。□書。在河内。(《攈古録》卷十三)

張若□高俅等題名

政和八年五月。正書。在登封。(《寰宇訪碑録》卷八)

王道醇等百巖寺題名

政和八年六月九日。在修武。(《修武縣志》卷十)

心經

政和八年八月。在輝縣。(《河朔新碑目》上卷)

鄧珪等題名

政和八年閏九月一日。釋文淵正書。在偃師謝絳碑陰。(《攈古録》卷十三)

濬州豐澤廟封康顯侯敕

政和八年閏九月。行書。篆額。在濬縣,下刻黃翰記,宣和元年三月。(《攈古録》卷十三)

濬州豐澤廟敕

政和八年閏九月九日。行書。刻第三截。在濬縣。(《寰宇訪碑録》卷八;《續補寰宇訪碑録》卷十九)

濬州豐澤廟奉敕牒

政和八年閏九月十三日。行書。在第五截。在濬縣。(《續補寰宇訪碑録》卷十九)

昇仙太子碑陰鄧洵武題名

政和九年。正書。在偃師。(《寰宇訪碑録》卷八)

神霄玉清萬壽宮碑

政和九年。正書。在開封。(《補寰宇訪碑録》卷四)

頓逢原題名

政和□年正月二日。頓逢原正書。房準□實刻。(《中州金石記》卷四)

定定梁夫人墓碑

政和□年。蘇遲撰。在陝縣。(《中州金石目録》卷六)

太尉杜貴碑

政和□年。在輝縣。(《中州金石目録》卷六)

政和寅亮醇儒宰臣文正鄭居中墓碑

政年間。徽宗正書。額題"皇帝御筆"四字。在新鄭。(《攟古録》卷十三)

昇仙廟張宗吳等題名

重和二年二月一日。行書。在偃師謝絳碑陰。(《攟古録》卷十三)

超化寺王開叔題名

宣和元年三月。行書。在密縣。(《寰宇訪碑録》卷八)《攟古録》作"超化寺王開題名。行書。河南密縣。宣和元年三月清明日。在元祐七年韓《《題名下"。(《攟古録》卷十三)

濬州豐澤廟禱雨請封記

宣和元年三月　日。黃翰記并正書。刻第六截。在濬縣。(《續補寰宇訪碑録》卷十九)

豐澤廟封康顯侯敕并記

宣和元年三月。黃翰撰并行書。碑上層敕，下層記。在濬縣。此與上碑當屬同一碑。(《中州金石記》卷四)

鳳臺寺浮圖題名

宣和元年八月。正書。在新鄭。(《攟古録》卷十三)

蔡興宗題名

宣和元年十二月立春日。正書。右行。在桐柏淮源廟。(《中州

金石記》卷四)

豐澤廟顯侯碑

宣和九年。黃翰撰。在濬縣。(《中州金石目録》卷六)按:宣和無九年,《目録》排在宣和二年前,應該是手民的"元年"誤刻。

維那頭李懷等補修磚塔記

宣和二年壬寅歲二月。在白雲山,存。正書。(《林縣志》卷十四)

敕改寶豐縣碑

宣和二年五月。正書。在寶豐縣衙。(《寶豐縣志》卷十五)

昇仙廟永定陵都監盧功裔題名

宣和二年九月。正書。在偃師。(《寰宇訪碑録》卷八)《攈古録》卷十三録作"'盧功裔重新緱山僊祠題記'。正書。河南偃師。宣和庚子歲重陽日"。

釋迦宗派圖

宣和二年九月。正書。八分額。在登封。(《攈古録》卷十三)

呂直夫修祠宇記

宣和二年十月望日。正書。在偃師謝絳碑陰。(《攈古録》卷十三)

嵩山崇福宮盧團練題名

宣和二年十一月。正書。在登封。(《寰宇訪碑録》卷八;《攈古録》卷十三)

敕改寶豐縣碑

宣和二年。正書。在寶豐。(《寰宇訪碑録》卷八)

崇福宮□川僊裔題名

宣和二年。行書。在登封。(《寰宇訪碑録》卷八)

僧惠清塔記

宣和二年。正書。在河内。(《補寰宇訪碑録》卷四)

馮瑞碑

宣和二年。在虞城縣。(《中州金石考》卷三)

宋八稜碑

宣和二年。在新鄉縣西寺上村。(《新鄉縣續志》卷四)

百巖題碣

宣和三年正月二十四日。盤谷李子從書。在修武縣。(《中州金石考》卷五)《攈古錄》卷十三錄作"'盤谷李子從游百巖題名'。正書。河南修武。宣和三年正月二十四日"。

劉師忠百巖詩

宣和三年正月。正書。在修武。(《攈古錄》卷十三)

尊勝陀羅尼經幢記

宣和三年二月。尼文惠撰。正書。在安陽城西關北。(《安陽金石錄》卷七)

增福寺石佛造像題名

宣和三年三月廿三日。正書。在孟縣。(《寰宇訪碑錄》卷八;《攈古錄》卷十三)

普通塔三字

宣和三年四月。正書。在登封。(《攈古錄》卷十三)

寧神禪院智涵塔碑

宣和三年七月。許光弼撰。僧慈永正書。在鞏縣八陵。(《鞏縣志》卷十七)

大伾山孟揚等題名

宣和三年八月二日。正書。在濬縣。(《濬縣金石錄》卷上)

蔡京送道士李勝之東歸七言律詩

宣和三年十月二十日。蔡絛行書。在登封。(《續補寰宇訪碑錄》卷十九;《寰宇訪碑錄》卷八)《寰宇訪碑錄》著錄爲"道士李勝之詩"。未知是否同一件。

大悲觀音菩薩得到正果史話碑

無年月，且附録蔡京入此。蔡京書丹，蔣之奇撰文。在寶豐縣鬧店鄉大張村火珠山香山寺舊址。曾於 1973 年應牛津大學約請赴國外展覽。（《河南碑志叙録》259 頁）

妙空大師尊勝經幢

宣和三年十月二十三日。僧□惠正書。在鞏縣。（《寰宇訪碑録》卷八；《攈古録》卷十三）

净安禪院清公和尚塔記

宣和三年十一月望日。李世美撰。正書。有額。在河内。（《攈古録》卷十三）

道士李勝之詩

宣和三年十一月。蔡絛行書。在登封。（《攈古録》卷十三）

盧功裔題名

宣和四年正月上元日。正書。在偃師。刻昇仙太子碑側。（《寰宇訪碑録》卷八；《攈古録》卷十三）《攈古録》作“盧功喬”。

蘇門山詩

宣和四年正月作，四月朔立石。劉豫撰。行書。在輝縣。（《攈古録》卷十三；《寰宇訪碑録》卷八）

元紹直枋口題名

宣和四年二月。正書。在濟源。（《攈古録》卷十三）

榮事堂記

宣和四年五月廿日。趙鼎臣撰。正書。篆額。在安陽魏公廟壁間。（《安陽金石録》卷七；《攈古録》卷十三）

權邦彦宿壇山游霖落題名

宣和四年。行書。壬寅歲除。石在汲縣香泉寺内。（《續補寰宇訪碑録》卷十九）

面壁塔碣

宣和四年。蔡京書。在登封少林寺。（《中州金石考》卷七）

天慶禪院達大師塔記銘

宣和五年二月十五日。正書。在洛陽。（《攈古録》卷十三）

游百門泉詩

宣和五年七月一日。權邦彦撰。行書。在輝縣。（《寰宇訪碑録》卷八；《攈古録》卷十三）

嵩陽宮石柱邢儔題名

宣和五年八月朔。正書。在登封。新增熙寧己酉二月（《攈古録》此語意不明）。（《攈古録》卷十三）

邢恕題名

宣和五年八月。正書。原題存二月六日，後有恕子續題爲宣和五年八月。在偃師。武氏拓本。（《寰宇訪碑録》卷八）

宋寧太口石柱題字

宣和五年九月。閻丘璋記。行書。（《河朔新碑目》上卷）

天慶禪院住持達大師塔記

宣和五年十一月。正書。在洛陽。（《再續寰宇訪碑録》卷下）

超化寺太原王仍施穀題名

宣和五年九月。行書。在密縣。（《寰宇訪碑録》卷八）

改修孟州門頒詔廳碑

宣和五年。在孟縣。（《中州金石考》卷五）

御筆改修孟州門頒詔廳記

宣和六年三月。正書。在孟縣。未知與前《金石考》所載是否同一碑。（《寰宇訪碑録》卷八）《攈古録》卷十三著録："'御筆改修孟州門頒詔廳記'……碑三層，上刻'并依所奏施行'六字，行書。中刻奏狀。下刻記文。并正書。"與《中州金石考》描述近乎是同一碑。衹是一爲三層，一爲四截。

增福寺尊勝陀羅尼幢

宣和六年四月七日。正書。在孟縣。（《攈古録》卷十三）《寰宇訪碑録》卷八著録"增福寺李邦彦爲父造尊勝經幢"或是一碑。

保安寺陀羅尼經幢

宣和六年四月十五日。正書。在新鄭。巡檢王銑建。（《攈古録》卷十三）

朱全等三人施石獻床記

宣和六年六月三日。張先儒正書。在河内。（《攈古録》卷十三）《補寰宇訪碑録》卷四著録同時地有"宋全等施石床記"，或是一碑。

尊勝陁羅尼幢

宣和六年八月二十二日。正書。在洛陽。（《攈古録》卷十三）

石淙詩

宣和六年。王績撰。正書。在登封。（《寰宇訪碑録》卷八）

沐澗勝果院碣

宣和六年。宣義郎□永年題。在河内縣。（《中州金石考》卷五）

嵩陽宮石柱何桌題名

宣和七年三月二十三日。正書。在登封。（《攈古録》卷十三）

邵溥王秉王安中等題名

宣和七年四月八日。正書。在濬縣大佛閣旁。（《濬縣金石録》卷上）

封清源忠護王敕

宣和七年九月。正書。在濟源。（《攈古録》卷十三）

宋昂霄鞏縣題名

宣和七年十二月。在鞏縣石窟寺。（《鞏縣志》卷十八）

白金泉銘

宣和七年□月。徐閔中撰。正書。在濬縣。與《金石記》所記不同。（《寰宇訪碑録》卷八）《中州金石記》著録爲宣和乙酉。宣和無乙酉。《中州金石記》云"考乙酉爲建中靖國四年，而以宣和紀歲，不可解也"。《濬縣金石録》《攓古録》著録"白金泉銘"爲宣和己亥。宣和無己亥。重和二年爲己亥。

石淙南崖王伸嶷等題名

宣和七年。正書。在登封。（《寰宇訪碑録》卷八）

嵩陽觀碑陰盧漢傑題名

宣和七年。行書。在登封。（《寰宇訪碑録》卷八；《攓古録》卷十三）

修仙君廟□□記

宣和七年。正書。在偃師。（《寰宇訪碑録》卷八）

宣和御製放鶴圖題款

正書。在洛陽，上又有題字磨滅。（《攓古録》卷十三）

嵩陽宮石柱馬雲夫題名

正書。在登封，題陳知儉題後，云"後五十三年"，當是靖康元年。（《攓古録》卷十三）《中州金石考》卷七以爲出宣和年間。

邢侑超化寺詩

靖康元年二月十八日。撰人名渤。正書。在密縣。（《寰宇訪碑録》卷八；《攓古録》卷十三）

超化地密印大師延壽塔記并陀羅尼經

紹興九年五月。王應物撰并行書。在密縣。（《攓古録》卷十三）

書謝玄暉詩卷後

紹興八年三月。岳忠武書。在湯陰。（《河朔新碑目》上卷）

石渠題名

紹興□年。縣令耿宜威携客游石渠題。在寶豐縣。（《中州金石

考》卷八)

韶山雲門禪院公據

紹興十年八月十五日。正書。在澠池。(《澠池縣志》卷十六;《攗古録》卷十三)

紫龍潭碑

淳熙八年秋。陳九思。在光山。(《光山縣志約稿》)

散陂寺碑記

開禧三年。林時發撰。在羅山縣。(《中州金石考》卷八)

劉樞建光山縣儒學碑

嘉定五年九月。柴中行撰。郭紹彭八分書。篆額。浙江鄞縣范氏搨本。在光山。(《光山縣志約稿》;《攗古録》卷十五)

淮源廟何友直題名

嘉定九年四月初九日。行書。在桐柏。(《攗古録》卷十五;《中州金石目録》卷六)

司馬温公廟碑

紹定三年。葉祐之撰。在光州。(《中州金石考》卷八)《中州金石目録》卷六作紹定二年。

了心關石壁文

嘉熙元年八月。在光山縣。(《光山縣志約稿》)

天臺山息緣門石壁文

淳祐八年五月一日。胡大典刻石。在光山縣。(《光山縣志約稿》)

以下無刊刻年月

書唵字并贊

太宗御製正書。在温縣。無年月。(《攗古録》卷十一)

洞霄宫碑

真宗御製序贊，蔡襄書。在商丘。（《中州金石考》卷三）

天寧萬壽寺碣

仁宗御書天竺唵斛呾囉字偈。在禹州。（《中州金石考》卷二）

陳摶福壽二大字

碑在登封。（《中州金石考》卷七）

修聖竹林寺碑

宋刻。釋有挺撰。在登封。（《中州金石考》卷七）

蔡齊墓幢

無年月。蔡齊祥符八年狀元。隸書。在鞏縣蔡莊。（《鞏縣志》卷十七）

王氏建經幢

正書。無年月。唯載"大宋國河南府緱氏縣解賈村郎邪王氏"數字。在偃師。（《寰宇訪碑錄》卷八）

法雲寺經幢

正書。無年月。前題"大宋國西京河南府偃縣芝田鄉陽村韋子能"名。在偃師。（《寰宇訪碑錄》卷八）

庭莎記

晏殊撰。在陳州府懷寧縣。（《中州金石考》卷二）

厄臺銘

王禹偁撰，在陳州府懷寧縣。（《中州金石考》卷二）

潁溪玉亭記

范鎮撰。在禹州。（《中州金石考》卷二）

照碧堂記

晁補之撰。在鹿邑縣。（《中州金石考》卷三）

鄭公堂刻詩

富弼撰。在汝州。（《中州金石考》卷八）《中州金石目錄》作李薦撰。

延福宮石銘

王安石撰。在開封。(《中州金石考》卷一)

義士李冠殘碑

在中牟縣。(《中州金石考》卷一)

龍巢寺記

歐陽修撰文。在淅川縣城東。(《中州金石考》卷八)

王彥章畫像記

歐陽修撰。在鄭州管城。(《中州金石考》卷一;《中州金石目錄》卷六)

畫舫齋額

歐陽修建。□□書。(《中州金石考》卷四)

陳氏四公祠堂記

司馬光撰。《志》作《四令祠記》。在濟源縣。(《中州金石考》卷五)

思賢亭記

劉攽撰。《志》作敞。在汝州。(《中州金石考》卷八)

太師堂記

范祖禹撰。在孟縣。(《中州金石考》卷五)

西京白馬寺碑

蘇易簡撰并書。祇存上截。在洛陽。(《中州金石考》卷六;《中州金石記》)

開元寺碑

張維撰。在鄭州。(《中州金石目錄》卷六)

開元寺鐘樓碑

張維撰。在息縣。(《中州金石目錄》卷六)

醉翁亭記

蘇軾書。明高拱刻。今在鄢陵劉氏家。（《中州金石考》卷二）

妙峰亭榜

蘇軾題。留守王勝之建。在商丘。（《中州金石考》卷三）

樞密使趙康靖公神道碑

蘇軾撰。在商丘。（《中州金石考》卷三）

郊行詩

蘇軾撰。正書。郟縣。（《寰宇訪碑録》卷七；《攈古録》卷十二）

文潞公德威堂銘

蘇軾撰。在孟縣。（《中州金石考》卷五）

小字松醪賦

蘇軾撰。在汝州。（《中州金石考》卷八）

蜀岡詞

蘇軾書。郟縣。（《中州金石考》卷八）《寰宇訪碑録》卷八作
"次韻伯固游蜀岡送叔師奉使嶺表詩"。

"蘇門山涌金亭"六字

蘇軾書。在輝縣。（《中州金石考》卷四；《寰宇訪碑録》卷八；
《攈古録》卷十二）

觀世音像贊

蘇軾行書。在登封。無年月。（《攈古録》卷十二）

漢御史大夫周苛碑

蘇軾鸞筆。在滎澤。（《中州金石目録》卷六）

司馬温公碑

蘇軾撰書。在夏邑縣。（《河南碑志叙録》259頁）

祈雨文

蘇轍撰。在致雨亭。在汝州。（《中州金石考》卷八）

少林寺初祖達摩頌

黃庭堅撰并行書。段紳八分題額。在登封。無年月。(《中州金石考》卷七;《攈古録》卷十二)

少林寺殘碑頌

黃庭堅行書。無年月。張宗著立石。在少林寺。(《續補寰宇訪碑録》卷十八)

第一山三大字

米芾書。在登封少林寺。(《中州金石考》卷七)

顏魯公碑陰

米芾撰并書。在偃師。(《中州金石考》卷六)

大明寺經幢

傅舜俞正書。在濟源。(《攈古録》卷十三)

立光武廟記

張耒撰。在陳州府懷寧縣。(《中州金石考》卷二)

太史湖記

李廌撰。在汝州城内。(《中州金石考》卷八)

澠池新溝記

趙贍撰。在澠池縣。(《中州金石考》卷七)

浮丘居士窪尊石刻

張舜民撰。在内鄉縣。(《中州金石考》卷八)

范忠宣公神道碑

畢仲游撰。在洛陽。(《中州金石考》卷六)

天成橋碑

蔡京書。在濬州(浚縣)岡上驛中東廡下。(《中州金石考》卷四)

王通叟弔巢父文

宗舜臣。刻於許由廟。在汝州。(《中州金石考》卷八)

722

魏公祠堂記

丘鄘撰。在安陽。(《河朔訪古記》卷中；《安陽金石録》卷七；《中州金石目録》卷七)

南禪寺經幢

行書。無年月。在汝州。(《中州金石目録》卷六)

伏羲廟太昊陵三大字

行書。無年月。在淮寧。(《中州金石目録》卷六)

左監門衛將軍聶章神道碑

正書。無年月。在偃師。(《中州金石目録》卷六)

太昊伏羲氏五字

在墓前。或云朱熹書，或云蘇轍書。未詳。在陳州府懷寧縣。(《中州金石考》卷二)

彼岸寺碑銘

篆書。銜名八分書。在郾城。年月泐。(《攈古録》卷十三)

付千秋永安小師堂頭祖昭偈

正書。在鞏縣。無年月。(《攈古録》卷十三)

惲冲惠王追封記

□從易撰并正書。篆額。在鞏縣。年月泐。(《攈古録》卷十三)

贈中書令李昭亮神道碑

馮漢撰。王瓘正書。在洛陽。(《攈古録》卷十三)

中天大王行宮碑

正書。在魯山。無年月。(《攈古録》卷十三；《中州金石目録》卷六)

如空法師行業記

正書。在鞏縣。無年月。(《攈古録》卷十三；《中州金石目録》卷六)

維識論三十頌

正書。在鞏縣。無年月。(《攈古録》卷十三)

覆背村造石獻臺記

□書。在河内。無年月。(《攈古録》卷十三)

濟源縣城隍廟碑

正書。在濟源。無年月。(《攈古録》卷十三)

修佛殿殘碑

正書。在洛陽。"儆"字缺筆。(《攈古録》卷十三)

法雲寺石鼎文

行書。在獲嘉。無年月。(《攈古録》卷十三)

乞雨疏文殘石

行書。在祥符,舊在汝州,許信臣學使移置相國寺。(《攈古録》卷十三)

配何氏莒國夫人殘石

行書。在洛陽。第四行有"開府儀同三司"字。(《攈古録》卷十三)

會善寺詩刻殘石

正書。在登封。後存"五年三月十六日游"及"張景儉集賢校理"等字。(《攈古録》卷十三)

瘞犬銘殘石

行書。在洛陽。(《攈古録》卷十三)

壽聖寺經幢

正書。在偃師。無年月。(《攈古録》卷十三)

陀羅尼經幢

正書。在偃師。無年月。常德昇等建,八面。額上俱有畫象。(《攈古録》卷十三)

存古閣陀羅尼真言

正書。在偃師。首面下有"真言曰"三大字。(《攈古録》卷十三)

存古閣陀羅尼殘幢

正書。在洛陽。存"十月十"及"男師古等奉爲"等字。(《攈古録》卷十三)

存古閣經幢殘石

正書。在洛陽。末有"葬丙穴"及"考殿直"等字。(《攈古録》卷十三)

壽聖寺殘經幢

正書。在偃師。無年月。僅存半截。(《攈古録》卷十三)

廣慧寺殘經幢

正書。在汝州。無年月。(《攈古録》卷十三)

尊勝陀羅尼神咒幢

篆書。在孟縣。無年月。(《攈古録》卷十三)

尊勝經幢

篆書。在孟縣。無年月。(《攈古録》卷十三)

紫陵殘石幢

□書。在河内。無年月。(《攈古録》卷十三)

元明寺經幢

□書。在河内。無年月。(《攈古録》卷十三)

靈山寺經幢

正書。在濟源。年月泐。(《攈古録》卷十三)

靈山寺陀羅尼經幢

正書。在濟源。(《攈古録》卷十三)

潁川陳公護葬經幢

□書□□□□。(《攈古録》卷十三)

香檀寺經幢

正書。在濟源。年月泐。（《攈古録》卷十三）

龍潭寺經幢

□書□□□□。（《攈古録》卷十三）

陁羅尼咒幢

正書。在滑縣。（《攈古録》卷十三）

五星陁羅尼幢

正書。在滑縣。無年月。（《攈古録》卷十三）

扶風郡馬公墓幢

正書。陁羅尼經，梵書。篆額。在新安。年月泐。（《攈古録》卷十三）

成皋寺陁羅咒幢

正書。在新鄭。（《攈古録》卷十三）

蒼峪寺真言幢

正書。陝縣。無年月。蘇國進造。（《攈古録》卷十三）

蒼峪寺金蓮臺題名

正書。在陝縣。（《攈古録》卷十三）

木匠泥匠瓦匠題名

正書。在登封。甲子年癸酉月。在咸通修中岳廟碑側。（《攈古録》卷十三）

石淙董榕等題名并詩

正書。在登封。庚子重陽，不知時代，姑附於宋。（《攈古録》卷十三）

嵩陽宮石柱劉宗傑等題名

正書。在登封。甲辰□月初四日。（《攈古録》卷十三）

霖落山王聖立等題名

王頃道行書。在汲縣。庚午九月念日。(《攈古録》卷十三)

霖落山任伯和等題名

行書。在汲縣。癸未季春十六日。(《攈古録》卷十三)

張□題名

正書。在偃師嘉平二十六年謝絳碑側。(《攈古録》卷十三)

郝居簡謁祠題名

行書。在濟源。癸酉。(《攈古録》卷十三)

右班殿直鄭□□題名

正書。在滎陽。六年八月。(《攈古録》卷十三)

大伾山陳知白等題名

正書。濬縣。年月缺。(《攈古録》卷十三)

鳴玉澗魏志樸等題名

□書。河内。無年月。(《攈古録》卷十三)

石淙光祖二字

篆書。在登封。(《攈古録》卷十三)

安德太君墓表額

正書。在新鄭。(《攈古録》卷十三)

瑯琊郡夫人王氏碑額

篆書。在河南□□。(《攈古録》卷十三)

魏王追封記額

篆書□□□□。(《攈古録》卷十三)

皇帝五子追封冀沖孝王記額

篆書。□□□□。(《攈古録》卷十三)

蔡國長公主追風記額

篆書。在鞏縣。(《攈古録》卷十三)

太廟杜詵題名

正書。無年月。在洛陽。(《中州金石目録》卷六)

陳希夷先生像碑

石殘闕剥落。在鹿邑縣白雲庵。(《中州金石考》卷三)

張紫巖先生北伐詩

岳飛行書。在湯陰。(《中州金石考》卷四;《攈古録》卷十四)

滿江紅詞

岳飛著并行書。在湯陰。(《中州金石考》卷四)

手牘三通

岳飛草書。在湯陰。無年月。(《攈古録》卷十四)

許侯像題字

岳飛八分書。在湯陰。無年月。(《攈古録》卷十四)

墨莊二大字

岳飛行書。在湯陰。丙辰良月。(《攈古録》卷十四)

石刻容膝二字

朱熹書。在襄城縣,原在香店鋪,順治七年邑令冷昌年移置靈泉山。(《中州金石考》卷二)

勿求人知四句

朱熹行書。在登封。無年月。(《攈古録》卷十四)

上蔡先生祠堂記

朱熹撰。在上蔡縣。(《中州金石考》卷八)

宋功臣石守信墓碑

撰書姓名未詳,在邑西北石碑窪。在洛陽。(《中州金石考》卷六)

崇恩園陵採石記

正書。無年月。在偃師。(《寰宇訪碑録》卷八)

龍門山前河南尹蔡居厚題名

無年月。正書。(《中州金石目録》卷六)

開元寺鐘樓碑

宋碑。張傑撰。在息縣。（《中州金石考》卷八）

《晝錦堂詩石刻》

在安陽晝錦堂。（《河朔訪古記》卷中；《安陽金石録》卷五；《中州金石目録》卷七）

面山亭碑

在安陽。（《中州金石目録》卷七）

參考文獻

拓片圖片类

甘肅省古籍文獻整理編譯中心主持編輯《中國金石總録》（網址：http：//www.ch5000.com.cn/）。

北京圖書館金石組編《北京圖書館藏中國歷代石刻拓本匯編》，中州古籍出版社，1989。

中國科學院考古研究所編《三門峽漕運遺迹》，科學出版社，1959。

河南省文化局文物工作隊編《鞏縣石窟寺石刻録》，文物出版社，1963。

蘇思義、楊曉捷、劉笠青編《少林寺石刻藝術選》，文物出版社，1985。

官嵩濤編著《嵩山中岳廟》，香港國際出版社，1997。

張繼承主編《鄭州歷代碑刻選》，河南人民出版社，1999。

浚縣文物旅游局編《大伾山名勝區石刻選》，中州古籍出版社，2001。

黄明蘭、朱亮編著《洛陽名碑集釋》，朝華出版社，2003。

王義印編著《濮陽碑刻墓志》，中州古籍出版社，2003。

新鄭市文物管理局編《新鄭碑刻文集》，香港國際出版社，2004。

郭建設、索全星著《山陽石刻藝術》，河南美術出版社，2004。

張巍編《鄭州滎陽大海寺石刻造像》，河南美術出版社，2006。

潭淑琴主編《中原文化大典·文物典·碑刻墓志》，中州古籍出版社，2008。

王景荃主編《中原文化大典·文物典·中小型石窟與石刻造像》，中州古籍出版社，2008。

鄭州博物館編《鄭州博物館文物精華》，中州古籍出版社，2009。

高永坤、吕勁松、余扶危主編《洛陽石刻擷英》，國家圖書館出版社，2011。

張乃翥輯《龍門區系石刻文萃》，國家圖書館出版社，2011。

張世科編著《河南碑刻類編》，大象出版社，2013。

劉文鍇主編《修武碑刻輯考》，中國礦業大學出版社，2013。

石刻著録（含碑志與方志）

古籍徵引説明：本書編纂時引用古籍單行本、點校本標明完整版本項；來源於大型叢書的古籍，爲免繁瑣，參考文獻引自叢書者皆以簡稱列於末尾，兹列叢書如下：

新文豐出版公司編輯部編《石刻史料新編》（第一輯、第二輯、第三輯），臺北新文豐出版公司，1979、1982、1986。（以下所出著述稱"新編本"者，皆出此叢書）

中國東方文化研究會歷史分會編《歷代碑志叢書》，江蘇古籍出版社，1998。（以下所出著述稱“碑志本”者，皆出此叢書）

國家圖書館特色資源方志叢書系列。（以下所出著述稱“國圖本”者，皆出此叢書）

《（影印）文淵閣四庫全書》，臺北商務印書館，1986。（以下所出著述稱“《四庫全書》本”者，皆出此叢書）

《續修四庫全書》編委會編《續修四庫全書》，上海古籍出版社，2003。（以下所出著述稱“《續修四庫》本”者，皆出此叢書）

［明］鄒守愚修、李濂纂《（嘉靖）河南通志》，嘉靖三十五年刻本。（國圖本）

［明］魏津等纂修《（弘治）偃師縣志》，弘治鈔本。（國圖本）

［明］侯泰修、王玉鉉纂《（嘉靖）登封新志》，嘉靖八年刻增修本。（國圖本）

［明］董弦纂修《（嘉靖）內黃縣志》，嘉靖刻本。（國圖本）

［明］常存仁修、郭樸纂《（萬曆）彰德府續志》，民國景鈔明萬曆刻本。（國圖本）

［明］沙蘊金修、蘇育纂《（崇禎）湯陰縣志》，崇禎十年刻本。（國圖本）

［清］黃叔璥《中州金石考》，顧氏金石輿地叢書本。（碑志本）

［清］畢沅《中州金石記》，清刊本。（碑志本）

［清］楊鐸輯《中州金石目錄》，南陵徐乃昌借繆荃孫藝風堂傳鈔本校刊。（新編本）

［清］武億輯《安陽縣金石錄》，清刊本。（碑志本）

［清］武億纂、武木淳編《偃師金石記》。（新編本）

［清］武億《偃師金石遺文記》。（新編本）

［清］武億撰、王複續補《偃師金石遺文補録》，《續修四庫》本。

［清］葉封《嵩陽石刻集記》，《四庫全書》本。

［清］景日昣《説嵩》，康熙六十年岳生堂刻本。

［清］熊象階纂《濬縣金石録》。（新編本）

［清］顧汧修、張沐纂《（康熙）河南通志》，康熙三十四年刻本。（國圖本）

［清］孫灝、顧棟高等纂修《（雍正）河南通志》，光緒二十八年補刻本。（國圖本）

［清］湯毓倬修、孫星衍纂《（乾隆）偃師縣志》，乾隆五十三年刊本。（國圖本）

［清］施誠修、裴希純纂《（乾隆）河南府志》，同治六年刻本。（國圖本）

［清］蕭應植纂修《（乾隆）濟源縣志》，乾隆二十六年刊本。（國圖本）

［清］富申修、田士麟纂《（乾隆）博山縣志》，乾隆十八年刻本。（國圖本）

［清］唐侍陛修、洪亮吉纂《（乾隆）重修懷慶府志》，乾隆五十四年刻本。（國圖本）

［清］袁通修、方履籛纂《（道光）河內縣志》，道光五年刊本。（國圖本）

［清］王榮陛修、方履籛纂《（道光）武陟縣志》，道光九年刊本。（國圖本）

［清］朱煐修、郭程先續纂《（咸豐）大名府志》（清代大名府轄今河南濮陽地區，濮陽《回鑾碑》載於該志，故列於河南省），咸豐三年刻本。（國圖本）

　　［清］于滄瀾修、蔣師轍纂《（光緒）鹿邑縣志》，光緒二十二年刊本。（新編本）

　　［清］王昶《金石萃編》，經訓堂藏板。

　　［清］陸耀遹纂、陸增祥校訂《金石續編》，同治甲戌毗陵雙白燕堂刊板。（新編本）

　　［清］陸增祥《八瓊室金石補正》，吳興劉氏希古樓刊本。（新編本）

　　［民國］常茂徠輯《洛陽石刻録》。（新編本）

　　［民國］蕭國楨修、蕉封桐纂《（民國）修武縣志》，民國二十年鉛印本。（新編本）

　　［民國］楊保東修、魏蓮青纂《（民國）鞏縣志》，民國二十六年刊本。（新編本）

　　河南文物局編《河南碑志叙録（一）》，中州古籍出版社，1992。

　　中原石刻藝術館編《河南碑志叙録（二）》，河南美術出版社，1997。

圖書在版編目（CIP）數據

河南省宋代碑刻編年集成／杜昭編著. -- 北京：
社會科學文獻出版社，2025.6. -- ISBN 978-7-5228
-5151-8

Ⅰ. K877.42

中國國家版本館 CIP 數據核字第 20251KB847 號

河南省宋代碑刻編年集成

編　　著／杜　昭

出 版 人／冀祥德
責任編輯／李建廷
責任印製／岳　陽

出　　版／社會科學文獻出版社
　　　　　地址：北京市北三環中路甲 29 號院華龍大廈　郵編：100029
　　　　　網址：www.ssap.com.cn
發　　行／社會科學文獻出版社（010）59367028
印　　裝／三河市東方印刷有限公司

規　　格／開　本：787mm×1092mm　1/16
　　　　　印　張：49　字　數：505 千字
版　　次／2025 年 6 月第 1 版　2025 年 6 月第 1 次印刷
書　　號／ISBN 978-7-5228-5151-8
定　　價／298.00 圓

讀者服務電話：4008918866